中国人大议事规则原理与制度

Rules of Procedure of Chinese People's Congress Theories and Institutions

孙莹 著

国家社科基金青年项目优秀成果（项目批准号：15CFX014）

公法文丛

法律出版社
LAW PRESS·CHINA

孙莹

1983 年生，河南许昌人。香港大学法律学院博士，中山大学法学院副教授、博士研究生导师，中国法学会宪法学研究会理事、广东省人大制度研究会理事。

主要研究领域为选举、中国人大制度。在 *Journal of Contemporary China*、*Asian Survey*、*Journal of East Asian Studies*、《法学评论》、《政治与法律》等中英文期刊发表论文 30 余篇，自 2018 年在《人民之声》每期“孙莹专栏”围绕地方人大工作撰写时事评论文章；出版中英文专著两部；主持国家社科基金、教育部等国家级、省部级课题多项。

序

孙莹副教授的著作《中国人大议事规则:原理与制度》即将付梓,她请我为其书作序,我慨然应允!

作者与我虽无师徒之名,但有师徒之实,其原因在于她的求学生涯与我关联至深。2005 年春季,武大宪法专业硕士研究生招生复试由我主持。轮到作者时,我问及她本科阶段除了专业学习外,还阅读了哪些课外书籍。这个问题是凡有我参加或主持复试的场合,必须问到的话题,大多数考生都无法给出满意的回答。但作者那天表现出色,令我印象深刻。她提到她阅读了很多书,其中包括洛克的《政府论》。于是我进一步追问《政府论》的写作脉络和内容要点,作者都从容淡定、成竹在胸地作了回答。由于她的精彩表现,当年她便以复试成绩排名第一被录取。

2006 年下半年,我应陈弘毅、傅华伶两位教授邀请,去港大法学院作高级访问学者。在与港大教授多次的交流中,我屡屡强调观察和研究我国法治演进状态,不能仅以司法为唯一面向,其实人大制度也是重要甚至是更重要的切点。因为社会主义法制体系的建构,即规则供给一直是彼时我国法治发展的急务,当然也因为人大制度能够更直接和系统地表征我国政治体制的特殊性。党的领导、人民民主和依法治国这三者之间的互动关系,首先是在人大场域内生成并复杂演绎的。司法面向是法治的终端,通常是成熟法治国的研究者采行的视角;人大面向是法治的肇启,是搭建法治大厦的基石,应该是后法治国家的研究者必须观照的重点。

我以“中国地方人大常委会的运行实践”为题在香港大学作了演讲,听者颇以为然。我访学结束后,即征询武大宪法专业学生赴港读博意向,虽然响应者众,但成绩优异符合条件的仅作者一人。在作者进行赴港读博的准备时,我明确建议她以人民代表大会制度作为攻读期间的研究方向,并与她分享我担任武汉市人大常委会委员的观察心得和履职思考。从此作者便跨入了人大研究领域。经过多年深耕,厚积薄发,终有所成。2012 年她学成就职于中山大学法学院,很快成为实力派的学术骨干,也是香港大学毕业生中在内地学术界的佼佼者。她在选举、议会与人大制度研究领域的成果发表于英文的中国顶级研究期刊和中文的法学核心期刊,是国内外人大研究领域颇受瞩目的青年学者。作者有悟性且能沉潜,学术感觉敏锐,并能执着于自己的研究方向。如此经年累月,获得较高的学术成就也自在情理之中。《中国人大议事规则:原理与制度》作为她主持的社科基金项目结果,能够获得全优的评价,便是对她学术努力的高度肯定。

自洋务运动以降,中国便开始学习西方再造中国的过程。当器物层面的仿习、船坚炮利的引进也不能免于失败时,先贤们便把眼光投射到制度的镜鉴,于是“定宪法、开国会”便成为当时的不二之选,西方议会制度也自然成为当时“制度进口”的首批订单之一。随着清末民初立宪运动的展开,议会活动和议会规则的研究便如期而至地进入国人观察的视野。议会规则的概念传入中国,史家一般认为发端于孙中山的《民权初步》一书。孙文言道:“民权何由而发达?则从固结人心、纠合群力始。而欲固结人心、纠合群力,又非从集会不为功。是集会者,实为民权发达之第一步。然中国人受集会之厉禁,数百年于兹,合群之天性殆失,是以集会之原则、集会之条理、集会之习惯、集会之经验,皆阙然无有。以一盘散沙之民众,忽而登彼于民国主人之位,宜乎其手足无措,不知所从,所谓集会则乌合而已。是中国之国民,今日实未能行民权之第一步也。”民国时期著名的政治活动家章士钊,亦曾不无深刻地指出:所谓民主者,就是开会也。

他认为懂得如何开会，便走出了践行民主的初步。

中国的人大制度是一项极富特色的民主制度，是中国执政党用以整合民意、贯彻党意、表征合法性的重要载体。自五四宪法正式确立人大制度以后，由于政制发展的路径依赖、执政党执政智慧需要逐步累积，以及人民主体地位如何制度表达的经验缺失，故人大制度的发展历经颠簸起伏，直至党的十一届三中全会以后，才走入相对平稳发展的状态之中。人大各级组织系统的健全和人大工作队伍的充实为其显著体现，但由于改革开放之前的10年人大制度停摆的负面效应，导致人大制度从恢复重建到健全完善，注定是任重而道远。前全国人大常委会新闻局局长阚珂曾在《人民代表大会那些事》书中记及：八二宪法颁行之后，地方县级以上人大普遍设立常委会。有诸多地方人大常委会不知如何开会，便在全国人大常委会开会时藏在幕帘之后，认真观摩学习，回去依样画葫芦、照搬照用。我在任职武汉人大筹委会委员期间，也时常感受地方人大会议规则的粗疏。比如，人大常委会分组会议的讨论发言被选择性记录，人大代表在小组会议的发言被会议简报随意过滤甚至完全改写，因此我在履职期间一直力推对代表和委员发言必须逐字逐句记录，对委员有关法规的修改意见，如不采纳，必须给发言者本人正式回复理由。后来这些意见都被纳入武汉人大的会议规则之中。重实体民主，轻形式民主；重结果民主，轻过程民主，这种不均衡发展现象，一直是人大制度运行中存在的问题。

议事规则的制定和运行是代议机关“制度化”的标志之一；规则的完善和健全制度也是衡量代议制度是否成熟的重要标准之一。而“制度化”和“成熟度”既有赖于实践的不断探索，又有赖于相关理论的不断夯实。《中国人大议事规则：原理与制度》一书是我国目前第一部体系化研究人大议事规则的专著，全面、系统、客观地对我国人民代表大会议事制度进行了分析论证，从理论上完善了人民代表大会议事规则的基本理论，对提高人大议事能力和议事效率具有参考价值。本书运用哲理分析、比较分析、规范分析、实证分析等方法,对全国人大及地方人大议事规则的理论与实践作了系统性的分析考察,同时着眼于“纸面上的规则”与“行动中的规则”,推进了人大议事规则的研究深度和广度。作者具备法学和政治学的知识涵养,对我国人大议事规则存在问题的把握准确,指出了人大议事规则文本在法律衔接和操作程序中存在的问题,提出我国人大议事规则的发展应当在指导思想上“从组织引导到规则引导”、在议事程序上“从概括到具体”,其建议具有针对性和可行性。作者以世界眼光、中国问题为视角,尝试采用“动议—审议—决议”的理论框架来构建人大议事规则的理论体系。在理论抱负之下辅以扎实缜密的研究,从而使其研究成果厚重有力,颇富建设性。在实证分析方面,作者收集了除我国台湾地区之外其他省、直辖市、自治区的人大及其常委会议事规则,还收集了能够公开收集的全国几十个城市人大及其常委会的议事规则,在丰富样本之上,条分缕析、探幽发微,使其研究结论具有坚实的事实基础。作者以哲理分析、比较分析来提炼理论,又以理论烛照制度,再以理论和制度来检验实际运作。如此安排,既保持了写作逻辑的融贯性,又满足了读者的阅读审美习惯,体例上也因之生动活泼。本书的附录颇有特色地列出《全国人民代表大会议事规则建议稿》,这既是作者研究成果和研究能力的直观综合展示,也是她无惧挑战和批评的学术勇气之表现。人大议事规则的修改已纳入全国人大常委会议事日程,但愿作者的研究作为有助于形成中国版的“罗伯特议事规则”。

人大制度的研究需要有人大实践的亲历性,更需要有对政治生态的深刻洞察。而这两种质素,是作者作为一名年轻的人大制度研究者很难完全具备的。此种缺憾也导致本书的研究无法臻于完美。比如,人大的组织机构权力如何受到党政编制机构的牵制?代表大会加常委会这种一院双层式的人大架构,与国外典型的一院制或两院制议会大有不同,其议事规则是否相应地有所不同?等等。上述这些都在书中少有述及,这些便使本书的研究呈现人大实形与镜像的隔膜,也使某些结论的实证性打了折扣。

文章千古事,得失寸心知。科学工作者致力于探索真理,但没有人能发现全部真理。于此意义而言,任何一部书的不完美都是通向完美的下一步。期待作者能够在人大研究领域再出力作!

是为序。

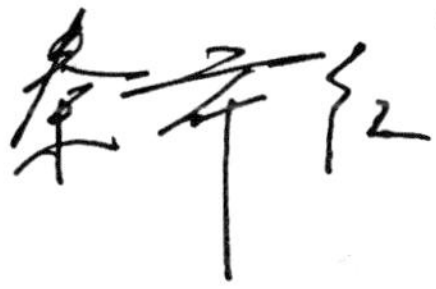*

2020 年夏于珞珈山

---

* 武汉大学法学院教授、博士研究生导师,中国法学会宪法学研究会副会长。

目　录

第一章　导　　论

第一节　议事规则的概念

议事规则,广义而言是指各类组织包括公司、企业、社会团体、学校班级、国家机关及其部门、国际组织等或大或小,官方非官方组织机构的开会中的行为守则、规范程序。狭义的议事规则,特指“议会及其议事机构制定的有关议会及其议事机构的组织机构体系、权力和工作分配、议事程序和规则、成员选任以及特权与纪律等事项的法律规范。这主要是指各国议会的议院、委员会制定的议事规则,也包括不成文的先例等”,[1]内容极为丰富。议事规则在一些国家被视为法律。议事规则是议会自己制定、自我调节和规范的法律,议事规则以维护、落实宪法原则为宗旨,规定议会内部的组织机构,规范议事活动,维护议会的特权和纪律,并且体现着对议会工作规律的认识程度和运用状况。[2] 议会议事规则的定义还可以表述为“议会进行各种活动时须遵行的内部原则、顺序、程序和纪律,又称为‘议事规程’”。[3] 议事规则的英文表述不一,有的用“rules of procedures”(如欧洲议会、美国国会上议院),有的用“standing orders”(如

---

〔1〕 周旺生、朱苏力主编:《北京大学法学百科全书:法理学·立法学·法律社会学》,北京大学出版社2010年版,第1016页。

〔2〕 参见刘建飞、刘启云、朱艳圣编著:《英国议会》,华夏出版社2002年版,第98页。

〔3〕 肖蔚云、姜明安主编:《北京大学法学百科全书:宪法学·行政法学》,北京大学出版社1999年版,第661页。

新加坡国会、丹麦议会),有的用“rules and customs”(如英国国会)等。流传甚广的《罗伯特议事规则》则将采用“rules of order”或“parliamentary law”。

议事规则的制定和运行是立法机关“制度化”的标志之一。正如学者所指出的,“代议制民主对程序的运用程度,至少毫不亚于行政活动、司法活动对程序的运用程度”。[1]

议事规则的概念传入中国,一般认为是孙文在其“建国方略”三著述的其中之一《民权初步》中提出的。在孙文的影响下,中华民国1913年制定了《议院法》。[2] 孙文认为掌握集会之学乃民权发达之第一步,因而《民权初步》又名《会议通则》。在《民权初步》序言中,孙文写道:“民权何由而发达?则从固结人心、纠合群力始。而欲固结人心、纠合群力,又非从集会不为功。是集会者,实为民权发达之第一步。然中国人受集会之厉禁,数百年于兹,合群之天性殆失,是以集会之原则、集会之条理、集会之习惯、集会之经验,皆阙然无有。以一盘散沙之民众,忽而登彼于民国主人之位,宜乎其手足无措,不知所从,所谓集会,则乌合而已。是中国之国民,今日实未能行民权之第一步也。”

新中国的政权组织形式是人民代表会议制,在不同的历史时期,人民代表会议有着不同的名称和载体,无论什么样的人民代表会议形式,都制定了与之相符的组织章程。1949年12月2日中央人民政府委员会通过了《省各界人民代表会议组织通则》《市各界人民代表会议组织通则》《县各界人民代表会议组织通则》。严格来说,这些文件属于组织法范畴,但是里面条文也涉及了一些议事规则的内容。全国人大正式的议事规则制定于1987年,第六届全国人大常委会通过了《全国人民代表大会常务委员会议事规则》。1989年第七届全国人大第二次会议通过了《全国人民代表大会议事规则》。全国各省市人大及其常委会也随之制定了议事规则。

---

〔1〕 蒋劲松:《代议法导论》,法律出版社2016年版,第133页。
〔2〕 参见董璠舆:《外国议会议事规则》,中国政法大学出版社1993年版,第11页。

本书的研究对象内容包括：(1)宪法、法律相关条文；(2)全国人大及其常委会，地方各级人大及其常委会制定的名为议事规则的规范性文件；(3)全国人大及地方各级人大制定的会议制度、工作制度等规范性文件。

本研究用"动议—审议—决议"的理论框架构建人大议事规则的理论体系。理论建构需要厘清议事过程的本质。从本质上来说，议事活动是围绕动议开展的，"议会作为决定一定意思的议事机关，以审议各种案件并决定其可否为职责……会议的开会是以应议案件的存在未前提的……议员集合时是以应议案件的存在为前提的，如无任何案件，议事就不可能成立，议员即使已经集会，也没有任何意义"。[1] 可以认为，动议的提出，是议会集合和议事的起点。从范围上来说，"议会中的议事，是为行使议会法赋予议会的权能而举行的，为促使其权能的发动则提出应审议的案件"。[2] "能够成为议会议事对象的案件，与议会的权能有不可分的关系。议会不可能审议与其权能完全无关的案件……案件不外是使议会权能发动的契机，促使其权能发动。"[3] 从议事顺序上来看，"议会是以民选代表召开会议讨论问题、作出决定为其主要工作形式的权力机关，它的工作程序基本上是围绕提案的提出，提案的讨论，收集材料，进行辩论，最后予以表决的工作方式进行"。[4] 代议机关"在工作过程中通常遵循四个步骤：一是提出议案；二是审议议案；三是表决通过议案；四是公布议案"。[5] "议会是通过会议形式，在讨论、审议之后才作出决定的。"[6]

基于上述认识与理解，本书提出，议事规则涵盖了议事机关"召集会议—提出动议—审议动议—表决决议"的整个过程，而动议的提出必须是

〔1〕 董璠舆：《外国议会议事规则》，中国政法大学出版社 1993 年版，第 235 页。
〔2〕 同上。
〔3〕 同上书，第 235～236 页。
〔4〕 郑允海等编：《当代资本主义国家的议会制度》，福建人民出版社 1994 年版，第 100 页。
〔5〕 周叶中：《代议制度比较研究》，武汉大学出版社 2005 年版，第 29 页。
〔6〕 刘建飞、刘启云、朱艳圣编著：《英国议会》，华夏出版社 2002 年版，第 9 页。

为了履行议会的职权,与此无关的不得进入议会议题。这就是议事规则的理论框架。这个理论框架适用于中国人大制度。第十三届全国人大常委会副秘书长信春鹰曾说明,全国人大常委会的议事规则包括会议制度和议事程序,会议制度指的是"全国人大常委会集体行使职权,必须通过召集和举行会议,依照法定程序,作出决定";"议事程序……一般包括四个环节,即议案的提出、审议、表决和公布"。[1]

需要说明的是,本书将议会所审议、讨论的议题统称为"动议"。前人研究文献里在同样意义上使用"案件""事项""议案""提案""议题"等概念,意义相同,用法不一,很容易让人迷惑混淆:用法一——议案与提案通用,"凡须由立法会决定的事项,均载列于每次立法会会议的议程内,立法会所有决定均以通过议案的方式作出……议案是呈交立法会作决定的提案"。[2] 用法二——议案与法案通用,"公议案是政府提出的法律草案","不同性质的议案,如公议案、私人议员议案、私议案和混合议案,各有特定的立法程序";"政府提出的议案成为'法律草案'(project de loi),议员提出的议案成为'法律提案'(proposition de loi)"。[3] "议案包括法律案在内……美国国会各会期提出的议案,大致有法案和决议案",[4]"(议事规则包括)议案或法案的提出和审议程序问题"。[5] 用法三——法案与提案通用,"立法创议权或称为立法提案权","日本政府所提立法提案为

[1] 信春鹰:《全国人大常委会的组织制度和议事规则》,载中国人大网,http://www.npc.gov.cn/npc/c541/201806/60d9dbc8fa214e07b321308b1b591f0e.shtml,2020 年 6 月 30 日最后访问。

[2] 参见《香港特别行政区立法会历史、规则及行事方式参考手册》第二部分"立法会及委员会处理事务的方式"第 10 章"议案"第 10.1 条。在这里议案的范围包括:法例或任何立法文书的议案,旨在修订议事规则、委任专责委员会、授权某委员会行使传召证人的权力的议案,不拟具立法效力但为利便就某项公共事务进行辩论而动议的议案,以及各项程序议案。后者包括从属于其他议案的议案,如修正案;附带议案,如动议现即二读法案的议案;取代辩论中议题的拖延议案,如动议辩论中止待续的议案;等等。参见《香港特别行政区立法会历史、规则及行事方式参考手册》第二部分"立法会及委员会处理事务的方式"第 10 章"议案"第 10.3 条、第 10.4 条。

[3] 曹沛霖、徐宗士主编:《比较政府体制》,复旦大学出版社 1993 年版,第 75 页、第 212 页。

[4] 董璠舆:《外国议会议事规则》,中国政法大学出版社 1993 年版,第 239 页。

[5] 郑允海等编:《当代资本主义国家的议会制度》,福建人民出版社 1994 年版,第 175 页。

内阁法案，议员提出的则称为议员法案”。[1] 用法四——议案与案件、议题通用，“议会在会议应处理的事项称为支付会议的案件或只称案件……案件具体说有议案、动议、选举、请愿、陈情等……案件在概念上是议案及其他需要议会决议的实践的总称……议会审议的各种案件，是促使议会行使权能而发动的素材，而在程序上是一个手段……议题是指该期日在全体会议作为审议对象的特定议案及其他案件”。[2]

为了议事规则理论的自洽和完整，本书用“动议”这一称谓统一包含指代这一步骤。动议是指“与会者在会上提出的、需要会议给予处理的正式建议”。[3] “任何事务都必须以‘动议’的形式提交给会议，之后会议才可以考虑。”[4]“动议”一词的含义最广，可以涵盖上述文献提到议案、事项或案件等概念。

第二节　问题意识与研究价值

人民代表大会制度是我国的根本政治制度。宪法的实施首先需要人民代表大会制度发挥其作用。本书立足党的十九大和十九届三中、四中、五中全会精神，依据人民代表大会制度的理论与实践，保持中国人民代表大会制度的本体性，对于人大及其常委会会议的筹备、召开、审议和表决的议事规则展开全面和系统的研究。研究对象是我国各级人大及其常委会的会议制度和议事程序，包括会期制度、全体会议、委员会会议、列席、监督、调查、立法、任免、决定等具体的制度规则。

本书的独到学术价值：党的十八届三中全会报告提出，“紧紧围绕坚持党的领导、人民当家作主、依法治国有机统一深化政治体制改革，加快推进社会主义民主政治制度化、规范化、程序化，建设社会主义法治国家，

---

〔1〕 郑允海等编：《当代资本主义国家的议会制度》，福建人民出版社 1994 年版，第 59 页、第 61 页。

〔2〕 董璠舆：《外国议会议事规则》，中国政法大学出版社 1993 年版，第 235 页、第 236 页、第 272 页。

〔3〕 [美]亨利·罗伯特：《罗伯特议事规则》（第 11 版），袁天鹏、孙涤译，格致出版社、上海人民出版社 2015 年版，第 43 页。

〔4〕 同上。

发展更加广泛、更加充分、更加健全的人民民主”。在这里,民主政治的“制度化、规范化、程序化”就是对民主程序的要求,人大会议制度主要是一种民主程序的实践。宪法和法律赋予了人大诸多权力,人大要落实这些权力,需要具体的运作程序。最根本的人大工作程序就是人大的会议制度,因为各级人大主要是以开会的方式行使职权。人大会议制度、议事规则的系统研究,对于丰富社会主义民主和法治体系的理论、完善人民代表大会制度的理论具有重要意义。党的十九届四中全会提出坚持和完善中国特色社会主义制度的根本制度、基本制度、重要制度。人民代表大会制度作为我国的根本政治制度,目前其基本理论的研究还是不足的,缺乏根植于我国本土国情和实操的理论研究,本书可以在这方面作一些学术的贡献和创新。

本书的独到应用价值:目前全国和地方各级人大及其常委会都颁布了议事规则,对于会议会期、会议形式、发言时间、议案审议等核心问题都作出了规定。但还存在程序上的不足,例如,重复立法,同一个程序在两部或多部法律中规定,并且互相冲突;实体法和程序法的界限划分不明、分工不清;质询等监督机制的启动要件和法律后果规定不明确等问题。本书针对上述不足,提出具有可操作性的制度完善建议。

第三节 相关研究的学术史梳理及研究动态

实践中的人大会议制度不断完善,但我国理论界的相关研究尚有不足。首先,研究缺乏本土视野,国内宪法学界、政治学界的相关著作大多停留在介绍国外议会议事规则的层面。例如,陈寒枫《国家立法机关会议制度和议事程序比较研究》[1],尹中卿等译《英、法、美、德、意、日六国议会议事规则》,[2]华夏出版社出版的“国外议会丛书”以及其他系列的比

〔1〕 参见陈寒枫:《国家立法机关会议制度和议事程序比较研究》,载宪法比较研究课题组编:《宪法比较研究文集》(一),南京大学出版社1993年版,第341~389页。

〔2〕 参见《英、法、美、德、意、日六国议会议事规则》,尹中卿等译,中国民主法制出版社2005年版。

较政府与政治丛书等。其次,研究缺乏系统。对于人大会议制度的文献,有的是关于表决程序的;[1]有的是关于辩论规则的;有的是关于会议公开的;有的是关于公民旁听会议的。缺乏用统一的元规则梳理、指导人大会议制度设计,梳理人大会议制度现状的学术专著。一些稍微具备系统观的,多为全国或地方人大本身的研究机构编撰的会务操作手册、议事规则汇编,而非学术研究著作。最后,目前对于人大议事规则的研究缺乏国际视野,尚未有研究从代议制理论和人民代表大会基础理论出发,讨论在世界议会之林中,中国人大制度自身的组织构成和议事活动特点,总结中国人大议事制度的本体特征。

对于人大议事规则,已有研究指出了其存在的一些问题。从理论上来说,有学者指出,人大议事规则的法律地位和效力还未得到明确,议事规则被认为是人大内部的规范性文件,缺乏法律对相对方的约束力;在认识上没有把议事规则和人大的职权行使结合起来,在讨论人大职权行使时,只关心法律法规的规定,而不问议事规则的规定;议事规则涉及职权的内容照抄照搬宪法法律的规定,缺乏细化与补充;议事规则中关于委员会的规定过少。[2] 有人指出人大议事规则中的许多内容过于笼统和原则化,许多内容例如议案、质询、罢免等具体化的程序还需要另外制定条例来作出补充。[3] 也有学者指出,各级人大常委会制定的议事规则都只是一些具体条款,并没有明确规定"元规则",即统领具体规则的根本原则,这使我国的人大议事规则缺乏必要的理论支撑,也使我国人大的议事规则缺乏应有的特色和优势。[4] 有学者将我国人大议事规则的缺憾总结为"概而不全、简而不详",即"我国议事规则中的许多程序性规定基本上是粗线条的,很多程序在议事规则中虽有提到,但只是简单概括,每个

---

〔1〕 参见蔡定剑:《人大会议表决计票方法研究》,载《法学》1994 年第 9 期。

〔2〕 参见田必耀:《人大议事规则与监督到位(上)——对话中央财经大学法学院教授蒋劲松》,载《人民之友》2012 年第 1 期。

〔3〕 参见王建刚:《人民代表大会制度议事规则初探》,载《昆明理工大学学报》(社会科学版)2007 年第 3 期。

〔4〕 参见虞崇胜:《罗伯特议事规则与全国人大常委会议事规则的完善》,载《新视野》2009 年第 6 期。

程序应如何操作没有细则说明,可操作性不强;而且开会议事过程中的一些重要程序尚未纳入议事规则中来”。[1] 对于上述的问题,学者和人大工作者提出了对策建议,但依然是碎片化的,缺乏系统的分析,体系化的建构。

第四节 研究思路和方法

本书立足党的十九大和十九届三中、四中、五中全会精神,依据人民代表大会制度的理论与实践,以议会制、人民代表大会制度理论为依据,为人大会议制度提供坚实的理论支持。本书结合了理论、制度、实践三个层面的人大议事规则研究,全面、系统地梳理法律法规中涉及人大会议制度、议事活动的相关条文规定,并搜集整理相关案例和数据,考察议事规则文本对应实践中的人大议事活动及其效果,从中发现制度的制定与实施中存在的问题,进而在代议制、人民代表大会理论的指导下,为完善人大会议议事程序的制度机制提出论证可行的对策建议。

本书综合使用了以下研究方法:(1)哲理研究方法,通过理论和价值分析方法,确立人民代表大会会议制度的一般理论和内容。(2)法条分析方法,分析和总结各地人大关于会议制度的规定,以及世界其他国家和地区对于议会议事规则的规定。(3)案例分析方法,运用具体案例分析和总结人大会议制度对于人大职能行使的影响,衡量人大会议制度与人大理论的契合或背离。(4)社会实证调查的方法,通过采访、观察等田野调查的方法听取人大代表、人大工作者和社会各界对于人大会议观点和看法。

第五节 本书的主要观点

本书的主要发现和观点论点如下:

从理论上来说,我国人大议事规则的特征可以归纳为集体主导制,包括集体的决策、集体的领导、集体的行动、集体的责任,侧重集体对个体的

---

[1] 王燕燕:《检视我国民主议事规则》,载《人大研究》2011年第11期。

引导。我国人大独特的"集体议长制"是由民主集中制的原则推导出来，并且由我国法律确认的。这种引导在目前是必需的，因为人大代表个体的履职积极性和履职能力方面的限制，必须由集体加以引导。从长远来看，人大代表作为由人民选举产生的代表，是人大制度运行的行为主体。要发挥人大代表个体的作用，在保持集体对个体的引导和监督的同时，还需要加强规则对代表行为的引导，也就是法律和议事规则的引导，这就需要从制度上加以完善。

从制度上来说，我国人大议事规则奠定了人大会议运行和代表履职的大体制度框架，也构建了大致的人大会议制度体系，但是其规定过于概括。既没有在议事规则中明确"集体议长制"，未能系统明确地列出人大主席团、人大常委会作为议长的机构职权；又未能以发挥代表个体的功能作用为目标，为代表履职提供关于会议运行的具体的、程序性、可操作性的规定。这就需要在增强代表个体履职的理论指导下，增加和细化代表履职的程序性规定，同时增加对代表行为约束的强制性规定。本书从会期制度、议程设置、法定人数要求、代表动议权、发言规则等方面提出了改进意见，旨在形成一个"代表主体、规则引导、组织监督"的完备的代表履职规范体系。

从实践上来说，由于制度的不够完善，人大代表在实际中的履职仍有很大的提高空间。制度规定的缺位、人大代表履职积极性和能力的缺失，使人大的组织机构不得不扮演引导者的角色。随着规则制度的完备完善，人大的机构组织应回归到各自的工作本职，而代表的履职行为由议事规则提供全面细致的引导。此外，由于议事规则的规定不够细致，人大及其常委会的一些职权还未充分行使，也需要议事规则的完善。

第六节　本书的内容框架

第一章是导论，导论部分界定了本书的研究对象，即本书所讨论的议事规则的概念内涵、定义范围。本书的议事规则的内容包括：(1)宪法、法律相关条文；(2)全国人大及其常委会，地方各级人大及其常委会制定的名为议事规则的规范性文件;(3)全国人大及地方各级人大制定的会议制度、工作制度等规范性文件。本研究用“动议—审议—表决”的理论框架构建人大议事规则的理论体系。导论部分对本书的问题意识、研究的理论和应用价值作了说明,对人大议事规则的国内外研究现状作了分层次的梳理,并且介绍了本书的研究思路和方法,以及报告的总体内容框架。

第二章是中国人大议事规则的基础理论,本章通过对议会制度理论、马克思恩格斯以及列宁的代表制理论、人民代表大会制度理论的梳理,提出一种人大议事规则的理论表述。这种理论框架,对于人大会议的运行原则,具有纲领性的指导意义。本章提出议会议事规则设计的出发点是发挥议会的功能职权。议会议事规则的原则包括法定人数原则、议事公开原则、议事平等原则、多数决原则、辩论原则、一事一议原则、集体责任原则、文明表达原则等。这些原则构成了设计议会会议制度的元规则,也构成了本书的理论框架。本书归纳出我国人大议事规则的特有原则:首先是民主集中制原则;其次是人大主导原则;最后是代表主体原则。

第三章是中国人大议事规则的规范体系,按照“会议召集—提出动议—审议动议—表决决议”的框架体系,本章对全国人大议事规则和全国人大常委会议事规则、省级人大议事规则和省级人大常委会议事规则、市级人大议事规则和市级人大常委会议事规则进行了文本分析。按照全国人大议事规则的章节主题,全国人大会议上的动议包括议案(含法律草案),工作报告,国家计划和国家预算,国家机构组成人员的选举、罢免、任免和辞职,询问和质询,调查委员会,本章也是按照这样的顺序解构各级人大的议事规则。此外,本章还对国家级、省级、市级的人大议事规则作纵向的比较,并比较了议事规则与相关法律规定的契合与差异。

第四章是中国人大议事规则的实际运作,本章的任务是通过田野调查和档案梳理等方式,以发挥人大职权为出发点考察议事规则的实际运行。从实践的角度查找议事规则对于人大的立法、监督、任免等职权行使的影响,选取具有代表性的案例,并发现存在的问题。在样本方面,本章选取了最新两届(第十二届和第十三届)全国人大及其常委会、(第十二届和第十三届）广东省人大及其常委会、（第十四届和第十五届）广州市人大及其常委会，实证分析其会期安排、议程设置、议案的提出和审议、关于代表议案的审议处理、代表建议的办理、报告的审议审查，以及在人事任免、询问质询、特定问题调查等方面的工作情况，并结合实践论述人大的表决制度，同时关注和回应学界对人大工作的考察和总结以及进一步对完善人大职权行使的一些建议。

第五章是完善中国人大议事规则的建议，本章对涉及人大会议制度的现有文献进行主题性的归纳，批判地承继前人的研究成果，总结提取出学术界对人大会议制度所提出的批评建议和改进方案。结合前面四章的理论框架、法规梳理、案例总结、文献述评、国际经验，对于完善人大议事规则、发挥人大职权效能提出方案建议。可以总结出中国人大议事规则的两大制度特征。简言之，一个特征是“组织引导个体”，另一个特征是“程序概括简略”。在未来发展完善的方向上，一个方向是由组织引导逐渐转向规则引导，另一个方向是议事程序的规定由概括向具体的转变，包括对代表履职行为的授权性规则、命令性规则和禁止性规则的全面完善。

正文之后是两个附录。附录一是全国人民代表大会议事规则建议稿。附录二是全国人大及其常委会和各省人大及其常委会议事规则纵览。

第二章　中国人大议事规则的基础理论

第一节　议事规则的出发点——议会功能的发挥

本书认为议会议事规则的设计，需要遵循两个出发点，第一个出发点秉持功能中心主义，即认为议事规则的设计需围绕议会功能职权的发挥。（第二个出发点将在本章第二节论述）“代议机关议事过程中的程序是对代议机关有效行使职权的形式保障和制度保障。”[1]“议会中的议事，是为行使根据议会法赋予议会的权能而举行的，为促使其权能的发动则提出应审议的案件。”[2]议会虽然又被称为立法机关，然而议会的角色从来就不是单纯局限于立法，它在维持民主政治的运转中承担着多种功能。

中国的宪法及政治制度是以中国共产党的领导和人民代表大会制度为根本的具有中国特色社会主义的政治体制。中国各级人大及其常委会的职权由《宪法》、《地方各级人民代表大会和地方各级人民政府组织法》（以下简称《地方组织法》）、《各级人民代表大会常务委员会监督法》（以下简称《监督法》）、《立法法》、《全国人民代表大会和地方各级人民代表大会代表法》（以下简称《代表法》）等法律作出规定，但是这些规定比较零散，需要学理上系统的总结。《宪法》第 62 条列举了 15 项全国人大的具体职权，除此之外，还用兜底条款规定全国人大行使“应当由最高国家

---

〔1〕 周叶中：《代议制度比较研究》，武汉大学出版社 2005 年版，第 29 页。

〔2〕 董璠舆：《外国议会议事规则》，中国政法大学出版社 1993 年版，第 235 页。

权力机关行使的其他职权”。《宪法》第 67 条列举了 21 项全国人大常委会的具体职权，此外，也规定了全国人大常委会行使“全国人民代表大会授予的其他职权”的兜底条款。《地方组织法》第 8 条规定了 15 项县级以上地方人大的职权，第 9 条规定了 13 项乡镇人大的职权，第 44 条列举了 14 项县级以上地方人大常委会的职权。对于人大职权最权威的概括，是彭真总结的“四权说”。人大“四权说”源自 1980 年彭真在省、自治区、直辖市人大常委会负责同志第一次座谈会上的讲话，他谈到地方人大常委会的任务、职权主要是四条：制定、颁布地方性法规，讨论、决定本地区的政治、经济、文化、教育、卫生、民政、民族工作的重大事项，人事任免，监督本级政府和法院、检察院的工作。[1] 鉴于彭真在人大制度建设中的权威地位以及“四权说”的深远影响，本书采用“四权说”作为人大职权功能的基本表述。人大议事规则的设计与完善的出发点首先是着力于发挥人大这四大职权。

四大职权中，立法权或者说立法的功能不言而喻，而且目前学术界已经有汗牛充栋的文献简述立法权、立法体制和立法程序、立法制度。相对于议事规则中的其他内容，立法制度和立法程序已经比较成熟完善，所以，尽管立法程序属于议会议事规则的重要组成，却不是本书的研究重点。决定权的内涵和范围，需要学理进行界定和阐释。[2] 从宪法和法律文本来看，我国《宪法》第 62 条、第 67 条、第 99 条、第 104 条和《地方组织法》第 8 条、第 9 条共同构成了人大决定权的宪法与法律依据。对于全国人大及其常委会的职权范围，《宪法》采取的是列举的方式，关于决定权的规定穿插于全国人大及其常委会的各项职权中，并未特别地加以区分和说明。对于地方人大及其常委会的决定权，《宪法》的表述极为简略，仅仅用“县级以上的地方各级人民代表大会常务委员会讨论、决定本行政区域内各方面工作的重大事项”一语概之。《地方组织法》对重大事项的涵盖

---

〔1〕 参见彭真：《关于地方人大常委会的工作》，载彭真：《彭真文选（一九四一——一九九〇年）》，人民出版社 1991 年版，第 386 ~ 387 页。

〔2〕 参见孙莹：《论人大重大事项决定权的双重属性》，载《政治与法律》2019 年第 2 期。

领域进行举例,即地方人大及其常委会“讨论、决定本行政区域内的政治、经济、教育、科学、文化、卫生、环境和资源保护、民政、民族等工作的重大事项”,这些法律条文的规定构成了人大决定权的制度规范,也可以视为是广义的议事规则的组成部分。

按照何华辉先生的分类学,监督权和任免权涉及国家权力机关与其他国家机关的关系,“其表现形式主要体现在国家机关和其他国家机关的关系上面”。[1] 任免权表现为人大对其他国家机关领导成员的任命和免职,监督权表现为国家权力机关对其他国家机关工作的督促和检查。[2] 有关任免权和监督权的议事规则,其内容必然包含人大与其他国家机关的关系。立法权和监督权有单行法的规定,而决定权和任免权目前没有。与决定权一样,人大的任免权的规定散见于宪法和相关法律:《宪法》第62条第4~9款、第63条、第67条第9~14款、第101条、第103条、第104条;《地方组织法》第8条第4~7款、第9条第6~7款、第10条、第21~27条、第44条第9~12款;全国及地方各级人大的议事规则基本上都有“选举和罢免”的专章规定。监督权的具体规定见于《监督法》,该法规定了七种监督方式及其程序;全国及地方各级人大的议事规则一般都规定了部分监督方式,常见的如质询、工作报告的审议、预算的审议、特定问题调查等。

第二节 议事规则的元规则——原则

议事规则的内容结构分层次来看,分为元规则—基本规则—具体规则。一系列的元规则构成议事规则的基础,元规则发展形成基本规则,从中又衍生出具体规则。[3] 元规则也可以成为议事规则所遵循的原则。

---

〔1〕 何华辉主编:《人民代表大会制度的理论与实践》,武汉大学出版社1992年版,第153页。

〔2〕 参见何华辉主编:《人民代表大会制度的理论与实践》,武汉大学出版社1992年版,第153页。

〔3〕 参见[美]亨利·罗伯特:《罗伯特议事规则》(第11版),袁天鹏、孙涤译,格致出版社、上海人民出版社2015年版,第14页。

本章上述第一节论述了议会功能的发挥作为议事规则的出发点，这也可以概括为功能原则，即议事规则以发挥议会功能为主旨。第二个出发点是议会会议议程的有序、有效率的进行，即如何开好议会的会议、完成议会的工作，这不言而喻的，也是议事规则的本意和宗旨。“议会的工作程序就是如何开好议会会议的程序，讨论和决定提案的程序。”[1]“代议机关职能的有效发挥、代议机关职权的正确行使，取决于代议机关会议的质量和成效。规范化的议事程序为代议机关会议的正常进行提供了所必需的条件。”[2]“议会议事中最重要的问题，是如何把议员的活跃发言和议事效率结合起来……一方面是以期望议员的活跃发言，并加以保障为目的，另一方面又在于期望其公平，防止纠纷，以及议事的有效进行和议事及决议不产生瑕疵。”[3]“代议制民主程序所欲解决的基本问题是，人数众多的平等主体在一定期限内，如何议决大量议案，才能平等地实现各位议员的代议权，完成选民的委托……如果不遵循正当程序，代议制民主要么一团混乱，要么被寡头操纵，要么陷入多数人暴政。”[4]议事规则的第二个出发点主要体现在议事规则的元规则里。除功能原则之外，综合各类文献来看，有关会议程序的宗旨任务的议会议事规则元规则包括下列原则，每一项原则都对应一个或者若干规则：

1. 法定人数原则。法定人数原则要求议会在进行辩论、审议、修正和议决等议事活动时，必须有一定数量的组成人员出席，才能举行会议并进行议事活动，作出的决议才具有法律效力。[5] 法定人数指的是出席并在场的人数，并不是每次表决时参与投票的人数。[6] 设定法定人数的目的是保护组织的名义不被滥用，防止小部分人以组织整体的名义作出不能

〔1〕 郑允海等编：《当代资本主义国家的议会制度》，福建人民出版社 1994 年版，第 100 页。

〔2〕 周叶中：《代议制度比较研究》，武汉大学出版社 2005 年版，第 193 页。

〔3〕 董璠舆：《外国议会议事规则》，中国政法大学出版社 1993 年版，第 266 页。

〔4〕 蒋劲松：《代议法导论》，法律出版社 2016 年版，第 133 页。

〔5〕 参见周旺生、朱苏力主编：《北京大学法学百科全书：法理学 · 立法学 · 法律社会学》，北京大学出版社 2010 年版，第 1016 页。

〔6〕 参见[美]亨利 · 罗伯特：《罗伯特议事规则》（第 11 版），袁天鹏、孙涤译，格致出版社、上海人民出版社 2015 年版，第 254 页。

代表整体意见的决定。[1] 有学者总结了设置法定人数的三个目的:(1)法定人数原则有利于促进议事成员的审慎与共治;(2)法定人数原则可以使参与表决成员的意见最大程度接近全体成员参与的结果;(3)法定人数原则保证了决议结果、产生决议过程以及作出决议实体本身的合法性。[2] 法定人数的规定既是议会会议的基础和前提,又关系着议事活动的进行。各国议会议事规则中对法定人数一般都会作出具体规定。我国《全国人民代表大会议事规则》第 4 条规定会议有 2/3 以上的代表出席始得举行。这条规定是法定人数原则的体现。

2. 议事公开原则或公开会议原则。议事公开指的是议会举行会议、议事或者议决等活动应当向社会公开,议会公布议程,准许旁听,公开记录,允许媒体报道。只有充分了解议员的辩论和投票记录,选民才能评判议员是否充分和忠实地代表了自己的利益和意志。会议过程的公开对于议员、议会及公众来说具有积极意义。首先对于议员来说,公布其所提交法案的具体信息及该法案在议会中的辩论过程,有助于公众对相关法案的了解,并通过这类公开手段获取民众对于法案的支持或是相关的完善建议;对于公众来说,议会过程的公开则有助于了解其选举的议员在议会中的表现是否能充分代表选民的利益,了解对于其产生影响的法案进程,同时还可有效地对议会议事过程是否公正进行监督。议事公开主要体现在两个方面:一是通过媒体对议事过程进行公开;二是通过翔实的会议记录,将议事过程中的交流和讨论以文本方式呈现,并通过官方网站进行展示。我国《全国人民代表大会议事规则》第 18 条规定,会议公开举行,大会全体会议设旁听席,大会会议举行新闻发布会、记者招待会。在我国,每次人大会议都有新闻媒体的报道,人大会议和常委会会议的主题和成果都在人大的主页网站公开,包括人大的机构设置、人员组成、立法工作、

---

〔1〕 参见[美]亨利·罗伯特:《罗伯特议事规则》(第 10 版),袁天鹏、孙涤译,格致出版社、上海人民出版社 2007 年版,第 14 页。

〔2〕 See Nash, Jonathan Remy, "The Majority that wasn't: Stare Decisis, Majority Rule, and the Mischief of Quorum Requirement", *Emory Law Journal*, Volume 58, 2009, pp. 831 – 888.

监督工作、决议决定、人事任免、代表工作等。一些人大网站还会公开代表建议议案的主题和受理情况。这些举措都体现了议事公开原则。

3. 辩论原则。议会举行会议以辩论方式进行，言论自由是议员表达意志的重要方式和途径。〔1〕 为了让多元的利益能够得到充分的表达，需要让议员通过讨论和辩论的方式来充分表达各种利益诉求。投票只是辩论的结果和辩论不能达成共识之时不得不采用的手段。辩论是一项贯穿议会立法程序的活动，在辩论中，立法的目的和意义能够得到充分的表达，在针锋相对中议题也能得到深入和多方面的剖析，罗伯特就在其议事规则中如此评价，“它（辩论）使人类社会能够产生理性而有价值的决定”，〔2〕同时他也对辩论下了定义——“在协商会议中，‘辩论’特指就待决议题的利弊而展开的讨论——更准确地说，就是讨论是否应当通过当前动议”。〔3〕 立法辩论是整个立法过程中最活跃和激烈的程序，各个利益团体，支持者和反对者的思想都会在辩论中碰撞交锋。发言者可以在辩论中铺陈自己的观点，说明和解释对某个议题的意见及理由，在此过程中发言者有可能影响在座议员甚至公众的看法。由此看来，辩论本质在于观点的交换与妥协。各国议事规则中有关辩论的规定构成了议会辩论的机会空间和限制条件。

4. 多数决原则。这是指议会通过议员的讨论和表决来制定政策和解决分歧，根据投票表决同意的意见作出决定，并以多数人意见作为议决的标准。这是议会解决矛盾冲突和纷争的一种具体、可行、方便的方法。〔4〕《罗伯特议事规则》中也指出，“协商会议形成一项决定所需要满足的最

---

〔1〕 参见周旺生、朱苏力主编：《北京大学法学百科全书：法理学 · 立法学 · 法律社会学》，北京大学出版社 2010 年版，第 1016 页。

〔2〕 ［美］亨利 · 罗伯特：《罗伯特议事规则》（第 11 版），袁天鹏、孙涤译，格致出版社、上海人民出版社 2015 年版，第 282 页。

〔3〕 同上。

〔4〕 参见周旺生、朱苏力主编：《北京大学法学百科全书：法理学 · 立法学 · 法律社会学》，北京大学出版社 2010 年版，第 1016 页。

基本的要求就是‘过半数表决’(a majority vote)”。[1] 立法程序是将人民意志上升为法律的过程,法律要充分得到人民的同意方能实现,但全体一致又是一种过于理想化、缺乏效率以致难以实现的概念。因此要兼顾各方利益,使个人利益和群体利益达到平衡状态的最优解便是多数决原则。为了使议会作出的决定满足大多数人的利益和意愿,大多数国家议会都采用了多数决通过的方式。我国《全国人民代表大会议事规则》第9条和第52条对表决“过半数通过”的规定就体现多数决原则。

5. 议事平等原则,也称为一人一票原则。议会成员在法律上是完全平等的,不论其经验、民族、种族、性别、年龄、职业、财产状况和社会地位等的不同,在议会议事和表决中地位和权力都是平等的。在议事平等原则下,所有的议员都是人民的代表,因此其法律地位完全平等。因此,在议会活动过程中,必须给所有的议员以同等的机会。议长和各种机构负责人只是议会内部的主持人和发言人而不是领导人。议长就职后就要以公正的立场主持会议,一般不参加投票和辩论,只有一种例外情况,就是在赞成票和反对票相等的情况下,为打破僵局而投票。

6. 一事一议原则或者一时一件原则,即同一时刻只能处理一个问题。

7. 一事不再议原则。为了避免对同一动议再次作出相同决议或者不同决议,在同一会期里,对于议会已经作出的决议,不得再次审议。例如,《香港特别行政区立法会议事规则》第32(1)条规定,议案一旦获得通过,即成为立法会的决定,除非获立法会主席许可,以议案的形式撤销该项决定,否则在同一会期内,不得就该项决定再作讨论。

8. 会议发言免责原则。议员在议会辩论或讨论某项法案的发言中,只要不使用诽谤、侮辱性语言,不泄露国家机密和揭露别人隐私,发言均受法律保障,不得因观点异同而追究法律责任。[2]《全国人民代表大会议事规则》第49条规定了全国人大代表在全国人大各种会议上的发言和

---

〔1〕[美]亨利·罗伯特:《罗伯特议事规则》(第11版),袁天鹏、孙涤译,格致出版社、上海人民出版社2015年版,第283页。

〔2〕参见侯学华:《西方国家政治制度比较研究》,时事出版社2011年版,第253页。

表决不受法律追究。

9. 会期不继续原则。议会只在会期期间活动,会期一结束立即结束活动,在下次会期又重新活动。跨前后两个会期的议会是不存在的。在某一会期提议的法律案及议案等,在会期内不作出决议点,会期结束同时消失,下次会期不得作为决议的对象和议题。

10. 限时限次原则。同一问题,每人只能发言若干次,每次若干分钟。

11. 发言完整原则。正当发言不得被随意打断。

12. 文明表达原则。主持人分配发言权,发言禁止人身攻击。

13. 集体责任原则。议会所有的决策都必须以集体的名义进行,任何单个的议员都不能以议会的名义行事,决策的形成必须经多数议员同意。

14. 合意原则。在议决中,议员围绕议案或议题表达各自的意思主张,并进行充分意思互动,以达成意思一致,议决过程即合意过程。合意原则要求代议机关内部各议事或议决单位审议、表决议案的全过程,都必须使全体成员相互之间展开必要和充分的意思互动,议决结果为全体成员真实的意思互动的结晶。[1]

从上述议会的议事规则原则来看,法治、平等、公平、透明等精神和价值贯穿其中。本书提出,除了上述主要原则外,议会会议过程还有以下原则性要求:有效参与原则、议程控制原则、多数裁定原则、监督制约原则等。上述所有原则构成了现代议会会议制度的元规则。

第三节 人大议事规则的特有原则

我国政治制度的基础理论是民主集中制;我国的政党制度是中国共产党领导下的多党合作制。故而我国的议会制度即人民代表大会制度是合作,是民主集中。这体现在议事规则中,就是其他国家和地区的议事规则通常专章规定"辩论",而我国人大的议事规则,没有这种专门规定。中国的人民代表大会制度作为根本政治制度,其原理不是分权与制衡;人大

---

〔1〕 参见蒋劲松:《代议法导论》,法律出版社2016年版,第216页、第224页。

与其他国家机关之间不是分立和制衡的关系,地位上并不平等。人大选举产生其他国家机关,其他国家机关对人大负责,受人大监督。正如有的文献指出的,资本主义国家的议会只是三权中的一权,是立法机关,而我国人民代表大会是最高国家权力机关,是国家政权体系的基础和核心;在政党关系上,资本主义国家是各政党争权夺利的场所,而我国人民代表大会是中国共产党领导人民当家作主的根本途径,它通过法定程序使党的主张成为国家意志,实现党的领导。[1]

人民代表大会是短期会议,人民代表大会一年举行一次,每次会议持续时间在两周之内;常委会实行例会制度,至少两个月举行一次,每次会议时间是一天到两天。

最后我国人大的人大代表是兼职的,无法保证长期的开会。我国人大的议事规则要在中国宪法的框架内,从人大自身的制度精神和法律文件中解读。

作为议会,中国的人大也具备议会的基本性质,即作为代议机构、立法机构的基本特征,履行代议机关、立法机关共通的职能,遵守共通的议事规则。首先,作为人民的代表机关,[2]人大的职能是代表民意,通过人民代表吸收民意,反馈到决策系统,并向人民传达、解释国家政策和法律。为了履行这种代议职能,人大的议事规则必然包括议事公开原则。所以可以说议事公开原则是我国人大的议事规则。其次,作为民意机关、代议机构,人大代表的地位是平等的,适用议事平等原则。每个人大代表在表决中投票的效力是一样的。因为成员地位是平等的,所以人大机构与行政机构不同,行政机构一般实行首长负责制,人大则是个人无权、集体有权,实行集体责任制。集体责任制下,一般采取多数决制。多数作出决定,集体承担责任。而要达到多数的到场和表态,就需要规定到场参会的

---

〔1〕 参见郑允海等编:《当代资本主义国家的议会制度》,福建人民出版社1994年版,第174页。

〔2〕 习近平总书记在党的十九大报告中首次提出人大机关就是“代表机关”,即“使各级人大及其常委会成为全面担负起宪法法律赋予的各项职责的工作机关,成为同人民群众保持密切联系的代表机关”。

法定人数。最后,人大对由它产生的其他国家机关有监督的责任。人大议事规则里包含了对其他国家机关的监督。例如,《全国人民代表大会议事规则》规定了"审议工作报告、审查国家计划和国家预算""询问和质询""调查委员会"等内容。

此外,人民代表大会制度的人大议事规则具有特有的组织运行原则。具有中国特色社会主义特征的,可以概括为三项:民主集中制原则;人大主导原则;代表主体原则。

第一,民主集中制原则。人大议事规则具有民主集中制的特点。政治学者杨光斌曾发出"找回民主集中制"的感叹,作为中国政治制度的核心概念,与中国国情最相关的政治制度模式,民主集中制还未得到充分的研究与阐释。[1] "民主集中制"从词义上看是民主的集中制,民主与集中是统一不可分割的整体。按照王贵秀的理解,民主是属性,集中是实体,这一集中是民主性质的集中,而非专制性质的,也非无政府主义的。[2] 民主集中制一方面要防止分散主义,警惕瓦解党中央权威,在国家治理层面就是防止决而不行,防止损害人大制度有效性;另一方面也重点强调防止专断主义,防止党内生活和国家治理失去民主基础。[3] 民主集中制原则不仅是党的组织原则,是调整中央与地方的关系的原则,也是人大议事规则原则。一些地方人大的议事规则就明文指出这一点。例如,2007 年通过的《福建省人民代表大会议事规则》总则第 2 条规定:"省人民代表大会按照民主集中制原则,集体行使宪法和法律赋予的职权。"《北京市人民代表大会议事规则》第 2 条规定:"北京市人民代表大会审议决定问题,应当充分发扬民主,严格依法办事,实行民主集中制的原则。"《全国人民代表大会常务委员会议事规则》第 2 条规定:"全国人民代表大会常务委员会审议议案、决定问题,应当充分发扬民主,实行民主集中制

〔1〕 参见杨光斌、乔哲青:《论作为"中国模式"的民主集中制政体》,载《政治学研究》2015 年第 6 期。

〔2〕 参见王贵秀:《民主集中制的由来与含义新探》,载《理论前沿》2002 年第 8 期。

〔3〕 参见王旭:《作为国家机构原则的民主集中制》,载《中国社会科学》2019 年第 8 期。

的原则。”

综合学者们的研究,民主集中制的内涵包括:

1. 民主集中制的本质是少数服从多数。[1] 体现在议事规则上,其典型就是多数决,“大会全体会议表决议案,由全体代表的过半数通过。宪法的修改,由全体代表的三分之二以上的多数通过”。这是就人大运行的内部关系而言。

2. “民主基础—集中执行。”“当人民要求的政策一经通过民意机关而交付与自己选举的政府的时候,即由政府去执行……通过行政机关的集中行使权力去实现代表机关的共同意志……中国的民主集中制本质上就是议行合一制度的同构与扩大,处理的是代议与执行的关系”,[2]这是就人大运行的外部关系而言。人大的立法、决议、议案、代表建议等都需要政府的执法执行。

3. 集体领导、集体决策。中国民主集中制的内涵还包括“集体领导、民主集中、个别酝酿、会议决定”。[3] 反映于人大系统,就是集体职权、集体主导。对于人大制度的理解,经常用到的一句话就是“个人无权,集体有权”。人大的立法权、监督权、决定权等职权,都是以集体的方式行使,代表个人可以提出建议、议案,但都是经过人大会议的集体讨论,人大集体作出决定。“在人大工作中坚持民主集中制,最重要的就是人大及其常委会主要通过会议形式,严格和依法按程序办事,集体行使职权,集体决定问题。”[4]

4. 集体议长制。民主集中制在人大议事程序中的一个主要体现,就是集体议长制,这也是中国人大制度的特色。《全国人民代表大会议事规则》规定,全国人大常委会在全国人大会议举行前,进行下列准备工作:(1)提出会议议程草案;(2)提出主席团和秘书长名单草案;(3)决定列席

---

〔1〕 参见王贵秀:《民主集中制的含义与由来新探》,载《理论前沿》2002 年第 8 期。

〔2〕 王旭:《作为国家机构原则的民主集中制》,载《中国社会科学》2019 年第 8 期。

〔3〕 胡鞍钢:《民主的中国集体领导体制》,载观察者网,https://www.guancha.cn/hu-angang/2014_05_14_229346.shtml,2020 年 6 月 30 日最后访问。

〔4〕 介满盈编著:《地方人大会务操作手册》,中国民主法制出版社 1995 年版,第 2 页。

会议人员名单；(4)会议的其他准备事项。《全国人民代表大会议事规则》还规定，主席团主持全国人大会议。主席团的决定，由主席团全体成员的过半数通过。这些都是民主集中制的体现。这种集体议长制相比一个人担任议长，更符合议会的民主本质。

第二，人大主导原则。人大的议事规则具有人大至上的特点，也就是人大主导原则。这是就人大与其他国家机关的外部关系而言。人大议事规则的定位不是人大及其常委会的内部文件，凡人大及其常委会涉及的相对方都必须服从人大议事规则。[1] 人大职权运行涉及的相对方包括政府与人民、国家与社会。在决策领域，政府的重大决策需要人大决定重大事项。党的十八届三中全会通过《中共中央关于全面深化改革若干重大问题的决定》中，中央文件首次提出要求各级政府重大决策出台前向本级人大报告。2017 年 2 月中央办公厅印发《关于健全人大讨论决定重大事项制度、各级政府重大决策出台前向本级人大报告的实施意见》，各地也随之出台相关规定。在立法领域，人大主导立法。党的十八届四中全会提出，"健全有立法权的人大主导立法工作的体制机制，发挥人大及其常委会在立法工作中的主导作用"。2015 年修改《立法法》，将"人大主导立法"上升为法律规范。2017 年党的十九大报告再次强调"发挥人大及其常委会在立法工作中的主导作用"。"人大主导立法"已然成为新时代下推进人民代表大会制度建设、提高立法质量的基本要求。

第三，代表主体原则。代表主体原则可以从我国的宪法理论和宪法、法律规定中推导出来。我国宪法奉行人民主权。人民是治理国家的主体，人民行使国家权力主要是各级人大来行使的，人大代表从理论上讲是人大的行为主体。《宪法》《地方组织法》《监督法》《立法法》《代表法》规定了人大代表的动议权，包括全体代表的 1/5 以上提议，就可以临时召集本级人大会议；县级以上人大的代表 10 人以上联名，乡镇级人大的代表 5 人以上联名就可以提出议案；法定数量的代表书面联名可以提出本级政

---

〔1〕 参见田必耀：《人大议事规则与监督到位(上)——对话中央财经大学法学院教授蒋劲松》，载《人民之友》2012 年第 1 期。

府和司法机关的领导候选人;法定数量的代表联名可以提出罢免案;法定数量的代表联名可以提出质询案;法定数量的代表联名可以提出组建特定问题调查委员会;代表是人大发言和表决的主体。法律要求代表与选民保持密切联系,受选民的监督。所以,按照宪法和法律的规定,人大代表是人大制度运行的主体,人大会议是人大制度的载体,人大主席团和常委会则行使议会议长的权力。

综上所述,作为民意代表机关的人大,其议事规则的元规则包括民主集中制原则、人大主导原则、代表主体原则、法定人数原则、议事公开原则、议事平等原则、集体责任原则、多数决原则等。

第三章　中国人大议事规则的规范体系

本章以现行的人大议事规则以及相关法律规范为依据,从以下三个方面展现人大议事规则规范体系的面貌:

首先,对人大组织架构的概述。人大的议事活动是在人大的结构组织的基础上展开的,需要一定的组织分工才能有序高效地进行,因此探讨人大的议事规则需要先了解人大的组织体制。人大的结构组织是静态的和持续的,人大的议事活动是动态的和即时的,二者是密切相关、互为体用的关系。并且,如果各级人大的组织结构是类似的,这种组织结构的趋同意味着各级人大的议事规则内容必然存在一定程度的近似。

其次,对人大议事规则内容的详细梳理。本章的观察视野界定在全国、省级、市级这三个层级的人大及其常委会的议事规则文本上。本章的着眼点除了对全国范围的人大议事规则的制度内容进行分析和比较,也有对地方人大的制度空间的思考。省级、市级层面的议事规则比全国层面的议事规则更详细,省级、市级人大的议事规则在基本结构上相同或相似,同时在很多事项的规定中呈现相当程度的多样性和差异性。

最后,对人大议事规则的制度特征予以总结归纳:

在议事规则的性质方面,议事规则是人大及其常委会进行议事活动的基础规范,具有综合性和概括性。一方面对涉及议事活动的组织和职权行使的各方面制度规则进行集中规定;另一方面对议事活动的制度规则倾向于进行概括规定,由此集中连接着相关法律规定和特定工作规范。

在议事规则中的职能分工方面,议事活动中体现的职能可以分为管理、议事、决策三大类,并分别由各种机构或会议形式以及相关议事主体承担,其中体现着议事活动集体主导的特征。

在议事规则中的问题方面,议事规则中有不少与法律规定不一致的地方,其中很多属于议事规则的规定超出法律规定范围的问题,有的属于议事规则的规定与法律规定存在矛盾的问题;议事规则中还有涉及法律冲突的问题。另外,议事规则中也有不少不够合理的地方,有待进一步完善。

本章以《宪法》、组织法、全国和省市人大及其常委会的议事规则文本[1]为规范依据。从相关人大官网上的搜索结果来看,目前,除全国人大及其常委会制定了议事规则外,省级人大及其常委会基本上都制定了议事规则,很多市级人大及其常委会也制定了议事规则。其中有的市级地方只有人大常委会议事规则而没有人大议事规则,有的则反之。需要说明的是,由于资料搜集和研究精力等方面的限制,对于市级人大及其常委会议事规则无法全面搜集并进行研究,只能选取部分进行研究。以下(见表3-1、表3-2)将本章所依据的省级、市级人大议事规则和人大常委会议事规则分别列出。

表3-1 省级人大及其常委会议事规则

省、自治区、直辖市	人大议事规则	人大常委会议事规则
北京	《北京市人民代表大会议事规则》	《北京市人民代表大会常务委员会议事规则》
天津	《天津市人民代表大会议事规则》	《天津市人民代表大会常务委员会议事规则》
河北	《河北省人民代表大会议事规则》	《河北省人民代表大会常务委员会议事规则》

〔1〕 包括2020年8月第十三届全国人大常委会第二十一次会议通过的《全国人民代表大会组织法(修正草案)》(以下简称《组织法修正草案》)、《全国人民代表大会议事规则(修正草案)》(以下简称《议事规则修正草案》)的文本。

续表

省、自治区、直辖市	人大议事规则	人大常委会议事规则
山西	《山西省人民代表大会议事规则》	《山西省人民代表大会常务委员会议事规则》
内蒙古	《内蒙古自治区人民代表大会议事规则》	《内蒙古自治区人民代表大会常务委员会议事规则》
辽宁	《辽宁省人民代表大会议事规则》	《辽宁省人民代表大会常务委员会议事规则》
吉林	《吉林省人民代表大会议事规则》	《吉林省人民代表大会常务委员会议事规则》
黑龙江	《黑龙江省人民代表大会议事规则》	《黑龙江省人民代表大会常务委员会议事规则》
上海	《上海市人民代表大会议事规则》	《上海市人民代表大会常务委员会议事规则》
江苏	《江苏省人民代表大会议事规则》	《江苏省人民代表大会常务委员会议事规则》
浙江	《浙江省人民代表大会议事规则》	《浙江省人民代表大会常务委员会议事规则》
安徽	《安徽省人民代表大会议事规则》	《安徽省人民代表大会常务委员会议事规则》
福建	《福建省人民代表大会议事规则》	《福建省人民代表大会常务委员会议事规则》
江西	《江西省人民代表大会议事规则》	《江西省人民代表大会常务委员会议事规则》
山东	《山东省人民代表大会议事规则》	《山东省人民代表大会常务委员会议事规则》
河南	《河南省人民代表大会议事规则》	《河南省人民代表大会常务委员会工作条例》①

续表

省、自治区、直辖市	人大议事规则	人大常委会议事规则
湖北	《湖北省人民代表大会议事规则》	《湖北省人民代表大会常务委员会议事规则》
湖南	《湖南省人民代表大会议事规则》	《湖南省人民代表大会常务委员会议事规则》
广东	《广东省人民代表大会议事规则》	《广东省人民代表大会常务委员会议事规则》
广西	《广西壮族自治区人民代表大会议事规则》	《广西壮族自治区人民代表大会常务委员会议事规则》
海南	《海南省人民代表大会议事规则》	《海南省人民代表大会常务委员会议事规则》
重庆	《重庆市人民代表大会议事规则》	《重庆市人民代表大会常务委员会议事规则》
四川	《四川省人民代表大会议事规则》	《四川省人民代表大会常务委员会议事规则》
贵州	《贵州省人民代表大会议事规则》	《贵州省人民代表大会常务委员会议事规则》
云南	《云南省人民代表大会议事规则》	《云南省人民代表大会常务委员会议事规则》
西藏	《西藏自治区人民代表大会议事规则》	《西藏自治区人民代表大会常务委员会议事规则》
陕西	《陕西省人民代表大会议事规则》	《陕西省人民代表大会常务委员会议事规则》
甘肃	《甘肃省各级人民代表大会议事规则》	《甘肃省人民代表大会常务委员会议事规则》

续表

省、自治区、直辖市	人大议事规则	人大常委会议事规则
青海	《青海省县级以上各级人民代表大会议事规则》	《青海省人民代表大会常务委员会议事规则》
宁夏	《宁夏回族自治区人民代表大会议事规则》	《宁夏回族自治区人民代表大会常务委员会议事规则》
新疆	《新疆维吾尔自治区人民代表大会议事规则》	《新疆维吾尔自治区人民代表大会常务委员会议事规则》

①《河南省人民代表大会常务委员会工作条例》废止了原有的《河南省人民代表大会常务委员会议事规则》,可以认为前者代替后者发挥着议事规则的作用。

表 3-2　部分市级人大及其常委会议事规则

省、自治区	设区的市、自治州	人大议事规则	人大常委会议事规则
河北	石家庄	《石家庄市人民代表大会议事规则》	《石家庄市第十三届人大常委会议事规则》
	唐山	《唐山市人民代表大会议事规则》	《唐山市人民代表大会常务委员会议事规则》
山西	大同	《大同市人民代表大会议事规则》	《大同市人民代表大会常务委员会议事规则》
	朔州	《朔州市人民代表大会议事规则》	《朔州市人民代表大会常务委员会议事规则》
内蒙古	呼和浩特	《呼和浩特市人民代表大会议事规则》	《呼和浩特市人民代表大会常务委员会议事规则》
	包头	《包头市人民代表大会议事规则》	《包头市人民代表大会常务委员会议事规则》
辽宁	大连	—	《大连市人民代表大会常务委员会议事规则》

续表

省、自治区	设区的市、自治州	人大议事规则	人大常委会议事规则
吉林	长春	《长春市人民代表大会议事规则》	《长春市人民代表大会常务委员会议事规则》
	吉林	《吉林市人民代表大会议事规则》	—
	延边	《延边朝鲜族自治州人民代表大会议事规则》	《延边朝鲜族自治州人民代表大会常务委员会议事规则》
黑龙江	大庆	—	《大庆市人民代表大会常务委员会议事规则》
	齐齐哈尔	—	《齐齐哈尔市人民代表大会常务委员会议事规则》
江苏	徐州	—	《徐州市人民代表大会常务委员会议事规则》
	常州	—	《常州市人民代表大会常务委员会议事规则》
浙江	杭州	—	《杭州市人民代表大会常务委员会议事规则》
	丽水	《丽水市人民代表大会议事规则》	—
	温州	《温州市人民代表大会议事规则》	《温州市人民代表大会常务委员会议事规则》
安徽	合肥	—	《合肥市人民代表大会常务委员会议事规则》
	安庆	—	《安庆市人民代表大会常务委员会议事规则》

续表

省、自治区	设区的市、自治州	人大议事规则	人大常委会议事规则
福建	厦门	《厦门市人民代表大会议事规则》	《厦门市人民代表大会常务委员会议事规则》
	南平	《南平市人民代表大会议事规则》	《南平市人民代表大会常务委员会议事规则》
	三明	《三明市人民代表大会议事规则》	《三明市人民代表大会常务委员会议事规则》
江西	南昌	《南昌市人民代表大会议事规则》	《南昌市人民代表大会常务委员会议事规则》
山东	青岛	《青岛市人民代表大会议事规则》	《青岛市人民代表大会常务委员会议事规则》
	枣庄	《枣庄市人民代表大会议事规则》	—
	淄博	—	《淄博市人民代表大会常务委员会议事规则》
河南	洛阳	《洛阳市人民代表大会议事规则》	《洛阳市人民代表大会常务委员会议事规则》
	平顶山	《平顶山市人民代表大会议事规则》	《平顶山市人民代表大会常务委员会议事规则》
湖北	武汉	—	《武汉市人民代表大会常务委员会议事规则》
	咸宁	《咸宁市人民代表大会议事规则》	《咸宁市人民代表大会常务委员会议事规则》
	恩施	—	《恩施土家族苗族自治州人民代表大会常务委员会议事规则》

续表

省、自治区	设区的市、自治州	人大议事规则	人大常委会议事规则
湖南	常德	—	《常德市人民代表大会常务委员会议事规则》
	湘西	—	《湘西土家族苗族自治州人民代表大会常务委员会议事规则》
广东	广州	《广州市人民代表大会议事规则》	《广州市人民代表大会常务委员会议事规则》
	深圳	《深圳市人民代表大会议事规则》	《深圳市人民代表大会常务委员会议事规则》
	珠海	《珠海市人民代表大会议事规则》	《珠海市人民代表大会常务委员会议事规则》
	汕头	《汕头市人民代表大会议事规则》	《汕头市人民代表大会常务委员会议事规则》
	河源	—	《河源市人民代表大会常务委员会议事规则》
	汕尾	《汕尾市人民代表大会议事规则》	《汕尾市人民代表大会常务委员会议事规则》
	湛江	《湛江市人民代表大会议事规则》	—
	茂名	—	《茂名市人民代表大会常务委员会议事规则》
	清远	《清远市人民代表大会议事规则》	《清远市人民代表大会常务委员会议事规则》
	揭阳	—	《揭阳市人民代表大会常务委员会议事规则》

续表

省、自治区	设区的市、自治州	人大议事规则	人大常委会议事规则
广西	南宁	《南宁市人民代表大会议事规则》	《南宁市人民代表大会常务委员会议事规则》
	桂林	—	《桂林市人民代表大会常务委员会议事规则》
	贺州	—	《贺州市人民代表大会常务委员会议事规则》
海南	海口	《海口市人民代表大会议事规则》	《海口市人民代表大会常务委员会议事规则》
	三亚	《三亚市人民代表大会议事规则》	《三亚市人民代表大会常务委员会议事规则》
四川	成都	《成都市人民代表大会议事规则》	《成都市人民代表大会常务委员会议事规则》
	宜宾	—	《宜宾市人民代表大会常务委员会议事规则》
	内江	《内江市人民代表大会议事规则》	《内江市人民代表大会常务委员会议事规则》
贵州	贵阳	《贵阳市人民代表大会议事规则》	《贵阳市人民代表大会常务委员会议事规则》
	遵义	—	《遵义市人民代表大会常务委员会议事规则》
云南	昆明	《昆明市人民代表大会议事规则》	—
	丽江	—	《丽江市人民代表大会常务委员会议事规则》
	楚雄	—	《楚雄彝族自治州人民代表大会常务委员会议事规则》

续表

省、自治区	设区的市、自治州	人大议事规则	人大常委会议事规则
西藏	拉萨	《拉萨市人民代表大会议事规则》	《拉萨市人民代表大会常务委员会议事规则》
	日喀则	《日喀则市人民代表大会议事规则》	《日喀则市人民代表大会常务委员会议事规则》
陕西	汉中	《汉中市人民代表大会议事规则》	《汉中市人民代表大会常务委员会议事规则》
	宝鸡	—	《宝鸡市人民代表大会常务委员会议事规则》
甘肃	平凉	—	《平凉市人民代表大会常务委员会议事规则》
	白银	—	《白银市人民代表大会常务委员会议事规则》
青海	海东	《海东市人民代表大会议事规则》	《海东市人民代表大会常务委员会议事规则（试行）》
宁夏	银川	—	《银川市人民代表大会常务委员会议事规则》
新疆	乌鲁木齐	《乌鲁木齐市人民代表大会议事规则》	—

第一节　人大组织架构概述

一、全国人大及其常委会的组织架构

（一）全国人大的组织机构

全国人大的组织机构可以分为四类：第一类是人大代表进行议事的组织，包括代表团、代表小组，这类组织是临时性的，只存在于人大会议进行中；第二类是会议主持机构即主席团；第三类是会议服务机构即秘书

处；第四类是人大的常设工作机关即专门委员会。

1. 代表团和代表小组：全国人大代表按照选举单位组成代表团，代表团全体会议推选团长、副团长。[1] 代表团的划分基础是选举单位，所以除了解放军代表之外，其他代表团都是按照地域划分，同一省份的在同一个代表团。代表团可以分设若干代表小组，代表小组会议推选小组召集人。人大代表主要是通过代表小组会议进行审议的。

2. 主席团：全国人大预备会议选举本次会议的主席团和秘书长，主席团第一次会议推选主席团常务主席若干人、执行主席若干人。[2] 主席团的职责是主持会议，也就是本书所说的“集体议长制”的其中一个体现。[3] 有学者认为，人大主席团的主持会议的权力不只是程序性的权力，还具有控制会议议程、立法程序和官员提名等实质性的权力。[4]

3. 秘书处：全国人大会议设立秘书处，秘书处由秘书长和副秘书长组成，由秘书长领导。秘书处的工作职责是办理主席团交付的事项和处理会议日常事务工作。[5]

4. 专门委员会：全国人大根据需要设立若干专门委员会，各专门委员会由主任委员、副主任委员若干人、委员若干人组成。各专门委员会受全国人大领导，在全国人大闭会期间受全国人大常委会领导。[6] 目前，全国人大设有 10 个专门委员会，分别为民族委员会、宪法和法律委员会、监察和司法委员会、财政经济委员会、教科文卫委员会、外事委员会、华侨委员会、环境与资源保护委员会、农业与农村委员会、社会建设委员会。[7]

---

〔1〕 参见《全国人民代表大会议事规则》(1989 年 4 月 4 日第七届全国人大第二次会议通过)第 7 条。

〔2〕 参见《全国人民代表大会议事规则》第 8 条第 1 款、第 10 条。

〔3〕 主席团的职权可以用“主持会议”一言以蔽之，也可以用列举的方式。《组织法修正草案》第 13 条列举了 9 项主席团处理的事项。

〔4〕 参见陈家刚：《现代中国民主制度的建构与运行：第一届全国人大研究(1954 ~ 1959)》，广东人民出版社 2010 年版，第 81 页。

〔5〕 参见《全国人民代表大会议事规则》第 15 条。

〔6〕 参见《全国人民代表大会组织法》(1982 年 12 月 10 日第五届全国人民代表大会第五次会议通过，以下简称《全国人大组织法》)第 35 条第 1 款、第 2 款。

〔7〕 参见中国人大网，http://www.npc.gov.cn/npc/c507/rdjg.shtml，2020 年 6 月 27 日最后访问。

(二)全国人大常委会的组织机构

全国人大设立全国人大常委会,作为其常设机关,在人大闭会期间,[1]全国人大常委会的机构组成如下:

1. 委员长会议:委员长会议由委员长、副委员长和秘书长组成。[2]委员长主持常务委员会会议和常务委员会的工作。副委员长、秘书长协助委员长工作。[3] 全国人大常委会的委员长、副委员长、秘书长的人选由主席团提名,经各代表团酝酿协商后,再由主席团根据多数代表的意见确定正式候选人名单。[4] 全体大会选举产生委员长、副委员长和秘书长。有学者将全国人大常委会委员长会议的职权总结为五项,包括:(1)常委会会议会期决定权、会议议程草案拟定权;(2)对议案和质询案的"提交"审议权;(3)指导和协调各专门委员会的日常工作;(4)处理常委会其他重要日常工作;(5)有关专门委员会成员的提名权。[5] 这些程序性的权力也可以视为是实质性的权力,尤其是人选的提名权和将议案列入会议议程的决定权。因此也有学者认为委员长会议是常委会"实际上的决策中心"。[6] 除上述在常委会会议中的职权外,在全国人大的全体会议上,委员长会议还承担召集主席团第一次会议的任务。本书认为委员长会议也符合本书所提出的中国人大的"集体议长制"的特征。

2. 常委会会议:全国人大常委会由委员长、副委员长若干人、秘书长、委员若干人组成,这些组成人员由全国人大从代表中选出。常务委员会的组成人员不得担任国家行政机关、审判机关和检察机关的职务。[7] 目

---

〔1〕 参见《宪法》(1982 年 12 月 4 日第五届全国人大第五次会议通过,1988 年 4 月 12 日第一次修正,1993 年 3 月 29 日第二次修正,1999 年 3 月 15 日第三次修正,2004 年 3 月 14 日第四次修正,2018 年 3 月 11 日第五次修正)第 57 条。

〔2〕 参见《全国人大组织法》第 25 条。

〔3〕 参见《全国人大组织法》第 24 条。

〔4〕 参见《全国人大组织法》第 13 条。

〔5〕 参见马岭:《〈全国人大组织法〉对委员长会议职权的规定》,载《哈尔滨工业大学学报》(社会科学版)2014 年第 2 期。关于委员长会议的职权,《组织法修正草案》增加两项,一项是决定是否将议案、决定草案、决议草案交付常委会表决;另一项是通过常委会年度工作要点和立法、监督、代表工作计划,工作规范性文件等。

〔6〕 孙哲:《全国人大制度研究》,法律出版社 2004 年版,第 94 页。

〔7〕 参见《全国人大组织法》第 23 条。

前全国人大常委会中有一部分委员只担任常委会委员的职务，也就是专职委员。随着国家监察委员会的设立，法律也会进行相应修改，规定常委会组成人员也不得担任国家检察机关的职务。常委会也承担了一部分的议长职能，每届人大会议的第一次会议，由上届人大常委会召集。[1]

3. 办事机构：常委会设立办公厅作为其办事机构，由秘书长和副秘书长若干人组成。[2] 全国人大常委会办公厅下设秘书局、研究室、联络局、外事局、新闻局、信访局、人事局、离退休干部局、机关事务管理局、机关党委、机关纪委、机关工会、机关服务中心、全国人大培训中心、全国人大信息中心、中国人大杂志社、全国人大图书馆、全国人大会议中心、人民大会堂管理局等部门各司其职。[3]

4. 工作机构：常委会可以根据需要设立工作委员会，工作委员会由主任委员、副主任委员、委员组成，组成人员由委员长提请常委会任免。[4] 全国人大常委会设立法制工作委员会、预算工作委员会、香港特别行政区基本法委员会和澳门特别行政区基本法委员会。各个工作委员会下设若干办公室、研究室等局级机构。[5]

5. 代表资格审查委员会：常委会设立代表资格审查委员会，代表资格审查委员会由主任委员、副主任委员、委员组成，组成人员的人选由委员长会议在常委会组成人员中提名，常委会会议通过。[6] 有学者认为代表资格审查委员会属于专门委员会，但是是临时的委员会，大会闭会期间不再工作。[7] 但是按照法律，专门委员会是全国人大会议设立的，法律未规定全国人大常委会设立专门委员会的权力。

---

[1] 参见《全国人民代表大会议事规则》第3条。

[2] 参见《全国人大组织法》第27条。

[3] 参见中国人大网，http://www.npc.gov.cn/npc/c507/rdjg.shtml，2020年6月27日最后访问。

[4] 参见《全国人大组织法》第28条。

[5] 参见中国人大网，http://www.npc.gov.cn/npc/c507/rdjg.shtml，2020年6月27日最后访问。

[6] 参见《全国人大组织法》第26条。

[7] 参见周伟：《各国立法机关委员会制度比较研究》，山东人民出版社2005年版，第74页。

二、省级人大及其常委会的组织架构

(一)省级人大的组织机构

省级人大的组织机构与全国人大类似,同样由上述四类机构组成,不同的是所设立的专门委员会的名称和数目。例如,广东省人大设有法制委员会、监察和内务司法委员会、财政经济委员会、环境与资源保护委员会、农村农业委员会、教育科学文化卫生委员会、华侨民族宗教委员会、社会建设委员会这8个专门委员会。[1] 而浙江省人大设有法制委员会、监察和司法委员会、财政经济委员会、教科文卫委员会、民族宗教华侨外事委员会、农业与农村委员会、环境与资源保护委员会、社会建设委员会8个专门委员会。[2] 专门委员会下设办公室。

(二)省级人大常委会的组织机构

省级人大设立常委会作为其常设机关。[3] 省级人大常委会的机构组成如下:

1. 主任会议:省级人大常委会主任会议的组织与职权与全国人大常委会委员长会议近似,也属于本书提出的中国人大制度中的"集体议长制"。省级人大常委会的主任会议由常委会主任、副主任和秘书长组成。[4] 主任会议同样行使上述对议案和质询案的"提交"审议权、处理常委会重要日常工作、有关专门委员会成员的提名权等权力。虽然《地方组织法》没有明文规定主任会议拥有决定常委会会议会期、拟订会议议程草案、指导和协调各专门委员会的日常工作等权力,但是根据全国人大常委会法工委的解释,省级人大常委会重要日常工作包含了这些内容,因此地

---

〔1〕 参见广东人大网,http://www.rd.gd.cn/pub/gdrd2012/rdgzxgnr/rdgl/201211/t20121128_128111.html,2020年6月27日最后访问。

〔2〕 参见浙江人大网,http://www.zjrd.gov.cn/rdgl/,2020年6月27日最后访问。

〔3〕 参见《地方组织法》第40条。

〔4〕 参见《地方组织法》第48条。

方人大常委会主任会议也具有这些职权。[1]

2. 常委会会议：省级人大常委会的组成人员为本级人大在代表中选举的主任、副主任若干人、秘书长、委员若干人。[2] 不仅是省级，地方各级人大常委会的组成人员都不得担任行政机关、审判机关和检察机关的职务。[3] 《地方组织法》也应作出相应修改，规定常委会组成人员不得担任监察机关的职务。地方人大常委会的职权，除了本书第二章所述的彭真总结的“四权”之外，还包括了组织方面的职权，即领导或主持本级人大的选举、召集本级人大会议。[4] 这类职权由常委会会议集体行使。

3. 办事机构：常委会根据工作需要，设立办事机构。[5] 与全国人大常委会类似，省级人大常委会设立办公厅作为其办事机构。例如，广东省人大常委会办公厅下设秘书处、会务处、综合处、研究室、人事处、机关党委办公室、老干部处、信访办公室、信息宣传处、机关事务管理处、接待处、机关事务中心、信息中心和《人民之声》杂志社等部门。[6]

4. 工作机构：常委会根据工作需要，设立工作机构。[7] 与全国人大常委会类似，省级人大常委会设立若干工作委员会作为其工作机构。各省级人大常委会工作委员会的名称和数目略有不同。例如，广东省人大常委会设有选举联络人事任免工作委员会、外事工作委员会、法制工作委员会、预算工作委员会这 4 个工作委员会。而浙江省人大常委会设有法制工作委员会、监察和司法工作委员会、预算工作委员会、教育科技文化卫生工作委员会、农业与农村工作委员会、环境与资源保护工作委员会、代表与选举任免工作委员会、外事工作委员会、社会建设工作委员会 9 个

---

〔1〕 参见乔晓阳、张春生主编：《〈中华人民共和国地方各级人民代表大会和地方各级人民政府组织法〉释义及问题解答（修订版）》，中国民主法制出版社 2006 年版，第 78 页。

〔2〕 参见《地方组织法》第 41 条第 1 款。

〔3〕 参见《地方组织法》第 41 条第 3 款。

〔4〕 参见《地方组织法》第 44 条。

〔5〕 参见《地方组织法》第 53 条。

〔6〕 参见广东人大网，http://www.rd.gd.cn/pub/gdrd2012/rdgzxgnr/rdgl/201211/t20121128_128111.html，2020 年 6 月 27 日最后访问。

〔7〕 参见《地方组织法》第 53 条。

工作委员会。[1] 每个工作委员会下设办公室。

省级人大常委会可以在地区设立工作机构。[2] 目前各省、自治区都在其所属地区设立了人大联络机构,有的称为地区工作委员会,有的称为地区人大联络委员会/处/组。地区人大工作机构办理的事项由省级人大常委会交办,并且只能是属于工作机构职责的事项,不能行使属于省级人大及其常委会的职权。[3]

5. 代表资格审查委员会。代表资格审查委员会审查代表的选举是否符合法律规定。[4]

三、市级人大及其常委会的组织架构

(一) 市级人大的组织机构

市级人大的组织体制与全国人大、省级人大的基本相同,同样由上述四类机构组成。[5] 各市人大所设立的专门委员会的名称和数目略有不同。例如,广州市人大设立了法制委员会、监察和司法委员会、预算委员会、经济委员会、城乡建设环境与资源保护委员会、农村农业委员会、教育科学文化卫生委员会、华侨外事民族宗教委员会、社会建设委员会这9个专门委员会,各委员会下设办公室。[6] 武汉市人大也设立了9个专门委员会,分别为法制委员会、监察和司法委员会、财政经济委员会、教育科学文化卫生委员会、城乡建设与环境保护委员会、农村委员会、民族宗教侨务外事委员会、人事任免委员会、社会建设委员会。[7] 而深圳市人大仅

[1] 参见浙江人大网,http://www.zjrd.gov.cn/rdgl/,2020年6月27日最后访问。

[2] 参见《地方组织法》第53条。

[3] 参见《地区人大工作委员会是怎么回事》,载济南人大网,http://www.jnrd.gov.cn/study/b5fb782320f64bd7aa18352562259c47.html,2020年6月27日最后访问。

[4] 参见《地方组织法》第51条。

[5] 参见《地方组织法》第13条第1款、第4款,第30条第1款、第2款,第31条第1款、第3款。

[6] 参见广州人大网,http://www.rd.gz.cn/rdgl/zzjg/zzsz/content/post_86012.html,2020年6月27日最后访问。

[7] 参见武汉人大网,http://www.whrd.gov.cn/html/jgsz/srdcwh/zrhyzcry/,2020年6月27日最后访问。

设置了法制委员会和计划预算委员会这两个专门委员会。[1]

(二)市级人大常委会的组织机构

市级人大设立常委会作为其常设机关。[2] 市级人大常委会的组成不可一概而论。设区的市的人大常委会由主任、副主任若干人、秘书长、委员若干人组成;不设区的市的人大常委会由主任、副主任若干人和委员若干人组成,不设秘书长。[3]

市级人大常委会与省级人大近似,同样包含主任会议、常委会会议、办事机构、工作机构和代表资格审查委员会。[4] 各市人大常委会的工作机构的名称和数量有所不同。

全国、省级、市级人大的组织体制是有极大的同构性的,这决定了其议事活动的组织分工是相同或相似的,甚至其议事规则的基本内容也是相同或相似的。不过,这些规定在限定了人大议事规则的大体框架的同时,也为之留下了一定的制度空间,使全国和各地议事规则对同一事项规定不尽相同。

第二节 全国人大议事规则

本节用"动议—审议—表决"的理论框架解析全国人大议事规则,人大的议事程序就是"召集会议—提出动议—审议动议—表决决议"的流程。这一规律也适用于所有政治制度下的议会议事过程。

一、召集会议——议事的平台

人大议事是通过各种会议形式实现的,会议的召集和举行是人大议事活动的平台。会议的召集和举行也可以被称为会议制度。有学者提出会议制度与选举制度、代表制度是人大制度的三个子系统,三者的有机结

[1] 参见深圳人大网,http://www.szrd.gov.cn/szrd_zjrd/szrd_zjrd_jgsz/fzwyh/,2020 年 6 月 27 日最后访问。

[2] 参见《地方组织法》第 40 条。

[3] 参见《地方组织法》第 41 条。

[4] 参见《地方组织法》第 48 条,第 50 条,第 53 条第 1 款、第 2 款。

合构成人大的民主结构。[1]

(一)会期

全国人大会议于每年第一季度举行一次;在全国人大常委会认为必要,或者有1/5以上全国人大代表提议时,可以召开全国人大临时会议。[2] 每次会议开会几天,法律未作规定。在特殊情况下,全国人大会议可以推迟举行。例如,2020年年初鉴于突发公共卫生事件,全国人大常委会委员长会议向常委会提交了关于提请审议《全国人民代表大会常务委员会关于推迟召开第十三届全国人民代表大会第三次会议的决定(草案)》,经常委会审议通过,原定于3月5日举行的全国人大会议适当推迟。这次处理特殊情况的经验被《议事规则修正草案》吸收采纳,该草案增加了相应规定,将特殊情况的处理程序法定化、制度化。

(二)会议的准备

全国人大会议举行前,相关准备工作主要包括常委会准备工作、组织代表团和代表小组、审议和调整相关准备事项、召开预备会议、召开主席团第一次会议等。

全国人大常委会提出会议议程草案,提出主席团和秘书长名单草案,决定列席会议人员名单,提出或决定会议的其他准备事项。[3] 全国人大常委会在会议举行的1个月前,将开会日期和建议会议讨论的主要事项通知代表,并将准备提请会议审议的法律草案发给代表;临时会议不适用该规定。[4]

大会会议举行前,代表按照选举单位组成代表团,由代表团全体会议推选代表团团长、副团长;代表团可以分设若干代表小组,分别推选小组召集人。[5]

---

〔1〕 参见蔡文成:《民主形态论:中国人大制度的理论与实践》,中国社会科学出版社2013年版,第98~100页。

〔2〕 参见《全国人民代表大会议事规则》第2条。

〔3〕 参见《全国人民代表大会议事规则》第5条。

〔4〕 参见《全国人民代表大会议事规则》第6条。

〔5〕 参见《全国人民代表大会议事规则》第7条。

各代表团审议全国人大常委会提出的会议议程草案、主席团和秘书长名单草案、会议的其他准备事项，提出意见；全国人大常委会委员长会议根据该意见，可以对相关准备事项提出调整意见，提请预备会议审议。[1]

大会会议举行前，召开预备会议。预备会议选举主席团和秘书长，通过会议议程和关于会议其他准备事项的决定；预备会议由全国人大常委会主持，每届全国人大第一次会议的预备会议，由上届全国人大常委会主持。[2]

大会会议举行前，召开主席团第一次会议。主席团会议由主席团常务主席召集并主持，其第一次会议由全国人大常委会委员长召集。主席团第一次会议推选主席团常务主席若干人、推选主席团成员若干人，并决定副秘书长的人选、会议日程、[3]代表提出议案截止日期、其他需要由主席团第一次会议决定的事项。[4]

（三）会议的召集

全国人大会议由全国人大常委会召集；其每届第一次会议，在本届全国人大代表选举完成后的两个月内，由上届全国人大常委会召集。[5]

（四）会议的主持、出席和列席

全国人大会议由主席团主持。[6]

全国人大举行会议时，全国人大代表应当出席，因病或者其他特殊原因不能出席的必须请假；会议有 2/3 以上的代表出席，始得举行。[7]

国务院组成人员、中央军事委员会组成人员、[8]最高人民法院院长、最高人民检察院检察长，列席全国人大会议；其他有关机关、团体的负责

---

〔1〕参见《全国人民代表大会议事规则》第 8 条第 3 款、第 4 款。

〔2〕参见《全国人民代表大会议事规则》第 8 条第 1 款、第 2 款。

〔3〕《议事规则修正草案》删去了第 10 条第 3 项“表决议案的办法”。

〔4〕参见《全国人民代表大会议事规则》第 10 条。

〔5〕参见《全国人民代表大会议事规则》第 3 条。

〔6〕参见《全国人民代表大会议事规则》第 9 条第 1 款。

〔7〕参见《全国人民代表大会议事规则》第 4 条、第 16 条。

〔8〕《议事规则修正草案》在列席人员的规定中增加了国家监察委员会主任。

人,经全国人大常委会决定,可以列席全国人大会议。[1]

(五)会议的公开

大会全体会议设旁听席,旁听办法另行规定。[2] 会议举行新闻发布会、记者招待会。[3] 秘书处和有关的代表团应当为少数民族代表准备必要的翻译。[4]

全国人大会议公开举行;在必要的时候,经主席团征求各代表团的意见后,由有各代表团团长参加的主席团会议决定,可以举行秘密会议。[5]

二、提出动议——议事的开始

(一)动议的分类

本书以"动议"来指称各级人大会议上所有被提交的并有待决定的事务。动议的提出标志着议事程序的开始。动议包含议案和其他动议。按照《全国人民代表大会议事规则》的篇章安排,动议分为议案,工作报告,国家计划,国家预算,国家机构组成人员的选举、罢免、任免和辞职,询问和质询,组织调查委员会等。

从学理来说,动议的类型还可以有其他的划分方式。例如,有论者认为法律案、决议案、决定案、国民经济和社会发展计划案、财政预算案、人事任免案、组织特定问题调查委员会案都属于议案。而质询不需人大会议讨论决定,而是向其他国家机关提出并要求作答,因此不属于人大议案。同时,国家机关向人大会议所作的工作报告是其对自己工作已取得成绩和今后工作安排的汇报,因此也不属于议案的范围。[6]

此外,作为最主要的动议类型,议案本身可作进一步的区分。本书认

---

〔1〕 参见《全国人民代表大会议事规则》第 17 条。
〔2〕 参见《全国人民代表大会议事规则》第 18 条第 3 款。
〔3〕 参见《全国人民代表大会议事规则》第 18 条第 4 款。
〔4〕 参见《全国人民代表大会议事规则》第 20 条。
〔5〕 参见《全国人民代表大会议事规则》第 18 条第 1 款、第 19 条。
〔6〕 参见乔晓阳、张春生主编:《〈中华人民共和国地方各级人民代表大会和地方各级人民政府组织法〉释义及问题解答》(修订版),中国民主法制出版社 2006 年版,第 27 页;李树春编著:《怎样提出并写作议案》,中国民主法制出版社 2018 年版,第 118 ~119 页。

为，根据议案提出主体的不同，议案可以分为机关议案和代表议案。两者在提出的条件、要求以及提出后的处理程序等方面都有所不同；其中最明显的区别是，前者一般列入会议议程，而后者不一定列入会议议程。主席团、全国人大常委会，全国人大各专门委员会，国务院，中央军事委员会，最高人民法院，最高人民检察院等主体提出的议案，视为机关议案；一个代表团或者代表联名提出的议案，视为代表议案。根据议案的处理程序和目的任务的不同，议案还可以分为一般议案和特殊议案，特殊议案包括宪法修正案、法律案、条约和协定案等。

（二）议案的提交

1. 一般议案

关于国家机关议案的提出，《全国人民代表大会议事规则》规定，主席团、全国人大常委会、全国人大各专门委员会，国务院，中央军事委员会，最高人民法院，最高人民检察院，可以向全国人大提出属于全国人大职权范围内的议案，由主席团决定列入会议议程。[1] 关于监察委员会是否有权向同级人大或其常委会提出议案，目前宪法和相关法律并未有明确规定，全国人大组织法和议事规则的修正草案明确了国家监察委员会可以向全国人大提出议案。本书发现一些地方人大的议事规则规定了监察委员会可以向同级人大常委会提出议案，详见下文。

关于代表议案的提出，全国人大 1 个代表团或者 30 名以上的代表联名，可以向全国人大提出属于全国人大职权范围内的议案，由主席团决定是否列入会议议程，或者先交有关专门委员会审议并提出是否列入会议议程的意见，再决定是否列入会议议程；专门委员会审议的时候，可以邀请提案人列席会议、发表意见；代表议案可以在全国人大会议举行前提出。[2]

2. 宪法修正案、法律案

法律案的提出遵循一般议案的提出程序。宪法的修改有更为严格的

---

〔1〕 参见《全国人民代表大会议事规则》第 21 条第 1 款。

〔2〕 参见《全国人民代表大会议事规则》第 21 条第 2 款、第 3 款。

规定,须由全国人大常委会或者1/5以上的全国人大代表提出。[1]

3. 代表建议

《全国人民代表大会议事规则》在“议案的提出和审议”一章,还对代表建议作了规定。在人大会议期间,全国人大代表可以向大会提出对各方面工作的建议、批评和意见(本书统称为代表建议)。代表建议与代表议案类似,都是代表表达自己的意见,但是议案有更为严格的形式和内容上的要件要求。

(三)其他动议的提交

1. 工作报告

全国人大每年举行会议的时候,全国人大常委会、国务院、最高人民法院、最高人民检察院向会议提出工作报告。[2]

在议案以外,报告也是议事活动的一种重要载体,二者可以覆盖人大及其常委会会议的绝大部分议题。对相关报告进行审议审查,是人大及其常委会监督其他国家机关行使国家权力以及监督自身内设机构工作情况的主要方式和重要制度,同时也是人大及其常委会知悉与自身职权相关的各方面现实情况的重要依托。

报告与议案的区别主要有以下几个方面:在性质上,报告主要具有汇报和监督性质,侧重于交代工作情况以及请求批准认可,而议案主要具有建议性质,侧重于请求作出决策;在提出主体上,报告由特定国家机关或其他相关主体提出,议案由人大主席团及专门委员会、常委会及委员长会议和主任会议、其他国家机关、代表、常委会组成人员提出;在内容上,报告主要涉及人大的监督权和重大事项决定权,而议案更广泛地涉及人大的各类职权;在程序上,报告经提出和审议审查后,可以由会议作出相应的决议,而议案经提出和审议后,一般由会议表决而形成相应的决策。另外,报告与审议过程中的报告的区别主要是,前者是独立的议题并且具有监督性,而后者只是议题审议过程中的一部分程序并且没有监督性。

---

〔1〕 参见《宪法》第64条第1款。

〔2〕 参见《全国人民代表大会议事规则》第30条。

2. 国家计划和国家预算

全国人大每年举行会议的时候，国务院应当向会议提出关于国民经济和社会发展计划及计划执行情况的报告、关于国家预算及预算执行情况的报告，并将国民经济和社会发展计划主要指标（草案）、国家预算收支表（草案）和国家预算执行情况表（草案）一并印发会议。[1]

3. 国家机构组成人员的选举、罢免、任免和辞职[2]

全国人大常委会委员长、副委员长、秘书长、委员的人选，中华人民共和国主席、副主席的人选，中央军事委员会主席的人选，最高人民法院院长和最高人民检察院检察长的人选，由主席团提名。国务院总理的人选由中华人民共和国主席提名，国务院其他组成人员的人选由国务院总理提名，中央军事委员会除主席以外的其他组成人员的人选由中央军事委员会主席提名。各专门委员会组成人员的人选，由主席团在代表中提名。候选人的提名人应当向会议介绍候选人的基本情况，并对代表提出的问题作必要的说明。[3]

全国人大会议期间，全国人大常委会的组成人员，中华人民共和国主席、副主席，国务院的组成人员，中央军事委员会的组成人员，最高人民法院院长和最高人民检察院检察长可以提出辞职案。[4]

罢免案由特别的主体对经全国人大选举和决定任命的国家机关组成人员提出。其中，关于主席团提出罢免案的权力，《全国人民代表大会议事规则》与《全国人大组织法》规定不一致。《全国人民代表大会议事规则》规定，主席团、3 个以上的代表团或者 1/10 以上的代表，可以提出对于

---

〔1〕 参见《全国人民代表大会议事规则》第 32 条第 1 款。《议事规则修正草案》对本条内容略有调整，将“全国人民代表大会每年举行会议的时候，国务院应当向会议提出关于国民经济和社会发展计划**及计划**执行情况的报告、关于**国家**预算**及预算**执行情况的报告”，修改为“全国人民代表大会每年举行会议的时候，国务院应当向会议提出关于国民经济和社会发展计划执行情况与计划草案的报告、国民经济和社会发展计划草案，关于中央和地方预算执行情况与预算草案的报告、预算草案”。

〔2〕 现行全国人大组织法和全国人大议事规则的本部分内容尚未提及国家监察委员会主任，《组织法修正草案》和《议事规则修正草案》中增加了相关规定。

〔3〕 参见《全国人民代表大会议事规则》第 34 条、第 35 条。

〔4〕 参见《全国人民代表大会议事规则》第 38 条第 1 款。

全国人大常委会组成人员，中华人民共和国主席、副主席，国务院组成人员，中央军事委员会组成人员，最高人民法院院长和最高人民检察院检察长的罢免案；罢免案应当写明罢免理由，并提供有关的材料。[1] 这与《全国人大组织法》的规定不同，后者并未规定主席团可以对上述人员提出罢免案。[2]

4. 询问和质询

在各代表团审议议案和有关报告的时候，代表可以对有关部门提出询问。[3]

全国人大会议期间，1 个代表团或者 30 名以上的代表联名，可以书面提出对国务院和国务院各部门的质询案；质询案必须写明质询对象、质询的问题和内容。[4]

5. 组织调查委员会

全国人大主席团、3 个以上的代表团或者 1/10 以上的代表联名，可以提议组织关于特定问题的调查委员会。

三、审议动议——议事的进行

（一）议案的审议

1. 一般议案

议案审议的程序包括提供有关资料、听取关于议案的说明、审议讨论等。议案列入会议议程后，提案人和有关的全国人大专门委员会、有关的全国人大常委会工作部门应当提供有关的资料；提案人应当向会议提出关于议案的说明；议案由各代表团进行审议，主席团可以并交有关专门委员会进行审议并提出报告，由主席团审议决定提请大会全体会议表决；专

---

〔1〕 参见《全国人民代表大会议事规则》第 39 条第 1 款、第 2 款。

〔2〕 参见《全国人大组织法》第 15 条。

〔3〕 参见《全国人民代表大会议事规则》第 41 条。

〔4〕 参见《全国人民代表大会议事规则》第 42 条、第 43 条。《组织法修正草案》《议事规则修正草案》扩大了受质询机关的范围，不仅是国务院和国务院各部门，还包括国家监察委员会、最高人民法院、最高人民检察院。

门委员会审议议案涉及专门性问题的时候，可以邀请有关方面的代表和专家列席会议，发表意见。[1]

列入会议议程的议案，除了交付表决外，还有撤回、授权常委会处理的处理方式。列入会议议程的议案，在交付大会表决前，提案人要求撤回的，经主席团同意，会议对该议案的审议即行终止。[2] 列入会议议程的议案，在审议中有重大问题需要进一步研究的，经主席团提出，由大会全体会议决定，可以授权全国人大常委会审议决定，并报全国人大下次会议备案或者提请全国人大下次会议审议。[3]

2. 法律案

对于法律案（包括法律修改案）的特殊议事程序，《全国人民代表大会议事规则》规定得不多，《立法法》规定得较详细。法律案在大会闭会期间可以先提请常委会审议处理，在提出内容和程序上有特别规定；列入全国人大会议议程后由各代表团、有关专门委员会审议，并由法律委员会（现为宪法和法律委员会）统一审议；未通过的可以依法重新提请全国人大审议。

在法律案的提出阶段，全国人大会议举行前，常委会对准备提请会议审议的重要的基本法律案，可以将草案公布，广泛征求意见，并将意见整理印发会议。[4] 此外，根据《立法法》，向全国人大提出的法律案，在全国人大闭会期间，可以先向常委会提出，经常委会会议审议后，决定提请全国人大审议，由常委会或者由提案人向大会全体会议作说明。[5] 常委会审议上述法律案，应当通过多种形式征求全国人大代表的意见，并将有关情况予以反馈；专门委员会和常委会工作机构进行立法调研，可以邀请有关的全国人大代表参加；对于决定提请全国人大审议的法律案，常委会应

[1] 参见《全国人民代表大会议事规则》第 22 条、第 23 条、第 26 条。

[2] 参见《全国人民代表大会议事规则》第 27 条。

[3] 参见《全国人民代表大会议事规则》第 28 条。

[4] 参见《全国人民代表大会议事规则》第 25 条。

[5] 参见《立法法》（2000 年 3 月 15 日第九届全国人民代表大会第三次会议通过，2015 年 3 月 15 日修正）第 16 条第 1 款。

当在全国人大会议举行的1个月前,将法律草案发给代表。[1] 提出法律案,应当同时提出法律草案文本及其说明,并提供必要的参阅资料;修改法律的,还应当提交修改前后的对照文本;法律草案的说明应当包括制定或者修改法律的必要性、可行性和主要内容,以及起草过程中对重大分歧意见的协调处理情况。[2] 向全国人大提出的法律案,在列入会议议程前,提案人有权撤回。[3]

在法律案的审议阶段,列入会议议程的法律案,大会全体会议听取关于该法律案的说明后,由各代表团审议,并由法律委员会和有关专门委员会审议;法律委员会根据各代表团和有关专门委员会的审议意见,对法律案进行统一审议,向主席团提出审议结果报告和草案修改稿,对重要的不同意见应当在审议结果报告中予以说明,主席团审议通过后,印发会议,并将修改后的法律案提请大会全体会议表决;有关专门委员会的审议意见应当及时印发会议。[4]

在法律案经表决后,根据《立法法》,对于交付全国人大全体会议表决未获得通过的法律案,提案人如果认为必须制定该法律,可以按照法律规定的程序重新提出,由主席团决定是否列入会议议程,提请全国人大审议决定。[5]

此外,对于全国人大决定成立的特定的法律起草委员会拟订并提出的法律案,其审议程序和表决办法,另行规定。[6]

3. 代表建议

全国人大代表向全国人大提出的对各方面工作的建议、批评和意见,由全国人大常委会办事机构交由有关机关、组织研究处理,并负责在大会闭会之日起3个月内予以答复,至迟不超过6个月;代表对答复不满意

---

[1] 参见《立法法》第16条第2款、第17条。
[2] 参见《立法法》第54条。
[3] 参见《立法法》第55条。
[4] 参见《全国人民代表大会议事规则》第24条第1~3款。
[5] 参见《立法法》第56条。
[6] 参见《全国人民代表大会议事规则》第24条第4款。

的,可以提出意见,由全国人大常委会办事机构交由有关机关、组织或者其上级机关、组织再作研究处理,并负责答复。[1]

(二)其他动议的审议

1. 工作报告

全国人大每年举行会议的时候,全国人大常委会、国务院、最高人民法院、最高人民检察院向会议提出的工作报告,由各代表团审议。[2]

2. 国家计划和国家预算

计划报告和预算报告在全国人大会议举行前由财政经济委员会初步审查,在全国人大会议举行时由代表团和有关专门委员会审查,并由财政经济委员会提出报告,经主席团提出的相应决议草案经大会表决通过而批准。

如上所述,在计划报告和预算报告的提出和初步审查阶段,全国人大会议举行的1个月前,国务院有关主管部门应当就国民经济和社会发展计划及计划执行情况、国家预算及预算执行情况的主要内容,向全国人大财政经济委员会和有关专门委员会汇报,由财政经济委员会进行初步审查。[3] 其中,关于预算的规定与《预算法》的规定稍有不同;根据《预算法》,国务院财政部门应当在每年全国人大会议举行的45日前,将中央预算草案的初步方案提交全国人大财政经济委员会进行初步审查。[4]《议事规则修正案》对此进行了修改,与《预算法》一致。

在计划报告和预算报告的审查阶段,国务院应当向会议提出关于国民经济和社会发展计划及计划执行情况的报告、关于国家预算及预算执行情况的报告,并将国民经济和社会发展计划主要指标(草案)、国家预算收支表(草案)和国家预算执行情况表(草案)一并印发会议,由各代表团进行审查,并由财政经济委员会和有关专门委员会审查;财政经济委员会

---

[1] 参见《全国人民代表大会议事规则》第29条。

[2] 参见《全国人民代表大会议事规则》第30条。

[3] 参见《全国人民代表大会议事规则》第31条。

[4] 参见《预算法》(1994年3月22日第八届全国人大第二次会议通过,2014年8月31日第一次修正,2018年12月29日第二次修正)第44条第1款。

根据各代表团和有关专门委员会的审查意见,对关于国民经济和社会发展计划及计划执行情况的报告、关于国家预算及预算执行情况的报告进行审查,向主席团提出审查结果报告,主席团审议通过后,印发会议,并将关于国民经济和社会发展计划的决议草案、关于国家预算和预算执行情况的决议草案提请大会全体会议表决;有关专门委员会的审查意见应当及时印发会议。[1]

在计划报告和预算报告经全国人大批准后,国民经济和社会发展计划、国家(中央)预算在执行过程中必须作部分调整的,国务院应当将调整方案提请全国人大常委会审查和批准。[2]

3. 国家机构组成人员的选举、罢免、任免和辞职[3]

全国人大常委会组成人员的人选,中华人民共和国主席、副主席的人选,中央军事委员会主席的人选,最高人民法院院长和最高人民检察院检察长的人选,由主席团提名,经各代表团酝酿协商后,再由主席团根据多数代表的意见,确定正式候选人名单。[4]

在罢免案的审议阶段,罢免案由主席团交各代表团审议后,提请大会全体会议表决,或者由主席团提议,经大会全体会议决定,组织调查委员会,由全国人大下次会议根据调查委员会的报告审议决定;罢免案提请大会全体会议表决前,被提出罢免的人员有权在主席团会议和大会全体会议上提出申辩意见,或者书面提出申辩意见,由主席团印发会议。[5]

此外,关于国家监察委员会主任的罢免,《全国人民代表大会议事规则》和《全国人大组织法》都没有明确规定。根据《宪法》,国家监察委员会主任应当同样适用上述罢免程序。[6]

---

〔1〕 参见《全国人民代表大会议事规则》第 32 条。如前所述,《议事规则修正草案》对所提交和审议的报告和草案的范围进行了修改。

〔2〕 参见《全国人民代表大会议事规则》第 33 条。

〔3〕 《全国人大组织法》和《全国人民代表大会议事规则》的本部分内容尚未提及国家监察委员会主任,《组织法修正草案》和《议事规则修正草案》中增加了相关规定。

〔4〕 参见《全国人民代表大会议事规则》第 34 条第 1 款。

〔5〕 参见《全国人民代表大会议事规则》第 39 条第 1 款、第 3 款。

〔6〕 参见《宪法》第 63 条。

全国人大会议期间，全国人大常委会组成人员，中华人民共和国主席、副主席，国务院组成人员，中央军事委员会组成人员，最高人民法院院长和最高人民检察院检察长提出辞职的，由主席团将其辞职请求交各代表团审议后，提请大会全体会议决定；大会闭会期间提出辞职的，由委员长会议将其辞职请求提请全国人大常委会审议决定。全国人大常委会接受全国人大常委会组成人员，中华人民共和国主席、副主席，国务院总理、副总理、国务委员，中央军事委员会主席，最高人民法院院长和最高人民检察院检察长辞职的，应当报请全国人大下次会议确认。[1] 关于国家监察委员会主任的辞职，《全国人民代表大会议事规则》《宪法》《全国人大组织法》尚未明确规定。

4. 组织调查委员会

主席团、3 个以上的代表团或者 1/10 以上的代表联名，可以提议组织关于特定问题的调查委员会，由主席团提请大会全体会议决定；调查委员会的组成人员，由主席团在代表中提名，提请大会全体会议通过。[2]

调查委员会可以聘请专家参加调查工作；调查时可以要求有关的国家机关、社会团体和公民如实提供必要的材料，提供材料的公民要求调查委员会对材料来源保密的，调查委员会应当予以保密；调查委员会在调查过程中，可以不公布调查的情况和材料；调查委员会应当向全国人大提出调查报告。[3]

（三）询问和质询的答复

询问和质询这两种动议的处理较为特殊，在提出后的议事程序不是审议，而是被询问和质询对象的答复。

1. 询问

代表团、主席团、专门委员会审议议案和有关报告时，有关机关或部门应当派负责人到会听取意见并回答询问。

---

〔1〕 参见《全国人民代表大会议事规则》第 38 条第 1 款。

〔2〕 参见《全国人民代表大会议事规则》第 46 条。

〔3〕 参见《全国人民代表大会议事规则》第 46 条第 2 款、第 47 条、第 48 条第 1 款。

各代表团审议议案和有关报告的时候,有关部门应当派负责人员到会,听取意见,回答代表提出的询问;各代表团全体会议审议政府工作报告和审查关于国民经济和社会发展计划及计划执行情况的报告、关于国家预算及预算执行情况的报告的时候,国务院和国务院各部门负责人应当分别参加会议,听取意见,回答询问。[1] 主席团和专门委员会对议案和有关报告进行审议的时候,国务院或者有关机关负责人应当到会,听取意见,回答询问,并可以对议案或者有关报告作补充说明。[2]

2. 质询

质询案由特定主体对国务院及其各部门书面提出,按照主席团的决定由受质询机关的负责人在相关会议上口头答复,或由受质询机关书面答复,提质询案人对答复不满意的可以要求再作答复。

质询案按照主席团的决定由受质询机关的负责人在主席团会议、有关专门委员会会议或者有关代表团会议上口头答复,或者由受质询机关书面答复;在主席团会议或者专门委员会会议上答复的,提质询案的代表团团长或者代表有权列席会议,发表意见;提质询案的代表或者代表团对答复质询不满意的,可以提出要求,经主席团决定,由受质询机关再作答复;在专门委员会会议或者代表团会议上答复的,有关专门委员会或者代表团应当将答复质询案的情况向主席团报告;主席团认为必要的时候,可以将答复质询案的情况报告印发会议;质询案以书面答复的,受质询机关的负责人应当签署,由主席团决定印发会议。[3]

(四)发言的规则

代表发言不受法律追究,内容要围绕会议议题,有次数时限约束的场合包括全体会议和主席团会议;发言由大会执行主席或会议主持人许可,可以进行两次,时限为 5 分钟、10 分钟、15 分钟不等(主席团会议上的发言可以延长);发言要整理简报印发会议。

---

〔1〕 参见《全国人民代表大会议事规则》第 41 条第 1 款、第 2 款。
〔2〕 参见《全国人民代表大会议事规则》第 41 条第 3 款。
〔3〕 参见《全国人民代表大会议事规则》第 44 条。

全国人大代表在全国人大各种会议上的发言,不受法律追究。[1] 另外,根据《代表法》,代表应当围绕会议议题发表意见。[2]

关于全体会议上的发言,(代表)要求发言的,在会前向秘书处报名后由大会执行主席安排发言顺序,临时要求发言的,经大会执行主席许可始得发言;代表每人可以发言两次,第一次不超过 10 分钟,第二次不超过 5 分钟。[3] 关于主席团会议上的发言,主席团成员和代表团团长或者代表团推选的代表,每人可以就同一议题发言两次,第一次不超过 15 分钟,第二次不超过 10 分钟;经会议主持人许可,发言时间可以适当延长。[4]

会议期间,将代表在各种会议上的发言整理成简报印发会议,并可以根据本人要求,将代表的发言记录或者摘要印发会议。[5]

四、表决决议——议事的完成

无论是上述哪一种动议(除询问和质询之外),最后都会形成决议并交付大会表决。全国人大会议上表决的决议草案包括关于全国人大常委会工作报告的决议草案、关于政府工作报告的决议草案、关于最高人民法院工作报告的决议草案、关于最高人民检察院工作报告的决议草案、关于上一年度年国民经济和社会发展计划执行情况与本年度国民经济和社会发展计划的决议草案、关于上一年度中央和地方预算执行情况与本年度中央和地方预算的决议草案、法律草案、关于确认某人辞去某个职务的请求决定草案等。在历届全国人大第一次会议上,还需表决关于设立本届全国人大专门委员会的决定草案,关于本届全国人大专门委员会主任委员、副主任委员、委员人选的表决办法草案,关于本届全国人大一次会议选举和决定任命的办法草案等。此外,全国人大根据调查委员会的报告,可以作出相应的决议;全国人大可以授权全国人大常委会在全国人大闭

[1] 参见《全国人民代表大会议事规则》第 49 条。
[2] 参见《代表法》第 8 条第 3 款。
[3] 参见《全国人民代表大会议事规则》第 50 条。
[4] 参见《全国人民代表大会议事规则》第 51 条。
[5] 参见《全国人民代表大会议事规则》第 18 条第 12 款。

会期间,听取调查委员会的调查报告,并可以作出相应的决议,报全国人大下次会议备案。[1]

全国人大代表在全国人大各种会议上的表决,不受法律追究;全国人大全体会议表决议案,由全体代表的过半数通过;表决结果由会议主持人当场宣布;议案的表决,由主席团决定采用投票方式、举手方式或者其他方式。[2] 与一般议案和法律案不同,宪法的修改有特别的提出主体要求、表决通过要求、表决方式要求。宪法修正案由全国人大以全体代表的2/3以上的多数通过,采用投票方式表决。[3]

选举投票程序也可以视为是一种表决。全国人大会议选举和决定任命的具体办法,由大会全体会议通过。[4] 关于国家监察委员会主任的选举,《全国人民代表大会议事规则》和《全国人大组织法》都没有明确规定;根据《宪法》,国家监察委员会主任应当适用与最高人民法院院长等国家机关组成人员相同的选举程序。[5] 在选举案和决定任命案的表决阶段,全国人大会议选举或者决定任命,采用无记名投票方式,设秘密写票处;得票数超过全体代表的半数的,始得当选或者通过;选举或者表决结果由会议主持人当场宣布,候选人的得票数应当公布。[6]

第三节　全国人大常委会的议事规则

上一节运用"召集会议—提出动议—审议动议—表决决议"的框架对全国人大的议事过程作了较详细的分解。鉴于全国人大的议事程序和全国人大常委会,乃至地方各级人大及其常委会有着极大的同质性和同构性,为避免不必要的重复,本节开始简化处理:用会议制度来涵盖会议的准备、会议的召集、会议的主持、出席和列席、会议的举行;用动议(包括议

〔1〕 参见《全国人民代表大会议事规则》第48条。
〔2〕 参见《全国人民代表大会议事规则》第49条,第52条第1款、第3款,第53条第1款。
〔3〕 参见《全国人民代表大会议事规则》第52条第2款、第53条第2款。
〔4〕 参见《全国人民代表大会议事规则》第37条。
〔5〕 参见《宪法》第62条第4项至第9项。
〔6〕 参见《全国人民代表大会议事规则》第36条。

案和其他动议)的运行来涵盖动议的提出、动议的审议、决议的表决等议事活动的各个环节。

一、会议制度

全国人大常委会会议一般每两个月举行一次;有特殊需要的时候,可以临时召集会议。[1]

全国人大常委会会议由委员长召集。[2]

全国人大常委会会议举行前,相关准备工作主要包括拟订议程草案、发出通知等。委员长会议拟订常委会会议议程草案,提请常委会全体会议决定。[3] 在会议举行7日前,应当将开会日期、建议会议讨论的主要事项,通知常委会组成人员和列席会议的人员;临时召集会议,可以临时通知。[4]

全国人大常委会会议由委员长主持,委员长可以委托副委员长主持。[5]

全国人大常委会举行会议时,常委会组成人员除因病或者其他特殊原因请假的以外,应当出席会议;会议必须有常委会全体组成人员的过半数出席,才能举行。[6]

国务院、中央军事委员会、最高人民法院、最高人民检察院的负责人,不是全国人大常委会组成人员的全国人大专门委员会主任委员、副主任委员、委员,常委会副秘书长,工作委员会主任、副主任,有关部门负责人,各省级人大常委会主任或者副主任,列席全国人大常委会会议;有关全国人大代表可以列席全国人大常委会会议。[7]

全国人大常委会举行会议时,召开全体会议,并召开分组会议和联组

〔1〕 参见《全国人民代表大会常务委员会议事规则》第3条第1款。

〔2〕 参见《全国人民代表大会常务委员会议事规则》第3条第2款。

〔3〕 参见《全国人民代表大会常务委员会议事规则》第5条第1款。

〔4〕 参见《全国人民代表大会常务委员会议事规则》第6条。

〔5〕 参见《全国人民代表大会常务委员会议事规则》第3条第2款。

〔6〕 参见《全国人民代表大会常务委员会议事规则》第4条、第10条。

〔7〕 参见《全国人民代表大会常务委员会议事规则》第7条、第8条。

会议;分组会议由委员长会议确定的若干名召集人轮流主持,分组名单由常委会办事机构拟订后报秘书长审定并定期调整;联组会议由委员长主持,委员长可以委托副委员长主持。[1] 常委会会议期间,需要调整议程的,由委员长会议提出,经常委会全体会议同意。[2]

二、议案的运行

(一)一般议案

关于国家机关议案的提出,全国人大常委会委员长会议可以向全国人大常委会提出属于常委会职权范围内的议案,由常委会会议审议;委员长会议根据工作需要,可以委托常委会的工作委员会、办公厅起草议案草案,并向常委会会议作说明;国务院、中央军事委员会、最高人民法院、最高人民检察院、全国人大各专门委员会,可以向常委会提出属于常委会职权范围内的议案,由委员长会议决定提请常委会会议审议,或者先交有关专门委员会审议并提出报告,再决定提请常委会会议审议。[3]

关于常委会组成人员议案的提出,全国人大常委会组成人员 10 人以上联名,可以向全国人大常委会提出属于常委会职权范围内的议案,由委员长会议决定提请常委会会议审议,或者先交有关专门委员会审议并提出报告,再决定是否提请常委会会议审议;不提请常委会会议审议的,应当向常委会会议报告或者向提案人说明。[4]

议案审议的程序包括提供有关资料、听取关于议案的说明、审议讨论等。议案列入会议议程后,提议案的机关、有关专门委员会、常委会有关工作部门应当提供有关的资料;常委会全体会议听取关于议案的说明,然后由分组会议审议,并由有关专门委员会审议;常委会联组会议可以听取和审议专门委员会对议案审议意见的汇报,对会议议题进行讨论;提议案

---

〔1〕 参见《全国人民代表大会常务委员会议事规则》第 9 条。

〔2〕 参见《全国人民代表大会常务委员会议事规则》第 5 条第 2 款。

〔3〕 参见《全国人民代表大会常务委员会议事规则》第 11 条第 1 款、第 2 款,第 12 条。

〔4〕 参见《全国人民代表大会常务委员会议事规则》第 11 条第 3 款。

的机关的负责人可以在常委会全体会议、联组会议上对议案作补充说明。[1] 值得注意的是,这里的规定没有提案人的表述,而只有提议案的机关的表述,这说明相关规定没有包括常委会组成人员。

列入会议议程的议案,除交付表决外,还有撤回、交有关专门委员会进一步审议的处理方式。列入常委会会议议程的议案,在交付表决前,提案人要求撤回的,经委员长会议同意,对该议案的审议即行终止。[2] 拟提请常委会全体会议表决的议案,在审议中有重大问题需要进一步研究的,经委员长或者委员长会议提出,联组会议或者全体会议同意,可以暂不付表决,交有关专门委员会进一步审议并提出审议报告。[3]

议案的表决包括表决不受法律追究、表决通过比例、表决结果宣布、表决顺序、表决方式等方面。根据《全国人大组织法》,全国人大常委会组成人员在全国人大常委会各种会议上的表决,不受法律追究。[4] 对此,《全国人民代表大会常务委员会议事规则》没有规定。常委会表决议案由常委会全体组成人员的过半数通过;表决结果由会议主持人当场宣布;有修正案的,先表决修正案;常委会表决议案采用无记名方式、举手方式或者其他方式。[5]

(二)法律案、法律解释案

提请全国人大常委会审议的一些议案有特别的提出要求或审议表决程序,这些特殊议案包括法律案、法律解释案,条约协定案等。

1. 对于法律案(包括有关决定案、法律修改案)的特殊议事程序,《全国人民代表大会常务委员会议事规则》规定得很简略,《立法法》规定得十分详细。法律案可以由委员长会议建议(国家机关)提案人完善后再提出,在提出内容和程序上有特别规定;在常委会会议审议时应当邀请有关

〔1〕 参见《全国人民代表大会常务委员会议事规则》第 13 条第 1 款、第 14 条、第 17 条、第 18 条。

〔2〕 参见《全国人民代表大会常务委员会议事规则》第 19 条。

〔3〕 参见《全国人民代表大会常务委员会议事规则》第 20 条。

〔4〕 参见《全国人大组织法》第 43 条。

〔5〕 参见《全国人民代表大会常务委员会议事规则》第 32 条、第 33 条、第 35 条。

的全国人大代表列席,列入常委会会议议程后需要由常委会组成人员、有关专门委员会审议,并由法律委员会统一审议,并且一般经三次常委会会议审议再交付表决,搁置两年的不再审议;[1] 表决稿中个别意见分歧较大的重要条款可以单独表决;未通过的可以依法重新提请常委会审议。

在法律案的提出阶段,委员长会议如果认为国务院、中央军事委员会、最高人民法院、最高人民检察院、全国人大各专门委员会提出的法律案有重大问题需要进一步研究,可以建议提案人修改完善后再向常委会提出。[2] 提出法律案,应当同时提出法律草案文本及其说明,并提供必要的参阅资料;修改法律的,还应当提交修改前后的对照文本;法律草案的说明应当包括制定或者修改法律的必要性、可行性和主要内容,以及起草过程中对重大分歧意见的协调处理情况。[3] 向全国人大常委会提出的法律案,在列入会议议程前,提案人有权撤回。[4]

在法律案的审议阶段,列入会议议程的法律草案,常委会听取说明并初步审议后,交有关专门委员会审议和法律委员会统一审议,由法律委员会向下次或者以后的常委会会议提出审议结果的报告,并将其他有关专门委员会的审议意见印发常委会会议。[5] 与此稍有不同,《立法法》规定的是,列入会议议程的法律案,由法律委员会根据常委会组成人员、有关专门委员会的审议意见和各方面提出的意见,对法律案进行统一审议,提出修改情况的汇报或者审议结果报告和法律草案修改稿,在汇报或者报告中说明重要的不同意见,向有关专门委员会反馈没有采纳其审议意见的情况。[6] 此外,根据《立法法》,常委会会议审议法律案时,应当邀请有关的全国人大代表列席会议;法律委员会审议法律案时,应当邀请有关专

〔1〕 法律案列入常委会会议议程后,还需要经过由有关专门委员会和常委会工作机构听取各方面的意见、向社会公开征求意见、进行立法前评估等程序;这些具体的立法程序较为繁杂,也不属于一般议事规则规定的内容,因此下面予以省略。

〔2〕 参见《立法法》第 26 条第 2 款。

〔3〕 参见《立法法》第 54 条。

〔4〕 参见《立法法》第 55 条。

〔5〕 参见《全国人民代表大会常务委员会议事规则》第 15 条第 1 款。

〔6〕 参见《立法法》第 33 条第 1 款。

门委员会成员列席会议，发表意见；专门委员会审议法律案时，应当召开全体会议审议，根据需要，可以要求有关机关、组织派有关负责人说明情况；专门委员会之间对法律草案的重要问题意见不一致时，应当向委员长会议报告。[1] 列入会议议程的法律案，一般应当经三次常委会会议审议后再交付表决：常委会会议第一次审议，在全体会议上听取提案人的说明，由分组会议进行初步审议；常委会会议第二次审议，在全体会议上听取法律委员会关于法律草案修改情况和主要问题的汇报，由分组会议进一步审议；常委会会议第三次审议，在全体会议上听取法律委员会关于法律草案审议结果的报告，由分组会议对法律草案修改稿进行审议。[2] 其中，各方面意见比较一致的，可以经两次常委会会议审议后交付表决；调整事项较为单一或者部分修改的法律案，各方面的意见比较一致的，也可以经一次常委会会议审议即交付表决。[3] 列入常委会会议审议的法律案，因各方面对制定该法律的必要性、可行性等重大问题存在较大意见分歧搁置审议满两年的，或者因暂不付表决经过两年没有再次列入常委会会议议程审议的，由委员长会议向常委会报告，该法律案终止审议。[4]

法律案的表决阶段，根据《立法法》，法律草案修改稿经常委会会议审议，由法律委员会根据常委会组成人员的审议意见进行修改，提出法律草案表决稿，由委员长会议提请常委会全体会议表决；表决前，委员长会议根据常委会会议审议的情况，可以决定将个别意见分歧较大的重要条款提请常委会会议单独表决；单独表决的条款经常委会会议表决后，委员长会议根据单独表决的情况，可以决定将法律草案表决稿交付表决，也可以决定暂不付表决，交法律委员会和有关专门委员会进一步审议。[5]

在法律案经表决后，根据《立法法》，对于交付全国人大常委会全体会议表决未获得通过的法律案，提案人如果认为必须制定该法律，可以按照

[1] 参见《立法法》第28条第2款、第33条第2款、第34条、第35条。
[2] 参见《立法法》第29条第1～4款。
[3] 参见《立法法》第30条。
[4] 参见《立法法》第42条。
[5] 参见《立法法》第41条。

法律规定的程序重新提出,由委员长会议决定是否列入会议议程。[1]

2. 对于法律解释案的特殊议事程序,《全国人民代表大会常务委员会议事规则》没有规定,《立法法》作出了规定。法律解释案根据相关国家机关的要求,经常委会工作机构拟订,由委员长会议提出,由法律委员会审议。

在法律解释案的提出阶段,根据《立法法》,国务院、中央军事委员会、最高人民法院、最高人民检察院和全国人大各专门委员会以及省、自治区、直辖市人大常委会,可以向全国人大常委会提出法律解释要求;法律解释草案由常委会工作机构研究拟订,由委员长会议决定列入常委会会议议程。[2]

在法律解释案的审议阶段,根据《立法法》,法律解释草案经常委会会议审议,由法律委员会根据常委会组成人员的审议意见进行审议、修改,提出法律解释草案表决稿。[3]

(三)条约、协定案

条约、协定案有特别的审议程序。

提请批准条约和协定的议案,交外事委员会审议,也可以同时交其他有关专门委员会审议,由外事委员会向常委会会议提出审核结果的报告。[4]

(四)人事任免案

《全国人民代表大会常务委员会议事规则》的篇章结构安排与《全国人民代表大会议事规则》有一些不同,在常委会议事规则里,人事任免案被视为议案的一种类型,而不是与议案并列。

任免案有特别的提出内容要求、审议和表决程序。

任免案应当附有拟任免人员的基本情况和任免理由;必要的时候,有关负责人应当到会回答询问;任免案逐人表决,根据情况也可以合并表决。[5]

---

[1] 参见《立法法》第56条。
[2] 参见《立法法》第46条、第47条。
[3] 参见《立法法》第48条。
[4] 参见《全国人民代表大会常务委员会议事规则》第16条第2款。
[5] 参见《全国人民代表大会常务委员会议事规则》第13条第2款、第34条。

三、其他动议的运行

(一)工作报告

全国人大常委会听取和审议中央国家机关的各类工作报告。虽然在《全国人民代表大会议事规则》中,计划、预算与工作报告是并列关系,在《全国人民代表大会常务委员会议事规则》中,国务院、最高人民法院、最高人民检察院的专项工作报告,国民经济和社会发展计划、预算执行情况报告,决算报告和审计工作报告都列为常委会听取的工作报告。此外,还有常委会执法检查组提出的执法检查报告等其他报告;常委会认为必要的时候,可以对工作报告作出决议。[1] 根据《监察法》,全国人大常委会还听取和审议国家监察委员会的专项工作报告。[2]

预算调整报告、决算报告在全国人大常委会举行会议审批前,由财政经济委员会初步审查;在全国人大常委会举行会议时,由财政经济委员会(和有关专门委员会)审查,并由财政经济委员会提出报告。

在预算调整报告、决算报告的提出和初步审查阶段,根据《预算法》,国务院财政部门应当在全国人大常委会举行会议审查和批准预算调整方案或中央决算草案的30日前,分别将预算调整初步方案或上一年度中央决算草案送交全国人大财政经济委员会进行初步审查。[3] 《全国人民代表大会常务委员会议事规则》没有对此作出规定。

在预算调整报告、决算报告的审查阶段,提请批准预算调整方案和决算的议案(预算调整报告和决算报告),交财政经济委员会审议,也可以同时交其他有关专门委员会审议,由财政经济委员会向常委会会议提出审查结果的报告。[4]

(二)询问和质询

常委会分组会议、联组会议审议议案和有关报告时,有关人员应当到

---

〔1〕 参见《全国人民代表大会常务委员会议事规则》第22~24条。

〔2〕 参见《监察法》(2018年3月20日第十三届全国人大第一次会议通过)第53条第2款。

〔3〕 参见《预算法》第69条第3款、第78条第1款。

〔4〕 参见《全国人民代表大会常务委员会议事规则》第16条第1款。

会听取意见并回答询问。

常委会分组会议对议案或者有关的报告进行审议的时候,应当通知有关部门派人到会,听取意见,回答询问;常委会联组会议对议案或者有关的工作报告进行审议的时候,应当通知有关负责人到会,听取意见,回答询问。[1]

质询案由特定主体对国务院及其各部门、最高人民法院、最高人民检察院书面提出,由委员长会议决定交由有关专门委员会审议或者提请常委会会议审议,交由受质询机关的负责人在相关会议上口头答复,或由受质询机关书面答复。

在质询案的提出方面,在常委会会议期间,常委会组成人员 10 人以上联名,可以向常委会书面提出对国务院及国务院各部门、最高人民法院、最高人民检察院的质询案,由委员长会议决定交由有关专门委员会审议或者提请常委会会议审议;质询案必须写明质询对象、质询的问题和内容。[2] 这与《全国人大组织法》的规定不同,后者并未规定可以提出对最高人民法院、最高人民检察院的质询案。[3]

在质询案的答复和审议方面,质询案由委员长会议决定,由受质询机关的负责人在常委会会议上或者有关专门委员会会议上口头答复,或者由受质询机关书面答复;在专门委员会会议上答复的,专门委员会应当向常委会或者委员长会议提出报告;质询案以书面答复的,应当由被质询机关负责人签署,并印发常委会组成人员和有关专门委员会;专门委员会审议质询案的时候,提质询案的常委会组成人员可以出席会议,发表意见。[4]

(三)组织调查委员会

常委会认为必要的时候,可以组织关于特定问题的调查委员会,并且

---

〔1〕 参见《全国人民代表大会常务委员会议事规则》第 25 条。
〔2〕 参见《全国人民代表大会常务委员会议事规则》第 26 ~ 28 条。
〔3〕 参见《全国人大组织法》第 33 条。
〔4〕 参见《全国人民代表大会常务委员会议事规则》第 29 条。

根据调查委员会的报告，作出相应的决议。[1]

（四）发言规则

发言不受法律追究，内容要围绕会议议题，有次数时限约束的场合包括全体会议、分组会议、联组会议；发言由会议主持人许可，除在全体会议上只可进行一次外都可以进行两次，时限为5分钟、10分钟、15分钟不等（都可以延长）；发言要编印会议简报和存档。其中，发言不受法律追究并未在《全国人民代表大会常务委员会议事规则》中规定，而是在《全国人大组织法》中规定。

根据《全国人大组织法》，全国人大常委会组成人员在全国人大常委会各种会议上的发言，不受法律追究。[2] 对此，《全国人民代表大会常务委员会议事规则》没有规定。常委会组成人员在全体会议、联组会议、分组会议上发言，应当围绕会议确定的议题进行。[3]

关于全体会议上的发言，常委会组成人员要求发言的，在会前由本人向常委会办事机构提出后由会议主持人安排发言顺序，临时要求发言的，经会议主持人同意始得发言；发言不超过10分钟；事先提出要求，经会议主持人同意的，可以延长发言时间。[4] 关于分组会议上的发言，（常委会组成人员）要求发言的，经会议主持人同意即可发言；第一次发言不超过15分钟，第二次对同一问题的发言不超过10分钟；事先提出要求，经会议主持人同意的，可以延长发言时间。[5] 关于联组会议上的发言，其许可与全体会议的相同，其次数和时限与分组会议的相同。[6]

在常委会会议上的发言，由常委会办事机构工作人员记录，经发言人核对签字后，编印会议简报和存档。[7] 此外，列席人员的发言，适用以上

---

〔1〕参见《全国人民代表大会常务委员会议事规则》第21条。

〔2〕参见《全国人大组织法》第43条。

〔3〕参见《全国人民代表大会常务委员会议事规则》第30条第1款。

〔4〕参见《全国人民代表大会常务委员会议事规则》第30条第2款、第31条第1款。

〔5〕参见《全国人民代表大会常务委员会议事规则》第30条第2款、第31条第1款。

〔6〕参见《全国人民代表大会常务委员会议事规则》第30条第2款、第31条第1款。

〔7〕参见《全国人民代表大会常务委员会议事规则》第31条第2款。

有关规定。〔1〕

第四节　省级人大的议事规则

以下将对省级和市级人大及其常委会议事规则的阐述。一方面,《地方组织法》等法律限定了地方人大及其常委会议事规则的空间,并且决定了后者之间存在多方面的相似性;另一方面,地方人大及其常委会议事规则的自主空间依然较大,主要表现在地方人大及其常委会议事规则不仅对相关法律(以及全国人大及其常委会议事规则)没有规定的事项有补充规定,而且对同一事项的补充规定之间常常有不同的规定。为了更好地整理地方人大及其常委会议事规则的内容并进行对比,以下将先阐述相关法律与议事规则共有的规定,或议事规则之间共有的规定,再基于此,阐述议事规则中不同的规定或补充拓展的规定。

一、会议制度

(一)会议的召开

根据《地方组织法》,省级人大会议每年至少举行一次;经过1/5以上代表提议,可以临时召集省级人大会议。〔2〕各地基本上都有与此相同的规定。另外,很多地方规定大会一般于第一季度举行,浙江、江西等地方具体规定在某月某日前举行,海南规定不得超过4月举行,青海规定一般于上半年举行。〔3〕绝大部分地方规定,在省级人大常委会认为必要时,也可以临时召集省级人大会议。

---

〔1〕 参见《全国人民代表大会常务委员会议事规则》第30条第3款。

〔2〕 参见《地方组织法》第11条。

〔3〕 参见《浙江省人民代表大会议事规则》(1989年5月5日浙江省第七届人大第二次会议通过,1994年3月5日修正)第1条第1款;《江西省人民代表大会议事规则》(1996年2月11日江西省第八届人民代表大会第四次会议通过,2010年9月17日修正)第3条;《海南省人民代表大会议事规则》(1994年3月5日海南省第一届人大第二次会议通过,2002年2月7日第一次修正,2014年2月13日第二次修正)第4条第1款;《青海省县级以上各级人民代表大会议事规则》(1991年5月4日青海省第七届人大第四次会议通过,1998年5月29日第一次修正,2010年5月27日第二次修正)第3条第1款。

(二)会议的召集和准备

根据《地方组织法》,省级人大会议由省级人大常委会召集;其每届第一次会议,在本届人大代表选举完成后的两个月内,由上届省级人大常委会召集。[1] 各地都有与此相同的规定。

省级人大会议举行前,相关准备工作主要包括常委会准备工作、组织代表团和代表小组、审议和调整相关准备事项、召开预备会议、召开主席团第一次会议;这与全国人大的基本相同。不同之处主要是,有的地方对一些准备工作有更细致的规定,如提出需要设立的委员会的组成人员名单草案、审查新选出省级人大代表的资格、组织代表视察、举行联席会议,等等。

1. 常委会准备工作。省级人大常委会决定开会日期,提出会议议程草案,提出主席团和秘书长名单草案,决定列席会议人员名单,提出或决定会议的其他准备事项;有的地方还列出提出会议日程草案,提出主席团常务主席、执行主席名单草案,提出副秘书长名单草案,提出需要设立的委员会(议案审查委员会、计划和预算审查委员会等)的组成人员名单草案,审查新选出省级人大代表的资格,通过常委会工作报告,组织代表视察等准备事项。省级人大常委会在会议举行的特定时间前(多为1个月前,其余为30日前、20日前、15日前、两周前、10日前不等),将开会日期和建议会议讨论的主要事项等通知代表,并将准备提请会议审议的法规草案(以及工作报告草稿)发给代表;临时会议不适用该规定。

另外,有的地方特别规定了组织代表视察、举行联席会议等准备工作。天津、广西规定,在人大会议举行前,人大常委会可以组织代表围绕会议准备审议的重要议题进行视察,听取人民群众的意见和要求。[2] 福建、贵州规定,省人大会议举行前,常委会应当组织代表进行专题调研、集中视察,了解经济、政治、文化、社会发展情况和人民群众关注的热点难点

---

[1] 参见《地方组织法》第12条、第16条。

[2] 参见《天津市人民代表大会议事规则》(1990年4月27日天津市第十一届人大第四次会议通过,2004年1月6日第一次修正,2010年1月21日第二次修正)第10条;《广西壮族自治区人民代表大会议事规则》(2007年1月31日广西壮族自治区第十届人大第五次会议通过)第7条。

问题,听取原选举单位和人民群众的意见。[1] 黑龙江规定,省人大会议举行前,省人大常委会负责人召集省人民政府、省高级人民法院、省人民检察院负责人举行联席会议,协商省人大会议的筹备工作;省人大代表就省人大常委会、省人民政府、省高级人民法院、省人民检察院一年来的工作和其他问题进行视察。[2]

2. 组织代表团和代表小组。代表按照选举单位组成代表团,由代表团全体会议推选代表团团长、副团长;代表团可以分设若干代表小组,分别推选小组召集人。个别地方规定,由临时召集人召集主持代表团全体会议,推选代表团团长、副团长;有的地方还进一步规定了按选举单位组织的方式,确定团长、副团长的人数等。

3. 审议和调整相关准备事项。各代表团审议省级人大常委会提出的会议议程草案、主席团和秘书长名单草案、会议的其他准备事项,提出意见;省级人大常委会主任会议(有的为常委会)根据该意见,可以对相关准备事项提出调整意见,提请预备会议审议。

4. 召开预备会议。预备会议选举主席团和秘书长,通过会议议程、大会设立的各委员会组成人员名单、关于会议其他准备事项的决定;预备会议由省级人大常委会主持,每届省级人大第一次会议的预备会议由上届省级人大常委会主持。

5. 召开主席团第一次会议。主席团第一次会议推选主席团常务主席若干人、每次大会全体会议的执行主席若干人,并决定副秘书长的人选、会议日程、表决议案的办法、代表提出议案(和质询案)的截止日期、其他需要由主席团第一次会议决定的事项。

(三)会议的主持、出席和列席

根据《地方组织法》,省级人大会议由主席团主持。[3] 各地都有与此

---

〔1〕 参见《福建省人民代表大会议事规则》(2007 年 1 月 29 日福建省第十届人大第五次会议全体会议通过,2009 年 1 月 15 日修正)第 4 条;《贵州省人民代表大会议事规则》(2014 年 1 月 20 日贵州省第十二届人大第二次会议通过)第 10 条。

〔2〕 参见《黑龙江省人民代表大会议事规则》(1990 年 3 月 8 日黑龙江省第七届人大第三次会议通过)第 6 条、第 7 条。

〔3〕 参见《地方组织法》第 13 条第 3 款。

相同的规定。

省级人大举行会议时，省级人大代表应当出席，因病或者其他特殊原因不能出席的必须请假；会议有2/3以上的代表出席，始得举行。此外，一些地方还有关于请假和缺席的具体规定。(1)在请假程序方面，很多地方规定，不能出席的，会前应当向省级人大常委会请假，会议期间应当向代表团请假并由代表团报告秘书处(有的规定为向秘书处请假，有的规定为向主席团请假)。其中，有的地方只规定应当在会前请假。(2)在缺席监督方面，不少地方规定，代表未经批准，两次不出席人大会议的，其代表资格终止。

根据《地方组织法》，省级人民政府组成人员、省高级人民法院院长、省人民检察院检察长，列席省级人大会议；省级其他有关机关、团体负责人，经省级人大常委会决定，可以列席省级人大会议；本省、自治区、直辖市选出的全国人大代表，可以列席本省、自治区、直辖市人大会议。[1] 大部分地方都有与此基本相同的规定，有的地方对列席人员的范围和决定有不同规定。(1)对于应当列席会议的人员，福建规定还包括常委会副秘书长和各工作机构负责人、设区的市人大常委会主任和人民政府市长、县(市、区)人大常委会主任，江西规定还包括省人大常委会副秘书长和办公厅、工作委员会等办事机构负责人，湖北规定还包括常委会工作机构负责人，湖南规定还包括省监察委员会主任。[2] (2)对于可以列席会议的人员，部分地方进行了细化，浙江规定由主席团决定。[3] 此外，在列席人员的请假和权利方面，不少地方还规定，列席会议的人员必须按照规定列席会议，因病或者其他特殊原因不能列席会议的，应当向省人大常委会请假；列席会议的人员有发言权，没有表决权。

---

〔1〕 参见《地方组织法》第17条；《全国人大组织法》第41条。

〔2〕 参见《福建省人民代表大会议事规则》第22条；《江西省人民代表大会议事规则》第19条第1款；《湖北省人民代表大会议事规则》(2005年1月30日湖北省第十届人大第三次会议通过，2014年9月25日第一次修改)第15条第3款；《湖南省人民代表大会议事规则》(1994年3月4日湖南省第八届人大第二次会议通过，1996年2月12日第一次修正，2013年11月29日第二次修正，2018年9月30日第三次修正)第18条第1款。

〔3〕 参见《浙江省人民代表大会议事规则》第19条第1款。

(四)会议的举行

省级人大举行会议时,主席团(会议)、代表团(会议)、代表团团长会议、专题会议、大会全体会议、秘书处等机构或会议形式各自发挥着作用,在必要时可以举行秘密会议;这与全国人大的基本相同。不同的主要是,有的地方没有规定专题会议、大会全体会议、秘密会议等个别内容,有的地方还规定了主席团会议法定人数、秘书处设立工作机构等内容。

1. 主席团会议由主席团常务主席召集并主持,其第一次会议由省级人大常委会主任召集;主席团的决定,由主席团全体成员的过半数通过;主席团常务主席可以对属于主席团职权范围内的事项向主席团提出建议,并可以对会议日程安排作必要的调整。另外,很多地方规定,主席团会议有 2/3 以上主席团成员出席,始得举行。

2. 代表团以代表团全体会议、代表小组会议的形式,审议议案和有关报告;以代表团名义提出的议案、质询案,由代表团全体代表的过半数通过。此外,河北规定,审议议案和有关报告,必要时可组织大会审议或者部分代表进行专题审议。[1]

3. 主席团常务主席可以召开代表团团长会议,就议案和有关报告的重大问题听取各代表团的审议意见,进行讨论,并将讨论的情况和意见向主席团报告。多数地方规定,主席团常务主席可以就重大的专门性问题,召集代表团推选的有关代表进行讨论(专题审议);根据需要,可以通知有关部门负责人参加会议,汇报情况,回答问题;会议讨论的情况和意见应当向主席团报告。此外,天津还规定,主席团常务主席可以决定召集代表专业组会议,就有关工作报告或者议案进行审议;必要时,可以通知有关负责人参加会议,听取意见,回答问题。[2]

4. 大多数地方规定,主席团可以召开大会全体会议进行大会发言,就议案和有关报告发表意见。

---

〔1〕 参见《河北省人民代表大会议事规则》(1991 年 4 月 29 日河北省第七届人大第四次会议通过,1998 年 4 月 3 日修正)第 9 条。

〔2〕 参见《天津市人民代表大会议事规则》第 17 条第 3 款。

5. 秘书处在秘书长领导下，办理主席团交付的事项和处理会议日常事务工作。不少地方规定，秘书处可设立若干工作机构（会务组、工作组），在秘书处领导下负责办理会议的各项具体事务。

6. 省级人大会议公开举行。很多地方规定，在必要的时候（经主席团征求各代表团的意见后），由主席团会议（有的为大会全体会议）决定，可以举行秘密会议。

（五）其他制度

在会议的公开方面，大会全体会议（可以）设旁听席，旁听办法（由常委会，有的规定为由主席团、秘书处）另行规定。会议（可以）举行新闻发布会、记者招待会；有的地方还规定，经大会秘书处同意，新闻记者可以对大会会议举行的情况进行采访报道。

在少数民族的语言文字及翻译方面，内蒙古规定，自治区人大举行会议和印发文件，通用蒙古语言文字和汉语言文字；西藏规定，自治区人大举行会议时，应当同时使用藏语言文字和国家通用语言文字，或者其中一种语言文字；新疆规定，自治区人大会议使用国家通用语言文字和维吾尔、哈萨克、蒙古、柯尔克孜语言文字；新疆、贵州规定，在省（自治区）人大会议上，少数民族代表可以使用本民族语言发言和使用本民族文字提出议案、建议、批评、意见；云南规定，在省人大会议上，少数民族代表使用本民族文字提出议案和建议、批评、意见，使用本民族语言发言，同使用汉文、汉语具有同等法律效力。[1] 部分地方规定，省级人大举行会议的时候，秘书处或有关代表团应当为少数民族代表提供必要的翻译服务。

---

〔1〕 参见《内蒙古自治区人民代表大会议事规则》（1990 年 4 月 28 日内蒙古自治区第七届人大第三次会议通过，1998 年 1 月 18 日第一次修正，2004 年 1 月 15 日第二次修正）第 23 条第 1 款；《西藏自治区人民代表大会议事规则》（1989 年 8 月 7 日西藏自治区第五届人大第二次会议通过，2002 年 1 月 20 日第一次修正，2005 年 7 月 29 日第二次修正）第 4 条；《新疆维吾尔自治区人民代表大会议事规则》（1991 年 5 月 23 日新疆维吾尔自治区第七届人大第四次会议通过，2006 年 12 月 26 日第一次修正，2018 年 11 月 30 日第二次修正）第 52 条、第 53 条第 1 款；《贵州省人民代表大会议事规则》第 26 条；《云南省人民代表大会议事规则》（1989 年 3 月 9 日云南省第七届人大第二次会议通过，2005 年 1 月 16 日修正，2006 年 9 月 28 日修订）第 17 条第 1 款。

在会期的调整方面,吉林规定,主席团认为必要,或者1/5以上的代表提议,经大会全体会议表决通过,会议的会期可以缩短或者延长。[1]

二、议案的运行

(一)一般议案

省级人大的议案的提出,其规定与全国人大的相似或相同,也包括国家机关议案和代表议案的提出主体、提出要求、初步处理等方面。不同的是,《地方组织法》在议案的提出主体上有不同规定,有的地方在议案提出的各方面有不尽相同的规定,有的地方还规定了议案审议结果复议、提出修正案的制度。

关于国家机关议案的提出,根据《地方组织法》,省级人大主席团、常委会、各专门委员会,省级人民政府,可以向省级人大提出属于省级人大职权范围内的议案,由主席团决定提交人大会议审议,或者并交有关专门委员会审议并提出报告,再由主席团审议决定提交大会表决。[2] 各地都有与此大体相同的规定。另外,多数地方规定,省级人民法院、省级人民检察院也可以向省级人大提出议案。很多地方规定,上述议案提出后由主席团决定列入会议议程;而吉林、四川规定,上述议案提出后由主席团决定是否列入会议议程[3](不一定列入会议议程)。

关于代表议案的提出,根据《地方组织法》,省级人大代表10人以上联名,可以向省级人大提出属于省级人大职权范围内的议案,由主席团决定是否列入大会议程,或者先交有关专门委员会审议并提出是否列入大会议程的意见,再由主席团决定是否列入大会议程。[4] 各地都有与此大

---

〔1〕 参见《吉林省人民代表大会议事规则》(1990年3月8日吉林省第七届人大第三次会议通过,1998年5月22日第一次修正,2016年11月17日第二次修正,2019年12月8日第三次修改)第15条。

〔2〕 参见《地方组织法》第18条第1款。

〔3〕 参见《吉林省人民代表大会议事规则》第21条第1款;《四川省人民代表大会议事规则》(1990年2月17日四川省第七届人大第三次会议通过,2002年4月8日修正)第21条第1款。

〔4〕 参见《地方组织法》第18条第2款。

体相同的规定。另外,很多地方规定,(一个)代表团也可以向省级人大提出议案;代表议案还可以由主席团先交议案审查委员会审议并提出是否列入大会议程的意见,再决定是否列入大会议程;主席团将通过的关于议案处理意见的报告印发会议。有的地方规定,代表(联名)提出议案,应当有领衔人。

不少地方还规定,议案(有的仅指代表议案,有的还包括国家机关议案)可以在省级人大会议举行前提出,会议期间应当在规定的截止时间前提出。部分地方规定,议案应当写明案由、案据和方案;个别地方进一步规定了采用书面形式的要求。

对于不列入会议议程的议案,很多地方规定,由主席团交由常委会在本次大会闭会后审议并将审议结果向下次大会报告,或者交由有关专门委员会(或常委会主任会议或有关工作机构)在大会闭会期间审议(审查)并向常委会提出报告,再由常委会审议并将审议结果向下次大会报告;有的地方规定,也可以作为代表建议、批评和意见处理。此外,部分地方规定,主席团决定不作为议案处理的(代表提出的)议案,将作为建议、批评和意见处理;不少地方规定,代表议案(有的不包括代表团议案),内容不属于大会职权范围的,由主席团决定作为建议、批评和意见处理;在代表议案截止时间后提出的,一般也作为建议、批评和意见处理,但安徽规定作为大会闭会期间提出的议案处理;云南还规定,凡不符合基本条件的议案,大会秘书处和代表工作机构可以建议提议案人进行修改、完善,或者改作代表建议、批评和意见提出。[1]

关于议案审议结果复议,上海、重庆、山西规定,提出议案的代表半数以上对议案审议(审查)意见的报告有异议的,可以在主席团最后一次会议召开的特定时间前,向主席团书面提出复议要求,由主席团复议或由常委会在大会闭会后第一次会议上复议,作出相应的决定,并将复议决定答

---

〔1〕 参见《安徽省人民代表大会议事规则》(1990 年 4 月 25 日安徽省第七届人大第三次会议通过,1999 年 2 月 10 日修正,2006 年 2 月 28 日修订,2010 年 8 月 21 日修正)第 24 条;《云南省人民代表大会议事规则》第 31 条。

复提案人;其中,山西规定提出议案的代表2/3以上可以提出复议要求,而且只规定由主席团复议。[1]

关于提出修正案,上海、福建、广东、重庆规定,省级人大代表10人以上联名,在大会表决前的特定时间前,可以对列入会议议程的议案或者准备交付大会表决的决议、决定草案提出书面修正案,由主席团决定是否提交审议和表决,或者先交有关专门委员会或议案审查委员会审议并提出意见,再决定是否提交审议和表决。[2] 除了代表联名可以提出以外,山西规定代表团也可以提出;陕西规定省人大主席团、常委会、专门委员会,省人民政府、省高级人民法院、省人民检察院也可以提出。[3]

省级人大的议案审议,其规定与全国人大的大体相同,也包括提供有关资料、听取关于议案的说明、审议讨论等方面;列入会议议程的议案,除了交付表决外,还有撤回、授权常委会处理的处理方式。

议案列入会议议程后,提案人和有关专门委员会、常委会工作部门应当提供有关的资料;提案人应当向会议提出关于议案的说明;议案由各代表团进行审议,主席团可以交有关专门委员会(或议案审查委员会、预算审查委员会)进行审议并提出报告,由主席团审议决定提请大会全体会议表决。部分地方规定,专门委员会(或议案审查委员会、预算审查委员会)审议议案(和有关报告)涉及专门性问题的时候,可以邀请有关方面的代表和专家列席会议,发表意见。

列入会议议程的议案,在交付大会表决前,提案人要求撤回的,经主席团同意,会议对该议案的审议即行终止。列入会议议程的议案,在审议

---

〔1〕 参见《上海市人民代表大会议事规则》(1990年4月30日上海市第九届人大第三次会议通过,1993年1月9日第一次修正,1998年1月14日第二次修正,2001年10月24日第三次修正)第26条第3款;《重庆市人民代表大会议事规则》(1998年1月21日重庆市第一届人大第二次会议通过,2009年1月12日修订)第31条第2款;《山西省人民代表大会议事规则》(2004年2月19日山西省第十届人大第二次会议通过)第22条第3款。

〔2〕 参见《上海市人民代表大会议事规则》第31条;《福建省人民代表大会议事规则》第28条;《广东省人民代表大会议事规则》(1999年2月2日广东省第九届人大第二次会议通过)第21条;《重庆市人民代表大会议事规则》第32条第1款。

〔3〕 参见《山西省人民代表大会议事规则》第27条;《陕西省人民代表大会议事规则》(1991年3月15日陕西省第七届人大第四次会议通过,1997年1月30日修正)第19条。

中有重大问题需要进一步研究的，经主席团提出，由大会全体会议决定，可以授权省级人大常委会审议决定，并报省级人大下次会议备案或者提请省级人大下次会议审议。

省级人大的议案表决，其规定大部分与全国人大的相同，也包括表决不受法律追究、表决通过比例、表决结果宣布、表决方式等方面。不同的是，有的地方有不同的表决方式规定，在表决有效人数、表决顺序、表决内容等方面细化了要求，还规定了重大不同意见议案不直接交付表决的一些处理方式。

省级人大代表在人大会议上的表决，不受法律追究；省级人大全体会议表决议案（和决议、决定草案），由全体代表的过半数通过；表决结果由会议主持人当场宣布；议案的表决一般由主席团决定采用投票方式、举手方式、按表决器或者其他方式。另外，关于表决方式，有的地方有较不一样的规定，或者对预备会议的表决有特别规定。浙江规定，表决议案一般采用举手方式，必要时主席团可以根据较多数代表意见，决定采用无记名投票方式；福建规定，大会表决议案采用按电子表决器的方式，因电子表决器出现故障需要采取其他方式表决时由主席团决定；贵州规定，预备会议采用按表决器的方式或者其他方式表决，大会表决一般采用按表决器方式，必要时经主席团决定也可以采用无记名投票方式或者其他方式；江苏规定，预备会议采用举手表决的方式。[1] 关于表决有效人数，广东规定，表决议案、决议、决定，需有全体代表的过半数参加方为有效。[2] 关于表决顺序，有的地方规定，有修正案的，先表决修正案。关于表决内容，有的地方规定，代表表决时，可以表示赞成或反对，也可以弃权。

关于重大不同意见议案不直接交付表决的处理方式，有的地方作出了规定。辽宁、浙江、海南、宁夏规定，议案在交付大会表决前有重大不同

---

〔1〕 参见《浙江省人民代表大会议事规则》第 64 条第 1 款；《福建省人民代表大会议事规则》第 58 条；《贵州省人民代表大会议事规则》第 15 条第 1 款、第 69 条第 2 款；《江苏省人民代表大会议事规则》（1991 年 3 月 16 日江苏省第七届人大第四次会议通过，1997 年 7 月 31 日修正）第 10 条第 1 款。

〔2〕 参见《广东省人民代表大会议事规则》第 48 条第 1 款。

意见的，经1/5以上的代表提议，主席团可以决定，由大会全体会议就该项议案是否交付本次会议表决的问题进行表决；其中，宁夏规定主席团在征求各代表团意见后可以决定，不需要经代表提议。[1] 山西规定，代表在审议中对议案和决议、决定草案有重要不同意见，或者全体代表1/5以上联名，对议案和决议、决定草案提出不同意见时，经主席团决定，可以就议案和决议、决定草案中的部分内容分别交付大会全体会议进行表决，或者由大会全体会议就该议案和决议、决定草案是否交付本次会议表决的问题进行表决。[2] 上海、重庆规定，代表在审议中对议案和决议、决定草案有重要不同意见的，经主席团提出，由出席会议的代表过半数同意，可以暂不交付表决；较多的代表对提请表决的议案和决议、决定草案中的部分条款有不同意见的，经主席团决定，可以将部分条款分别付诸大会全体会议表决。[3]

（二）地方法规案

省级人大地方性法规案（包括相应的修改案）、自治条例和单行条例案的特殊议事程序，大部分由《立法法》授权本级人大规定，部分规定在《立法法》中。地方性法规案在提出内容和程序上有特别规定，列入会议议程后由有关专门委员会（法制委员会）根据有关审议意见统一审议并提出报告和草案修改稿。另外，对于自治条例和单行条例案的特殊议事程序，只有个别地方作出规定。

根据《立法法》，地方性法规案、自治条例和单行条例案的提出、审议和表决程序，根据《地方组织法》并参照《立法法》相关规定，由本级人大规定；地方性法规草案由负责统一审议的机构提出审议结果的报告和草案修改稿；省级人大制定的地方性法规由大会主席团发布公告予以公布；

---

〔1〕 参见《辽宁省人民代表大会议事规则》（1990年3月11日辽宁省第七届人大第三次会议通过，1999年2月7日修正）第53条；《浙江省人民代表大会议事规则》第62条；《海南省人民代表大会议事规则》第55条；《宁夏回族自治区人民代表大会议事规则》（1990年4月28日宁夏回族自治区第六届人大第三次会议审议通过，1998年1月16日修订，2017年1月14日修正）第64条。

〔2〕 参见《山西省人民代表大会议事规则》第65条第2款。

〔3〕 参见《上海市人民代表大会议事规则》第68条第1款、第2款；《重庆市人民代表大会议事规则》第70条。

自治区自治条例和单行条例报经批准后，由自治区人大常委会发布公告予以公布。[1] 很多地方在议事规则中直接规定了地方性法规案等的特殊议事程序，部分地方只规定地方性法规案等的提出、审议、表决适用相关法律和相应地方立法条例的规定。以下将对各地议事规则中的直接规定进行整理。

在地方性法规案的提出阶段，不少地方规定，提出的地方性法规案应当附有地方性法规草案及说明，提出的地方性法规修正案应当附有该地方法规和修正草案及说明；有的地方规定，代表提出的地方性法规（修改）案一般应附相应的草案，或者说明需要规范的主要内容和依据（或基本构想、立法要旨等）。上海规定，提请市人大会议审议的地方性法规议案，一般应当先经市人大常委会初步审议，初步审议的意见应当整理印发代表。[2] 不少地方规定，省级人大会议举行前，常委会可以将准备提请大会审议的重要地方性法规草案公布，广泛征求意见，并将意见整理印发会议。

在地方性法规案的审议阶段，很多地方规定，列入会议议程的地方性法规案，在大会全体会议听取提案人的说明后，由各代表团审议（并由有关专门委员会审议）；有关专门委员会（法制委员会）根据各代表团（和其他专门委员会）的审议意见，对地方性法规案进行（统一）审议，向主席团提出审议结果的报告和地方性法规草案修改稿；对重要的不同意见应当在审议结果报告中予以说明，经主席团审议通过后印发会议；地方性法规草案修改稿（表决稿）由主席团决定（是否）提请大会全体会议表决。江苏则规定，大会秘书处根据代表审议的意见，对地方性法规草案进行审查，向主席团提出审查结果报告和法规修改草案，经主席团审议通过后印发代表，并将法规修改草案提请大会全体会议表决。[3]

此外，内蒙古规定，自治区人大制定自治条例和单行条例，参照《内蒙

---

〔1〕 参见《立法法》第 77 条，第 78 条第 1 款、第 4 款。

〔2〕 参见《上海市人民代表大会议事规则》第 37 条第 2 款。

〔3〕 参见《江苏省人民代表大会议事规则》第 21 条第 3 款。

古自治区人民代表大会议事规则》的有关规定执行;自治区人大通过的自治条例、单行条例,报全国人大常委会批准后生效。[1]

(三)代表建议

省级人大代表建议的处理规定,与全国人大的大部分相同,也有较多差异和拓展。

根据《地方组织法》,省级人大代表向省级人大及其常委会提出的对各方面工作的建议、批评和意见,由省级人大常委会办事机构交有关机关和组织研究处理并负责答复。[2] 大部分地方都有与此基本相同的规定,有的地方规定,代表建议由大会秘书处(或议案审查委员会、代表工作机构、有关专门委员会)交由有关机关和组织研究处理。大部分地方还规定,有关机关和组织负责在大会闭会之日(或交办之日)起3个月内予以答复,至迟不超过6个月;代表对答复不满意的,可以提出意见,由省级人大常委会办事机构(或代表工作机构、有关专门委员会)交由有关机关、组织(或者其上级机关、组织)再作研究处理,并负责(限期)答复。另外,对于有关机关和组织予以答复的期限,有的地方不设宽限期[3],规定在大会闭会之日(或交办之日)起3个月内,或4个月内,或6个月内答复;有的地方规定在会议期间或大会闭会之日起若干月内;云南规定,临时召开的省人大会议期间提出的建议、批评和意见,应当于下次大会召开之前办理完毕,并负责答复代表。[4] 有的地方没有规定代表对答复不满意的处理程序。

关于代表建议的处理程序,部分地方还有不同的或更详细的规定。河北规定,省级人大代表向省级人大提出的对各方面工作的建议、批评和意见,由议案审查委员会或者大会秘书处提出处理意见,向主席团报告后,交有关机关和组织研究处理;承办机关和组织在收到省人大代表的建

[1] 参见《内蒙古自治区人民代表大会议事规则》第26条第3款、第4款。

[2] 参见《地方组织法》第19条第1款。

[3] 宽限期指一般期限外最迟不超过的期间"如最迟不超过六个月"。

[4] 参见《云南省人民代表大会议事规则》第54条第2款。

议、批评和意见后，应明确负责人，并指定专人办理；可以在大会期间答复的，即行答复，不能在大会期间答复的，要在大会闭会之日起3个月内，至迟不能超过6个月予以答复。[1] 内蒙古规定，自治区人民政府、高级人民法院、人民检察院应当认真研究代表提出的建议、批评和意见，必要时可以邀请有关代表参加；自治区人大会议期间，有关机关和组织对代表提出的建议、批评和意见未能答复的，应当在会后3个月内答复代表，并抄送常委会人事代表选举工作委员会。[2] 四川规定，代表的建议、批评和意见需要两个以上部门会办的，分别由省人大常委会办公厅或省人民政府办公厅协调，确定主办单位和会办单位；会办单位应在2个月内向主办单位提出会办意见，由主办单位负责答复代表。[3] 有的地方还规定，省级人大常委会代表工作机构（或有关专门委员会）负责督促检查有关机关和组织对代表建议、批评和意见的办理；省级人民政府、省级人民法院、省级人民检察院（和省级人大有关专门委员会、常委会有关工作机构），应当向省级人大常委会提出代表建议、批评和意见办理情况的报告。

此外，有的地方规定，代表建议按照相关法规或工作规定处理。

三、其他动议的运行

（一）工作报告

省级人大审议本级国家机关工作报告的程序，与全国人大的相比稍有不同，并有不少更详细的规定。除了会议是“可以”还是“应当”作出相应的决议这点存在差异以外，部分地方还细化了工作报告的提出要求和审议程序、相应决议草案的提出和审议程序，并规定了工作报告未获批准的处理程序。

省级人大每年举行会议的时候，省级人大常委会、省级人民政府、省级人民法院、省级人民检察院向会议提出的工作报告，经各代表团审议

---

〔1〕 参见《河北省人民代表大会议事规则》第26条第2款、第3款。

〔2〕 参见《内蒙古自治区人民代表大会议事规则》第57条第2款、第58条。

〔3〕 参见《四川省人民代表大会议事规则》第31条。

后,会议可以作出相应的决议;也有很多地方规定,会议应当作出相应的决议。另外,在工作报告的具体提出要求方面,天津规定,工作报告的内容应当包括对市人大上一次会议有关决议的贯彻执行情况;重庆、云南规定,工作报告应当包括市人大上次会议以来的主要工作情况和今后的工作安排,在每届市人大第一次会议上提出的工作报告应当对上届工作进行总结,并对下届工作提出建议;贵州的规定则包含上述两种规定的内容。[1] 上海、青海规定,必要时,市(省)人大常委会、市(省)人民政府、市(省)高级人民法院、市(省)人民检察院应当向会议提出有关专题报告。[2] 重庆更详细地规定,市人民政府根据工作的实际情况,可以建议市人大常委会将市人民政府其他重要专项工作报告列入市人大会议议程草案,提请市人大会议审议;上述工作报告列入市人大会议议程草案后,市人民政府有关主管部门应当在市人大会议举行的30日前就该专项工作向市人大有关专门委员会报告,由市人大有关专门委员会初步审议,并将初步审议意见转告市人民政府及其有关部门。[3] 部分地方还规定,根据需要,报告机关应当向会议提供相关资料。

在工作报告的具体审议程序方面,有的地方规定,对报告中重要和专门性的问题,主席团可以组织有关代表进行专题审议。工作报告经各代表团审议后,有的地方规定有关机关要根据代表的意见进行修改,有的地方规定由主席团决定作必要的修改。

在相应决议草案的提出和审议程序方面,各地有不尽相同的规定。有的地方规定,主席团根据各代表团的审查意见,对各项工作报告提出相应的决议草案,提交大会全体会议表决。江苏规定,大会秘书处受主席团的委托,提出关于工作报告的决议草案,经主席团审议通过后,印发代表,

---

〔1〕 参见《天津市人民代表大会议事规则》第39条;《重庆市人民代表大会议事规则》第34条第2款;《云南省人民代表大会议事规则》第32条第2款;《贵州省人民代表大会议事规则》第36条第2款。

〔2〕 参见《上海市人民代表大会议事规则》第38条第2款;《青海省县级以上各级人民代表大会议事规则》第31条第2款。

〔3〕 参见《重庆市人民代表大会议事规则》第36条。

并提请大会全体会议表决。[1] 山西、湖北规定，受主席团委托，大会秘书处根据各代表团的审议意见和专题审议的情况，提出关于工作报告的决议草案，经主席团会议通过后提交各代表团审议，并提请大会全体会议表决。[2] 云南规定，大会秘书处根据各代表团的审查意见，向主席团提出工作报告的修改意见和相应的决议草案，将修改后的工作报告和相应的决议草案印发会议，并由主席团将工作报告决议草案提交大会全体会议表决。[3] 吉林更细致地规定，秘书处根据各代表团的审议意见，向主席团提出对工作报告的修改意见和相应的决议草案，经主席团决定将修改后的工作报告和相应的决议草案提交各代表团审议，然后秘书处根据各代表团的审议意见，再次向主席团提出对工作报告的修改意见和相应的决议草案，经主席团通过后将修改后的工作报告和相应的决议草案印发会议，并由主席团将关于工作报告的决议草案提交大会全体会议表决。[4] 江西规定，有关专门委员会和会议工作机构根据代表团的审议意见，向主席团提出工作报告的审查意见和相应的决议草案，由主席团决定提交代表团审议，并将通过后的决议草案提交大会全体会议表决。[5]

此外，有的地方还规定了工作报告未获批准的处理程序。例如，山西规定，工作报告在代表大会会议上未获得批准的，提出该报告的机关应当进行整改，并将整改情况报告下次代表大会会议，或者根据代表大会的授权，报告常委会会议；山西进一步规定，整改情况的报告在代表大会会议或者常委会会议上仍未获得批准的，提出该报告的机关的主要负责人应当辞职。[6] 福建、贵州规定，工作报告未获大会表决通过的，处理办法由

---

[1] 参见《江苏省人民代表大会议事规则》第 22 条。

[2] 参见《山西省人民代表大会议事规则》第 35 条；《湖北省人民代表大会议事规则》第 31 条。

[3] 参见《云南省人民代表大会议事规则》第 34 条。

[4] 参见《吉林省人民代表大会议事规则》第 34 条。

[5] 参见《江西省人民代表大会议事规则》第 33 条。

[6] 参见《山西省人民代表大会议事规则》第 69 条；《湖北省人民代表大会议事规则》第 32 条。

主席团决定。[1]

(二)计划报告和预算报告

省级人大审查计划报告和预算报告的程序，与全国人大的大部分相同。计划报告和预算报告在省级人大会议举行前由有关专门委员会（或常委会有关工作委员会、常委会）初步审查，在省级人大会议举行时由代表团和有关专门委员会审查，并由财政经济委员会（或计划和预算审查委员会）提出报告，经主席团提出的相应决议草案经大会表决通过而批准。不同的是，部分地方在初步审查的时间、主体、程序，审查的主体，相应决议草案的提出和审议程序等方面，有不同的规定或更详细的规定；有的地方还规定了决算报告、预算草案修正案制度，计划报告和预算报告未获批准的处理程序，省级人大对不适当决议、决定、命令的处理权等。

在计划报告和预算报告的提出和初步审查阶段，根据《预算法》，省级政府财政部门应当在每年省级人大会议举行的 30 日前，将省级预算草案的初步方案提交省级人大有关专门委员会进行初步审查。[2] 大部分地方规定，省级人大会议举行的 1 个月前，省级人民政府有关主管部门应当就本省（自治区、直辖市）国民经济和社会发展计划及计划执行情况、本省（自治区、直辖市）预算及预算执行情况的主要内容，向省级人大财政经济委员会（和其他有关专门委员会）汇报，由财政经济委员会（和其他有关专门委员会）进行初步审查。另外，(1)在初步审查的时间方面，有的地方规定是在省人大会议举行的 30 日前，广西规定是在自治区人大会议举行的 35 日前，四川规定是在省人大举行会议的 20 日前，辽宁规定是在省人大会议举行的 15 日前，新疆仅规定是在自治区人大会议举行前。[3] (2)在初步审查的主体方面，河北规定由省人大专门委员会或常委会主任

---

〔1〕 参见《福建省人民代表大会议事规则》第 39 条；《贵州省人民代表大会议事规则》第 45 条。

〔2〕 参见《预算法》第 44 条第 2 款。

〔3〕 参见《广西壮族自治区人民代表大会议事规则》第 20 条第 1 款；《四川省人民代表大会议事规则》第 35 条；《辽宁省人民代表大会议事规则》第 30 条；《新疆维吾尔自治区人民代表大会议事规则》第 32 条。

会议授权的工作委员会进行初步审查,湖北规定由省人大财政经济委员会和常委会有关工作机构进行初步审查,甘肃、青海规定由省人大有关专门委员会或常委会主任会议进行初步审查,广西、宁夏规定由自治区人大财政经济委员会进行初步审查,内蒙古规定由自治区人大常委会进行初步审查。[1] (3)在初步审查的程序方面,有的地方规定,财政经济委员会对国民经济和社会发展计划、预算草案进行初步审查时,可以邀请有关专门委员会、常委会有关工作机构和有关代表、专家列席会议,发表意见;财政经济委员会(和其他有关专门委员会)提出的初步审查意见,交省级人民政府及其有关部门研究处理;省级人民政府有关部门应当将处理情况及时报告财政经济委员会(和有关专门委员会)。其中,安徽具体地规定,财政经济委员会应当在15日内提出初审意见,交省人民政府有关部门研究处理;有关部门应当在10日内将采纳初审意见的情况向财政经济委员会通报。[2] 此外,四川还规定,省人民政府向省人大提出的上年度预算执行情况的报告,决算已经编出的,应当报告决算情况;决算未能编出的,可由省人大决定授权省人大常委会审查批准决算报告。[3]

在计划报告和预算报告的审查阶段,省级人民政府应当向会议提出关于本省(自治区、直辖市)国民经济和社会发展计划及计划执行情况的报告、关于本省(自治区、直辖市)预算及预算执行情况的报告,并将国民经济和社会发展计划主要指标草案、预算收支表草案和预算执行情况表草案一并印发会议,由各代表团进行审查,并由有关专门委员会审查;财政经济委员会(或计划和预算审查委员会)根据各代表团(和其他有关专门委员会)的审查意见,对关于本省(自治区、直辖市)国民经济和社会发展计划及计划执行情况的报告、关于本省(自治区、直辖市)预算及预算执

---

〔1〕 参见《河北省人民代表大会议事规则》第28条;《湖北省人民代表大会议事规则》第33条第1款;《甘肃省各级人民代表大会议事规则》(1990年3月9日甘肃省第七届人大第三次会议通过)第26条;《青海省县级以上各级人民代表大会议事规则》第32条;《广西壮族自治区人民代表大会议事规则》第20条第2款;《宁夏回族自治区人民代表大会议事规则》第32条第1款;《内蒙古自治区人民代表大会议事规则》第34条。

〔2〕 参见《安徽省人民代表大会议事规则》第42条。

〔3〕 参见《四川省人民代表大会议事规则》第37条。

行情况的报告进行审查,向主席团提出审查结果报告,主席团审议通过后,印发会议,并将关于本省(自治区、直辖市)国民经济和社会发展计划的决议草案、关于本省(自治区、直辖市)预算和预算执行情况的决议草案提请大会全体会议表决。另外,(1)在审查并提出审查结果报告的主体方面,上海、山东规定一般是财政经济委员会,在每届省(市)人大第一次会议上是计划和预算审查委员会。[1] (2)在相应决议草案的提出和审议程序方面,有的地方规定,主席团将相应决议草案交各代表团审议后,提请大会全体会议表决。有的地方规定,受主席团委托,大会秘书处根据各代表团的审议意见和财政经济委员会的审查结果,提出关于国民经济和社会发展计划的决议草案、关于省财政预算的决议草案,经主席团会议通过后提交各代表团审议,并提请大会全体会议表决。内蒙古规定,批准自治区国民经济和社会发展计划、预算的决议草案,经主席团讨论,由各代表团审议;大会秘书处根据代表提出的意见进行修改,经主席团通过后,印发会议,并提交大会全体会议表决。[2] 重庆规定,报告机关根据各代表团的审议或者审查意见和有关专门委员会的审议或者审查结果报告对报告进行修改,由大会秘书处将修改后的报告和修改情况的说明印发代表,然后大会主席团提出各项报告的决议草案,经各代表团审议后,由主席团提请市人大全体会议表决。[3] 此外,海南还规定,在省人大会议期间,代表10人以上联名可以在主席团规定的期限内提出修改预算草案的议案,由主席团决定是否列入会议议程,或者先交省人大财政经济委员会审议并提出意见,再由主席团决定是否列入会议议程;对预算草案进行表决前,先对列入会议议程的预算草案修正案进行表决,预算草案修正案如获通过,再对修改后的预算草案进行表决。[4]

在计划报告和预算报告经省级人大批准后,不少地方规定,本省(自

---

〔1〕 参见《上海市人民代表大会议事规则》第40条;《山东省人民代表大会议事规则》(1990年3月4日山东省第七届人大第3次会议通过,1998年4月17修正)第35条、第36条。

〔2〕 参见《内蒙古自治区人民代表大会议事规则》第37条。

〔3〕 参见《重庆市人民代表大会议事规则》第42条。

〔4〕 参见《海南省人民代表大会议事规则》第33条。

治区、直辖市)国民经济和社会发展计划、本省(自治区、直辖市)预算在执行过程中必须作部分调整的,省级人民政府应当将调整方案提请省级人大常委会审查和批准。

此外,有的地方规定的计划报告还包括五年规划草案、中长期规划草案,部分地方还规定了计划报告和预算报告未获批准的处理程序,还有省级人大对不适当决议、决定、命令的处理权。海南规定,省人大对省本级预算草案可以作出批准、原则批准的决定;预算草案未获大会通过的,由省人大根据具体情况作出相应的决定;省人大原则批准预算草案的,应当同时责成省人民政府对预算草案的有关内容进行修改,并在会后1个月内将修改内容报省人大常委会审查决定。[1] 福建、贵州规定,计划报告和预算报告未获大会表决通过的,处理办法由主席团决定。[2] 河北、辽宁规定,省人大可以改变或者撤销其常委会关于国民经济和社会发展计划、预算、决算的不适当的决议、决定,撤销本级政府关于国民经济和社会发展计划、预算、决算的不适当的决定和命令。[3]

(三)选举、任免、罢免、接受辞职

对于省级人大人事任免案的特殊议事程序,《地方组织法》和《全国人民代表大会和地方各级人民代表大会选举法》(以下简称《选举法》[4])进行了详细规定,各地的规定大多以法律的规定为基础并有部分差别;其中一些地方规定,这些人事任免程序适用相关法律(和相关具体办法)的规定。

1. 选举、任免

选举案有特别的提名和推荐要求,根据候选人差额数情况交付选举

---

〔1〕 参见《海南省人民代表大会议事规则》第34条。

〔2〕 参见《福建省人民代表大会议事规则》第39条;《贵州省人民代表大会议事规则》第45条。

〔3〕 参见《河北省人民代表大会议事规则》第29条第3款;《辽宁省人民代表大会议事规则》第32条。

〔4〕 参见《选举法》(1979年7月1日第五届全国人大第二次会议通过,1982年12月10日第一次修正,1986年12月2日第二次修正,1995年2月28日第三次修正,2004年10月27日第四次修正,2010年3月14日第五次修正,2015年8月29日第六次修正)第29条、第33条。

或经预选后交付选举,还有特别的投票程序要求;任免案也有特别的提名要求。其中,省级国家机关领导人员与全国人大代表的酝酿和投票程序,在法律层面大部分相同而小部分存在差异,但大部分地方都将二者合并规定不作区分。由于《地方组织法》和《选举法》有详细的相关规定,并授权各级人大在每次选举中制定选举办法,因此各地议事规则对选举的议事程序的规定有较大的详略差异。

在选举案、任免案的提出阶段,根据《地方组织法》,省级人大常委会组成人员,省长、副省长,自治区主席、副主席,(直辖市)市长、副市长,省级人民法院院长,省级人民检察院检察长的人选,由省级人大主席团提名或者由省级人大代表30人以上书面联合提名,不同选区或者选举单位选出的代表可以酝酿、联合提出候选人;提名的候选人人数均不得超过应选名额;提名人应当如实介绍所提名的候选人的情况。[1] 各专门委员会组成人员的人选,由主席团在代表中提名。[2] 根据《选举法》,各政党、各人民团体可以联合或者单独推荐(全国人大)代表候选人,代表10人以上联名也可以推荐代表候选人;推荐的代表候选人的人数,均不得超过本选举单位应选代表的名额;推荐者应向大会主席团介绍代表候选人的情况,接受推荐的代表候选人应当向大会主席团如实提供个人身份、简历等基本情况;主席团应当向代表介绍代表候选人的情况,推荐者可以在代表小组会议上介绍所推荐的代表候选人的情况。对此,大部分地方都有与此基本相同的规定,有的地方规定按照有关法律进行提名和推荐。另外,浙江、甘肃规定,省人大常委会组成人员的人选,省长、副省长的人选,省高级人民法院院长的人选和省人民检察院检察长的人选,由主席团或者代表10人以上联合提名;这与法律规定不一致。[3] 部分地方规定,不同选举单位选出的代表可以酝酿、联合提出(省级国家机关领导人员)候选人,

---

〔1〕 参见《地方组织法》第21条。

〔2〕 参见《地方组织法》第30条第2款。

〔3〕 参见《浙江省人民代表大会议事规则》第36条第1款;《甘肃省各级人民代表大会议事规则》第35条第1款、第3款。

即代表既可以在本代表团联合提名,也可以跨代表团联合提名;江西、青海规定,(全国人大)代表候选人不限于省人大代表。[1] 很多地方规定,(主席团或)提名人或推荐人应当对代表提出的问题作必要的说明。被提名的候选人拒绝接受提名的,天津、黑龙江规定主席团不再将其列入候选人名单交付酝酿讨论;湖南规定主席团应当征求提名人的意见,坚持提名的代表人数符合法定人数则应当将其列入候选人名单,否则不列入。[2]

在选举案的审议阶段,根据《地方组织法》,省级人大选举(包括另行选举和补选)上述国家机关领导人员,实行差额选举原则(此处省略具体差额数的规定);如果提名的候选人数符合选举办法规定的差额数,由主席团提交代表酝酿、讨论后,进行选举;如果提名的候选人数超过选举办法规定的差额数,由主席团提交代表酝酿、讨论后,进行预选,根据在预选中得票多少的顺序,按照选举办法规定的差额数,确定正式候选人名单,进行选举;提名、酝酿候选人的时间不得少于两天。[3] 根据《选举法》,省级人大选举全国人大代表,实行差额选举原则(此处省略具体差额数的规定);大会主席团将依法提出的代表候选人名单及代表候选人的基本情况印发全体代表,由全体代表酝酿、讨论;如果所提代表候选人的人数符合《选举法》规定的差额比例,直接进行投票选举;如果所提代表候选人的人数超过《选举法》规定的最高差额比例,进行预选,根据预选时得票多少的顺序,按照省级人大的选举办法根据《选举法》确定的具体差额比例,确定正式代表候选人名单,进行投票选举;提名、酝酿代表候选人的时间不得少于两天。[4] 对此,有的地方有与上述法律基本相同的规定,有的地方没有全部规定,有的地方规定按照有关法律(和选举办法)进行。另外,部分地方规定,大会投票选举前,主席团可以(有的为应当)组织正式候选人

---

〔1〕 参见《江西省人民代表大会议事规则》第42条;《青海省县级以上各级人民代表大会议事规则》第35条第5款。

〔2〕 参见《天津市人民代表大会议事规则》第44条第3款;《黑龙江省人民代表大会议事规则》第43条第4款;《湖南省人民代表大会议事规则》第38条。

〔3〕 参见《地方组织法》第22条、第24条第3款、第25条。

〔4〕 参见《选举法》第30条、第31条第2款。

与代表见面等活动。辽宁规定,补选本级国家机关领导人员时,提名、酝酿候选人的时间不得少于 1 日;预选可以采取大会全体会议的形式进行,也可以采取以代表团为单位的形式进行,由大会主席团决定,并且参加预选的代表分别应超过全体代表或者该代表团全体代表的 2/3。[1]

在选举案的表决阶段,就省级国家机关领导人员的选举而言,根据《地方组织法》,选举采用无记名投票方式;代表对于确定的候选人,可以投赞成票,可以投反对票,可以另选其他任何代表或者选民,也可以弃权;获得过半数选票的候选人人数超过应选名额时,以得票多的当选;票数相等不能确定当选人时,应当就票数相等的人再次投票,以得票多的当选;获得过半数选票的当选人数少于应选名额时,不足的名额另行选举,另行选举时,可以根据在第一次投票时得票多少的顺序确定候选人或者另行提名、确定候选人,经省级人大决定,可以在本次会议上或者下次会议上另行选举。[2] 就全国人大代表的选举而言,根据《选举法》,选举一律采用无记名投票的方法,选举时应当设有秘密写票处;选举人对于代表候选人可以投赞成票,可以投反对票,可以另选其他任何选民,也可以弃权;代表候选人获得全体代表过半数的选票时,始得当选;获得过半数选票的代表候选人的人数超过应选代表名额时,以得票多的当选;票数相等不能确定当选人时,应当就票数相等的候选人再次投票,以得票多的当选;获得过半数选票的当选代表的人数少于应选代表的名额时,不足的名额另行选举,另行选举时,根据在第一次投票时得票多少的顺序确定候选人名单;选举结果由大会主席团依法确定是否有效并予以宣布,当选代表名单由大会主席团予以公布。[3] 对此,有的地方有与上述法律基本相同的规定,有的地方没有全部规定,有的地方规定按照有关法律(和选举办法)。另外,个别地方规定,在对省级国家机关领导人员第二次选举而仍不能当

---

〔1〕 参见《辽宁省人民代表大会议事规则》第 36 条第 2 款,第 37 条第 1 款、第 2 款。
〔2〕 参见《地方组织法》第 23 条,第 24 条第 1 款、第 2 款。
〔3〕 参见《选举法》第 39 条第 1 款,第 40 条,第 44 条第 2 款、第 3 款、第 4 款,第 45 条。

选的情形下本次会议不再进行选举。[1] 经过另行选举获得过半数选票的名额仍少于应选名额，其不足名额本次会议不再进行选举。[2]

此外，部分地方规定，省级人大会议选举办法，由主席团交各代表团审议后，提请大会全体会议通过。大部分地方规定，省级人民检察院检察长的选举，经省级人大通过后，应当报最高人民检察院检察长提请全国人大常委会批准。关于省级监察委员会主任的选举，只有湖南规定了适用与其他省级国家机关领导人员相同的选举程序。[3]

2. 罢免

罢免案由特别的主体对特定省级国家机关组成人员或者由省级人大选出的全国人大代表提出；罢免案可以由被提出罢免的人员提出申辩意见，对国家机关组成人员的罢免案可以根据调查委员会的报告再审议决定；罢免案有特别的投票程序要求。省级国家机关组成人员和全国人大代表的罢免程序，在法律层面有很多相同之处也有一些明显差异（如罢免案提出主体、是否可以经调查后再审议决定），但大部分地方都将二者合并规定不作区分，个别地方则没有规定全国人大代表的罢免程序。另外，罢免的对象是否还包括省级人民政府正副首长以外的其他组成人员，《地方组织法》和《宪法》对此规定不一致；大部分地方的规定与《地方组织法》一致。

在罢免案的提出阶段，就省级国家机关组成人员的罢免而言，根据《地方组织法》，在省级人大举行会议时，省级人大主席团、常委会或者1/10以上代表联名，可以提出对省级人大常委会组成人员、人民政府组成人员、人民法院院长、人民检察院检察长的罢免案，由主席团提请大会审议；罢免案应当写明罢免理由。[4] 就全国人大代表的罢免而言，根据《选举法》，在省级人大举行会议时，主席团或者 1/10 以上代表联名，可以提

〔1〕参见《黑龙江省人民代表大会议事规则》第 48 条第 2 款。
〔2〕参见《云南省人民代表大会议事规则》第 43 条。
〔3〕参见《湖南省人民代表大会议事规则》第 34 条第 1 款、第 36 条第 1 款、第 40 条第 1 款。
〔4〕参见《地方组织法》第 26 条第 1 款、第 3 款。

出对由省级人大选出的全国人大代表的罢免案；罢免案应当写明罢免理由。[1] 在罢免案的提出主体方面，部分地方有与此相同的规定，大部分地方则合并规定，省级人大主席团、常委会或者1/10以上代表联名，可以提出对上述省级国家机关组成人员和全国人大代表的罢免案，即常委会也可以向省级人大提出对全国人大代表的罢免案。另外，宁夏规定代表团也可以提出罢免案，安徽、海南、四川规定3个以上代表团也可以提出罢免案。[2] 在政府相关的罢免对象方面，值得注意的是，《地方组织法》规定的罢免对象与《宪法》的不尽相同；根据《宪法》，省级人大有权罢免本级人民政府正副省长，其中并不包括本级人民政府其他组成人员。[3] 对此，大部分地方的规定与《地方组织法》一致，其余地方的规定则与《宪法》一致。在其他罢免对象方面，有的地方规定还可以对专门委员会组成人员提出罢免案。

在罢免案的审议阶段，就省级国家机关组成人员的罢免而言，根据《地方组织法》，被提出罢免的人员有权在主席团会议或者大会全体会议上提出申辩意见，或者书面提出申辩意见；在主席团会议上提出的申辩意见或者书面提出的申辩意见，由主席团印发会议；罢免案由主席团交会议审议后，提请全体会议表决，或者由主席团提议，经全体会议决定，组织调查委员会，由省级人大下次会议根据调查委员会的报告审议决定。[4] 就全国人大代表的罢免而言，根据《选举法》，在省级人大举行会议时，被提出罢免的代表有权在主席团会议和大会全体会议上提出申辩意见，或者书面提出申辩意见，由主席团印发会议；罢免案经会议审议后，由主席团提请全体会议表决。[5] 对此，有的地方有与此相同的规定，大部分地方则合并规定了上述程序，即规定全国人大代表罢免案也可以经调查后再

---

〔1〕 参见《选举法》第50条第1款。

〔2〕 参见《宁夏回族自治区人民代表大会议事规则》第42条第1款；《安徽省人民代表大会议事规则》第52条第1款；《海南省人民代表大会议事规则》第41条第1款；《四川省人民代表大会议事规则》第44条第1款。

〔3〕 参见《宪法》第101条第1款。

〔4〕 参见《地方组织法》第26条第4款、第5款。

〔5〕 参见《选举法》第50条第2款。

审议决定。另外，有的地方规定省级人大可以授权常委会调查审议罢免案，或决定罢免。四川规定，如审议中发现有需要调查的问题，可以由主席团提出建议，经大会全体会议决定，组织调查委员会或交由常委会调查，提交下一次会议审议决定或授权省人大常委会审议并向下一次会议提出报告；贵州、宁夏规定，罢免案也可以由省人大授权省人大常委会根据调查的报告审议决定，并报省人大下次会议备案；青海规定，大会可以授权常委会在大会闭会后6个月内听取调查委员会的调查报告，并作出相应决定，报人大下一次会议确认。[1] 北京规定，对于副市长或者本市出席全国人大代表的罢免案，经大会全体会议决定，可以授权市人大常委会根据调查委员会的报告，依法决定是否撤销其副市长或者罢免其代表职务，并向市人大下次会议报告；湖北、上海规定，对个别副省（市）长和由常委会任命的省（市）人民政府其他组成人员的罢免案，可以授权常委会在省（市）人大闭会后6个月内，听取调查委员会的调查报告，并作出相应的决定，报省（市）人大下次会议备案或者提请省（市）人大下次会议审议。[2]

在罢免案的表决阶段，就全国人大代表的罢免而言，根据《选举法》，罢免代表采用无记名的表决方式。[3] 有的地方规定罢免案采用无记名表决方式，表决结果由主席团发布公告；上海还规定大会表决罢免案的时候设秘密写票处；[4] 这些规定都没有区分省级国家机关组成人员和全国人大代表的情形。

此外，大部分地方规定，省级人大常委会组成人员、省级人大专门委

---

[1] 参见《四川省人民代表大会议事规则》第44条第1款；《贵州省人民代表大会议事规则》第50条第2款；《宁夏回族自治区人民代表大会议事规则》第43条；《青海省县级以上各级人民代表大会议事规则》第42条第2款。

[2] 参见《北京市人民代表大会议事规则》（1990年3月9日北京市第九届人大第三次会议通过，2001年8月3日第一次修正，2004年12月2日第二次修正，2010年12月23日第三次修正）第37条第1款；《湖北省人民代表大会议事规则》第48条第4款；《上海市人民代表大会议事规则》第48条第3款。

[3] 参见《选举法》第51条。

[4] 参见《上海市人民代表大会议事规则》第49条第1款。

员会成员的代表职务被罢免的,其常委会组成人员或者专门委员会成员的职务相应撤销,由主席团或者常委会予以公告;省级人民检察院检察长的罢免,经省级人大通过后,应当报最高人民检察院检察长提请全国人大常委会批准;罢免由本省(自治区、直辖市)选举的全国人大代表,应当报全国人大常委会备案。关于省级监察委员会主任的罢免,只有湖南规定了适用与其他省级国家机关领导人员相同的罢免程序。[1]

3. 接受辞职

辞职案由经省级人大选出的省级国家机关领导人员提出,在大会闭会期间由常委会审议决定。

根据《地方组织法》,省级人大常委会组成人员、人民政府领导人员、人民法院院长、人民检察院检察长,可以向省级人大提出辞职,由大会决定是否接受辞职;大会闭会期间,可以向省级人大常委会提出辞职,由常委会决定是否接受辞职;常委会决定接受辞职后,报省级人大备案。[2]大部分地方都有与此相同的规定,其中很多地方具体规定辞职请求由主席团交各代表团审议后提交大会全体会议决定,一些地方也具体规定大会闭会期间辞职请求由主任会议提请常委会审议决定;有的地方没有规定大会闭会期间的辞职程序。另外,部分地方规定,专门委员会组成人员也可以向省级人大(大会闭会期间向常委会)提出辞职。重庆、陕西规定,由本省(市)选举的全国人大代表也可以向省级人大(大会闭会期间向常委会)提出辞职;湖北、四川规定,省人大接受出席全国人大的代表的辞职(但并未规定相应程序)。这与《选举法》关于全国人大代表向选举他的人大的常委会提出辞职的规定不一致。[3]

此外,大部分地方规定,省级人民检察院检察长的辞职,经省级人大通过后,应当报最高人民检察院检察长提请全国人大常委会批准。关于

---

〔1〕 参见《湖南省人民代表大会议事规则》第45条第1款。

〔2〕 参见《地方组织法》第27条第1款。

〔3〕 参见《重庆市人民代表大会议事规则》第52条第1款;《陕西省人民代表大会议事规则》第36条第1款;《湖北省人民代表大会议事规则》第37条第1款;《四川省人民代表大会议事规则》第39条第1款;《选举法》第54条第1款。

省级监察委员会主任的辞职，只有湖南规定了适用与其他省级国家机关领导人员相同的辞职程序。[1]

（四）询问和质询

1.询问

省级人大的询问程序，与全国人大的基本相同。代表团、主席团、专门委员会（或议案审查委员会、计划和预算审查委员会）审议议案和有关报告时，有关机关或部门应当派负责人到会听取意见并回答询问。不同的是，有的地方还规定了询问的其他场合、询问的内容要求，还有询问的答复时间。

各代表团审议议案和有关报告的时候，有关部门应当派负责人员到会，听取意见，回答代表（或代表团）提出的询问。大部分地方规定，主席团和专门委员会（或议案审查委员会、计划和预算审查委员会）对议案和有关报告进行审议的时候，省级人民政府或者有关机关负责人应当到会，听取意见，回答询问，并可以对议案或者有关报告作补充说明。部分地方还特别规定，代表团全体会议审议政府工作报告和审查关于国民经济和社会发展计划及计划执行情况的报告、关于预算及预算执行情况的报告的时候，省级人民政府及其各部门负责人应当分别参加会议，听取意见，回答询问。此外，在询问的场合方面，云南规定，常委会工作委员会对议案和有关报告进行研究时，也可以进行询问。[2] 在询问的内容方面，天津规定，代表或者代表团提出询问的内容，应该与会议审议的议案或者报告有关。[3] 在询问的答复方面，上海、重庆、宁夏规定，代表在会议期间对市（自治区）国家机关提出的询问，有关机关应当在会议期间作出答复；如询问涉及的问题比较复杂，由受询问机关提出要求，经主席团或者有关代表团同意，可以在市（自治区）人大会议闭会后作出答复。[4]

---

〔1〕参见《湖南省人民代表大会议事规则》第44条第1款。

〔2〕参见《云南省人民代表大会议事规则》第49条第2款。

〔3〕参见《天津市人民代表大会议事规则》第54条第2款。

〔4〕参见《上海市人民代表大会议事规则》第54条第4款；《重庆市人民代表大会议事规则》第57条第2款；《宁夏回族自治区人民代表大会议事规则》第48条。

2. 质询

省级人大的质询程序,与全国人大的大部分相同,也有不少更详细的规定。质询案由特定主体对省级人民政府及其各部门、人民法院、人民检察院书面提出,按照主席团的决定由受质询机关的负责人在相关会议上口头答复,或由受质询机关书面答复,提质询案人对答复不满意的可以要求再作答复。除质询的提出主体要求和对象范围不同以外,有的地方还规定了一些制度规则,包括质询内容、质询转为询问处理、撤回质询、重大问题质询案的处理程序、对答复进行提问的要求、会议期间答复有困难和再次答复仍未获满意的处理程序等。

在质询案的提出方面,根据《地方组织法》,省级人大会议期间,代表10人以上联名,可以书面提出对省级人民政府和它所属各工作部门以及人民法院、人民检察院的质询案;质询案必须写明质询对象、质询的问题和内容。[1] 各地都有与此基本相同的规定。另外,(1)在质询的主体和对象方面,不少地方规定,(1个)代表团也可以提出质询案。上海、重庆规定,质询案还可以对市中级人民法院、市人民检察院分院提出。[2] (2)在质询内容方面,四川、贵州详细规定,可以提出质询案的事项包括有关实施宪法、法律、行政法规和地方性法规方面的问题,有关贯彻国家方针、政策方面的问题,有关执行上级和本级人大及其常委会的决议、决定方面的问题,有关重大失职、渎职方面的问题,其他(需要质询或人民群众反映强烈)的事项。[3] 甘肃规定,质询的内容应属于违宪、违法和因失职、渎职造成严重后果的问题。[4] 宁夏规定,质询的内容应当属于受质询机关职权范围内的事项。[5] 广东规定,质询的事项应属于大会的职权

[1] 参见《地方组织法》第28条第1款。

[2] 参见《上海市人民代表大会议事规则》第55条;《重庆市人民代表大会议事规则》第58条第1款。

[3] 参见《四川省人民代表大会议事规则》第48条;《贵州省人民代表大会议事规则》第54条。

[4] 参见《甘肃省各级人民代表大会议事规则》第29条。

[5] 参见《宁夏回族自治区人民代表大会议事规则》第50条。

范围，不宜涉及属于代表个人利益的问题、进入诉讼程序的具体案件。[1]

在质询案的答复方面，根据《地方组织法》，质询案由主席团决定由交受质询机关在主席团会议、大会全体会议或者有关专门委员会会议上口头答复，或者由受质询机关书面答复；在主席团会议或者专门委员会会议上答复的，提质询案的代表有权列席会议，发表意见；主席团认为必要的时候，可以将答复质询案的情况报告印发会议；质询案以口头答复的，应当由受质询机关的负责人到会答复；质询案以书面答复的，应当由受质询机关的负责人签署，由主席团印发会议或者印发提质询案的代表。[2] 各地都有与此基本相同的规定。另外，海南规定，质询案由大会议案审查委员会提出处理意见后，再由主席团决定交受质询机关答复。[3] （1）在答复的场合方面，很多地方规定，受质询机关也可以在代表团会议上口头答复；不少地方规定，受质询机关也可以在大会全体会议上口头答复；云南规定，受质询机关还可以在有关工作委员会会议上口头答复。[4] （2）在答复情况的报告方面，不少地方规定，在专门委员会会议（或者代表团会议）上答复的，有关专门委员会（或者代表团）应当将答复质询案的情况向主席团报告；主席团认为必要时，可以将答复质询案的情况报告印发会议。（3）在答复未获满意的处理程序方面，提质询案的代表（或者代表团）对答复质询不满意的，可以提出要求，由主席团决定（是否）由受质询机关再作答复；其中有的地方规定，代表半数以上（或2/3以上）对答复质询不满意才可以提出再作答复的要求。海南还规定，由主席团根据具体情况决定其在会议期间答复，或者在闭会后限定的时间内书面答复，或者在省人大有关专门委员会会议上答复。[5]

此外，有的地方还规定了质询转为询问处理、撤回质询、重大问题质询案的处理程序、对答复进行提问的要求、会议期间答复有困难和再次答

---

〔1〕 参见《广东省人民代表大会议事规则》第30条第1款。

〔2〕 参见《地方组织法》第28条第2款、第3款。

〔3〕 参见《海南省人民代表大会议事规则》第45条第1款。

〔4〕 参见《云南省人民代表大会议事规则》第51条第1款。

〔5〕 参见《海南省人民代表大会议事规则》第47条。

复仍未获满意的处理程序等制度。(1)在质询转为询问处理方面,有的地方规定,主席团认为质询案不属于质询范围时,可以作为询问处理。(2)在撤回质询方面,不少地方规定,质询案在受质询机关答复前(或主席团作出处理决定前),提案人要求撤回的,(经主席团同意)质询即行终止。(3)在重大问题质询案的处理程序方面,内蒙古规定,对涉及重大问题的质询案,由主席团决定,可以授权自治区人大常委会进一步调查研究,作出决定,报自治区人大下一次会议备案。[1] (4)在对答复进行提问的要求方面,个别地方规定,提出质询案的代表对受质询机关的答复发表意见时,提出的问题应当与原质询的问题有关;如果提出的问题与原质询的问题无关,应当提出新的质询案。(5)在会议期间答复有困难、再次答复仍未获满意的处理程序方面,有的地方规定,质询案涉及的问题比较复杂,在会议期间答复有困难的,经主席团决定,可以在大会闭会后 2 个月内,由受质询机关在常委会会议或者有关专门委员会会议上作出答复;提出质询案的代表有权列席会议,发表意见;必要时,常委会可以根据答复的情况和代表意见作出决定。有的地方规定,提出质询案的代表半数以上(或 2/3 以上)对再次答复仍不满意的,适用上述程序。上海则同时规定两种情况都适用上述程序。[2] 海南规定,在省人大会议期间,提出质询案的代表团或者代表对受质询机关的答复仍不满意的,主席团可以根据代表对受质询机关答复的意见和质询案的具体情况,作出相应的决定。[3]

(五)组织调查委员会

省级人大组织调查委员会的规定,与全国人大的基本相同。组织调查委员会案有特别的提出主体要求,调查委员会组成人员任免案有特别的提名要求;调查委员会可以聘请专家参加调查工作,在调查中遵循特定的要求,应当向省级人大提出调查报告;省级人大或其常委会可以听取调

[1] 参见《内蒙古自治区人民代表大会议事规则》第 53 条。
[2] 参见《上海市人民代表大会议事规则》第 58 条第 2 款。
[3] 参见《海南省人民代表大会议事规则》第 47 条第 2 款。

查委员会的报告并作出相应决议。不同的是，有的地方对提议和提名主体有不同规定，还对调查人员回避、调查保密义务、调查结果公布作出了规定。

在组织调查委员会案、调查委员会组成人员任免案的提出方面，根据《地方组织法》，主席团或者1/10以上的代表联名，可以向省级人大提议组织关于特定问题的调查委员会，由主席团提请大会全体会议决定；调查委员会的组成人员，由主席团在代表中提名，提请大会全体会议通过。[1]各地都有与此基本相同的规定。另外，在提议主体方面，部分地方规定3个以上的代表团也可以提议，黑龙江规定两个或两个以上的代表团也可以提议，浙江规定省人大常委会也可以提议。[2] 在调查委员会组成人员提名方面，湖南规定还可以由各代表团按照大会主席团确定的名额分别在本代表团的代表中提名。[3]

在调查委员会的工作方面，根据《地方组织法》，调查委员会应当向省级人大提出调查报告。[4] 各地都有与此相同的规定。大部分地方还规定，调查委员会可以聘请专家参加调查工作；调查委员会调查时可以要求有关的国家机关、社会团体、企业事业单位和公民如实提供必要的材料；提供材料者要求调查委员会对材料来源保密的，调查委员会应当予以保密。不少地方还规定，调查委员会在调查过程中，可以不公布调查的情况和材料。另外，有的地方规定，与调查的问题有利害关系（或者可能影响客观公正调查）的代表（和其他人员）不得参加调查委员会。贵州规定，调查委员会对调查中涉及的国家秘密、个人隐私和商业秘密，应当依法予以保密。[5]

在调查结果的处理方面，根据《地方组织法》，省级人大根据调查委员

---

〔1〕 参见《地方组织法》第31条第2款、第3款。

〔2〕 参见《黑龙江省人民代表大会议事规则》第57条；《浙江省人民代表大会议事规则》第53条第2款。

〔3〕 参见《湖南省人民代表大会议事规则》第50条第2款。

〔4〕 参见《地方组织法》第31条第4款。

〔5〕 参见《贵州省人民代表大会议事规则》第64条第2款。

会的报告,可以作出相应的决议;省级人大可以授权常委会听取调查委员会的调查报告,常委会可以作出相应的决议,报省级人大下次会议备案。[1] 各地都有与此相同的规定。另外,重庆规定,市人大或市人大常委会认为必要时,可以决定向社会公布调查结果。[2]

(六)发言规则

省级人大发言的规定,与全国人大的部分相同。发言不受法律追究,内容要围绕会议议题,有次数时限约束的场合一般包括全体会议和主席团会议;发言由大会执行主席或会议主持人许可,有特定的次数和时限要求(发言可以延长);发言要整理简报印发会议。不同的是,各地对代表发言的次数和时限有多种不同规定,有的地方还规定了制止发言、书面发言、不进行发言等情形。

省级人大代表在省级人大各种会议上的发言,不受法律追究。有的地方规定,代表应当围绕会议议题发表意见;天津规定,发言内容与议题无关或者事先未经大会执行主席或会议主持人许可而超过规定时间的发言,大会执行主席或会议主持人可以制止。[3]

关于全体会议上的发言,代表要求发言的,在会前向秘书处报名后由大会执行主席安排发言顺序;临时要求发言的,经大会执行主席许可始得发言。在发言的次数和时限方面,大部分地方规定代表每人可以发言两次,第一次和第二次分别不超过 10 分钟、5 分钟,或不超过 15 分钟、5 分钟,或不超过 15 分钟、10 分钟,或都不超过 10 分钟;有的地方没有规定代表每人可以发言两次,只规定发言不超过 20 分钟或 15 分钟或 10 分钟。内蒙古规定,代表在大会全体会议上用汉语言发言的,第一次不超过 10 分钟,第二次不超过 5 分钟;用蒙古语言和其他少数民族语言发言的,第一次不超过 20 分钟,第二次不超过 10 分钟。[4] 西藏规定,上述(发言)

---

〔1〕 参见《地方组织法》第 31 条第 4 款。
〔2〕 参见《重庆市人民代表大会议事规则》第 66 条。
〔3〕 参见《天津市人民代表大会议事规则》第 59 条。
〔4〕 参见《内蒙古自治区人民代表大会议事规则》第 65 条。

时间不包括翻译时间。[1] 广东规定，代表在每次全体会议上的发言时间，由主席团在每次会议上确定。[2] 部分地方规定，经主持人许可，可以延长发言时间；其中个别地方进一步规定，延长时间不超过5分钟。另外，部分地方规定，在代表未能在大会上发言、代表要求或会议执行主席安排等情况下，可以采取书面发言的形式。有的地方规定，大会全体会议进行表决和选举时，代表不进行大会发言。福建没有对大会全体会议上的发言作出规定，取而代之的是代表团全体会议和代表小组会议上的发言。[3]

关于主席团会议上的发言，主席团成员和代表团团长或者代表团推选的代表可以发言，大部分地方规定每人可以就同一议题发言两次，第一次和第二次分别不超过15分钟、10分钟，或不超过20分钟、10分钟，或不超过10分钟、5分钟，或都不超过10分钟；有的地方没有规定每人可以发言两次，只规定发言不超过10分钟。部分地方规定，经会议主持人许可，发言时间可以适当延长。西藏规定，上述（发言）时间不包括翻译时间。[4]

大部分地方规定，会议期间，代表在各种会议上的发言整理简报印发会议；其中部分地方还规定，代表的发言记录或者摘要可以根据本人要求印发会议。

第五节　省级人大常委会的议事规则

一、会议制度

（一）会议的召开

根据《地方组织法》，省级人大常委会会议每两个月至少举行一次。[5] 各地基本上都有与此相同的规定，其中海南规定一般每两个月举

[1] 参见《西藏自治区人民代表大会议事规则》第51条第1款。
[2] 参见《广东省人民代表大会议事规则》第45条。
[3] 参见《福建省人民代表大会议事规则》第56条。
[4] 参见《西藏自治区人民代表大会议事规则》第52条。
[5] 参见《地方组织法》第45条第1款。

行一次。[1] 另外,福建、湖南、新疆规定会议一般在每个单月下旬举行,西藏规定一般在每个单月举行。[2] 绝大部分地方规定,省级人大常委会也可以临时召集会议。更详细地说,部分地方规定,在有特殊需要的时候,可以临时召集会议;陕西规定,主任会议决定或者有 1/5 以上的常委会组成人员提议,可以临时举行会议;[3] 其余地方没有直接规定临时会议的召开,一般只规定临时召集会议临时通知(会议相关事项)。

(二)会议的召集和准备

根据《地方组织法》,省级人大常委会会议由主任召集。[4] 各地都有与此相同的规定。不少地方还规定,主任可以委托副主任召集会议。

省级人大常委会会议举行前,相关准备工作主要包括安排议题、安排会议议程和日程、发出通知、开展调研以及相关工作等。与全国人大常委会的规定相比,部分地方更具体地规定了议题的安排、会议日程的安排、相关事项的拟定和决定、调研以及相关工作的开展等。

主任会议(决定开会日期,)拟订常委会会议议程草案,提请常委会全体会议决定。在会议举行 7 日前(有的为 10 日前、15 日前、20 日前、1 个月前),应当将开会日期、建议会议讨论的主要事项等,通知常委会组成人员(和列席会议的人员);临时召集会议,可以临时通知。

此外,在议题的安排方面,(1)关于议题安排的原则,广西规定,常委

---

〔1〕 参见《海南省人民代表大会常务委员会议事规则》(1993 年 3 月 2 日海南省第一届人大常委会第一次会议通过,1999 年 7 月 30 日第一次修正,2001 年 5 月 31 日第二次修正,2006 年 12 月 29 第三次修正,2010 年 9 月 20 日第四次修正)第 4 条第 1 款。

〔2〕 参见《福建省人民代表大会常务委员会议事规则》(2005 年 11 月 19 日福建省第十届人大常委会第二十次会议通过)第 12 条;《湖南省人民代表大会常务委员会议事规则》(2015 年 12 月 4 日湖南省第十二届人大常委会第十九次会议通过,2018 年 9 月 30 日修正)第 6 条第 2 款;《新疆维吾尔自治区人民代表大会常务委员会议事规则》(1988 年 5 月 28 日新疆维吾尔自治区第七届人大常委会第二次会议通过,2000 年 6 月 2 日修订,2006 年 12 月 26 日修正,2018 年 5 月 20 日修订)第 3 条第 1 款;《西藏自治区人民代表大会常务委员会议事规则》(1988 年 7 月 15 日西藏自治区第四届人大常委会第二十七次会议通过,1997 年 11 月 12 日第一次修正,2000 年 11 月 29 日第二次修正,2005 年 7 月 29 日第三次修正,2008 年 9 月 26 日修订,2018 年 3 月 30 日修正)第 4 条第 1 款。

〔3〕 参见《陕西省人民代表大会常务委员会议事规则》(1988 年 7 月 7 日陕西省第七届人大常委会第一次会议通过,1996 年 9 月 3 日修正,2007 年 3 月 31 日修订)第 20 条。

〔4〕 参见《地方组织法》第 45 条第 1 款。

会会议议题的安排，应当围绕本自治区的中心工作，将关系改革发展稳定大局和群众切身利益、社会普遍关注的重大问题列入常委会会议议程。[1] (2)关于年度议题计划的确定，贵州规定，常委会会议年度议题计划，由主任会议提出，与省人民政府、省高级人民法院、省人民检察院协商议定，印发常委会组成人员；年度议题计划在执行中可以根据实际情况进行部分调整。[2] (3)关于每次会议议题的安排，湖北规定，常委会秘书长根据常委会年度工作计划和实际情况，召集省人民政府、省高级人民法院、省人民检察院、省人大各专门委员会和常委会工作机构的有关负责人，研究提出常委会会议的建议议题，经常委会主任或者主持会议的副主任确定后，提请主任会议审议。[3] 甘肃规定，省人民政府、省高级人民法院、省人民检察院、省人大专门委员会和常委会各工作部门，应当在每次常委会会议举行5日前，根据常委会年度工作计划和实际需要，提出下次会议的议题，由主任会议决定是否提请常委会会议审议；公民、法人和其他组织也可以向常委会提出属于常委会职权范围内的议题，由主任会议决定先交省人大有关专门委员会或者常委会有关工作部门研究，提出意见，再决定是否列入常委会会议议题。[4]

在会议日程的安排方面，有的地方规定会议日程由主任会议决定，有的地方规定会议日程由主任会议拟订草案提请常委会全体会议决定，其余地方则没有规定。另外，四川规定，会议日程应当根据议程需要安排必要的会议时间，保证常委会组成人员充分发表意见，提高审议质量；陕西规定，会议日程应当合理安排会议的进程和时间，保证常委会组成人员能

---

〔1〕 参见《广西壮族自治区人民代表大会常务委员会议事规则》(1993年10月21日广西壮族自治区第八届人大常委会第五次会议通过，2007年7月27日修正，2016年7月21日修订)第8条第1款。

〔2〕 参见《贵州省人民代表大会常务委员会议事规则》(2013年5月31日贵州省第十二届人大常委会第二次会议通过)第9条。

〔3〕 参见《湖北省人民代表大会常务委员会议事规则》(1988年9月27日湖北省第七届人大常委会第三次会议通过，1998年4月2日修订，2006年12月1日第一次修正，2014年9月25日第二次修正)第7条第2款。

〔4〕 参见《甘肃省人民代表大会常务委员会议事规则》(1988年9月20日甘肃省第七届人大常委会第四次会议通过，2003年5月30日修订，2008年7月22日修正)第6条。

够对议题进行充分审议。[1]

在相关事项的拟订和决定方面,新疆、河北规定,常委会会议闭会以后,应当及时召开主任会议,确定举行下一次常委会会议的时间,初步拟定会议议题;在常委会举行会议的10日前(12日前),主任会议应当讨论或决定提请常委会会议审议的各项议题和有关事项,提出会议议程草案(和日程)。[2] 福建规定,常委会会议结束后10日内,召开主任会议或者主任会议授权秘书长办公会议,商议提出下一次常委会会议的建议议题和会议日期。[3] 江苏规定,常委会举行会议的两个月前,由办公厅根据年度工作计划和各方面建议,提出会议建议议程、会期安排和列席人员范围,提请主任会议通过;办公厅应当根据主任会议通过的议程草案等,及时通知常委会组成人员、有关国家机关和单位做好准备工作。[4] 另外,江苏还规定,提请常委会会议审议议案、执法检查报告、专项工作报告,应当在常委会举行会议的10日前,将正式材料及其电子文档送办公厅;议案和报告应当由有关国家机关负责人正式签署;未按上述规定时间提交议案和报告的,经主任会议决定,可以不列入当次常委会会议议程;因特殊原因确需列入当次会议议程的,有关国家机关应当说明原因,报主任会议决定。[5]

在调研以及相关工作的开展方面,不少地方也规定,常委会会议举行前,常委会组成人员(和会议列席人员),应当围绕会议议题进行调查研究,做好审议准备。有的地方规定,常委会会议召开前,专门委员会、常委

---

〔1〕 参见《四川省人民代表大会常务委员会议事规则》(1988年5月28日四川省第七届人大常委会第三次会议通过,2001年3月30日第一次修正,2007年9月27日第二次修正,2016年3月29日第三次修正)第5条第2款;《陕西省人民代表大会常务委员会议事规则》第18条第2款。

〔2〕 参见《新疆维吾尔自治区人民代表大会常务委员会议事规则》第5条;《河北省人民代表大会常务委员会议事规则》(1988年7月2日河北省第七届人大常委会第二次会议通过,1999年4月2日修正,2004年3月25第一次修订,2009年9月23日第二次修订,2018年5月31日第三次修订)第8条第2款、第3款。

〔3〕 参见《福建省人民代表大会常务委员会议事规则》第7条第1款。

〔4〕 参见《江苏省人民代表大会常务委员会议事规则》(2018年11月23日江苏省第十三届人大常委会第六次会议通过)第11条。

〔5〕 参见《江苏省人民代表大会常务委员会议事规则》第25条。

会工作机构(以及办事机构)应围绕会议建议议题组织视察、调研、检查等(并向常委会提交报告)。

(三)会议的主持、出席和列席

省级人大常委会会议由主任主持,主任可以委托副主任主持。

省级人大常委会举行会议时,常委会组成人员除因病或者其他特殊原因请假的以外,应当出席会议;会议必须有常委会全体组成人员的过半数出席,才能举行。此外,一些地方还有关于请假和缺席的具体规定。(1)在请假情形方面,江苏规定可以请假的特殊原因只有五种,即参加中央和国家层面的重要会议和活动的,参加已经安排的出国(境)访问活动的,参加全省性重大会议和活动的,参加救灾、抢险或者处理事关社会安全稳定等突发事件的,因健康原因不能参加会议的。[1] (2)在请假程序方面,不能出席会议的,有的地方规定应当向常委会主任或副主任请假,或向常委会主任或秘书长请假,或向秘书长请假,或向会议召集人请假,或根据情况分别向常委会主任、秘书长、分组会议召集人请假。(3)在缺席监督方面,有的地方规定,常委会办事机构将常委会组成人员出席或缺席的情况予以通报。江苏规定,一年内未经批准缺席常委会会议两次以上的,主任会议应当按照规定程序,劝其辞去常委会组成人员职务;黑龙江规定,未请假,一年内三次全程不出席常委会会议的,应当辞去常委会委员职务。[2]

省级人民政府、人民法院、人民检察院的负责人,不是省级人大常委会组成人员的省级人大专门委员会负责人(以及其他组成人员)、常委会副秘书长、常委会工作机构(和办事机构)负责人(以及其他组成人员),所辖下一级人大常委会主任或者副主任,列席省级人大常委会会议;有关人大代表、其他国家机关有关负责人、其他有关人员,可以列席省级人大

[1] 参见《江苏省人民代表大会常务委员会议事规则》第28条第1款。

[2] 参见《江苏省人民代表大会常务委员会议事规则》第30条;《黑龙江省人民代表大会常务委员会议事规则》(1988年3月11日黑龙江省第七届人大常委会第二次会议通过,2005年8月19日修正,2008年6月13日修订,2009年6月12日修正,2014年6月13日修订)第14条第4款。

常委会会议。另外,相对于上述一般情形,部分地方对列席人员的范围有不同规定。(1)对于应当列席会议的人员,有的地方规定还包括省级监察委员会负责人、有关部门负责人,内蒙古规定还包括盟工作委员会主任、副主任,黑龙江规定还包括大兴安岭地区工作委员会主任或者副主任,西藏规定还包括常委会地区工作委员会负责人,新疆规定还包括派出机构负责人,有的地方规定还包括部分所辖其他下级人大常委会主任或者副主任。[1] (2)对于可以列席会议的人员,有的地方规定,不是省级人大常委会组成人员的省级人大专门委员会组成人员、常委会副秘书长、常委会办事机构和工作机构的负责人(以及工作机构委员),所辖下一级人大常委会主任或者副主任,是可以列席而非应当列席会议的人员;山西还具体列举了省主要新闻单位负责人;陕西规定,省人民政府、人民法院、人民检察院负责人以外的其他列席人员,由主任会议根据具体情况确定。[2] 还有的地方没有区分应当列席和可以列席的情形。

此外,在列席人员的请假和权利方面,部分地方规定,列席会议的人员必须按照规定列席会议,因病或者其他特殊原因不能列席会议的,应当向省人大常委会请假;列席会议的人员有发言权,没有表决权。一些地方还有关于列席人员的请假和监督的具体规定。(1)在请假(或委托列席)程序方面,广西规定,列席会议的自治区人民政府、自治区高级人民法院、自治区人民检察院的负责人和自治区人民政府有关部门的主要负责人,因病或者其他特殊原因不能列席会议的,通过常委会办事机构报告常委会主持日常工作的副主任同意后,可以委托其他负责人列席;列席会议的其他人员,因病或者其他特殊原因不能列席会议的,应当通过常委会办事

---

〔1〕 参见《内蒙古自治区人民代表大会常务委员会议事规则》(1988 年 9 月 15 日内蒙古自治区第七届人大常委会第二次会议通过,1997 年 4 月 4 日第一次修正,2002 年 5 月 25 日第二次修正,2010 年 9 月 17 日第三次修正)第 7 条第 2 款;《黑龙江省人民代表大会常务委员会议事规则》第 9 条第 2 款;《西藏自治区人民代表大会常务委员会议事规则》第 7 条第 1 款;《新疆维吾尔自治区人民代表大会常务委员会议事规则》第 9 条。

〔2〕 参见《山西省人民代表大会常务委员会议事规则》(2000 年 5 月 28 日山西省第九届人大常委会第十六次会议通过,2007 年 3 月 30 日修正)第 9 条;《陕西省人民代表大会常务委员会议事规则》第 26 条第 2 款。

机构向常委会秘书长请假。[1] 贵州的规定与广西的相似。[2] 辽宁规定，因病或者其他特殊原因不能列席会议的，列席会议的省人民政府、省高级人民法院、省人民检察院的负责人，设区的市人大常委会主任或者副主任应当向常委会主任或者主任委托的副主任请假；其他列席人员应当向常委会主任委托的副主任或者秘书长请假。[3] 江苏规定，列席常委会会议的人员因特殊原因不能参加的，应当提交书面请假报告，由办公厅报常委会主任或者主持日常工作的副主任批准。[4] 甘肃规定，列席会议的人员因病或者其他特殊原因不能列席会议的，应当通过常委会办公厅向秘书长请假。[5] (2)在缺席监督方面，有的地方规定，常委会办事机构将常委会组成人员参会或缺席的情况予以通报。

(四)会议的举行

与全国人大常委会相比，各地对省级人大常委会会议形式的规定稍有不同，有的地方在会议形式的分工、会议日程的调整、会议公开举行等方面进行了规定。

省级人大常委会举行会议时，一般可以召开全体会议、分组会议、联组会议，但北京、河南、西藏没有规定联组会议的形式。黑龙江、江苏、贵州等地方规定，分组会议由主任会议确定的若干名召集人轮流主持，分组名单由常委会办事机构(办公厅)拟订后报秘书长审定并定期调整；联组会议由主任主持，主任可以委托副主任主持。[6] 广东规定，联组会议、分组会议的召集人由常委会会议主持人指定。[7] 此外，河北、福建、湖南、

---

[1] 参见《广西壮族自治区人民代表大会常务委员会议事规则》第15条第2款、第3款。

[2] 参见《贵州省人民代表大会常务委员会议事规则》第10条第2款。

[3] 参见《辽宁省人民代表大会常务委员会议事规则》(1988年5月28日辽宁省第七届人大常委会第三次会议通过，1996年9月28日修正，2008年11月28日修订)第10条。

[4] 参见《江苏省人民代表大会常务委员会议事规则》第34条。

[5] 参见《甘肃省人民代表大会常务委员会议事规则》第12条第3款。

[6] 参见《黑龙江省人民代表大会常务委员会议事规则》第11条第2款、第3款；《江苏省人民代表大会常务委员会议事规则》第45条、第46条；《贵州省人民代表大会常务委员会议事规则》第8条第2款。

[7] 参见《广东省人民代表大会常务委员会议事规则》(1998年9月18日广东省第九届人大常委会第五次会议通过，2000年9月22日第一次修正，2007年1月25日第二次修正，2008年5月29日第三次修正)第10条。

广西还明确了三种会议形式的分工,即全体会议听取(和审议)关于议案的说明和有关报告,对议案或者决议决定草案进行表决;分组会议对议案草案、决议决定草案或者有关报告进行审议;联组会议在分组会议审议的基础上,对分组审议意见、重大问题或者存在较大意见分歧的问题进行审议。[1]

常委会会议期间,需要临时调整议程的,部分地方规定由主任会议提请常委会全体会议决定,有的地方规定由主任或者主任会议提请常委会全体会议决定。常委会会议期间,需要临时调整会议日程的,有的地方规定由主任会议决定,有的地方规定由主任会议提请常委会全体会议决定。

此外,辽宁、黑龙江规定,常委会会议一般公开举行;广东、广西规定,常委会会议公开举行,经主任会议决定可以不公开举行;陕西规定,常委会会议公开举行,由主任会议提出、经常委会全体会议同意,可以不公开举行。[2]

(五)其他制度

绝大部分地方规定,(经主任会议决定)常委会会议可以安排公民旁听;有的地方规定按照会议的决定或相关旁听办法安排旁听,有的地方简要规定了旁听的申请条件、范围、纪律等内容,有的地方规定旁听人员没有发言权和表决权。不少地方规定,常委会会议期间可以召开新闻发布会,允许新闻单位采访和报道会议情况和相关内容。

内蒙古、新疆规定,对于会议中使用少数民族语言发言的,根据需要

---

〔1〕 参见《河北省人民代表大会常务委员会议事规则》第15条第2款;《福建省人民代表大会常务委员会议事规则》第15条第2款;《湖南省人民代表大会常务委员会议事规则》第10条第2款;《广西壮族自治区人民代表大会常务委员会议事规则》第13条第2款。

〔2〕 参见《辽宁省人民代表大会常务委员会议事规则》第3条;《黑龙江省人民代表大会常务委员会议事规则》第13条;《广东省人民代表大会常务委员会议事规则》第4条;《广西壮族自治区人民代表大会常务委员会议事规则》第5条;《陕西省人民代表大会常务委员会议事规则》第21条。

提供翻译。[1]

河南还规定了接待代表日和受理来信来访制度:常委会设立人大代表接待室,建立主任、副主任、秘书长接待代表日制度;省人大代表通过来信来访向常委会反映人民群众的意见和要求,提出的建议、批评和意见,由常委会办事机构或工作机构研究办理或转交有关部门研究办理并负责答复;对来信来访中反映的申诉、控告和检举,根据其重要程度作不同处理。[2]

二、议案的运行

(一)一般议案

省级人大常委会的议案提出,其规定与全国人大常委会的相似或相同,也包括国家机关议案和代表议案的提出主体、提出要求、初步处理等方面。不同的是,《地方组织法》在议案的提出主体上有不同规定,有的地方在议案提出的各方面有不尽相同的规定,有的地方还规定了提出临时动议、提出修正案、审议主席团交付审议的议案、代表向常委会提出议案的制度等内容。

关于国家机关议案的提出,根据《地方组织法》,省级人大常委会主任会议可以向省级人大常委会提出属于常委会职权范围内的议案,由常委会会议审议;省级人民政府、省级人大各专门委员会,可以向省级人大常委会提出属于常委会职权范围内的议案,由主任会议决定提请常委会会议审议,或者先交有关专门委员会审议并提出报告,再提请常委会会议审议。[3] 大部分地方都有与此基本相同的规定;部分地方规定,上述议案(有的不包括主任会议提出的议案)可以先交有关专门委员会审议并提出

---

〔1〕 参见《内蒙古自治区人民代表大会常务委员会议事规则》第 31 条第 2 款;《新疆维吾尔自治区人民代表大会常务委员会议事规则》第 40 条。

〔2〕 参见《河南省人民代表大会常务委员会工作条例》(1999 年 7 月 30 日河南省第九届人大常委会第十次会议通过,2007 年 8 月 3 日第一次修正,2010 年 7 月 30 日第二次修正)第 54 条至第 56 条。

〔3〕 参见《地方组织法》第 46 条第 1 款、第 2 款。

报告,或先交(委托)有关工作机构研究(审查)并提出报告,再由主任会议决定提请常委会会议审议。大部分地方还规定,主任会议可以委托常委会工作机构(或办事机构、专门委员会)拟订议案草案,并向常委会会议作说明。另外,在议案的提出主体方面,多数地方规定,省级人民法院、省级人民检察院也可以向省级人大常委会提出议案;其中新疆、西藏、甘肃、广西、云南限定(自治区)省级人民法院(院长)、(自治区)省级人民检察院(检察长)只可以提出有关的人事任免案。[1] 新疆、西藏规定,自治区监察委员会也可以向(自治区)人大常委会提出议案;其中西藏限定自治区监察委员会(主任)只可以提出有关的人事任免案。[2] 在议案的处理方面,内蒙古规定,上述议案提出后由主任会议决定是否提请常委会会议审议(不一定提请常委会会议审议)。[3]

关于常委会组成人员议案的提出,根据《地方组织法》,省级人大常委会组成人员5人以上联名,可以向省级人大常委会提出属于常委会职权范围内的议案,由主任会议决定是否提请常委会会议审议,或者先交有关专门委员会审议并提出报告,再决定是否提请常委会会议审议。[4] 大部分地方都有与此基本相同的规定;部分地方规定,上述议案(有的不包括主任会议提出的议案)可以先交有关专门委员会审议并提出报告,或先交(委托)有关工作机构研究(审查)并提出报告,再由主任会议决定是否提请常委会会议审议。另外,不提请常委会会议审议的,有的地方规定应当向常委会会议报告或者向提案人说明,有的地方规定应当向常委会会议报告并向提案人说明,有的地方规定应当向提案人说明。

---

〔1〕 参见《新疆维吾尔自治区人民代表大会常务委员会议事规则》第13条第2款;《西藏自治区人民代表大会常务委员会议事规则》第10条第3款;《甘肃省人民代表大会常务委员会议事规则》第18条第1款;《广西壮族自治区人民代表大会常务委员会议事规则》第19条第4款;《云南省人民代表大会常务委员会议事规则》(1988年7月15日云南省第七届人大常委会第一次会议通过,2006年11月30日修订)第12条第4款。

〔2〕 参见《新疆维吾尔自治区人民代表大会常务委员会议事规则》第13条第1款;《西藏自治区人民代表大会常务委员会议事规则》第10条第3款。

〔3〕 参见《内蒙古自治区人民代表大会常务委员会议事规则》第11条第2款。

〔4〕 参见《地方组织法》第46条第3款。

部分地方规定，议案应当写明案由、案据和方案；有的地方进一步规定了采用书面形式、一事一案等要求。

一些地方还有提出临时动议、提出修正案、审议主席团交付审议的议案的规定，其中临时动议可以分为一般临时动议、重大事项临时动议。(1)关于提出临时动议，广东规定的是一般临时动议，即在常委会会议进行中，常委会组成人员个人提出的临时动议（包括对议案的修正案），获得4名以上常委会组成人员的附议时，由主任会议决定是否提请常委会会议审议，或者先交有关专门委员会审议并提出报告，或者先委托有关工作委员会进行初审，再由主任会议决定是否提请常委会会议审议。[1] 上海规定的是重大事项临时动议，即在常委会举行会议的时候，市人民政府、市高级人民法院、市人民检察院、市人大各专门委员会，或者常委会组成人员5人以上联名，对急需提请常委会会议审议的重大事项，可以向常委会提出临时动议，经主任会议研究，出席会议的常委会组成人员过半数同意，即可列入常委会会议议程。[2] (2)关于提出修正案，部分地方规定，在议案交付表决的1日前，常委会组成人员5人以上联名，可以对准备交付表决的议案提出书面修正案，并附草案（和必要说明），由主任会议决定（是否）提请常委会会议审议，或者先交有关专门委员会审议（或有关工作机构审查），再决定（是否）提请常委会会议审议；其中有的地方规定主任会议、专门委员会、提议案的机关也可以提出修正案。(3)关于审议主席团交付审议的议案，有的地方规定，省级人大主席团交付常委会审议的议案，（由专门委员会审议并提出报告后）由主任会议提请常委会会议审议；其中，江苏详细规定，省人大主席团交付常委会审议的代表联名提出的议案，由人事代表联络委员会提出分工交办方案，报主任会议决定交有关专门委员会审议或者常委会工作机构研究并提出报告，再由主任会议

---

〔1〕参见《广东省人民代表大会常务委员会议事规则》第22条。

〔2〕参见《上海市人民代表大会常务委员会议事规则》(1988年11月10日上海市第九届人大常委会第四次会议通过，2001年10月24日第一次修正，2008年8月21日第二次修正）第21条。

将代表议案审议结果或者处理意见的报告提请常委会会议审议、表决。[1] 福建规定，省人大主席团交付常委会审议的议案，由常委会决定交常委会工作机构办理。[2]

此外，重庆还有代表可以向省级人大常委会提出议案的规定：市人大闭会期间，市人大代表10人以上联名，可以提出属于常委会职权范围内的议案，经市人大有关专门委员会审议并提出报告，由主任会议决定是否提请常委会会议审议。[3] 但这与宪法和相关法律的规定不一致；根据宪法和相关法律，代表只能向省级人大提出属于省级人大职权范围内的议案。

省级人大常委会的议案审议，其规定与全国人大常委会的大体相同，也包括提供有关资料、听取关于议案的说明、审议讨论等方面；列入会议议程的议案，除交付表决外，还可能有撤回、交有关主体进一步审议研究的处理方式。有的地方对交有关主体进一步审议研究的处理方式有较多不同规定，还对说明和报告的时限、进行辩论作出了规定。

议案列入会议议程后，提议案的机关或提议案人、有关专门委员会、常委会有关工作部门应当提供有关的资料；常委会全体会议听取关于议案的说明，然后一般由分组会议审议（也可以由联组会议、全体会议、有关专门委员会审议）；提议案的机关的负责人或提议案人可以对议案作补充说明。另外，江苏规定，向常委会作议案说明和议案审议（审查）报告，时间一般不超过10分钟。[4] 辽宁规定，常委会联组会议可以听取有关专门委员会、工作机构和办事机构对议案审议情况的综合汇报，对议案进行讨论和辩论；海南规定，必要时，可以对议案中的主要问题进行辩论。[5]

列入常委会会议议程的议案，在交付表决前，提案人要求撤回的，经

---

〔1〕 参见《江苏省人民代表大会常务委员会议事规则》第23条第1款。

〔2〕 参见《福建省人民代表大会常务委员会议事规则》第25条第1款。

〔3〕 参见《重庆市人民代表大会常务委员会议事规则》（1997年7月17日重庆市第一届人大常委会第二次会议通过，2005年11月25日修订）第18条。

〔4〕 参见《江苏省人民代表大会常务委员会议事规则》第41条第1款。

〔5〕 参见《辽宁省人民代表大会常务委员会议事规则》第18条第1款；《海南省人民代表大会常务委员会议事规则》第13条第1款。

主任会议同意(并向常委会报告),对该议案的审议即行终止。大部分地方规定,列入常委会会议议程的议案,在审议中有重大问题需要进一步研究的,经主任会议提出,全体会议同意,可以暂不付表决,交有关专门委员会进一步审议研究并提出报告。对此,其他地方有较多不同的规定:有的地方规定提出主体是主任或者主任会议,有的地方规定同意主体是联组会议或者全体会议,或出席会议的常委会组成人员过半数,或常委会全体组成人员过半数;有的地方则规定直接由主任会议决定。上述议案除了交有关专门委员会进一步审议研究外,有的地方规定还可以交常委会有关工作机构、办事机构或提案人进一步审议研究,或建议提案人修改完善后再向常委会提出;在进一步审议研究后,有的地方还规定由主任会议决定(是否)提请下次或者以后的常委会会议审议。

省级人大常委会的议案表决,其规定与全国人大常委会的大体相同,也包括表决不受法律追究、表决通过比例、表决结果宣布、表决顺序、表决方式等方面。不同的是,有的地方规定了不同的表决方式,还规定了表决有效人数、表决内容等规则。

省级人大常委会组成人员在常委会会议上的表决,不受法律追究;常委会表决议案由常委会全体组成人员的过半数通过;表决结果由会议主持人当场宣布;有修正案的,先表决修正案;常委会表决议案一般采用无记名方式、举手方式或者其他方式。另外,关于表决方式,有的地方规定,表决采取按表决器方式,如表决系统发生故障或有其他特殊原因,则采用其他表决方式。关于表决有效人数,广东规定,表决议案需有常委会全体组成人员的过半数出席方为有效。[1] 关于表决内容,部分地方规定,常委会组成人员表决时,可以投赞成票,可以投反对票,也可以弃权。此外,上海规定,在常委会表决议案的全体会议上,除地方性法规议案外,常委会组成人员如果对议案还有意见,经会议主持人同意可以发表,意见发表后,再将议案交付表决;如果同意该议案,但需要在文字上作个别修改,经

---

〔1〕 参见《广东省人民代表大会常务委员会议事规则》第42条第1款。

出席会议的常委会组成人员过半数同意，可以将该议案交付表决，文字的修改部分，授权主任会议审定。[1]

此外，有的地方规定，常委会组成人员审议议案（或工作报告）时提出的建议、批评和意见，由常委会办事机构或有关工作机构转交有关机关研究处理，有关机关应当限期报告处理情况。

（二）地方法规案

省级人大常委会地方性法规案、自治条例和单行条例案（包括相应的修改案、废止案、报请批准案）的特殊议事程序，大部分由《立法法》授权本级人大规定，部分规定在《立法法》中。地方性法规案、自治条例和单行条例案在提出内容和程序上有特别规定，列入会议议程后由有关专门委员会（法制委员会）根据有关审议意见统一审议并提出报告和草案修改稿，并且一般经两次或三次常委会会议审议再交付表决。地方性法规、自治条例和单行条例的报请批准案，也有一些特别的提出规定，即列入会议议程后由有关专门委员会审查后再提请常委会审查批准。各地对具体审议程序有较多不同规定，有的地方还规定了地方性法规草案表决稿修正案制度。

根据《立法法》，地方性法规案、自治条例和单行条例案的提出、审议和表决程序，根据《地方组织法》并参照《立法法》的相关规定，由本级人大规定；地方性法规草案由负责统一审议的机构提出审议结果的报告和草案修改稿；省级人大常委会制定的地方性法规由常委会发布公告予以公布；自治区自治条例和单行条例报经批准后，由自治区人大常委会发布公告予以公布。[2] 有的地方在议事规则中直接规定了地方性法规案等的特殊议事程序，有的地方只规定地方性法规案等的提出、审议、表决适用相应地方立法条例的规定，个别地方没有作出规定。以下对各地议事规则中的直接规定进行整理。

在地方性法规案、自治条例和单行条例案的提出阶段，有的地方规

---

〔1〕 参见《上海市人民代表大会常务委员会议事规则》第 36 条。

〔2〕 参见《立法法》第 77 条，第 78 条第 2 款、第 4 款。

定，提请常委会审议的地方性法规案，应当在常委会会议举行1个月（有的为20日、30日、45日、60日、2个月）前提出；向常委会提出地方性法规案，必须附地方性法规草案及其说明（并提供有关参考资料）。河北还规定，报请批准的地方性法规、自治条例和单行条例，应当在常委会举行会议的50日前报送常委会，应当提交书面报告、法规文本和说明。[1] 此外，天津规定，常委会组成人员5人以上联名，可以在常委会表决地方性法规案的全体会议召开2日前，书面提出对法规案草案表决稿的修正案，由主任会议决定是否提请常委会会议审议；提出地方性法规草案表决稿的修正案应当写明修正的条款和理由；草案表决稿的修正案决定提请常委会会议审议的，常委会会议先表决修正案，然后再表决地方性法规草案表决稿；决定不提请常委会会议审议的，应当向常委会会议报告并向提出修正案的常委会组成人员说明。[2]

在地方性法规案、自治条例和单行条例案的审议阶段，主要在以下几个方面进行了规定：

（1）在一般规定方面，有的地方规定，地方性法规案经常委会会议听取说明并审议后，由法制委员会进行统一审议，提出审议结果（或修改情况、修改意见）的报告和草案修改稿（或草案表决稿），由主任会议决定提请常委会会议审议表决。天津规定，列入常委会会议议程的地方性法规案，由有关专门委员会审议并提出意见，印发常委会会议；常委会会议审议地方性法规案时，提议案机关或者提议案人应当派人听取意见，回答询问；常委会分组审议地方性法规案时，根据小组的要求，有关机关、组织应当派人介绍情况。[3]

（2）在具体审议程序方面，很多地方规定，列入常委会会议议程的地方性法规案，一般应当经两次常委会会议审议后再交付表决。其中，江苏

---

〔1〕 参见《河北省人民代表大会常务委员会议事规则》第22条、第23条。

〔2〕 参见《天津市人民代表大会常务委员会议事规则》（1990年3月10日天津市第十一届人民代表大会常务委员会第十五次会议通过，1993年9月14日第一次修正，1999年3月29日第二次修正，2003年5月21日第三次修正，2008年5月22日第四次修正）第40条。

〔3〕 参见《天津市人民代表大会常务委员会议事规则》第24条。

规定,在常委会会议初次审议前,由相关专门委员会和常委会工作机构审议(审查)并提出报告;初次审议完成后,法制工作委员会根据常委会组成人员审议意见和其他各方面意见,对地方性法规草案进行研究论证、修改完善,由法制委员会统一审议后,向常委会提出审议结果的报告和地方性法规草案修改稿。[1] 河南详细规定,法规草案一审前的具体工作,以常委会有关工作机构或办事机构为主,法规草案二审前的具体工作以及修订、废止和批准法规的具体工作,以法制工作委员会为主;提请常委会审议的地方性法规草案,由有关工作或办事机构初审;主任会议根据常委会工作或办事机构初审情况的报告,决定将地方性法规草案提请常委会会议审议,或者暂不提请常委会会议审议,交有关单位修改后再提请常委会会议审议;常委会会议审议地方性法规草案时,草拟法规草案的部门负责人,应当在常委会会议上对该法规草案作出说明,并派专人参加会议听取意见;常委会有关工作、办事机构应向常委会会议作出法规草案的修改说明。[2] 天津规定,常委会会议第一次审议,在全体会议上听取关于地方性法规案的说明后,由全体会议或者分组会议审议;常委会会议第二次审议,在全体会议上听取法制委员会关于法规草案修改情况的汇报或者审议结果的报告,由全体会议或者分组会议对法规草案修改稿进行审议。[3] 有的地方规定,地方性法规案经常委会两次会议审议后,各方面意见比较一致,可以交付表决;仍有重大问题需要进一步研究的,暂不付表决,由主任会议决定提请常委会以后的会议继续审议表决;地方性法规案调整事项单一或内容比较简单成熟的,地方性法规的修改案(或废止案、有关决定案)各方面意见比较一致的,也可以经常委会会议一次审议即交付表决。山西规定,个别难度较大的法规草案,可以安排三次审议,但从初审到三审的时间间隔一般不得超过1年。[4] 另外,有的地方规定,

---

〔1〕 参见《江苏省人民代表大会常务委员会议事规则》第20条第1款。
〔2〕 参见《河南省人民代表大会常务委员会工作条例》第32条。
〔3〕 参见《天津市人民代表大会常务委员会议事规则》第23条第2款、第3款。
〔4〕 参见《山西省人民代表大会常务委员会议事规则》第20条第1款。

列入常委会会议议程的地方性法规案，一般应当经三次常委会会议审议后再交付表决。其中，广东规定，各方面意见比较一致的地方性法规案，可以经两次常委会会议审议后交付表决；地方性法规修订案，一般经两次常委会会议审议后再交付表决；地方性法规修正案、地方性法规废止案，可以经一次常委会会议审议即交付表决。[1] 四川规定，列入常委会会议议程的地方性法规草案，各方面意见比较一致的，由主任会议决定，可以经两次常委会会议审议后交付表决；列入常委会会议议程的地方性法规修改案，各方面意见比较一致的，由主任会议决定，可以经一次常委会会议审议即交付表决。[2]

(3)在审查批准方面，有的地方规定，报请批准的地方性法规、报请批准的自治条例和单行条例，分别由法制工作委员会、民族侨务外事委员会审查并提出审查报告，由主任会议决定提请常委会会议审查批准；由报请机关负责人向常委会作相关书面或者口头说明。吉林规定，提请批准的地方性法规和自治条例、单行条例不受两次审议的限制；青海规定，列入常委会会议议程的报请批准的地方性法规、自治条例和单行条例，一般经过常委会一次会议审议后交付表决。[3] 江苏规定，对报请批准的地方性法规，法制工作委员会分送有关专门委员会、常委会工作机构和省政府相关部门等征求意见并审查后，由法制委员会进行统一审议，向常委会提出审议意见的报告。[4] 四川规定，报请常委会批准的地方性法规，应当在审议表决30日前，征询省人大法制委员会和常委会法制工作机构的意见，由法制委员会向常委会全体会议提出审查意见的报告，经常委会会议

[1] 参见《广东省人民代表大会常务委员会议事规则》第19条第1款、第3款。

[2] 参见《四川省人民代表大会常务委员会议事规则》第19条第1款。

[3] 参见《吉林省人民代表大会常务委员会议事规则》(1988年3月18日吉林省第七届人大常委会第二次会议通过，1993年5月8日第一次修正，1998年3月25日第二次修正，2007年5月24日第三次修改，2016年11月17日第四次修改，2019年12月8日第五次修改)第17条第1款；《青海省人民代表大会常务委员会议事规则》(1988年9月2日青海省第七届人大常委会第四次会议通过，1997年5月31日第一次修正，2002年5月31日第二次修正)第18条第2款。

[4] 参见《江苏省人民代表大会常务委员会议事规则》第20条第3款。

审议批准。[1]

在地方性法规案的表决阶段,江苏规定,对地方性法规草案表决稿中个别意见分歧较大的重要条款,可以单独表决。[2]

(三)撤销决议、决定、命令案

个别地方规定了撤销决议、决定、命令案的特殊审议程序。

福建规定,常委会会议审议撤销不适当的决议、决定和命令案,常委会办公厅应当通知被提出撤销决议、决定和命令的机关,其负责人可以到会或者书面陈述意见。[3] 北京、青海规定,常委会会议审议撤销不适当的决议、决定和命令案的时候,被撤销决议、决定和命令的机关负责人,可以到会申诉或者提出书面申诉意见;北京还规定,提议案的机关或者提议案人应当说明理由和介绍情况,并回答询问。[4]

(四)任免案、罢免案、撤职案、辞职案

与《全国人民代表大会常务委员会议事规则》的篇章结构类似,人事任免案被归入议案范畴,但是省级人大常委会议事规则的相关规定更为详细。对于省级人大常委会人事任免案的特殊议事程序,各地的规定大部分涉及任免案,不少涉及撤职案,只有个别涉及罢免案和辞职案。部分地方规定,这些人事任免程序适用相关人事任免办法、法律或其实施办法的规定。以下是对各地议事规则中的直接规定进行的整理。

1. 任免案

任免案在提出的时间和内容上有特别的要求,在审议时由提出任免案的机关负责人到会说明和答复,一般以无记名方式逐人表决或合并表决。另外,有的地方在报送的相关材料、表决方式和顺序等方面有较多不同规定,还对任前法律知识考试、拟任免人员到会见面发言、任免案暂不

---

〔1〕 参见《四川省人民代表大会常务委员会议事规则》第21条。

〔2〕 参见《江苏省人民代表大会常务委员会议事规则》第58条第3款。

〔3〕 参见《福建省人民代表大会常务委员会议事规则》第28条。

〔4〕 参见《北京市人民代表大会常务委员会议事规则》(1988年5月14日北京市第九届人大常委会第二次会议通过,1999年6月24日第一次修订,2001年8月3日第二次修正,2007年3月30日第三次修正,2010年12月23日第四次修正)第17条;《青海省人民代表大会常务委员会议事规则》第20条。

付表决、任免前禁止行为等作出规定。

在任免案的提出方面，西藏规定，自治区人民政府主席、自治区监察委员会主任、自治区高级人民法院院长、自治区人民检察院检察长，自治区监察委员会、自治区高级人民法院、自治区人民检察院，依法向常委会提出有关的任免案。[1] 有的地方规定，向常委会提出的任免案，应当在常委会举行会议的 15 日前（有的为 10 日前、20 日前）报送常委会。有的地方规定，任免案应当写明被任免人员的基本情况及任免理由。另外，青海规定，向常委会提出的人事任免案，提请任免的机关应当同时报送任免呈报表和任职考察材料；撤销职务的，由提请机关提交书面报告，并附调查结论等材料。[2] 安徽规定，提请常委会会议审议的任免案，应当提交提请机关正职负责人签署的书面报告；提请任职的，须附有提请机关拟任职务人员的条件、简历、现实表现、任职理由、法律知识考试和民主推荐、公示情况；提请免职的，须有免职理由。[3] 广东规定，提请常委会审议人事任免案，应当提交提请机关正职领导人签署的书面报告、《干部任免呈报表》、拟任命人员的任职理由或者拟免职人员的免职理由，由提请机关的正职领导人到会提请任免；正职领导人如果因特殊情况不能到会，应当说明原因并委托副职领导人到会提请任免。[4] 江苏规定，拟任命人员应当按照规定在会前参加由常委会组织的任前法律知识考试；甘肃规定，拟任命人员应当参加法律知识的考试，考试结果在其考察材料中予以说明。[5]

在任免案的审议方面，有的地方规定，提出任免案的机关应当介绍被任免人员的基本情况及任免理由；提出任免案的机关负责人（必要时）应

〔1〕 参见《西藏自治区人民代表大会常务委员会议事规则》第 10 条第 3 款。

〔2〕 参见《青海省人民代表大会常务委员会议事规则》第 15 条第 2 款。

〔3〕 参见《安徽省人民代表大会常务委员会议事规则》（2003 年 6 月 15 日安徽省第十届人大常委会第三次会议通过，2008 年 12 月 20 日第一次修正，2017 年 9 月 29 日第二次修正）第 23 条第 1 款。

〔4〕 参见《广东省人民代表大会常务委员会议事规则》第 21 条第 1 款。

〔5〕 参见《江苏省人民代表大会常务委员会议事规则》第 37 条第 1 款；《甘肃省人民代表大会常务委员会议事规则》第 17 条第 3 款。

到会听取意见,回答询问。另外,甘肃规定,拟决定任命的省人民政府组成人员,在提请常委会会议表决前,必要时经主任会议决定到会与常委会组成人员见面,并作口头或者书面的个人有关情况介绍。[1] 西藏规定,常委会组成人员对拟任免人员意见分歧较大的,主任会议可以建议常委会暂不付表决;提请人认为应当交付表决的,可以就有关情况向主任会议作出说明,由主任会议决定是否交付表决。[2] 江苏规定,在审议人事任免案时,对被提请任免人员提出不同意见且争议较大的,或者发现被提请任命人员有足以影响其任职问题的,由主任会议提出,经全体会议同意,可以暂不付表决,交任免案提请机关作进一步了解,向常委会提出报告。[3] 浙江规定,审议人事任免案时提出的问题需要进一步了解的,由主任会议决定交提请任免的机关作进一步了解并提出报告。[4] 天津规定,常委会会议审议任免案,应当作出决议;在常委会未通过任免案以前,提议案机关不得通知拟任免人员到任或者离职,不得以拟任职务执行公务,不得公布。[5]

在任免案的表决方面,不少地方规定,任免案采取无记名方式表决;青海规定,表决人事任免案,采用无记名投票方式或者举手方式;海南规定,对任职人员采用无记名投票或者表决器表决方式,对免职人员采用表决器表决或者举手表决方式;陕西规定,常委会决定任命代省长、副省长和撤职案采用无记名投票方式表决,其他人事任免采用无记名的电子表决器表决,电子表决器发生故障不能进行表决时,由主任会议决定采用其他无记名表决方式。[6] 不少地方规定,任免案一般应当逐人表决,根据

---

〔1〕 参见《甘肃省人民代表大会常务委员会议事规则》第 17 条第 4 款。

〔2〕 参见《西藏自治区人民代表大会常务委员会议事规则》第 18 条第 2 款。

〔3〕 参见《江苏省人民代表大会常务委员会议事规则》第 57 条第 2 款。

〔4〕 参见《浙江省人民代表大会常务委员会议事规则》(1993 年 2 月 25 日浙江省第八届人大常委会第二次会议通过,2004 年 11 月 11 日第一次修正,2010 年 11 月 25 日第二次修正)第 20 条。

〔5〕 参见《天津市人民代表大会常务委员会议事规则》第 27 条。

〔6〕 参见《青海省人民代表大会常务委员会议事规则》第 35 条第 2 款;《海南省人民代表大会常务委员会议事规则》第 31 条第 2 款;《陕西省人民代表大会常务委员会议事规则》第 42 条第 1 款、第 3 款。

情况也可以合并表决；对于可以合并表决的具体情况，天津的规定是没有异议，江苏的规定是免职和接受辞职等事项，广东的规定是经当次会议到会的常委会组成人员多数同意，湖南规定，需要合并表决的按照常委会有关规定执行。[1] 江西具体规定，常委会对若干机关或机构领导人员的任免案应当逐人表决，对其他任免案可以合并表决；常委会组成人员对合并表决的任免案中的个别人员提出异议的，经主任会议决定，实行逐人表决。[2] 辽宁具体规定，表决人事任免案时，对提请任命的人员和免去省人民政府组成人员职务的，免去省高级人民法院副院长、省人民检察院副检察长职务的，批准免去市人民检察院检察长职务的，应当逐一进行表决；任命担任两项以上职务的人员时，应当对其担任的职务分别进行表决；对免去省人大专门委员会副主任委员、委员职务的，免去省高级人民法院庭长、副庭长、审判委员会委员、审判员和省人民检察院检察委员会委员、检察员职务的，根据情况也可以合并表决。[3]

2. 罢免案

罢免案由特别的主体对省级人大选出的全国人大代表提出，在审议时可以由被提出罢免的代表提出申辩意见，采用无记名的表决方式。

在罢免案的提出阶段，根据《选举法》，（在省级人大闭会期间）常委会主任会议或者常委会 1/5 以上组成人员联名，可以向常委会提出对由省级人大选出的全国人大代表的罢免案；罢免案应当写明罢免理由。[4] 部分地方有与此相同的规定。另外，河北规定，向常委会提出的罢免案，一般应当在常委会举行会议的 20 日前报送常委会。[5] 四川规定，向常委会提出罢免全国人大个别代表的议案，由主任会议决定提请常委会会议

[1] 参见《天津市人民代表大会常务委员会议事规则》第 41 条；《江苏省人民代表大会常务委员会议事规则》第 58 条第 4 款；《广东省人民代表大会常务委员会议事规则》第 40 条第 3 款；《湖南省人民代表大会常务委员会议事规则》第 26 条第 2 款。

[2] 参见《江西省人民代表大会常务委员会议事规则》（1995 年 12 月 20 日江西省第八届人大常委会第十九次会议通过，2010 年 9 月 17 日修正）第 34 条。

[3] 参见《辽宁省人民代表大会常务委员会议事规则》第 30 条。

[4] 参见《选举法》第 50 条第 1 款。

[5] 参见《河北省人民代表大会常务委员会议事规则》第 23 条。

审议，或者先交常委会有关办事机构进行调查并提出报告，再决定提请常委会会议审议。[1]

在罢免案的审议阶段，根据《选举法》，在省级人大常委会举行会议时，被提出罢免的代表有权在主任会议和常委会全体会议上提出申辩意见，或者书面提出申辩意见，由主任会议印发会议；罢免案经会议审议后，由主任会议提请全体会议表决。[2] 有的地方有与此基本相同的规定。另外，北京规定，常委会会议审议罢免案的时候，提议案的机关或者提议案人应当说明理由和介绍情况，并回答询问。[3]

在罢免案的表决阶段，根据《选举法》，罢免代表采用无记名的表决方式。[4] 个别地方有与此相同的规定。

在罢免案通过后，根据《选举法》，罢免的决议，须报送上一级人大常委会备案、公告。[5] 个别地方有与此相同的规定。

3. 撤职案

撤职案由特别的主体对特定国家机关工作人员提出，在审议时可以由被提出撤职的人员提出申辩意见，采用无记名投票的方式表决。

在撤职案的提出方面，西藏规定，自治区人民政府主席、自治区监察委员会主任、自治区高级人民法院院长、自治区人民检察院检察长，自治区监察委员会、自治区高级人民法院、自治区人民检察院，依法向常委会提出有关的撤职案。[6] 根据《监督法》，省级人大常委会在省级人大闭会期间，可以决定撤销省级人民政府个别副省长、自治区副主席、副市长的职务，可以撤销由它任命的省级人民政府其他组成人员和人民法院副院长、庭长、副庭长、审判委员会委员、审判员，人民检察院副检察长、检察委员会委员、检察员，中级人民法院院长，人民检察院分院检察长的职务；省

---

〔1〕 参见《四川省人民代表大会常务委员会议事规则》第 17 条第 2 款。
〔2〕 参见《选举法》第 50 条第 3 款。
〔3〕 参见《北京市人民代表大会常务委员会议事规则》第 17 条第 1 款。
〔4〕 参见《选举法》第 51 条。
〔5〕 参见《选举法》第 52 条第 2 款。
〔6〕 参见《西藏自治区人民代表大会常务委员会议事规则》第 10 条第 3 款。

级人民政府、人民法院和人民检察院，省级人大常委会主任会议，可以向省级人大常委会提出对上述国家机关工作人员的撤职案；省级人大常委会 1/5 以上的组成人员书面联名，可以向常委会提出对上述国家机关工作人员的撤职案，由主任会议决定是否提请常委会会议审议，或者由主任会议提议，经全体会议决定，组织调查委员会，由以后的常委会会议根据调查委员会的报告审议决定；撤职案应当写明撤职的对象和理由，并提供有关的材料。[1] 有的地方有与此基本相同的规定，有的地方没有具体列举撤职对象，或只规定了其中撤职案的内容要求。另外，河北规定，向常委会提出的撤职案，一般应当在常委会举行会议的 20 日前报送常委会。[2]

在撤职案的审议方面，根据《监督法》，撤职案在提请表决前，被提出撤职的人员有权在常委会会议上提出申辩意见，或者书面提出申辩意见，由主任会议决定印发常委会会议。[3] 不少地方有与此相同的规定。另外，有的地方规定，常委会会议审议撤职案的时候，提议案的机关或者提议案人应当说明理由和介绍情况，并回答询问。

在撤职案的表决方面，根据《监督法》，撤职案的表决采用无记名投票的方式。[4] 不少地方有与此相同的规定。

4. 辞职案

辞职案由经省级人大选出的省级国家机关领导人员（和全国人大代表）提出。

就省级国家机关领导人员的辞职而言，根据《地方组织法》，省级人大常委会组成人员、人民政府领导人员、人民法院院长、人民检察院检察长，在大会闭会期间，可以向省级人大常委会提出辞职，由常委会决定是否接受辞职；常委会决定接受辞职后，报省级人大备案。[5] 个别地方有与此

---

〔1〕 参见《监督法》第 44 条、第 45 条、第 46 条第 1 款。
〔2〕 参见《河北省人民代表大会常务委员会议事规则》第 23 条。
〔3〕 参见《监督法》第 46 条第 2 款。
〔4〕 参见《监督法》第 46 条第 3 款。
〔5〕 参见《地方组织法》第 27 条第 1 款。

相同的规定。另外,江苏、西藏分别规定,专门委员会组成人员、自治区监察委员会主任也可以向常委会提出辞职。[1] 就全国人大代表的辞职而言,根据《选举法》,全国人大代表可以向选举他的人大的常委会书面提出辞职;接受辞职的决议,须报送上一级人大常委会备案、公告。[2] 各地对此都没有详细规定。另外,河北规定,向常委会提出的辞职请求,一般应当在常委会举行会议的20日前报送常委会。[3]

此外,个别地方规定,常委会接受省级人民检察院检察长的辞职,应当由省级人民检察院报最高人民检察院检察长提请全国人大常委会批准。

三、其他动议的运行

(一)工作报告

省级人大常委会审议工作报告的规定,与全国人大常委会的有较多不同,不仅吸收了《监督法》的较多规定,而且在具体程序上有较多差异和拓展。总体而言,工作报告由有关国家机关和机构向常委会提出,在安排、准备、提出、审议、处理、监督等方面都有特别规定,尤其是提出、处理、监督程序;不同种类的工作报告有相同的程序,也有各自不同的程序。各地关于工作报告的规定较为复杂:有的对工作报告整体作出规定,有的对不同种类的工作报告分别作出规定,有的兼而有之;其中,专门规定专项工作报告的较多,专门规定其他种类工作报告的较少。个别地方规定,常委会审议工作报告的程序,适用《监督法》或相关法规的规定。

在工作报告的总体规定方面,部分地方规定,常委会会议听取和审议省级人民政府(及其所属工作部门)、省级人民法院、省级人民检察院的(专项)工作报告,国民经济和社会发展计划、预算执行情况报告,决算报

---

〔1〕 参见《江苏省人民代表大会常务委员会议事规则》第70条第1款;《西藏自治区人民代表大会常务委员会议事规则》第38条。

〔2〕 参见《选举法》第54条第1款。

〔3〕 参见《河北省人民代表大会常务委员会议事规则》第23条。

告和审计工作报告，常委会执法检查组提出的执法检查报告，还有其他报告。在上述一般情形以外，对于常委会会议听取和审议的工作报告，不少地方只概括规定为工作报告而没有列出其具体种类，部分地方还列出了一些其他种类的报告：有的地方规定还包括省级监察委员会的（专项）工作报告，常委会组织的视察报告、调查报告；宁夏规定还包括民生计划执行情况报告；广西规定还包括审计查出突出问题整改情况报告；山西规定还包括主任会议、专门委员会的工作报告和常委会工作机构受主任会议委托所作的工作报告；内蒙古规定，必要的时候，常委会可以指定专题，要求自治区人民政府、自治区高级人民法院、自治区人民检察院作专题报告。[1] 另外，个别地方规定，向常委会会议所作的工作报告，主任会议可以根据情况，决定采用口头形式或者书面形式。

在工作报告的提出方面，湖北规定了与一般专项工作报告相同的提出程序，即省人民政府、省高级人民法院或者省人民检察院应当在常委会举行会议的20日前，由其办事机构将工作报告送交省人大常委会有关工作机构征求意见；人民政府、人民法院或者人民检察院对报告修改后，在常委会举行会议的10日前送交常委会；常委会办事机构应当在常委会举行会议的7日前，将工作报告发给常委会组成人员。[2] 有的地方详细规定，每类工作报告由相应机关或部门的正职或副职负责人向常委会会议作出。另外，河北规定，拟列入常委会会议议程的报告，由主任会议决定是否列入常委会会议议程。[3] 福建规定，常委会会议听取和审议省人民政府、省高级人民法院、省人民检察院的工作报告，常委会组织开展的执法检查、视察、调查等工作报告，由主任会议决定列入常委会会议议程；常委会会议听取和审议有关专门委员会、常委会工作机构的工作报告，由主

〔1〕 参见《宁夏回族自治区人民代表大会常务委员会议事规则》第24条；《广西壮族自治区人民代表大会常务委员会议事规则》第29条第1款；《山西省人民代表大会常务委员会议事规则》第27条；《内蒙古自治区人民代表大会常务委员会议事规则》第20条第3款。

〔2〕 参见《湖北省人民代表大会常务委员会议事规则》第28条。

〔3〕 参见《河北省人民代表大会常务委员会议事规则》第32条。

任会议决定是否列入常委会会议议程。[1] 湖北规定,提请常委会审议的工作报告应当做到客观、公正,实事求是;省人大各专门委员会可以对有关报告提前予以审查,认为内容不适当的,可以退由提出报告的机关修改。[2] 青海规定,在常委会会议召开之前,主任会议可以决定将工作报告交有关专门委员会审议,或者委托常委会办公厅、工作委员会研究,提出意见,并在常委会会议上汇报。[3]

在工作报告的审议方面,部分地方规定,常委会全体会议听取工作报告后,可以由分组会议或联组会议(或全体会议)进行审议;主任会议可以决定将工作报告交有关专门委员会审议并提出意见。贵州规定,常委会审议报告时,应当就属于常委会职权范围内的事项进行审议,提出审议意见。[4]

在工作报告的处理方面,(1)关于报告审议意见的研究处理,不少地方规定,常委会组成人员对专项工作报告、国民经济和社会发展计划执行情况报告、预算执行情况报告、审计工作报告的审议意见和执法检查报告及其审议意见,由常委会办事机构(或工作机构)交由省级人民政府、省级人民法院、省级人民检察院研究处理;省级人民政府、省级人民法院、省级人民检察院的研究处理情况应当限期(有的为3个月内,个别为4个月内)报告常委会;在正式报告常委会之前,应当先由其办事机构送交市人大有关专门委员会或者常委会有关工作机构征求意见。(2)关于常委会的决议决定,部分地方规定,常委会认为必要的时候,可以对工作报告作出决议(或决定);省级人民政府、省级人民法院、省级人民检察院应当在决议规定的期限内,将执行决议的情况向常委会报告。另外,河南规定,常委会认为必要时,可以对工作报告涉及的重大事项提出修正意见或作出决议、决定,交常委会办事机构或工作机构督促有关部门办理;有关部

〔1〕 参见《福建省人民代表大会常务委员会议事规则》第31条至第33条。
〔2〕 参见《湖北省人民代表大会常务委员会议事规则》第32条第1款。
〔3〕 参见《青海省人民代表大会常务委员会议事规则》第27条。
〔4〕 参见《贵州省人民代表大会常务委员会议事规则》第26条第2款。

门应认真办理并及时将办理结果报告常委会。[1] (3)关于相关材料的通报公布,不少地方规定,常委会听取的专项工作报告、国民经济和社会发展计划执行情况报告、预算执行情况报告、审计工作报告、执法检查报告及审议意见,省级人民政府、省级人民法院、省级人民检察院对审议意见研究处理情况或者执行决议情况的报告等,向省级人大代表通报并向社会公布。

在工作报告的监督方面,部分地方规定了对报告(工作报告或审议意见研究处理情况报告)的满意度测评及相关处理制度。(1)在测评程序方面,浙江规定,由主任会议决定开展满意度测评;福建规定,常委会组成人员5人以上书面联名,提出对工作报告不满意并要求补充报告或者重新报告的议案,由主任会议决定是否提请常委会会议审议。[2] (2)在处理情形方面,个别地方规定为常委会组成人员对报告的不满意意见较多时,有的地方规定为常委会组成人员半数以上(或过半数)对报告不满意时。(3)在处理方式方面,有的地方规定由常委会(或主任会议)责成报告机关作补充报告或者重新报告,有的地方规定由报告机关重新报告。

1. 专项工作报告

专项工作报告的提出、审议、处理程序,大部分与一般工作报告的程序相同或相似,另外在安排和准备方面有一些特有的规定。

在专项工作报告的安排方面,根据《监督法》,省级人大常委会每年选择若干关系改革发展稳定大局和群众切身利益、社会普遍关注的重大问题,有计划地安排听取和审议省级人民政府、人民法院和人民检察院的专项工作报告;省级人民政府、人民法院和人民检察院可以向省级人大常委会要求报告专项工作。[3] 有的地方有与此基本相同的规定。另外,浙江规定,常委会应当不定期听取省人民政府、省高级人民法院、省人民检察

[1] 参见《河南省人民代表大会常务委员会工作条例》第38条。

[2] 参见《浙江省人民代表大会常务委员会议事规则》第27条第2款;《福建省人民代表大会常务委员会议事规则》第35条。

[3] 参见《监督法》第8条第1款、第9条第2款。

院的工作报告，听取省人民政府所属部门受省人民政府委托向常委会提出的工作报告；必要时，常委会可以确定专题，要求省人民政府、省高级人民法院、省人民检察院作专项工作报告。[1]

在专项工作报告的准备方面，根据《监督法》，常委会听取和审议专项工作报告前，主任会议可以组织省级人大常委会组成人员和省级人大代表，对有关工作进行视察或者专题调查研究；常委会可以安排参加视察或者专题调查研究的代表列席常委会会议，听取专项工作报告，提出意见。[2] 常委会听取和审议专项工作报告前，常委会办事机构应当将各方面对该项工作的意见汇总，交由省级人民政府、人民法院或者人民检察院研究并在专项工作报告中作出回应。[3] 个别地方有与此相同的规定。

在专项工作报告的提出方面，根据《监督法》，省级人民政府、人民法院或者人民检察院应当在常委会举行会议的 20 日前，由其办事机构将专项工作报告送交省级人大有关专门委员会或者常委会有关工作机构征求意见；省级人民政府、人民法院或者人民检察院对报告修改后，在常委会举行会议的 10 日前送交常委会；常委会办事机构应当在常委会举行会议的 7 日前，将专项工作报告发给常委会组成人员。[4] 专项工作报告由省级人民政府、人民法院或者人民检察院的负责人向省级人大常委会报告，省级人民政府也可以委托有关部门负责人向省级人大常委会报告。[5] 不少地方有与此基本相同的规定，有的地方还详细规定不同的专项工作报告分别由相应机关或部门的正职或副职负责人向常委会会议作出。江苏规定，向常委会作专项工作报告，时间一般不超过 15 分钟。[6]

在专项工作报告的审议方面，安徽规定，主任会议可以决定将专项工作报告先交有关专门委员会审议或者常委会有关工作机构研究，提出意

---

〔1〕 参见《浙江省人民代表大会常务委员会议事规则》第 22 条。
〔2〕 参见《监督法》第 10 条。
〔3〕 参见《监督法》第 11 条。
〔4〕 参见《监督法》第 12 条。
〔5〕 参见《监督法》第 13 条。
〔6〕 参见《江苏省人民代表大会常务委员会议事规则》第 41 条第 2 款。

见；专门委员会、常委会有关工作机构提出的意见，可以印发常委会会议。[1] 黑龙江规定，省人大有关专门委员会应当将常委会组成人员对专项工作报告的审议情况向常委会全体会议汇报。[2]

在专项工作报告的处理方面，(1)关于报告审议意见的研究处理，根据《监督法》，常委会组成人员对专项工作报告的审议意见交由省级人民政府、人民法院或者人民检察院研究处理；省级人民政府、人民法院或者人民检察院应当将研究处理情况由其办事机构送交省级人大有关专门委员会或者常委会有关工作机构征求意见后，向常委会提出书面报告。[3] 部分地方有与此相同的规定，其中有的地方进一步规定了审议意见整理转交的程序，还有有关机关向常委会提出处理情况报告的期限（多为3个月，有的为4个月）。另外，四川规定，省人大有关专门委员会、常委会有关工作机构负责对（专项工作报告）审议意见研究处理情况和决议执行情况的跟踪监督。[4] 海南规定，常委会审议专项工作报告时提出的批评、意见和建议，由常委会办公厅转交省人民政府、省高级人民法院或者省人民检察院处理；省人民政府、省高级人民法院、省人民检察院必须在限定的时间内将处理情况送交省人大有关专门委员会或者常委会有关工作机构征求意见后，书面报告常委会。[5] (2)关于常委会的决议决定，根据《监督法》，常委会认为必要时，可以对专项工作报告作出决议；省级人民政府、人民法院或者人民检察院应当在决议规定的期限内，将执行决议的情况向常委会报告。[6] 部分地方有与此相同的规定。(3)关于相关材料的通报公布，根据《监督法》，常委会听取的专项工作报告及审议意见，省级人民政府、人民法院或者人民检察院对审议意见研究处理情况或者执行决议情况的报告，向省级人大代表通报并向社会公布。[7] 有的地方有

---

[1] 参见《安徽省人民代表大会常务委员会议事规则》第30条。
[2] 参见《黑龙江省人民代表大会常务委员会议事规则》第32条第3款。
[3] 参见《监督法》第14条第1款。
[4] 参见《四川省人民代表大会常务委员会议事规则》第28条第2款。
[5] 参见《海南省人民代表大会常务委员会议事规则》第21条第2款。
[6] 参见《监督法》第14条第1款。
[7] 参见《监督法》第14条第2款。

与此相同的规定。

在专项工作报告的监督方面,有的地方规定了对报告(专项工作报告或审议意见研究处理情况报告)的满意度测评及相关处理制度。(1)在测评程序方面,安徽规定,常委会组成人员5人以上书面联名,对专项工作报告不满意并要求常委会会议表决的,由主任会议决定是否提请常委会会议表决。[1] (2)在处理情形方面,吉林规定为常委会多数组成人员对专项工作报告不满意时,安徽规定为常委会组成人员半数以上不满意时。[2] (3)在处理方式方面,吉林规定,由常委会会议决定报告机关重新作书面或者口头报告;安徽规定,常委会应当责成报告机关在下次会议上重作报告。[3] 另外,安徽还规定,常委会组成人员半数以上对重作的报告仍不满意的,常委会应当作出相应的决议、决定。[4]

2. 执法检查报告

执法检查报告有特别的提出和处理程序,其处理程序与一般工作报告的程序相似。

在执法检查报告的提出方面,根据《监督法》,执法检查结束后,执法检查组应当及时提出执法检查报告,由委员长会议或者主任会议决定提请常委会审议。[5] 部分地方有与此基本相同的规定。另外,黑龙江规定了与《监督法》相同的执法检查报告的内容。上海规定,常委会执法检查组应当在检查结束后两个月内向常委会提出执法检查报告;主任会议并可以决定市人民政府、市高级人民法院、市人民检察院的有关情况报告同时提请常委会审议。[6] 浙江规定,必要时,经主任会议决定,可以将法

---

〔1〕 参见《安徽省人民代表大会常务委员会议事规则》第32条第1款。

〔2〕 参见《吉林省人民代表大会常务委员会议事规则》第22条;《安徽省人民代表大会常务委员会议事规则》第32条第1款。

〔3〕 参见《吉林省人民代表大会常务委员会议事规则》第22条;《安徽省人民代表大会常务委员会议事规则》第32条。

〔4〕 参见《安徽省人民代表大会常务委员会议事规则》第32条。

〔5〕 参见《监督法》第26条第1款。

〔6〕 参见《上海市人民代表大会常务委员会议事规则》第25条。

律、法规实施机关提出的执法情况报告一并提请常委会会议审议。[1] 江苏规定，向常委会作执法检查报告，时间一般不超过15分钟。[2]

在执法检查报告的处理方面，(1)关于报告审议意见的研究处理，根据《监督法》，常委会组成人员对执法检查报告的审议意见连同执法检查报告，一并交由省级人民政府、人民法院或者人民检察院研究处理；省级人民政府、人民法院或者人民检察院应当将研究处理情况由其办事机构送交省级人大有关专门委员会或者常委会有关工作机构征求意见后，向常委会提出报告。[3] 必要时，由委员长会议或者主任会议决定提请常委会审议，或者由常委会组织跟踪检查；常委会也可以委托本级人大有关专门委员会或者常委会有关工作机构组织跟踪检查。[4] 有的地方有与此基本相同的规定。(2)关于相关材料的通报公布，根据《监督法》，常委会的执法检查报告及审议意见，省级人民政府、人民法院或者人民检察院对其研究处理情况的报告，向省级人大代表通报并向社会公布。[5] 有的地方有与此相同的规定。

此外，黑龙江还详细规定了执法检查的安排、组织程序、报告内容，其内容与《监督法》的相关规定基本相同。[6]

3. 计划调整报告、预算调整报告

省级人大常委会审查计划调整报告、预算调整报告的规定，与全国人大常委会的部分相同。计划调整报告、预算调整报告一般在常委会举行会议前提交有关专门委员会初步审查，或送交有关工作机构征求意见，由财政经济委员会进行审查并提出审查情况报告。不少地方规定了审查计划调整报告、预算调整报告的程序，有的地方只规定了审查预算调整报告的程序，而没有规定审查计划调整报告的程序。

---

〔1〕 参见《浙江省人民代表大会常务委员会议事规则》第25条。

〔2〕 参见《江苏省人民代表大会常务委员会议事规则》第41条第2款。

〔3〕 参见《监督法》第27条第1款。

〔4〕 参见《监督法》第27条第1款。

〔5〕 参见《监督法》第27条第2款。

〔6〕 参见《黑龙江省人民代表大会常务委员会议事规则》第41条至第45条；《监督法》第22条至第25条、第26条第2款。

根据《监督法》，省级人民政府有关主管部门应当在省级人大常委会举行会议审查和批准预算调整方案的1个月前，将预算调整初步方案送交省级人大财政经济委员会进行初步审查，或者送交常委会有关工作机构征求意见。[1] 根据《预算法》，省级政府财政部门应当在省级人大常委会举行会议审查和批准预算调整方案的30日前，将预算调整初步方案送交省级人大有关专门委员会进行初步审查。[2] 有的地方规定，国民经济和社会发展计划调整案、预算调整案，一般应当在常委会会议举行1个月前送交有关专门委员会(财政经济委员会)进行初步审查，或者送交常委会有关工作机构征求意见；其中有的地方还规定，由财政经济委员会向常委会会议提出审查结果的报告。有的地方只对预算调整案规定了上述程序。天津只规定，计划调整案、预算调整案，一般应当在常委会会议举行1个月以前提出。[3] 江苏规定，预算调整方案应当在常委会举行会议的30日前送有关专门委员会或者常委会工作机构征求意见。[4]

4. 决算报告

省级人大常委会审查决算报告的规定，与全国人大常委会的部分规定相同。决算报告一般在常委会举行会议前提交有关专门委员会初步审查，或送交有关工作机构征求意见，由财政经济委员会进行审查并提出审查情况报告。个别地方还规定了决算报告审查内容和处理程序。

在决算报告的提出和初步审查方面，根据《监督法》，省级人民政府应当在每年6月至9月，将上一年度的省级决算草案提请省级人大常委会审查和批准。[5] 有的地方有与此基本相同的规定，其中个别地方进一步明确了报告的提出时间或审批时间。根据《预算法》，省级政府财政部门应当在省级人大常委会举行会议审查和批准省级决算草案的30日前，将

---

〔1〕 参见《监督法》第17条第3款。
〔2〕 参见《预算法》第69条第4款。
〔3〕 参见《天津市人民代表大会常务委员会议事规则》第19条。
〔4〕 参见《江苏省人民代表大会常务委员会议事规则》第24条第1款。
〔5〕 参见《监督法》第15条第2款。

上一年度省级决算草案送交省级人大有关专门委员会进行初步审查。[1] 有的地方规定，决算草案应当在常委会举行会议的1个月前，提交省人大有关专门委员会（财政经济委员会）进行初步审查，或者送交常委会有关工作机构征求意见，由财政经济委员会提出审查结果的报告。

此外，在决算报告的审查内容方面，根据《监督法》，常委会对决算草案和预算执行情况报告，重点审查下列内容：（1）预算收支平衡情况；（2）重点支出的安排和资金到位情况；（3）预算超收收入的安排和使用情况；（4）部门预算制度建立和执行情况；（5）向下级财政转移支付情况；（6）本级人大关于批准预算的决议的执行情况。除前款规定外，省级人大常委会还应当重点审查上级财政补助资金的安排和使用情况。[2] 黑龙江在上述规定的基础上，规定重点审查的内容还包括：预算收入依法征缴情况、需由本级财政还款或者承诺的重大借贷和偿还债务情况、其他相关事项；常委会可以在适当时候，听取和审议本级接受上级财政税收返还和补助收入资金安排和使用情况的报告。[3]

在决算报告的处理方面，陕西规定，常委会会议对决算报告的审议意见，由常委会办公厅负责归纳整理，经相关负责人核阅、核签、签发后，连同有关委员会的审议意见或者审查意见一并送省人民政府、省高级人民法院、省人民检察院研究处理；省人民政府、省高级人民法院、省人民检察院应当在规定期限内向常委会书面报告对审议意见的研究处理情况。[4]

5. 计划、预算执行情况报告和审计工作报告

计划、预算执行情况报告和审计工作报告有特别的提出和处理程序，其处理程序与一般工作报告的程序相似。

在计划、预算执行情况报告和审计工作报告的提出方面，根据《监督法》，省级人民政府应当在每年6月至9月，向省级人大常委会报告本年

---

〔1〕 参见《预算法》第78条第2款。

〔2〕 参见《监督法》第18条。

〔3〕 参见《黑龙江省人民代表大会常务委员会议事规则》第37条。

〔4〕 参见《陕西省人民代表大会常务委员会议事规则》第37条。

度上一阶段国民经济和社会发展计划、预算的执行情况;常委会每年审查和批准决算的同时,听取和审议省级人民政府提出的审计机关关于上一年度预算执行和其他财政收支的审计工作报告。[1] 部分地方有与此基本相同的规定,其中有的地方进一步明确了报告的提出时间或审批时间。

在预算执行情况报告的审查方面,详见下面决算报告审查的相关内容。

在计划、预算执行情况报告,审计工作报告的处理方面,(1)关于报告审议意见的研究处理,根据《监督法》,常委会组成人员对国民经济和社会发展计划执行情况报告、预算执行情况报告和审计工作报告的审议意见交由省级人民政府研究处理;省级人民政府应当将研究处理情况向常委会提出书面报告。[2] 有的地方有与此相同的规定,有的地方还细化了审议意见整理转交的程序,还有有关机关向常委会提出处理情况报告的期限。(2)关于常委会的决议决定,根据《监督法》,常委会认为必要时,可以对审计工作报告作出决议;省级人民政府应当在决议规定的期限内,将执行决议的情况向常委会报告。[3] 部分地方有与此相同的规定。(3)关于相关材料的通报公布,根据《监督法》,常委会听取的国民经济和社会发展计划执行情况报告、预算执行情况报告和审计工作报告及审议意见,省级人民政府对审议意见研究处理情况或者执行决议情况的报告,向省级人大代表通报并向社会公布。[4] 有的地方有与此相同的规定。

6. 其他报告

有的地方还对审计查出突出问题整改情况报告、视察报告、五年规划实施情况的中期评估报告和调整报告等其他报告的提出和处理程序作出规定。

---

〔1〕 参见《监督法》第16条、第19条。
〔2〕 参见《监督法》第20条第1款。
〔3〕 参见《监督法》第20条第1款。
〔4〕 参见《监督法》第20条第2款。

审计查出突出问题整改情况报告。广西对于审计查出突出问题整改情况报告与其他工作报告，规定了相同的提出和处理程序。[1]

视察报告。在视察报告的提出方面，有的地方规定，代表视察活动结束后，代表视察组应当提出视察报告，由主任会议决定提请常委会审议。在视察报告的处理方面，甘肃规定了与执法检查报告相同的程序。[2]

五年规划实施情况的中期评估报告和调整报告。上海规定，常委会在听取国民经济和社会发展五年规划实施情况的中期评估报告前，市人民政府应当将中期评估报告先送市人大有关专门委员会进行初步审查，或者送交常委会有关工作机构征求意见；经中期评估对国民经济和社会发展五年规划需要调整的，市人民政府应当将调整初步方案先送交市人大有关专门委员会进行初步审查，或者送交常委会有关工作机构征求意见。[3]

（二）询问和质询

1. 询问、专题询问

省级人大常委会的询问规定，与全国人大常委会的相比有较多不同，不同之处在于多数地方不区分询问的具体场合，不少地方还规定了专题询问。个别地方规定询问适用相关法律法规的规定。

常委会会议审议议案或者有关报告的时候，应当通知有关部门负责人到会（或派人到会），听取意见，回答询问。对于询问的场合，部分地方细化规定为分组会议和联组会议，有的地方规定还包括全体会议。另外，有的地方规定，法规案和人事任免案的提案机关有关负责人或提案人、人事任免案的对象（在必要时），也应当到会听取意见，回答询问。新疆规定，询问可以口头提出，也可以书面提出；有关部门负责人应当当场答复询问，当场不能答复的，应当说明原因，可以在会议闭会后10日内书面

〔1〕 参见《广西壮族自治区人民代表大会常务委员会议事规则》第29条第1款。

〔2〕 参见《甘肃省人民代表大会常务委员会议事规则》第27条、第28条。

〔3〕 参见《上海市人民代表大会常务委员会议事规则》第24条第3款、第4款。

答复。[1]

此外，不少地方对专题询问作出了规定。河北、四川、山东规定，常委会围绕全省工作大局和人民群众普遍关注热点难点问题，在广泛征求各方面意见的基础上，开展专题询问；其中，山东还规定，开展专题询问及其具体内容、方式方法等，由常委会主任会议决定。[2]

广西、贵州、宁夏、江苏、湖南则有较详细的规定。

（1）在专题询问的总体规定方面，广西、贵州、宁夏、湖南规定，常委会可以对省级（自治区）人民政府、省级（自治区）高级人民法院、省级（自治区）人民检察院的工作开展专题询问；专题询问可以结合审议的议题（各项报告）进行。[3] 江苏规定，经主任会议决定，常委会在审议有关执法检查报告和专项工作报告时，可以就相关工作开展专题询问。[4]

（2）在专题询问的准备方面，关于议题的准备，广西规定，专题询问的议题由主任会议确定；贵州规定，主任会议可以提出专题询问的议题，省人大各专门委员会或者常委会工作机构可以向主任会议提出专题询问的议题建议；湖南规定，专题询问的议题由主任会议提出，省人大专门委员会、常委会办事机构和工作机构可以向主任会议提出专题询问的议题建议，专题询问的议题可以结合审议有关报告的内容确定。[5] 关于其他工作的准备，广西规定，有关专门委员会和常委会工作机构、办事机构应当做好专题询问的前期准备工作，常委会办事机构应当将有关工作计划和材料印发常委会组成人员；常委会组成人员应当根据专题询问的安排提

---

〔1〕 参见《新疆维吾尔自治区人民代表大会常务委员会议事规则》第26条。

〔2〕 参见《河北省人民代表大会常务委员会议事规则》第36条第2款；《四川省人民代表大会常务委员会议事规则》第30条；《山东省人民代表大会常务委员会议事规则》（1988年3月17日山东省第七届人大常委会第二次会议通过，1998年6月12日第一次修正，2008年9月25日第二次修正，2018年6月1日第三次修正）第24条。

〔3〕 参见《广西壮族自治区人民代表大会常务委员会议事规则》第35条第1款；《贵州省人民代表大会常务委员会议事规则》第29条第1款、第30条；《宁夏回族自治区人民代表大会常务委员会议事规则》第30条、第31条；《湖南省人民代表大会常务委员会议事规则》第21条第1款。

〔4〕 参见《江苏省人民代表大会常务委员会议事规则》第52条第1款。

〔5〕 参见《广西壮族自治区人民代表大会常务委员会议事规则》第35条第1款；《贵州省人民代表大会常务委员会议事规则》第29条第2款；《湖南省人民代表大会常务委员会议事规则》第21条第2款。

前熟悉情况、开展调查研究，有针对性地做好询问准备。[1] 宁夏规定，开展专题询问前，常委会有关工作委员会或者办公厅应当制定实施方案，并进行必要的工作视察或者调查研究。[2]

(3)在专题询问的场合方面，广西、江苏规定，专题询问一般在联组会议上进行；贵州、宁夏规定，专题询问可以在分组会议、联组会议或者全体会议上进行；湖南规定，开展专题询问，应当按照主任会议确定的实施方案，在分组会议、联组会议或者全体会议上进行。[3]

(4)在专题询问的提出方面，江苏规定，询问人通过分组会议推荐、个人报名等方式产生；其他出席人员和列席代表要求提问的，经主持人同意，也可以现场提出询问；询问人在听取答复后，可以就同一问题进行追问。[4]

(5)在专题询问的回答方面，省级(自治区)人民政府负责人或其有关部门主要负责人、省级(自治区)高级人民法院负责人、省级(自治区)人民检察院负责人，应当到会回答询问。[5] 另外，广西规定，对于询问人提出的问题，应询机关应当在专题询问的会议上回答，现场不能答复或者不能充分答复的，应当说明情况并于会后及时书面答复。[6] 宁夏规定，除涉及国家秘密的事项外，有关机关的负责人对常委会组成人员的询问应当作出回答；常委会组成人员对答复不满意的，受询问的有关机关负责人应当补充回答、重新回答，或者由主任会议决定由受询问机关会后作出

---

〔1〕 参见《广西壮族自治区人民代表大会常务委员会议事规则》第35条第2款、第3款。

〔2〕 参见《宁夏回族自治区人民代表大会常务委员会议事规则》第32条。

〔3〕 参见《广西壮族自治区人民代表大会常务委员会议事规则》第36条第2款；《江苏省人民代表大会常务委员会议事规则》第52条第1款；《贵州省人民代表大会常务委员会议事规则》第30条；《宁夏回族自治区人民代表大会常务委员会议事规则》第31条；《湖南省人民代表大会常务委员会议事规则》第21条第3款。

〔4〕 参见《江苏省人民代表大会常务委员会议事规则》第52条第2款。

〔5〕 参见《广西壮族自治区人民代表大会常务委员会议事规则》第36条第2款；《贵州省人民代表大会常务委员会议事规则》第31条；《宁夏回族自治区人民代表大会常务委员会议事规则》第33条第1款；《湖南省人民代表大会常务委员会议事规则》第21条第3款；《江苏省人民代表大会常务委员会议事规则》第53条第1款。

〔6〕 参见《广西壮族自治区人民代表大会常务委员会议事规则》第36条第3款。

书面答复,印发下次常委会会议。[1] 江苏规定,对于询问人提出的问题,被询问人应当当场回答,每位被询问人就每一问题回答时间不超过5分钟;被询问人不能当场回答时,应当说明原因,经主持人同意后,在本次常委会会议闭幕前作出书面回答;对因涉及国家秘密、商业秘密、个人隐私等不适宜当场回答的问题,在被询问人作出说明后,经主持人同意,可以不当场回答,但事后应当以适当方式回应。[2]

(6)在专题询问的意见处理方面,广西规定,有关专门委员会应当在专题询问结束后7日内汇总整理审议意见,经主任会议讨论通过后,由常委会办事机构送应询机关研究落实;应询机关应当在收到审议意见之日起3个月内向常委会书面反馈整改落实情况;有关专门委员会应当对应询机关整改落实情况进行跟踪督查,必要时,可以建议将整改落实情况报告提请常委会会议审议,由常委会作出决议;多数常委会组成人员对应询机关的整改落实情况不满意的,可以要求其继续整改并报送落实情况。[3] 湖南规定,常委会组成人员审议各项专项工作报告以及开展专题询问的发言,由省人大相关专门委员会或者常委会有关工作机构于会议结束后7个工作日内整理并形成常委会组成人员的审议意见,经主任会议研究后,由常委会办事机构转交省人民政府、省监察委员会、省高级人民法院、省人民检察院研究处理。[4]

2. 质询

省级人大常委会的质询程序,与全国人大常委会的大部分相同,也有一些更详细的规定。质询案由特定主体对省级人民政府及其各部门、人民法院、人民检察院书面提出,由主任会议决定交由受质询机关的负责人在相关会议上口头答复,或由受质询机关书面答复,提质询案人对答复不满意的可以要求再作答复。除了质询的提出主体要求和对象范围不同以

[1] 参见《宁夏回族自治区人民代表大会常务委员会议事规则》第33条。
[2] 参见《江苏省人民代表大会常务委员会议事规则》第53条第3~5款。
[3] 参见《广西壮族自治区人民代表大会常务委员会议事规则》第37条。
[4] 参见《湖南省人民代表大会常务委员会议事规则》第22条。

外，一些地方还规定了质询内容、质询案的初步处理、撤回质询、重大问题质询案的处理程序、答复时限、答复未获满意的处理程序、再次答复仍未获满意的处理程序等制度规则。个别地方规定质询适用相关法律法规的规定。

在质询案的提出方面，根据《地方组织法》，在常委会会议期间，常委会组成人员5人以上联名，可以向常委会书面提出对省级人民政府、人民法院、人民检察院的质询案；质询案必须写明质询对象、质询的问题和内容。[1] 各地都有与此大致相同的规定。另外，(1)在质询对象方面，绝大部分地方规定的质询对象还包括政府所属工作部门，这与《监督法》的规定一致；[2]有的地方规定的还包括省级监察委员会、(直辖)市中级人民法院、(直辖)市人民检察院分院。(2)在质询内容方面，有的地方规定，质询的内容必须属于受质询机关职权范围内的问题；新疆还规定，质询案涉及问题的范围应当属于违反宪法、法律、行政法规、地方性法规的问题，工作失误造成严重后果的问题，失职、渎职等问题。[3] (3)在质询案的初步处理方面，部分地方规定，质询案由主任会议决定交由有关专门委员会审议或者提请常委会会议审议。

在质询案的答复和审议方面，根据《地方组织法》，质询案由主任会议决定交由受质询机关在常委会会议上或者有关专门委员会会议上口头答复，或者由受质询机关书面答复；在专门委员会会议上答复的，提质询案的常委会组成人员有权列席会议，发表意见；主任会议认为必要的时候，可以将答复质询案的情况报告印发会议；质询案以口头答复的，应当由受质询机关的负责人到会答复；质询案以书面答复的，应当由受质询机关的负责人签署，由主任会议印发会议或者印发提质询案的常委会组成人员。[4] 大部分地方有与此基本相同的规定，部分地方有与此稍为不同的

〔1〕 参见《地方组织法》第47条第1款。
〔2〕 参见《监督法》第35条第1款。
〔3〕 参见《新疆维吾尔自治区人民代表大会常务委员会议事规则》第27条第3款。
〔4〕 参见《地方组织法》第47条第2款、第3款。

规定:质询案由主任会议决定交由受质询机关的负责人在常委会(全体)会议上或者有关专门委员会会议上口头答复,或者由受质询机关书面答复;在专门委员会会议上答复的,专门委员会应当向常委会或者主任会议提出报告;质询案以书面答复的,应当由被质询机关负责人签署,并印发常委会组成人员和有关专门委员会。有的地方则整合了上述两种规定。另外,重庆规定,质询案经主任会议决定交受质询机关答复,或者先交市人大有关专门委员会审议并提出意见,再决定交受质询机关答复;质询案办理结束,应当立即公布结果。〔1〕 江苏规定,质询案一般口头答复,因特殊情况不能口头答复的,经主任会议同意,也可以书面答复。〔2〕 海南规定,质询案还可以由主任会议决定由受质询机关向主任会议答复;云南规定,质询案还可以由主任会议决定由受质询机关向有关工作委员会答复。〔3〕

此外,一些地方规定了撤回质询、答复时限、答复未获满意的处理程序、再次答复仍未获满意的处理程序。(1)在撤回质询方面,很多地方规定,质询案在受质询机关答复前,提质询案人要求撤回的,经主任会议同意,质询即行终止。西藏还规定,常委会主任会议作出交受质询机关答复的决定以后,提案人要求撤回的,由常委会主任会议决定是否允许撤回。〔4〕 (2)在重大问题质询案的处理程序方面,内蒙古规定,对涉及重大问题的质询案,经主任会议决定,交有关专门委员会或者工作委员会调查研究并提出报告,提请常委会会议审议。〔5〕 (3)在答复时限方面,部分地方规定,受质询机关可以在本次常委会会议期间作出答复,也可以在下一次常委会会议前(有的为闭会前)作出答复。个别地方规定,受质询机关一般应当在提出质询案的常委会会议期间答复,需要推迟答复的,应当说

---

〔1〕 参见《重庆市人民代表大会常务委员会议事规则》第31条、第34条。

〔2〕 参见《江苏省人民代表大会常务委员会议事规则》第54条第1款。

〔3〕 参见《海南省人民代表大会常务委员会议事规则》第25条第1款;《云南省人民代表大会常务委员会议事规则》第42条第1款。

〔4〕 参见《西藏自治区人民代表大会常务委员会议事规则》第27条第2款。

〔5〕 参见《内蒙古自治区人民代表大会常务委员会议事规则》第28条。

明理由，由主任会议确定答复时间。（4）在答复未获满意的处理程序方面，很多地方规定，提质询案的常委会组成人员的过半数对受质询机关的答复不满意的，可以提出要求，经主任会议决定，由受质询机关再作答复。其中，部分地方规定，必要时，常委会会议可以作出决议、决定，由受质询机关执行；江西没有规定提质询案人不满意的人数要求。[1] 甘肃规定，过半数常委会组成人员或者省人大有关专门委员会组成人员对质询案的答复不满意时，经主任会议决定，受质询机关应当进一步研究解决质询案提出的问题，并重新作出答复。[2]（5）在再次答复仍未获满意的处理程序方面，河北、贵州规定，对再次答复仍不满意的，经主任会议决定，可以将质询案提请常委会会议审议，常委会可以作出相应的决议、决定。[3] 海南规定，在常委会会议期间，提出质询案的常委会组成人员过半数对再次答复仍不满意的，由主任会议根据提出质询案的常委会组成人员的意见和受质询机关答复的情况作出相应的决定。[4]

（三）组织调查委员会

组织调查委员会案有特别的提出主体要求，调查委员会组成人员任免案有特别的提名要求；调查委员会遵循特定的要求开展调查，应当向省级人大常委会提出调查报告；省级人大常委会根据调查委员会的报告可以作出相应决议。

不少地方对组织调查委员会只作出了概括规定，即常委会对职权范围内的事项需要作出决议、决定，但有关重大事实不清的（或常委会认为必要时），可以组织关于特定问题的调查委员会，并且根据调查委员会的报告，作出相应的决议。其中个别地方规定，调查委员会的产生和工作，依照有关法律的规定进行。其他地方则有较详细的规定。

在组织调查委员会案、调查委员会组成人员任免案的提出方面，根据

〔1〕参见《江西省人民代表大会常务委员会议事规则》第29条。

〔2〕参见《甘肃省人民代表大会常务委员会议事规则》第30条第3款。

〔3〕参见《河北省人民代表大会常务委员会议事规则》第38条第3款；《贵州省人民代表大会常务委员会议事规则》第35条第2款。

〔4〕参见《海南省人民代表大会常务委员会议事规则》第26条第3款。

《地方组织法》,主任会议或者1/5以上的常委会组成人员书面联名,可以向省级人大常委会提议组织关于特定问题的调查委员会,由全体会议决定;调查委员会的组成人员,由主任会议在常委会组成人员和其他代表中提名,提请全体会议通过。〔1〕很多地方有与此基本相同的规定。另外,有的地方规定,常委会组成人员的联名提议,还可以先交有关专门委员会审议并提出报告,再由主任会议决定提请常委会审议。

在调查委员会的工作方面,根据《地方组织法》,调查委员会应当向省级人大常委会提出调查报告。〔2〕很多地方有与此相同的规定。另外,有的地方规定,调查委员会可以聘请专家参加调查工作;调查委员会有权依法进行取证和询问,调查所涉及的组织和个人,必须如实提供有关材料和情况。黑龙江规定,调查委员会调查时,有关的国家机关、社会团体、企业事业单位和公民都有义务向其提供必要的材料;提供材料的公民要求对材料来源保密的,调查委员会应当予以保密;调查委员会在调查过程中,可以不公布调查的情况和材料。〔3〕个别地方规定,与调查的问题有利害关系的常委会组成人员和其他人员不得参加调查委员会。

在调查结果的处理方面,根据《地方组织法》,常委会根据调查委员会的报告,可以作出相应的决议。〔4〕很多地方有与此相同的规定。

(四)发言规则

省级人大常委会发言的规定,与全国人大常委会的部分相同。发言不受法律追究,内容要围绕会议议题,有次数时限约束的场合包括全体会议、联组会议、分组会议;(大多只包括前二者)发言由会议主持人许可,有特定的次数和时限要求(大多可以延长);发言要编印会议简报。不同的是,各地对常委会组成人员(和列席人员)发言的次数和时限有多种不同规定,其中部分地方未作具体规定,有的地方还有制止发言、书面发言、不

---

〔1〕参见《地方组织法》第52条第1款、第2款。
〔2〕参见《地方组织法》第52条第3款。
〔3〕参见《黑龙江省人民代表大会常务委员会议事规则》第63条。
〔4〕参见《地方组织法》第52条第3款。

再发表意见、提供翻译等规定。

大部分地方规定，常委会组成人员在常委会（各种）会议上的发言，不受法律追究；其中，个别地方还规定，列席会议的人大代表在常委会会议上的发言，不受法律追究。四川规定，常委会组成人员在会议举行前，应当进行调查研究，对法规草案文本准备审议意见，确保发言质量。[1] 不少地方规定，常委会组成人员（和列席人员）在常委会会议上的发言应当围绕议题进行；其中，有的地方规定发言还应当简明扼要，江苏规定发言还要联系实际并掌握好时间。[2] 有的地方规定，内容与议题无关或者事先未经会议主持人许可而超过规定时间的发言，会议主持人可以制止；个别地方只规定内容与议题无关的发言可以制止；江苏规定，对于超出审议议题范围和发言时间限制的发言，会议主持人或者召集人应当及时提醒。[3]

关于全体会议上的发言，个别地方规定，常委会组成人员（和列席人员）要求发言的，应当在会前向常委会办事机构提出，由会议主持人安排，按顺序发言；临时要求发言的，经会议主持人同意，始得发言。陕西规定，常委会组成人员可以根据主任会议的安排，自愿报名在全体会议上单独或者联合作专题发言。[4] 很多地方规定常委会组成人员（和列席人员）每人可以发言两次，第一次和第二次分别不超过 15 分钟、10 分钟，或不超过 10 分钟、5 分钟，或不超过 15 分钟、5 分钟；部分地方没有规定常委会组成人员（和列席人员）每人可以发言两次，只规定发言不超过 15 分钟或 10 分钟或 5 分钟；内蒙古规定，用汉语言发言的不超过 15 分钟，用蒙古语言和其他少数民族语言发言的不超过 20 分钟。[5] 不少地方规定，事先提出要求，经会议主持人同意，可以延长发言时间；其中个别地方进一步规

---

〔1〕 参见《四川省人民代表大会常务委员会议事规则》第 35 条第 1 款。
〔2〕 参见《江苏省人民代表大会常务委员会议事规则》第 43 条第 1 款。
〔3〕 参见《江苏省人民代表大会常务委员会议事规则》第 43 条第 1 款。
〔4〕 参见《陕西省人民代表大会常务委员会议事规则》第 35 条。
〔5〕 参见《内蒙古自治区人民代表大会常务委员会议事规则》第 31 条第 1 款。

定,延长时间不超过5分钟或10分钟;安徽规定只有第一次发言可以延长。[1] 另外,江苏规定,常委会拟任命人员应当在全体会议上作口头或者书面拟任职发言;作口头拟任职发言的,发言时间一般每人不超过5分钟。[2]

关于联组会议上的发言,个别地方规定,常委会组成人员(和列席人员)要求发言的,应当在会前向常委会办事机构提出,由会议主持人安排,按顺序发言;临时要求发言的,经会议主持人同意,始得发言。江苏规定,在常委会组成人员个人申请和小组推选的基础上,由主持人确定发言人名单,并组织发言。[3] 很多地方规定每人可以发言两次,第一次和第二次分别不超过15分钟、10分钟,或不超过20分钟、15分钟,或不超过20分钟、10分钟,或不超过15分钟、5分钟;部分地方没有规定常委会组成人员(和列席人员)每人可以发言两次,只规定发言不超过20分钟或15分钟或10分钟;内蒙古规定,第一次用汉语言发言的不超过20分钟,用蒙古语言和其他少数民族语言发言的不超过25分钟,第二次对同一问题的发言一般不超过10分钟。[4] 不少地方规定,事先提出要求,经会议主持人同意,可以延长发言时间;其中个别地方进一步规定,延长时间不超过5分钟或10分钟。

关于分组会议上的发言,个别地方规定常委会组成人员(和列席人员)每人可以发言两次,第一次和第二次分别不超过10分钟、5分钟,或不超过20分钟、15分钟;事先提出要求,经会议主持人同意的,可以适当延长发言时间。另外,江苏规定,常委会以分组会议的形式进行审议时,每位常委会组成人员应当就审议议题逐一发言。[5]

不少地方规定,在常委会会议上的发言,由工作人员记录整理,(经发言人审核签字后)编印会议简报(并存档)。此外,北京、江苏规定,常委

---

〔1〕 参见《安徽省人民代表大会常务委员会议事规则》第35条。
〔2〕 参见《江苏省人民代表大会常务委员会议事规则》第37条第2款。
〔3〕 参见《江苏省人民代表大会常务委员会议事规则》第45条。
〔4〕 参见《内蒙古自治区人民代表大会常务委员会议事规则》第31条第1款。
〔5〕 参见《江苏省人民代表大会常务委员会议事规则》第46条第1款。

会组成人员可以向常委会会议提交书面发言材料;湖南规定,未发言或者有补充意见的,可以提供书面发言材料。[1] 北京规定,会议主持人宣布议案交付表决后,常委会组成人员不再对议案发表意见,但与表决有关的程序问题不受此限。[2] 内蒙古规定,常委会组成人员和列席人员在全体会议和联组会议上,用蒙古语言和其他少数民族语言发言的,要为他们翻译。[3]

第六节 市级人大的议事规则

一、会议制度

(一)会议的召开

根据《地方组织法》,市级人大会议每年至少举行一次;经过1/5以上代表提议,可以临时召集市级人大会议。[4] 各地(仅指作为本章样本的市级人大议事规则涉及的市级地方,下同)基本上都有与此相同的规定。另外,很多地方规定大会(例会)一般于第一季度举行;其中,海口、乌鲁木齐还规定经市人大常委会决定也可以适当延迟,三亚还规定最迟不得超过当年4月。[5] 深圳、大同规定一般于3月底前举行,如有特殊情况可以适当提前或推迟;朔州规定一般在省人大会议之后召开;拉萨规定一般于每年的3~4月举行;长春规定一般在当年年底或者下年年初举行;咸宁规定每届市人大第一次会议,在本届市人大代表选举完成后的2个月内

---

〔1〕 参见《北京市人民代表大会常务委员会议事规则》第33条第3款;《江苏省人民代表大会常务委员会议事规则》第43条第2款;《湖南省人民代表大会常务委员会议事规则》第24条。

〔2〕 参见《北京市人民代表大会常务委员会议事规则》第34条。

〔3〕 参见《内蒙古自治区人民代表大会常务委员会议事规则》第31条第2款。

〔4〕 参见《地方组织法》第11条。

〔5〕 参见《海口市人民代表大会议事规则》(2013年7月12日海口市第十五届人大第四次会议通过)第3条第1款;《乌鲁木齐市人民代表大会议事规则》(1991年6月4日乌鲁木齐市第十届人大第四次通过,2001年3月27日修订,2014年1月12日修订)第3条;《三亚市人民代表大会议事规则》(2015年1月29日三亚市第六届人大第六次会议通过)第4条第1款。

举行。[1] 绝大部分地方规定,在市级人大常委会认为必要时,也可以临时召集市级人大会议;贵州贵阳规定,因工作需要也可以临时召集市级人大会议。[2]

(二)会议的召集和准备

根据《地方组织法》,市级人大会议由市级人大常委会召集;其每届第一次会议,在本届人大代表选举完成后的两个月内,由上届市级人大常委会召集。[3] 各地都有与此基本相同的规定。

市级人大会议举行前,相关准备工作主要包括常委会准备工作、组织代表团和代表小组、审议和调整相关准备事项、召开预备会议、召开主席团第一次会议。有的地方还对一些准备工作有更细致的规定,如提出需要设立的委员会的组成人员名单草案、审查新选出省级人大代表的资格、组织代表视察、举行联席会议,等等。总体来看,这与省级人大的规定基本相同。

1. 常委会准备工作。市级人大常委会决定开会日期,提出会议议程草案,提出主席团和秘书长名单草案,决定列席会议人员名单,提出或决定会议的其他准备事项;有的地方还列出提出会议口程草案,提出主席团常务主席、执行主席名单草案,提出副秘书长名单草案,提出需要设立的委员会(议案审查委员会、计划和预算审查委员会等)的组成人员名单草

[1] 参见《深圳市人民代表大会议事规则》(1992 年 4 月 26 日深圳市第一届人大第三次会议通过,1993 年 4 月 26 日修订,1997 年 11 月 14 日第一次修正,2019 年 4 月 24 日第二次修正)第 3 条第 1 款;《大同市人民代表大会议事规则》(2002 年 3 月 31 日大同市第十一届人大第五次会议通过,2010 年 4 月 29 日第一次修正,2014 年 10 月 29 日第二次修正)第 4 条第 1 款;《朔州市人民代表大会议事规则》(2017 年 2 月 25 日朔州市第六届人大第三次会议通过)第 4 条第 1 款;《拉萨市人民代表大会议事规则》(1989 年 6 月 16 日拉萨市第五届人大第三次会议通过,2004 年 4 月 19 日修订)第 4 条第 1 款;《长春市人民代表大会议事规则》(1994 年 3 月 2 日长春市第十届人大第二次会议审议通过,1997 年 2 月 6 日第一次修正,2002 年 1 月 19 日第二次修正,2013 年 12 月 21 日修订)第 4 条第 1 款;《咸宁市人民代表大会议事规则》(2006 年 2 月 24 日咸宁市第二届人大第三次会议通过,2015 年 10 月 30 日修正)第 3 条。

[2] 参见《贵阳市人民代表大会议事规则》(1990 年 3 月 14 日贵阳市第八届人大第四次会议通过,1996 年 3 月 4 日第一次修订,2007 年 11 月 29 日第二次修订,2020 年 5 月 13 日第三次修订)第 3 条第 2 款。

[3] 参见《地方组织法》第 12 条、第 16 条。

案,审查新选出市级人大代表的资格(和代表变动情况),通过常委会工作报告,组织代表视察及听取原选举单位和人民群众意见,征集议案及代表建议等准备事项。市级人大常委会在会议举行的特定时间前(多为1个月前,其余为30日前、20日前、15日前、10日前不等),将开会日期和建议会议讨论的主要事项等通知代表,并将准备提请会议审议的法规草案(以及工作报告草稿)发给代表;临时会议不适用该规定。

另外,有的地方特别规定了组织代表视察、举行联席会议等准备工作。有的地方规定,市人大会议举行前,常委会应当(或可以)组织代表通过视察、调研等方式,听取选举单位和人民群众的意见和要求。石家庄规定,市人大会议举行前,市人大代表应当就市人大常委会、市人民政府、市中级人民法院、市人民检察院一年来的工作进行视察;视察办法由市人大常委会主任会议确定。[1] 有的地方规定,市人大会议举行前,市人大常委会(主任)应当召集市人民政府、市中级人民法院、市人民检察院负责人举行联席会议,协商市人大会议的筹备工作。

2. 组织代表团和代表小组。代表按照选举单位组成代表团,由代表团全体会议推选代表团团长、副团长;代表团可以分设若干代表小组,分别推选小组召集人。有的地方规定,代表团团长、副团长推选前,由市人大常委会(在市人大代表中)确定临时召集人主持代表团全体会议;南昌规定,推选代表团团长、副团长的代表团全体会议,由市人大常委会委托县、区人大常委会和南昌警备区负责召集。[2] 有的地方还进一步规定了按选举单位组织的方式,确定团长、副团长的人数等。

3. 审议和调整相关准备事项。各代表团审议市级人大常委会提出的会议议程草案、主席团和秘书长名单草案、会议的其他准备事项,提出意见;市级人大常委会主任会议(有的为常委会)根据该意见,可以对相关准备事项提出调整意见,提请预备会议审议。

---

〔1〕 参见《石家庄市人民代表大会议事规则》第7条。

〔2〕 参见《南昌市人民代表大会议事规则》(2001年7月4日南昌市第十二届人大第一次会议通过,2010年10月29日修正)第8条第3款。

4. 召开预备会议。预备会议选举主席团和秘书长,通过会议议程、大会设立的各委员会组成人员名单、关于会议其他准备事项的决定;预备会议由市级人大常委会主持,每届市级人大第一次会议的预备会议由上届市级人大常委会主持。

5. 召开主席团第一次会议。主席团第一次会议推选主席团常务主席若干人、每次大会全体会议的执行主席若干人,并决定副秘书长的人选、会议日程、表决议案的办法、代表提出议案(和质询案)的截止日期、其他需要由主席团第一次会议决定的事项。有的地方还规定了主席团的常务主席人数占比、总体人员构成等。海口规定,主席团第一次会议还决定新闻发言人。[1]

(三)会议的主持、出席和列席

根据《地方组织法》,市级人大会议由主席团主持。[2] 各地都有与此相同的规定。

市级人大举行会议时,市级人大代表应当出席,因病或者其他特殊原因不能出席的必须请假;会议有 2/3 以上的代表出席,始得举行。此外,一些地方还有关于请假和缺席的具体规定。(1)在请假程序方面,很多地方规定,不能出席的,会前应当向市级人大常委会请假,会议期间应当向代表团请假并由代表团报告秘书处(有的为向秘书处请假)。(2)在缺席监督方面,很多地方规定,代表未经批准两次不出席人大会议的,其代表资格终止。有的地方规定,代表团应当对市人大代表出席市人大会议的情况进行监督;大会秘书处应当向主席团报告代表出席会议的情况和缺席的原因(并在一定范围内予以通报)。

根据《地方组织法》,市级人民政府组成人员、人民法院院长、人民检察院检察长,列席市级人大会议;市级其他有关机关、团体负责人,经市级人大常委会决定,可以列席市级人大会议;省、自治区、直辖市、自治州、设

[1] 参见《海口市人民代表大会议事规则》第 13 条第 1 款。
[2] 参见《地方组织法》第 13 条第 3 款。

区的市的人大代表,可以列席原选举单位的人大会议。[1] 大部分地方都有与此基本相同的规定,部分地方对列席人员的范围和决定有不同规定。(1)对于应当列席会议的人员,有的地方规定还包括市监察委员会主任,湛江规定还包括市中级人民法院正副院长、市人民检察院正副检察长不是代表的,应列席代表大会会议;广州、青岛、厦门等地方规定还包括海事法院院长不是代表的,应列席代表大会会议;厦门规定还包括市人大选出的或市人大常委会补选的省人大代表;[2] 个别地方规定由市人大常委会决定。(2)对于可以列席会议的人员,部分地方进行了细化,不少地方规定还包括(在本市、州的)全国人大代表,南平规定还可以由主席团决定相关人员是否可以列席市人大会议。[3]

此外,一些地方还对列席人员的请假和缺席、权利作出规定。(1)在列席人员的请假和缺席方面,部分地方规定,列席人员应当按时列席会议,因病或者其他原因不能列席的必须请假。有的地方进一步规定,不能列席的,会前应当向市级人大常委会请假,会议期间应当向代表团请假并由代表团报告秘书处(有的为向秘书处请假)。另外,朔州规定,大会秘书处负责考勤并向主席团报告列席人员列席会议的情况和缺席的原因,在一定范围内予以通报;包头规定,列席人员未经批准不列席代表大会的,由常委会通报批评。[4] (2)在列席人员的权利方面,有的地方规定,列席会议的人员有发言权,没有表决权。

---

〔1〕 参见《地方组织法》第 17 条、第 37 条第 2 款。

〔2〕 参见《湛江市人民代表大会议事规则》(2004 年 4 月 9 日湛江市第十一届人大第二次会议第三次全体会议通过)第 18 条;《广州市人民代表大会议事规则》(1989 年 3 月 18 日广州市第九届人大第二次会议通过,1999 年 3 月 30 日修正)第 14 条第 1 款;《青岛市人民代表大会议事规则》(1990 年 3 月 17 日青岛市第十届人大第三次会议通过,1996 年 3 月 29 日修正,2013 年 1 月 12 日修订)第 19 条;《厦门市人民代表大会议事规则》(1995 年 3 月 3 日厦门市第十届人大第三次会议通过,1997 年 11 月 11 日第一次修正,2001 年 2 月 24 日第二次修正,2005 年 2 月 26 日第三次修正,2007 年 12 月 7 日第四次修正)第 18 条。

〔3〕 参见《南平市人民代表大会议事规则》(2006 年 2 月 18 日南平市第二届人大第七次会议通过)第 16 条。

〔4〕 参见《朔州市人民代表大会议事规则》第 24 条第 3 款;《包头市人民代表大会议事规则》(2004 年 3 月 25 日包头市第十二届人大第二次会议通过)第 17 条第 3 款。

(四)会议的举行

市级人大举行会议时,主席团(会议)、代表团(会议)、代表团团长会议、专题会议、大会全体会议、秘书处等机构或会议形式各自发挥着作用,秘密会议可以在必要时举行。有的地方没有规定代表团团长会议、专题会议、大会全体会议、秘密会议等个别内容,有的地方还规定了代表视察、主席团会议法定人数、秘书处设立工作机构等内容。总体来看,这与省级人大的规定大部分相同。

1. 主席团会议由主席团常务主席召集并主持,其第一次会议由市级人大常委会主任召集;主席团的决定,由主席团全体成员的过半数通过;主席团常务主席可以对属于主席团职权范围内的事项向主席团提出建议,并可以对会议日程安排作必要的调整。另外,很多地方规定,主席团会议有2/3以上主席团成员出席,始得举行。丽水规定,会议期间,主席团可以根据议题需要,组织市人大代表对有关工作进行视察。[1]

2. 代表团以代表团全体会议、代表小组会议的形式,审议议案和有关报告;以代表团名义提出的议案、质询案,由代表团全体代表的过半数通过。唐山规定,审议议案和有关报告,必要时可以组织大会全体会议或部分代表进行专题审议。[2]

3. 大部分地方规定,主席团常务主席可以召开代表团团长会议,就议案和有关报告的重大问题听取各代表团的审议意见,进行讨论,并将讨论的情况和意见向主席团报告。多数地方规定,主席团常务主席可以就重大的专门性问题,召集代表团推选的有关代表进行讨论(专题审议);根据需要,可以通知有关部门负责人参加会议,汇报情况,回答问题;会议讨论的情况和意见应当向主席团报告。此外,昆明规定,主席团常务主席就重大的专门性问题,也可以召开有关代表团联席会议进行讨论;海东规定,

[1] 参见《丽水市人民代表大会议事规则》(2002年3月5日丽水市第一届人大第二次会议通过,2012年11月28日修订)第20条。

[2] 参见《唐山市人民代表大会议事规则》(1992年3月26日唐山市第九届人大第五次会议通过,1998年4月23日修正)第17条。

主席团常务主席可以就某些重大的专门性问题，委托有关专门委员会组织讨论，有关专门委员会应当将讨论情况和意见报告主席团。[1] 青岛规定，市人大会议期间，可以组织举行专题审议会议；专题审议会议议题由有关专门委员会在大会举行前商市人民政府有关部门和市中级人民法院、市人民检察院后提出建议，经主任会议通过，列入大会日程草案。[2]

4. 不少地方规定，主席团可以召开大会全体会议进行大会发言，就议案和有关报告发表意见；其中，有的地方规定在主席团认为必要时可以进行，南宁规定在主席团认为必要或者经代表团提议、主席团同意时可以进行。[3]

5. 秘书处在秘书长领导下，办理主席团交付的事项和处理会议日常事务工作。不少地方规定，秘书处可设立若干工作机构（工作组、会务组），在秘书处领导下负责办理会议的各项具体事务。

6. 市级人大会议公开举行。部分地方规定，在必要的时候，（经主席团征各代表团的意见后），由主席团会议（有的为大会全体会议）决定，可以举行秘密会议（不公开举行）。

（五）其他制度

在会议的公开方面，大会全体会议（可以）设旁听席，旁听办法由常委会（有的为由主席团）另行规定；有的地方还具体规定了旁听人员的申请、邀请、意见建议提出、旁听纪律等内容。会议（可以）举行新闻发布会、记者招待会；有的地方还规定，经大会秘书处同意，新闻单位可以对会议进行采访报道；贵阳更详细地规定，市人大会议应当采取新闻通报、授权发布、散发新闻稿、举行新闻发布会、新闻通报会、记者招待会、网络发布等形式发布会议新闻。[4]

---

〔1〕 参见《昆明市人民代表大会议事规则》（1989 年 7 月 6 日昆明市第八届人大第五次会议通过，2002 年 3 月 23 日修正）第 16 条第 2 款；《海东市人民代表大会议事规则》（2013 年 7 月 11 日海东市第一届人大第一次会议通过）第 16 条第 3 款。

〔2〕 参见《青岛市人民代表大会议事规则》第 15 条。

〔3〕 参见《南宁市人民代表大会议事规则》（2005 年 2 月 1 日南宁市第十一届人大第九次会议通过，2013 年 2 月 22 日修订，2019 年 12 月 31 日修改）第 19 条第 2 款。

〔4〕 参见《贵阳市人民代表大会议事规则》第 18 条第 2 款。

在少数民族的语言文字及翻译方面，呼和浩特、包头规定，市人大举行会议和印发文件，通用蒙古语言文字和汉语言文字。另外，呼和浩特还规定，蒙古族和其他少数民族代表有权使用本民族语言文字，对不通晓会议通用语言文字的代表应当给予翻译；包头还规定，对用蒙古语言和其他少数民族语言发言的，要进行翻译。[1] 延边规定，州人大会议举行大会时，同时使用朝、汉两种语言，大会秘书处应当安排翻译人员；会议的所有文件均使用朝、汉两种文字。[2] 昆明规定，市人大举行会议的时候，少数民族代表使用本民族的文字和语言，同使用汉文、汉语具有同等效力。[3] 拉萨规定，市人大举行会议时，同时使用藏语言文字和国家通用语言文字或者其中一种语言文字；日喀则规定，市人大举行会议时，应当同时使用国家通用语言文字和藏语言文字。[4] 乌鲁木齐规定，市人大会议使用维吾尔、汉两种语言。[5]

在会期的调整方面，个别地方规定，主席团认为必要，可以决定会议的会期适当缩短或者延长；延边规定，主席团认为必要，或者 1/5 以上的代表提议，经大会全体会议表决通过，会议的会期可以缩短或者延长。[6]

二、议案的运行

（一）一般议案

市级人大的议案提出，其规定与省级人大的基本相同，其主要部分也包括国家机关议案和代表议案的提出主体、提出要求、初步处理等方面。有的地方在议案提出的各方面有不尽相同的规定，有的地方还规定了议

---

〔1〕 参见《呼和浩特市人民代表大会议事规则》（1990 年 3 月 30 日呼和浩特市第九届人大第二次会议通过，1999 年 7 月 31 第一次修正，2010 年 12 月 2 日第二次修正）第 19 条；《包头市人民代表大会议事规则》第 20 条。

〔2〕 参见《延边朝鲜族自治州人民代表大会议事规则》（2002 年 12 月 16 日延边朝鲜族自治州第十二届人大第一次会议通过）第 20 条。

〔3〕 参见《昆明市人民代表大会议事规则》第 22 条。

〔4〕 参见《拉萨市人民代表大会议事规则》第 3 条；《日喀则市人民代表大会议事规则》（2018 年 1 月 16 日日喀则市第一届人大第五次会议通过）第 4 条。

〔5〕 参见《乌鲁木齐市人民代表大会议事规则》第 55 条。

〔6〕 参见《延边朝鲜族自治州人民代表大会议事规则》第 16 条。

案审议结果复议、提出修正案的制度。

关于国家机关议案的提出，根据《地方组织法》，市级人大主席团、常委会、各专门委员会、市级人民政府，可以向市级人大提出属于市级人大职权范围内的议案，由主席团决定提交人大会议审议，或者并交有关专门委员会审议并提出报告，再由主席团审议决定提交大会表决。[1] 各地都有与此大体相同的规定。另外，部分地方规定，市级人民法院、市级人民检察院也可以向市级人大提出议案；汕尾规定，各工作委员会也可以向市级人大提出议案。[2] 不少地方规定，上述议案提出后由主席团决定列入会议议程；而三亚规定，上述议案提出后由主席团决定是否列入会议议程（不一定列入会议议程）。[3] 部分地方规定，议案还可以交议案审查委员会（或者计划和预算审查委员会）审查并提出报告，再由主席团决定提请大会全体会议表决；唐山规定的审查主体还包括审判检察工作审查委员会。[4]

关于代表议案的提出，根据《地方组织法》，市级人大代表 10 人以上联名，可以向市级人大提出属于市级人大职权范围内的议案，由主席团决定是否列入大会议程，或者先交有关专门委员会审议并提出是否列入大会议程的意见，再由主席团决定是否列入大会议程。[5] 各地都有与此大体相同的规定。另外，部分地方规定，（1 个）代表团也可以向市级人大提出议案；议案还可以交议案审查委员会（有的为秘书处）审查并提出是否列入大会议程的意见，再由主席团决定是否列入大会议程；主席团将通过的关于议案处理意见的报告印发会议。有的地方规定，代表提出议案应当有领衔人。贵阳还规定，代表联名提出议案，领衔代表应当向参加联名附议的代表分别提供议案文本，附议人审阅同意后签名附议；有条件集体

---

〔1〕 参见《地方组织法》第 18 条第 1 款。

〔2〕 参见《汕尾市人民代表大会议事规则》（2000 年 4 月 10 日汕尾市第三届人大第二次会议通过）第 18 条第 1 款。

〔3〕 参见《三亚市人民代表大会议事规则》第 20 条第 1 款。

〔4〕 参见《唐山市人民代表大会议事规则》第 18 条第 1 款。

〔5〕 参见《地方组织法》第 18 条第 2 款。

讨论的,应经集体讨论,取得一致意见后,再签名提出。[1]

不少地方规定,议案(有的仅指代表议案,有的还包括国家机关议案)可以在市级人大会议举行前提出,会议期间应当在规定的截止时间前提出。部分地方规定,议案应当写明案由、案据和方案;有的地方进一步规定了采用书面形式、一事一案等要求。

对于不列入会议议程的议案,有的地方规定交市人大常委会(或者有关专门委员会)在闭会后审议,由有关专门委员会在大会闭会期间审议并向常委会提出报告,再由常委会审议并将审议结果向下次大会报告;有的地方规定将其作为代表建议、批评和意见处理;有的地方规定(由主席团)交市人大常委会审议或将其作为代表建议、批评和意见处理。此外,有的地方规定,主席团决定不作为议案处理的(代表提出的)议案,将作为建议、批评和意见处理;代表议案(有的不包括代表团议案),内容不属于大会职权范围(或不具备议案条件)的,或在代表议案截止时间后提出的,由主席团决定作为建议、批评和意见处理。南宁还规定,对不符合议案基本要求的代表议案,可以建议提案人进行修改、完善,或者将议案改作建议、批评和意见提出。[2]

关于议案审议结果复议,有的地方规定,提案人对主席团通过的议案审查委员会的报告有异议的,可向主席团书面提出复议要求,由主席团复议或由常委会在大会闭会后第一次会议上复议,作出相应的决定,并将复议决定答复提案人。

关于提出修正案,部分地方规定,市级人大代表10人以上联名,在大会表决前的特定时间前,可以对列入会议议程的议案或者准备交付大会表决的决议、决定草案提出书面修正案,由主席团决定(是否)提交审议和表决,或者先交有关专门委员会(或工作机构)审议(审查)并提出意见,再决定(是否)提交审议和表决。除了代表联名可以提出以外,汉中规定市人大主席团、常委会、市人民政府、市中级人民法院、市人民检察院也可

---

〔1〕 参见《贵阳市人民代表大会议事规则》第20条。
〔2〕 参见《南宁市人民代表大会议事规则》第30条第2款。

以提出。[1]

市级人大的议案审议,其规定与省级人大的大体相同,也包括提供有关资料、听取关于议案的说明、审议讨论等方面;列入会议议程的议案,除了交付表决外,还有撤回、授权常委会处理的处理方式。

议案列入会议议程后,提案人和有关专门委员会、常委会工作部门应当提供有关的资料;提案人应当向会议提出关于议案的说明;议案由各代表团进行审议,主席团可以并交有关专门委员会(或议案审查委员会、预算审查委员会)进行审议并提出报告,由主席团审议决定(是否)提请大会全体会议表决。部分地方规定,专门委员会(或议案审查委员会、预算审查委员会)审议议案(和有关报告)涉及专门性问题的时候,可以邀请有关方面的代表和专家列席会议,发表意见。

列入会议议程的议案,在交付大会表决前,提案人要求撤回的,经主席团同意,会议对该议案的审议即行终止;有的地方规定提案人还应当说明理由。列入会议议程的议案,在审议中(较多数代表认为)有重大问题需要进一步研究的,经主席团提出,由大会全体会议决定,可以授权市级人大常委会审议决定,并报市级人大下次会议备案或者提请市级人大下次会议审议。

市级人大的议案表决,其规定与省级人大的基本相同,也包括表决不受法律追究、表决通过比例、表决结果宣布、表决方式等方面。有的地方有不同的表决方式规定,在表决有效人数、表决顺序、表决内容等方面细化了要求,还规定了重大不同意见议案不直接交付表决的一些处理方式。

市级人大代表在人大会议上的表决,不受法律追究;市级人大全体会议表决议案(和决议、决定草案),由全体代表的过半数通过;表决结果由会议主持人当场宣布;议案的表决一般由主席团决定采用投票方式、举手方式、按表决器或者其他方式。另外,关于表决方式,有的地方有较不一样的规定。丽水规定,表决一般采用举手或按电子表决器方式,必要时主

---

〔1〕 参见《汉中市人民代表大会议事规则》(1997 年 2 月 28 日汉中市第一届人大第二次会议通过)第 19 条。

席团可以根据较多数市人大代表意见,决定采用无记名投票方式;洛阳规定,表决一般采用举手表决方式,需要采用其他表决方式时由主席团决定;三亚规定,表决原则上采取按表决器方式进行,如遇特殊情况,由主席团决定采取举手、投票或者其他方式进行。[1] 关于表决有效人数,有的地方规定,表决议案、决议、决定,需有全体代表的过半数参加方为有效。关于表决顺序,有的地方规定,有修正案的,先表决修正案。关于表决内容,有的地方规定,代表表决时,可以表示赞成或反对,也可以弃权。

关于重大不同意见议案不直接交付表决的处理方式,有的地方规定,议案在交付大会表决前有重大不同意见的,经1/5以上的代表提议,主席团可以决定,由大会全体会议就该项议案是否交付本次会议表决的问题进行表决。有的地方规定,代表在审议中对议案和决议、决定草案有重要不同意见的,经主席团提出,由出席会议的代表过半数同意,可以暂不交付表决;其中,乌鲁木齐还规定,较多的代表对提请表决的议案、决议、决定草案中的部分条款有不同意见的,经主席团决定,可以将部分条款分别付诸大会全体会议表决。[2]

(二)地方法规案

根据《立法法》的规定,设区的市享有地方立法权。[3] 地方性法规案在提出内容和程序上有特别规定,列入会议议程后由有关专门委员会(法制委员会等)根据有关审议意见统一审议并提出报告和草案修改稿。另外,对于自治条例和单行条例案的特殊议事程序,各地几乎都没有规定。总体来看,市级人大地方性法规案的特殊议事程序规定,与省级人大的基

[1] 参见《丽水市人民代表大会议事规则》第67条第1款;《洛阳市人民代表大会议事规则》(1996年4月5日洛阳市第十届人大第三次会议通过,2006年3月20日修订)第64条第2款、第3款;《三亚市人民代表大会议事规则》第55条第1款。

[2] 参见《乌鲁木齐市人民代表大会议事规则》第52条第2款。

[3] 参见《立法法》第72条第2款的规定,即设区的市的人民代表大会及其常务委员会根据本市的具体情况和实际需要,在不同宪法、法律、行政法规和本省、自治区的地方性法规相抵触的前提下,可以对城乡建设与管理、环境保护、历史文化保护等方面的事项制定地方性法规,法律对设区的市制定地方性法规的事项另有规定的,从其规定。设区的市的地方性法规须报省、自治区的人民代表大会常务委员会批准后施行。

本相同。

根据《立法法》,地方性法规案、自治条例和单行条例案的提出、审议和表决程序,根据《地方组织法》并参照《立法法》相关规定,由本级人大规定;地方性法规草案由负责统一审议的机构提出审议结果的报告和草案修改稿;设区的市、自治州的人大及其常委会制定的地方性法规报经批准后,由设区的市、自治州的人大常委会发布公告予以公布;自治州自治条例和单行条例报经批准后,由自治州人大常委会发布公告予以公布。[1] 很多地方在议事规则中直接规定了地方性法规案等的特殊议事程序,部分地方只规定地方性法规案等的提出、审议、表决适用相关法律和相应地方立法条例的规定。以下是对各地议事规则中的直接规定的整理。

在地方性法规案的提出阶段,部分地方规定,提出的地方性法规案应当附有地方性法规草案及说明,提出的地方性法规修正案应当附有该地方法规和修正草案及说明;有的地方规定,代表提出的地方性法规案可以不附相应的草案,但应该说明需要规范的主要内容和法律根据、宗旨;有的地方规定,提出制定、修改或废止地方性法规的议案,应提出制定、修改法规的主要内容或废止法规的理由。对准备提请市人大会议审议的地方性法规草案,石家庄规定市人大常委会会议应当进行初步审议,朔州规定应当经常委会会议两次审议。[2] 有的地方规定,市级人大会议举行前,常委会可以公布准备提请大会审议的(重要)地方性法规草案,广泛征求意见,并将意见整理印发会议。

在地方性法规案的审议阶段,不少地方规定,列入会议议程的地方性法规案,在大会全体会议听取提案人的说明后,由各代表团审议(并由有关专门委员会审议);有关专门委员会(大多为法制委员会,有的为法案审查委员会)根据各代表团(和其他有关专门委员会,有的还有常委会办事

---

〔1〕 参见《立法法》第77条,第78条第3款、第4款。

〔2〕 参见《石家庄市人民代表大会议事规则》第8条第2款;《朔州市人民代表大会议事规则》第31条第1款。

机构)的审议意见,对地方性法规案进行统一审议,向主席团提出审议结果的报告和地方性法规草案修改稿;对重要的不同意见应当在审议结果报告中予以说明,经主席团审议通过后印发会议;地方性法规草案修改稿(表决稿)由主席团决定(是否)提请大会全体会议表决。乌鲁木齐则规定,大会全体会议听取关于该地方性法规案的说明后,由各代表团审议,主席团决定提请大会全体会议表决;或者交由秘书处根据各代表团的意见进行研究,向主席团提出报告和草案修改稿,经主席团审议通过后,提请大会全体会议表决。[1]

在地方性法规通过后,不少地方规定,市级人大会议通过的地方性法规报省级人大常委会批准后公布施行。

(三)代表建议

市级人大代表建议的处理规定,与省级人大的大体相同。

根据《地方组织法》,市级人大代表向市级人大及其常委会提出的对各方面工作的建议、批评和意见,由市级人大常委会办事机构交有关机关和组织研究处理并负责答复。[2] 很多地方都有与此基本相同的规定;不少地方规定,代表建议由大会秘书处交由有关机关和组织研究处理。大部分地方还规定,有关机关和组织负责在大会闭会之日(或交办之日)起3个月内予以答复,至迟不超过6个月;代表对答复不满意的,可以提出意见,由市级人大常委会办事机构(或有关工作机构)交由有关机关、组织(或者其上级机关、组织)再作研究处理,并负责(限期)答复。另外,对于有关机关和组织予以答复的期限,呼和浩特规定在大会闭会之日起2个月内,至迟不超过4个月;[3]有的地方不设宽限期,规定在大会闭会之日(或交办之日)起3个月内或6个月内;不少地方规定在会议期间或大会闭会之日起若干月内。有的地方没有规定代表对答复不满意的处理程序。

---

〔1〕 参见《乌鲁木齐市人民代表大会议事规则》第19条第2款。
〔2〕 参见《地方组织法》第19条第1款。
〔3〕 参见《呼和浩特市人民代表大会议事规则》第28条第1款。

关于代表建议的处理程序，部分地方还有其他不同的或补充的规定。石家庄规定，有关机关和部门负责人应当到会研究、处理和答复；能够在会议期间办理的，应当在会议期间办理，并负责答复代表，不能在会议期间办理的，会后由市人大常委会办事机构交有关机关和组织继续研究、处理和答复，并进行督促检查；承办机关和组织在收到市人大代表的建议、批评和意见后，应当明确负责人和指定专人办理；临时召开的市人大会议期间提出的建议、批评和意见，须在会后抓紧办理，并负责答复代表。[1] 成都、长春规定，代表对所提建议、批评和意见的答复有异议，要求重新办理的，应当提出理由。成都市规定由常委会办事厅（长春市规定有关专门委员会）交承办单位重新办理，并在1个月内负责答复代表。[2] 丽水规定，市人大代表向市人大提出的对于各方面工作的建议、批评和意见，由市人大常委会工作机构会同市人民政府办公室及时交有关机关、组织办理；市人大常委会可就市人大代表建议、批评和意见的办理工作作出规定。[3] 内江规定，在闭会期间，市人大代表参加原选举单位开展的活动，市人大常委会人事代表工作委员会负责收集代表活动中提出的建议、批评和意见，交有关机关和组织研究处理；代表的建议、批评和意见需要两个以上的部门会办的，分别由市人大常委会人事代表工作委员会或市人民政府办公室协调，确定主办单位，由主办单位负责答复代表。[4] 日喀则规定，市人大常委会根据需要，可以组织市人大各专门委员会或者市人大常委会办事机构从代表提出的建议、批评和意见中，选择一定数量多年提出未能解决或者涉及全局、影响重大的事项进行督办。[5] 有的地方还规定，市级人大常委会代表工作机构（或有关专门委员会）负责督促检查有关机关和组织对代表建议、批评和意见的办理；市级人民政府、市级人

---

〔1〕 参见《石家庄市人民代表大会议事规则》第62条。

〔2〕 参见《成都市人民代表大会议事规则》(1990年4月21日成都市第十一届人大第三次会议通过，2006年2月18日修正)第29条；《长春市人民代表大会议事规则》第29条。

〔3〕 参见《丽水市人民代表大会议事规则》第33条第1款。

〔4〕 参见《内江市人民代表大会议事规则》(1992年4月3日内江市第二届人大第三次会议审议通过，2001年2月27日第一次修正，2019年3月2日第二次修正)第32条、第33条。

〔5〕 参见《日喀则市人民代表大会议事规则》第32条第3款。

民法院、市级人民检察院（和市级人大有关专门委员会、常委会有关工作机构），应当向市级人大常委会提出代表建议、批评和意见办理情况的报告；代表建议、批评和意见的办理情况，由常委会向大会下次会议作出书面报告。

此外，有的地方规定，代表建议按照另行制定的代表建议、批评和意见办理工作规定处理。[1]

三、其他动议的运行

（一）工作报告

市级人大审议本级国家机关工作报告的程序，与省级人大的大体相同。

市级人大每年举行会议的时候，市级人大常委会、市级人民政府、市级人民法院、市级人民检察院向会议提出的工作报告，经各代表团审议后，会议可以作出相应的决议；也有很多地方规定，会议应当作出相应的决议。另外，在工作报告的具体提出要求方面，有的地方规定，工作报告

---

〔1〕 相关具体规定如："市人民代表大会代表向大会提出的建议、批评和意见，以及经主席团决定作为建议、批评和意见处理的代表提出的议案，由市人民代表大会常务委员会办事机构在大会闭会后的二十天内交有关机关和组织，参照《福建省人民代表大会代表建议、批评和意见办理工作规定》研究办理并负责答复。"（《三明市人民代表大会议事规则》第24条）

"代表向市人民代表大会提出的对各方面工作的建议、批评和意见，按照《湖北省各级人民代表大会代表建议、批评和意见办理工作的规定》办理。"（《咸宁市人民代表大会议事规则》第25条第2款）

"代表个人或者联名可以向市人民代表大会提出对各方面工作的建议、批评和意见。代表提出的建议、批评和意见，以及未列入大会和常务委员会会议、交有关机关和组织研究处理的议案，按照《珠海市人民代表大会代表建议、批评和意见办理规定》办理。"（《珠海市人民代表大会议事规则》第32条）

"会议期间提出的议案，经主席团决定不作为议案处理的，或者在会议规定的议案截止时间之后提出的，作为代表建议、批评和意见处理。代表建议、批评和意见的办理，按照《海口市人民代表大会代表建议、批评和意见办理规定》执行。"（《海口市人民代表大会议事规则》第25条）

"代表建议、批评和意见的办理，按照《三亚市人大常委会关于人大代表建议、批评和意见办理的规定》执行。"（《三亚市人民代表大会议事规则》第27条）

"市人民代表大会会议期间，市人民代表大会代表可以对本市各方面的工作提出建议、批评和意见，由大会秘书处按照《贵阳市人民代表大会代表建议、批评和意见办理办法》的规定，交有关机关和组织处理。"（《贵阳市人民代表大会议事规则》第55条）

的内容应当包括对市人大上一次会议有关决议的贯彻执行情况;有的地方规定,工作报告应当包括市人大上次会议以来的主要工作情况和今后的工作安排,在每届市人大第一次会议上提出的工作报告应当对上届工作进行总结,并对下届工作提出建议。温州规定,必要时,市人大常委会、市人民政府、市中级人民法院、市人民检察院应当向会议提出有关专题报告。[1] 有的地方还规定,根据需要,报告机关应当向会议提供相关资料。

在工作报告的具体审议程序方面,有的地方规定,必要时,主席团可以决定召开大会全体会议进行审议,(对报告中重要和专门性的问题)可以组织有关代表进行专题审议;洛阳规定还可以组织联团会议审议。[2] 石家庄规定,对于代表意见比较集中的问题,报告机关和有关部门的负责人应当在大会全体会议上予以答复。[3] 工作报告经各代表团审议后,有的地方规定有关机关要根据代表的意见进行修改,有的地方规定由主席团决定作必要的修改。

在相应决议草案的提出和审议程序方面,一些地方有不尽相同的规定。有的地方规定,主席团根据各代表团的审查意见,对各项工作报告提出相应的决议草案,提交大会全体会议表决。部分地方规定,大会秘书处(受主席团的委托)提出关于工作报告的决议草案,经主席团审议通过后,印发代表,并提请大会全体会议表决。有的地方规定,大会秘书处根据各代表团的审查意见,向主席团提出工作报告的修改意见和相应的决议草案,经主席团决定将修改后的工作报告和相应的决议草案印发会议,并将工作报告决议草案提交大会全体会议表决。昆明更详细地规定,报告机关和大会秘书处根据代表的审查意见,应当分别向主席团提出工作报告修改稿和相应的决议草案;经主席团决定,将工作报告修改稿和相应的决

---

〔1〕 参见《温州市人民代表大会议事规则》(2003 年 5 月 14 日温州市第十届人大第一次会议通过,2017 年 4 月 21 日修订)第 30 条第 1 款。

〔2〕 参见《洛阳市人民代表大会议事规则》第 35 条第 1 款。

〔3〕 参见《石家庄市人民代表大会议事规则》第 37 条第 3 款。

议草案交各代表团审查和审议;报告机关和大会秘书处根据代表的审查和审议意见,再次向主席团提出工作报告修改稿和相应的决议草案,经主席团审议通过后,将修改后的工作报告和相应的决议草案印发会议,并由主席团将相应的决议草案提交大会全体会议表决。[1] 南昌规定,有关专门委员会和会议工作机构根据代表团的审议意见,向主席团提出工作报告的审查意见和相应的决议草案,由主席团决定提交代表团审议,并将通过后的决议草案提交大会全体会议表决。[2]

此外,部分地方还规定了工作报告未获批准的处理程序。有的地方规定,向大会提交的工作报告未获得批准的,提出该报告的机关应当进行整改,并将整改情况报告下次大会会议,或者根据大会的授权,报告常委会会议;其中,个别地方进一步规定,整改情况的报告仍未获得批准的,提出该报告的机关的主要负责人应当辞职。有的地方规定,工作报告未获得批准的,可以由报告机关修改后,由主席团再次提请大会表决,或者授权常委会听取和审议并作出相应的决议,常委会应当将审议情况向下次大会报告。有的地方规定,工作报告未被批准的,由主席团研究决定处理办法,或由大会主席团提出处理意见,提请大会决定。昆明规定,工作报告在本次大会全体会议表决中未能通过的,经大会全体会议决定,可以在本次会议闭会半年后再次召集市人大会议予以审查。[3]

(二)计划报告和预算报告

市级人大审查计划报告和预算报告的程序,与省级人大的大部分相同。计划报告和预算报告在市级人大会议举行前由有关专门委员会(或常委会有关工作委员会等)初步审查,在市级人大会议举行时由代表团和有关专门委员会审查,并由财政经济委员会(或计划和预算审查委员会等)提出报告,经主席团提出的相应决议草案经大会表决通过而批准。部分地方在初步审查的时间、主体、程序,审查的主体,相应决议草案的提出

---

〔1〕 参见《昆明市人民代表大会议事规则》第34条第2款。
〔2〕 参见《南昌市人民代表大会议事规则》第33条。
〔3〕 参见《昆明市人民代表大会议事规则》第35条。

和审议程序等方面，有不同规定或更详细的规定；有的地方还规定了预算草案的修正案、重大调整制度，计划报告和预算报告未获批准的处理程序，市级人大对不适当决议、决定、命令的处理权等。

在计划报告和预算报告的提出和初步审查阶段，根据《预算法》，市级政府财政部门应当在市级人大会议举行的30日前，将市级预算草案的初步方案提交市级人大有关专门委员会进行初步审查，或者送交市级人大常委会有关工作机构征求意见。[1] 大部分地方规定，市级人大会议举行的1个月前，市级人民政府有关主管部门应当就本市（州）国民经济和社会发展计划及计划执行情况、本市（州）预算及预算执行情况的主要内容，向市级人大财政经济委员会（和有关专门委员会）汇报，由财政经济委员会（和有关专门委员会）进行初步审查。另外，（1）在初步审查的时间方面，有的地方规定是市人大会议举行的30日前、20日前、10日前、1个半月前、45日前等，个别地方仅规定是市人大会议举行前。（2）在初步审查的主体方面，有的地方规定是专门委员会或常委会（主任会议授权的）工作委员会，有的地方规定是常委会有关工作机构（财政经济工作委员会），有的地方规定是常委会或其有关工作机构，有的地方规定是常委会或主任会议。（3）在初步审查的程序方面，有的地方规定，财政经济委员会（和其他有关专门委员会）提出的初步审查意见，交市级人民政府及其有关部门研究处理；内江还规定，审查结果和计划、财政部门的回复情况一并印发常委会组成人员并提交常委会主任会议审议，有关专门工作机构根据主任会议审议意见形成审查报告（意见）提交市人大审议。[2]

在计划报告和预算报告的审查阶段，很多地方规定，市级人民政府应当向会议提出关于本市（州）国民经济和社会发展计划及计划执行情况的报告、关于本市（州）预算及预算执行情况的报告，并将国民经济和社会发展计划主要指标草案、预算收支表草案和预算执行情况表草案一并印发会议，由各代表团进行审查，并由有关专门委员会审查；财政经济委员会

---

〔1〕 参见《预算法》第44条第3款。
〔2〕 参见《内江市人民代表大会议事规则》第37条第2款。

(或计划和预算审查委员会、计划预算委员会、财政经济审查委员会、预算审查委员会、常委会有关工作机构)根据各代表团(和其他有关专门委员会)的审查意见,对关于本市(州)国民经济和社会发展计划及计划执行情况的报告、关于本市(州)预算及预算执行情况的报告进行审查,向主席团提出审查结果报告,主席团审议通过后,印发会议,并将关于本市(州)国民经济和社会发展计划的决议草案、关于本市(州)预算和预算执行情况的决议草案提请大会全体会议表决。有的地方对此的规定相对简略。另外,在相应决议草案的提出和审议程序方面,有的地方规定,主席团将相应决议草案交各代表团审议后,提请大会全体会议表决;有的地方规定,受主席团委托,大会秘书处根据各代表团的审议意见和财政经济委员会(或计划和预算审查委员会等)的审查结果,提出关于本市(州)国民经济和社会发展计划的决议草案、关于本市(州)预算的决议草案,经主席团会议通过后提交各代表团审议,并提请大会全体会议表决。此外,石家庄规定,审议相关报告时,代表10人以上联名,可以提出对市国民经济和社会发展计划草案、市本级预算草案的修正案,由财政经济委员会或者计划预算审查委员会进行审查并提出报告,再由主席团决定是否提交大会全体会议表决;提交大会全体会议表决的修正案通过后,有关报告机关要按照修正案的要求对报告进行修改,并将修改后的报告印发各代表团。[1]延边规定,在审议中,代表团对全州国民经济和社会发展计划、全州财政预算提出重大调整意见时,州人大可以授权州人大常委会审查批准州人民政府根据代表审议意见重新调整的计划或预算。[2]

在计划报告和预算报告经市级人大批准后,不少地方规定,本市(州)国民经济和社会发展计划、本市(州)预算在执行过程中必须作部分调整的,市级人民政府应当将调整方案提请市级人大常委会审查和批准。

此外,有的地方规定的计划报告还包括五年规划草案、中长期规划草案,部分地方还规定了计划报告和预算报告未获批准的处理程序,还有市

---

〔1〕 参见《石家庄市人民代表大会议事规则》第41条。

〔2〕 参见《延边朝鲜族自治州人民代表大会议事规则》第35条第3款。

级人大对不适当决议、决定、命令的处理权。有的地方规定，计划和预算报告在市人大会议上未获得批准的，经主席团决定，责成报告机关限期整改，授权市人大常委会会后审议报告机关整改后的计划和预算报告，作出相应的决议，向下一次市人大会议报告。唐山规定，市国民经济和社会发展计划、预算未获得市人大批准的，市人民政府应当按照市人大的决议和意见进行修改；市人大可以授权其常委会审查和批准，并作出决议。[1]有的地方规定，计划报告和预算报告未获大会表决通过的，由主席团研究决定处理办法。有的地方规定，市人大可以改变或者撤销其常委会关于国民经济和社会发展计划、预算、决算的不适当的决议、决定，撤销本级政府关于国民经济和社会发展计划、预算、决算的不适当的决定和命令。

(三)选举、任免、罢免、接受辞职

对于市级人大人事任免案的特殊议事程序，《地方组织法》和《选举法》进行了详细规定，各地的规定大多以法律的规定为基础并有部分参差；其中个别地方规定，这些人事任免程序适用相关法律(和相关具体办法)的规定。总体来看，市级人大人事任免的规定与省级人大的大部分相同。

1. 选举、任免

选举案有特别的提名和推荐要求，根据候选人差额数情况交付选举或经预选后交付选举，还有特别的投票程序要求；任免案也有特别的提名要求。其中，对于市级国家机关领导人员与省级人大代表的酝酿和投票程序，大部分地方都合并规定不作区分，各地对选举的规定详略差异较大。

在选举案、任免案的提出阶段，根据《地方组织法》，市级人大常委会组成人员，(设区的市)市长、副市长，州长、副州长，市级人民法院院长，市级人民检察院检察长的人选，由市级人大主席团提名或者由市级人大代表20人以上书面联合提名，不同选区或者选举单位选出的代表可以酝

[1] 参见《唐山市人民代表大会议事规则》第28条第3款。

酿、联合提出候选人；提名的候选人人数均不得超过应选名额；提名人应当如实介绍所提名的候选人的情况。[1] 各专门委员会组成人员的人选，由主席团在代表中提名。[2] 根据《选举法》，各政党、各人民团体可以联合或者单独推荐代表候选人，代表10人以上联名也可以推荐代表候选人；推荐的代表候选人的人数，均不得超过本选区或本选举单位应选代表的名额；推荐者应向大会主席团介绍代表候选人的情况，接受推荐的代表候选人应当向大会主席团如实提供个人身份、简历等基本情况；主席团应当向代表介绍代表候选人的情况，推荐者可以在代表小组会议上介绍所推荐的代表候选人的情况。[3] 对此，很多地方都有与此基本相同的规定，有的地方没有全部规定，个别地方规定按照有关法律进行提名和推荐。另外，日喀则规定，市级国家机关领导人员、各专门委员会组成人员、自治区人大代表，都由主席团提名；[4] 这与法律规定不一致。有的地方规定，不同选区或不同选举单位选出的代表可以酝酿、联合提出（市级国家机关领导人员）候选人，即代表既可以在本代表团联合提名，也可以跨代表团联合提名；（省级人大）代表候选人不限于省人大代表。很多地方规定，主席团或提名人或推荐人还应当对代表提出的问题作必要的说明。

在选举案的审议阶段，根据《地方组织法》，市级人大选举（包括另行选举和补选）上述国家机关领导人员，实行差额选举原则（此处省略具体差额数的规定）；如果提名的候选人数符合选举办法规定的差额数，由主席团提交代表酝酿、讨论后，进行选举；如果提名的候选人数超过选举办法规定的差额数，由主席团提交代表酝酿、讨论后，进行预选，根据在预选中得票多少的顺序，按照选举办法规定的差额数，确定正式候选人名单，进行选举；提名、酝酿候选人的时间不得少于两天。[5] 根据《选举法》，市级人大选举省级人大代表，实行差额选举原则（此处省略具体差额数的规

[1] 参见《地方组织法》第21条。
[2] 参见《地方组织法》第30条第2款。
[3] 参见《选举法》第29条第2款、第3款，第33条。
[4] 参见《日喀则市人民代表大会议事规则》第40条第1款。
[5] 参见《地方组织法》第22条、第24条第3款、第25条。

定）；大会主席团将依法提出的代表候选人名单及代表候选人的基本情况印发全体代表，由全体代表酝酿、讨论；如果所提代表候选人的人数符合《选举法》规定的差额比例，直接进行投票选举；如果所提代表候选人的人数超过《选举法》规定的最高差额比例，进行预选，根据预选时得票多少的顺序，按照市级人大的选举办法根据《选举法》确定的具体差额比例，确定正式代表候选人名单，进行投票选举；提名、酝酿代表候选人的时间不得少于两天。[1] 对此，有的地方有与上述法律基本相同的规定，有的地方没有全部规定，个别地方规定按照有关法律（和选举办法）进行选举。另外，广州更细致地规定，大会换届选举国家机关领导人员或者选举广东省人大代表时，从主席团将候选人名单提交代表酝酿至代表提名候选人的截止时间，不得少于48小时。[2] 部分地方规定，大会投票选举前，主席团可以（有的为应当）组织正式候选人与代表见面等活动。

在选举案的表决阶段，就市级国家机关领导人员的选举而言，根据《地方组织法》，选举采用无记名投票方式；代表对于确定的候选人，可以投赞成票，可以投反对票，可以另选其他任何代表或者选民，也可以弃权；获得过半数选票的候选人人数超过应选名额时，以得票多的当选；票数相等不能确定当选人时，应当就票数相等的人再次投票，以得票多的当选；获得过半数选票的当选人数少于应选名额时，不足的名额另行选举；另行选举时，可以根据在第一次投票时得票多少的顺序确定候选人或者另行提名、确定候选人，经市级人大决定可以在本次会议上或者在下次会议上另行选举。[3] 就省级人大代表的选举而言，根据《选举法》，选举一律采用无记名投票的方法，选举时应当设有秘密写票处；选举人对于代表候选人可以投赞成票，可以投反对票，可以另选其他任何选民，也可以弃权；代表候选人获得全体代表过半数的选票时，始得当选；获得过半数选票的代

---

〔1〕 参见《选举法》第30条、第31条第2款。

〔2〕 参见《广州市人民代表大会议事规则》（1989年3月18日广州市第九届人大第二次会议通过，1999年3月30日广州市第十一届人大第二次会议修正）第41条。

〔3〕 参见《地方组织法》第23条，第24条第1款、第2款。

表候选人的人数超过应选代表名额时,以得票多的当选;票数相等不能确定当选人时,应当就票数相等的候选人再次投票,以得票多的当选;获得过半数选票的当选代表的人数少于应选代表的名额时,不足的名额另行选举,另行选举时,根据在第一次投票时得票多少的顺序,按照《选举法》规定的差额比例,确定候选人名单;选举结果由大会主席团依法确定是否有效并予以宣布,当选代表名单由大会主席团予以公布。[1] 对此,有的地方有与上述法律基本相同的规定,大多数地方没有全部规定,个别地方规定按照有关法律(和选举办法)进行选举。另外,有的地方规定,在对市级国家机关领导人员第二次选举或另行选举的情形下,如果仍不能当选或仍选不足名额,本次会议不再进行选举。乌鲁木齐规定差额选举根据本次大会选举办法在本民族候选人中进行,还详细规定了监票、计票的具体规则。[2]

此外,部分地方规定,市级人大会议选举办法,由主席团交各代表团审议后,提请大会全体会议通过。大部分地方规定,市级人民检察院检察长的选举,经市级人大通过后,应当报省级人民检察院检察长提请省级人大常委会批准。关于市级监察委员会主任的选举,只有个别地方规定了适用与其他市级国家机关领导人员相同的选举程序。

2. 罢免

罢免案由特别的主体对特定市级国家机关组成人员或者由市级人大选出的省级人大代表提出;被提出罢免的人员可以提出申辩意见,对国家机关组成人员的罢免案可以根据调查委员会的报告再审议决定;罢免案有特别的投票程序要求。对于市级国家机关组成人员和省级人大代表的罢免程序,大部分地方都合并规定不作区分,个别地方则没有规定省级人大代表的罢免程序。另外,在罢免的对象是否还包括市级人民政府正副首长以外的其他组成人员的问题上,大部分地方的规定与《地方组织法》一致。

---

〔1〕 参见《选举法》第39条第1款、第40条、第44条第2~4款、第45条。

〔2〕 参见《乌鲁木齐市人民代表大会议事规则》第31条第8款、第34条、第35条。

在罢免案的提出阶段，就市级国家机关组成人员的罢免而言，根据《地方组织法》，在市级人大举行会议时，市级人大主席团、常委会或者1/10以上代表联名，可以提出对市级人大常委会组成人员、人民政府组成人员、人民法院院长、人民检察院检察长的罢免案，由主席团提请大会审议；罢免案应当写明罢免理由。[1] 就省级人大代表的罢免而言，根据《选举法》，在市级人大举行会议时，主席团或者1/10以上代表联名，可以提出对由市级人大选出的省级人大代表的罢免案；罢免案应当写明罢免理由。[2] 在罢免案的提出主体方面，部分地方有与此相同的规定，大部分地方则合并规定：市级人大主席团、常委会或者1/10以上代表联名，可以提出对上述市级国家机关组成人员和省级人大代表的罢免案，即常委会也可以向市级人大提出对省级人大代表的罢免案。另外，成都规定3个以上代表团也可以提出罢免案。[3] 在政府相关的罢免对象方面，大部分地方的规定与《地方组织法》一致，其余地方的规定则与《宪法》一致，即只包括本级人民政府正副首长，而不包括本级人民政府其他组成人员。在其他罢免对象方面，有的地方规定还可以对专门委员会组成人员提出罢免案。

在罢免案的审议阶段，就市级国家机关组成人员的罢免而言，根据《地方组织法》，被提出罢免的人员有权在主席团会议或者大会全体会议上提出申辩意见，或者书面提出申辩意见；在主席团会议上提出的申辩意见或者书面提出的申辩意见，由主席团印发会议；罢免案由主席团交会议审议后，提请全体会议表决，或者由主席团提议，经全体会议决定，组织调查委员会，由市级人大下次会议根据调查委员会的报告审议决定。[4] 就省级人大代表的罢免而言，根据《选举法》，在市级人大举行会议时，被提出罢免的代表有权在主席团会议和大会全体会议上提出申辩意见，或者

---

〔1〕 参见《地方组织法》第26条第1款、第3款。

〔2〕 参见《选举法》第50条第1款。

〔3〕 参见《成都市人民代表大会议事规则》第42条第1款。

〔4〕 参见《地方组织法》第26条第4款、第5款。

书面提出申辩意见,由主席团印发会议;罢免案经会议审议后,由主席团提请全体会议表决。[1] 对此,有的地方有与此相同的规定,大部分地方则合并规定了上述程序,即规定省级人大代表罢免案也可以经调查后再审议决定。另外,有的地方规定,市级人大可以授权常委会(根据调查的报告)审议,并向市级人大下次会议提出报告;有的地方则规定,市级人大可以授权常委会根据调查的报告作出相应决定,并报市级人大下次会议备案。洛阳规定,对个别副市长、常委会决定任命的市人民政府组成人员或者本市选出的出席省人大代表的罢免案,也可以在大会闭会以后,由常委会根据调查委员会的报告,依法决定是否撤销其职务或者罢免其代表职务,并向大会下次会议备案。[2] 咸宁规定,对个别副市长和由常委会任命的市人民政府其他组成人员的罢免案,可以授权常委会在市人大闭会后6个月内,听取调查委员会的调查报告,并作出相应的决定,报下次市人大会议备案或者提请下次市人大会议审议。[3]

在罢免案的表决阶段,就省级人大代表的罢免而言,根据《选举法》,罢免代表采用无记名的表决方式。[4] 有的地方规定罢免案采用无记名表决方式,表决结果由主席团发布公告;个别地方还规定大会表决罢免案的时候应当设秘密写票处;这些规定都没有区分罢免市级国家机关组成人员和省级人大代表的情形。

此外,大部分地方规定,市级人大常委会组成人员、市级人大专门委员会成员的代表职务被罢免的,其常委会组成人员或者专门委员会成员的职务相应撤销,由主席团或者常委会予以公告;市级人民检察院检察长的罢免,经市级人大通过后,应当报省级人民检察院检察长提请省级人大常委会批准;罢免由本市(州)选举的省级人大代表,应当报省级人大常委会备案。关于市级监察委员会主任的罢免,只有个别地方规定了适用与

---

〔1〕 参见《选举法》第50条第2款。
〔2〕 参见《洛阳市人民代表大会议事规则》第53条第2款。
〔3〕 参见《咸宁市人民代表大会议事规则》第47条第4款。
〔4〕 参见《选举法》第51条。

其他市级国家机关领导人员相同的罢免程序。

3. 接受辞职

辞职案由经市级人大选出的市级国家机关领导人员提出，在大会闭会期间由常委会审议决定。

根据《地方组织法》，市级人大常委会组成人员、人民政府领导人员、人民法院院长、人民检察院检察长，可以向市级人大提出辞职，由大会决定是否接受辞职；大会闭会期间，可以向市级人大常委会提出辞职，由常委会决定是否接受辞职；常委会决定接受辞职后，报市级人大备案。[1] 大部分地方都有与此相同的规定，其中很多地方具体规定辞职请求由主席团交各代表团审议后提交大会全体会议决定；有的地方也具体规定在大会闭会期间，辞职请求由主任会议提请常委会审议决定；部分地方没有规定大会闭会期间的辞职程序。另外，部分地方规定，专门委员会组成人员也可以向市级人大（大会闭会期间向常委会）提出辞职。洛阳、汉中规定，由本市选举的省级人大代表也可以向市级人大（大会闭会期间向常委会）提出辞职；咸宁、内江规定，市人大接受省级人大的代表的辞职（但并未规定相应程序）；[2] 这与《选举法》关于省级人大代表向选举他的人大的常委会提出辞职的规定不一致。

此外，大部分地方规定，市级人民检察院检察长的辞职，经市级人大通过后，应当报省级人民检察院检察长提请省级人大常委会批准。关于市级监察委员会主任的辞职，只有个别地方规定了适用与其他市级国家机关领导人员相同的辞职程序。

（四）询问和质询

1. 询问

市级人大的询问程序，与省级人大的基本相同。代表团、主席团、专

---

[1] 参见《地方组织法》第27条第1款。

[2] 参见《洛阳市人民代表大会议事规则》第51条；《汉中市人民代表大会议事规则》第35条第1款；《咸宁市人民代表大会议事规则》第35条第1款；《内江市人民代表大会议事规则》第40条第1款；《选举法》第54条第1款。

门委员会(或议案审查委员会、计划和预算审查委员会)审议议案和有关报告时,有关机关或部门应当派负责人到会听取意见并回答询问。有的地方还规定了询问的内容要求,还有询问的答复时间规定。

各代表团审议议案和有关报告的时候,有关部门应当派负责人员到会,听取意见,回答代表提出的询问。大部分地方规定,主席团和专门委员会(或议案审查委员会、计划和预算审查委员会)对议案和有关报告进行审议的时候,市级人民政府或者有关机关负责人应当到会,听取意见,回答询问,并可以对议案或者有关报告作补充说明。部分地方还特别规定,代表团全体会议审议政府工作报告和审查关于国民经济和社会发展计划及计划执行情况的报告、关于预算及预算执行情况的报告(以及人民法院工作报告、人民检察院工作报告)的时候,市级人民政府及其各部门负责人(以及市级人民法院负责人、市级人民检察院负责人)应当分别参加会议,听取意见,回答询问。此外,在询问的内容方面,丽水规定,代表或者代表团提出询问的内容,应该与会议审议的议案或者报告有关。[1]在询问的答复方面,有的地方规定,代表在会议期间对市级国家机关提出的询问,有关机关应当(在会议期间)作出答复。其中,温州还规定,如询问涉及的问题比较复杂,由受询问机关提出要求,经代表团或主席团常务主席同意,可以在闭会期间作出答复;南昌则规定,经主席团或者有关专门委员会、有关代表团同意,可以在市人大闭会后的 2 个月内作出答复。[2]

2. 质询

市级人大的质询程序,与省级人大的大体相同。质询案由特定主体对市级人民政府及其各部门、人民法院、人民检察院书面提出,按照主席团的决定由受质询机关的负责人在相关会议上口头答复,或由受质询机关书面答复,提质询案人对答复不满意的可以要求再作答复。有的地方

---

〔1〕 参见《丽水市人民代表大会议事规则》第 51 条第 3 款。

〔2〕 参见《温州市人民代表大会议事规则》第 55 条;《南昌市人民代表大会议事规则》第 56 条第 3 款。

补充规定了一些制度规则，包括质询内容、撤回质询、重大问题质询案的处理程序、对答复进行提问的要求、会议期间答复有困难和再次答复仍未获满意的处理程序等。

在质询案的提出方面，根据《地方组织法》，市级人大会议期间，代表10人以上联名，可以书面提出对市级人民政府和它所属各工作部门以及人民法院、人民检察院的质询案；质询案必须写明质询对象、质询的问题和内容。[1] 各地都有与此基本相同的规定。另外，(1)在质询的主体和对象方面，不少地方规定，(1个)代表团也可以提出质询案；个别地方规定，对市级监察委员会也可以提出质询案。(2)在质询内容方面，很多地方详细规定，可以提出质询案的事项包括有关实施宪法、法律、行政法规和地方性法规方面的问题，有关贯彻国家方针、政策方面的问题，有关执行上级和本级人大及其常委会的决议、决定方面的问题，有关重大决策和工作方面的问题，有关重大失职、渎职方面的问题，其他(需要质询或人民群众反映强烈)的事项。有的地方规定，质询的事项应属于大会的职权范围，不宜涉及属于代表个人利益的问题、进入诉讼程序的具体案件。

在质询案的答复方面，根据《地方组织法》，质询案由主席团决定交由受质询机关在主席团会议、大会全体会议或者有关专门委员会会议上口头答复，或者由受质询机关书面答复；在主席团会议或者专门委员会会议上答复的，提质询案的代表有权列席会议，发表意见；主席团认为必要的时候，可以将答复质询案的情况报告印发会议；质询案以口头答复的，应当由受质询机关的负责人到会答复；质询案以书面答复的，应当由受质询机关的负责人签署，由主席团印发会议或者印发提质询案的代表。[2] 各地都有与此基本相同的规定。另外，(1)在答复的场合方面，很多地方规定，受质询机关也可以在大会全体会议上口头答复；不少地方规定，受质询机关也可以在代表团会议上口头答复。(2)在答复情况的报告方面，不少地方规定，在专门委员会会议(或者代表团会议)上答复的，有关专门委

---

〔1〕 参见《地方组织法》第28条第1款。
〔2〕 参见《地方组织法》第28条第2款、第3款。

员会(或者代表团)应当将答复质询案的情况向主席团报告;主席团认为必要时,可以将答复质询案的情况报告印发会议。(3)在答复未获满意的处理程序方面,提质询案的代表(或者代表团)对答复质询不满意的,可以提出要求,由主席团决定(是否)由受质询机关再作答复;其中有的地方规定,代表半数以上(或2/3以上、过半数、多数)对答复质询不满意才可以提出再作答复的要求。三亚还规定,由主席团根据具体情况决定受质询机关在会议期间答复,或者在闭会后限定的时间内书面答复,或者在市人大常委会会议上答复,提出质询案的代表有权要求列席市人大常委会会议;吉林还规定,必要时,可以委托常委会或有关专门委员会听取再次答复。[1]

此外,有的地方还规定了撤回质询、重大问题质询案的处理程序、对答复进行提问的要求、会议期间答复有困难和对再次答复仍不满意的处理程序等制度。(1)在撤回质询方面,大部分地方规定,质询案在受质询机关答复前(或主席团作出处理决定前),提案人要求撤回的(经主席团同意),质询即行终止。(2)在重大问题质询案的处理程序方面,包头规定,对涉及重大问题的质询案,由主席团决定,可以授权常委会进一步调查研究,作出决定,报代表大会下一次会议备案。[2] (3)在对答复进行提问的要求方面,咸宁规定,提出质询案的代表对受质询机关的答复发表意见时,提出的问题应当与原质询的问题有关。[3] (4)在会议期间答复有困难、再次答复仍未获满意的处理程序方面,有的地方规定,质询案涉及的问题比较复杂,在会议期间答复有困难的(由受质询机关提出要求,征得提质询案的代表同意),经主席团决定,可以在大会闭会后两个月内,由受质询机关在常委会会议或者有关专门委员会会议上作出答复;提出质询案的代表有权列席会议,发表意见;根据答复的情况和代表意见,常委

---

〔1〕 参见《三亚市人民代表大会议事规则》第46条;《吉林市人民代表大会议事规则》(1994年3月7日吉林市第十一届人大第二次会议通过,1997年1月30日修改,2019年1月16日修订)第47条第4款。

〔2〕 参见《包头市人民代表大会议事规则》第57条。

〔3〕 参见《咸宁市人民代表大会议事规则》第52条第4款。

会必要时可以作出决定(有关专门委员会必要时可以提出审议意见)。有的地方规定,提出质询案的代表半数以上(或2/3以上)对再次答复仍不满意的,适用上述程序。有的地方规定,提出质询案的代表半数以上对再次答复仍不满意的,主席团可以作出相应的决定。

(五)组织调查委员会

市级人大组织调查委员会的规定,与省级人大的基本相同。组织调查委员会案有特别的提出主体要求,调查委员会组成人员任免案有特别的提名要求;调查委员会可以聘请专家参加调查工作,在调查中遵循特定的要求,应当向市级人大提出调查报告;市级人大或其常委会可以听取调查委员会的报告并作出相应决议。有的地方对提议主体有不同规定,还对调查人员回避、调查保密义务、调查结果公布作出了规定。

在组织调查委员会案、调查委员会组成人员任免案的提出方面,根据《地方组织法》,主席团或者1/10以上的代表书面联名,可以向市级人大提议组织关于特定问题的调查委员会,由主席团提请大会全体会议决定;调查委员会的组成人员,由主席团在代表中提名,提请大会全体会议通过。[1] 各地都有与此基本相同的规定。另外,在提议主体方面,清远、成都规定3个以上的代表团也可以提议,呼和浩特规定两个以上的代表团也可以提议。[2]

在调查委员会的工作方面,根据《地方组织法》,调查委员会应当向市级人大提出调查报告。[3] 各地都有与此相同的规定。大部分地方还规定,调查委员会可以聘请专家参加调查(和咨询)工作;调查委员会调查时可以要求有关的国家机关、社会团体、企业事业单位和公民如实提供必要的材料;提供材料者要求调查委员会对材料来源保密的,调查委员会应当

〔1〕 参见《地方组织法》第31条第2款、第3款。

〔2〕 参见《清远市人民代表大会议事规则》(2012年11月22日清远市第六届人大第二次会议通过,2016年2月27日修正)第39条;《成都市人民代表大会议事规则》(1990年4月21日市第十一届人大第三次会议通过,2006年2月18日市第十四届人大第四次会议第一次修正)第51条第2款;《呼和浩特市人民代表大会议事规则》第49条第1款。

〔3〕 参见《地方组织法》第31条第4款。

予以保密。不少地方还规定,调查委员会在调查过程中,可以不公布调查的情况和材料。另外,有的地方规定,与调查的问题有利害关系的人员(代表)不得参加调查委员会。枣庄规定,调查委员会在调查过程中,应当遵守保密原则的规定;拉萨规定,对涉及国家秘密和个人隐私的材料,调查委员会应当保守秘密。[1]

在调查结果的处理方面,根据《地方组织法》,市级人大根据调查委员会的报告,可以作出相应的决议;市级人大可以授权常委会听取调查委员会的调查报告,常委会可以作出相应的决议,报市级人大下次会议备案。[2] 各地都有与此相同的规定。另外,部分地方规定,市级人大(或市人大常委会)认为必要时,可以决定向社会公布调查结果。

(六)发言规则

市级人大发言的规定,与省级人大的大部分相同。发言不受法律追究,内容要围绕会议议题,有次数时限约束的场合包括全体会议和主席团会议;发言由大会执行主席或会议主持人许可,有特定的次数和时限要求(发言可以延长);发言要整理简报印发会议。各地对代表发言的次数和时限有多种不同规定,有的地方还规定了制止发言、书面发言、不进行发言等情形。

市级人大代表在市级人大各种会议上的发言,不受法律追究。有的地方规定,代表应当围绕会议议题发表意见;石家庄规定,代表发言应当简明扼要,有实际内容。[3] 有的地方规定,未经大会执行主席许可,或者发言内容与议题无关,或者超过规定发言时间的,大会执行主席或会议主持人可以制止。

关于全体会议上的发言,代表要求发言的,在会前向秘书处报名后由大会执行主席安排发言顺序;临时要求发言的,经大会执行主席许可始得

---

〔1〕 参见《枣庄市人民代表大会议事规则》(1996 年 3 月 8 日枣庄市第十一届人大第四次会议通过)第 52 条第 2 款;《拉萨市人民代表大会议事规则》第 37 条。

〔2〕 参见《地方组织法》第 31 条第 4 款。

〔3〕 参见《石家庄市人民代表大会议事规则》第 70 条。

发言。在发言的次数和时限方面，大部分地方规定代表每人可以发言两次，第一次和第二次分别不超过15分钟、5分钟，或不超过10分钟、5分钟，或不超过15分钟、10分钟，或不超过20分钟、15分钟，或不超过20分钟、10分钟；有的地方没有规定代表每人可以发言两次，只规定发言不超过20分钟或15分钟或10分钟。呼和浩特、包头规定，代表在大会全体会议上用汉语言发言的，第一次不超过10分钟，第二次不超过5分钟；用蒙古语言和其他少数民族语言发言的，包头市规定第一次不超过20分钟（呼和浩特市规定15分钟），第二次不超过10分钟。[1] 日喀则规定，翻译时间不包含在发言时间之内。[2] 有的地方规定，代表在每次全体会议上的发言时间，由主席团（或会议执行主席）确定。朔州、南昌规定，临时发言时间不超过5分钟。[3] 部分地方规定，经主持人许可，可以延长发言时间；其中个别地方进一步规定，延长时间不超过5分钟。另外，部分地方规定，在代表未能在大会上发言、代表要求或会议执行主席安排等情况下，可以采取书面发言的形式。有的地方规定，大会全体会议进行表决和选举时，代表不进行大会发言。

关于主席团会议上的发言，主席团成员和代表团团长或者代表团推选的代表可以发言，很多地方规定每人可以就同一议题发言两次，第一次和第二次分别不超过15分钟、10分钟，或不超过20分钟、10分钟，或不超过25分钟、10分钟，或不超过10分钟、5分钟，或都不超过10分钟；个别地方没有规定每人可以发言两次，只规定发言不超过20分钟或10分钟。部分地方规定，经会议主持人许可，发言时间可以适当延长；其中个别地方进一步规定，延长时间不超过5分钟。

部分地方规定，会议期间，代表在各种会议上的发言整理简报印发会议；其中有的地方还规定，代表的发言记录或者摘要可以根据本人要求印

---

〔1〕 参见《呼和浩特市人民代表大会议事规则》第53条第1款；《包头市人民代表大会议事规则》第69条。

〔2〕 参见《日喀则市人民代表大会议事规则》第58条第2款。

〔3〕 参见《朔州市人民代表大会议事规则》第72条第2款；《南昌市人民代表大会议事规则》第65条第1款。

发会议。

第七节　市级人大常委会的议事规则

一、会议制度

(一)会议的召开

根据《地方组织法》,市级人大常委会会议每两个月至少举行一次。[1] 各地(仅指作为本章样本的市级人大常委会议事规则涉及的市级地方,下同)基本上都有与此相同的规定,其中部分地方规定每两个月举行一次。另外,有的地方还规定会议在双月下旬(双月的最后一周、双月)举行;拉萨规定,因特殊需要,经主任会议决定,常委会会议可以提前或推迟举行。[2] 绝大部分地方规定,市级人大常委会也可以临时召集会议。更详细地说,大部分地方规定,在有特殊需要的时候,(经主任会议决定)可以临时召集会议;唐山规定,有1/5以上的常委会组成人员提议或者遇特殊情况,经主任会议决定,可以临时召集会议;[3] 青岛规定,必要时经主任会议决定或组成人员多数提议,可临时召集会议;[4] 其余地方没有直接规定临时会议的召开,一般只规定临时召集会议临时通知(会议相关事项)。

(二)会议的召集和准备

根据《地方组织法》,人大常委会会议由主任召集。[5] 各地都有与此相同的规定。不少地方还规定,主任可以委托副主任召集会议。

市级人大常委会会议举行前,相关准备工作主要包括安排议题、安排

---

〔1〕 参见《地方组织法》第45条第1款。

〔2〕 参见《拉萨市人民代表大会常务委员会议事规则》(1987年12月16日拉萨市第五届人大常委会第四次会议通过,2003年12月18日修订)第4条第1款。

〔3〕 参见《唐山市人民代表大会常务委员会议事规则》(1988年12月1日唐山市第九届人大常委会第五次会议通过,1993年8月18日第一次修正,2003年10月28日第二次修正,2008年9月2日第三次修正)第8条第1款。

〔4〕 参见《青岛市人民代表大会常务委员会议事规则》(1988年1月15日青岛市第十届人大常委会第一次会议通过,1989年7月21日第一次修正,1996年3月8日第二次修正,2003年6月26日第三次修正,2009年1月21日第四次修正)第3条第1款。

〔5〕 参见《地方组织法》第45条第1款。

会议议程和日程、发出通知、开展调研以及相关工作等。部分地方更具体地规定了议题和议程的安排、会议日程的安排、组织调研以及相关工作等。总体来看,这与省级人大常委会的规定大体相似。

主任会议(决定开会日期)拟订常委会会议议程草案,提请常委会全体会议决定。在会议举行7日前(有的为5日前、6日前、10日前、15日前),应当将开会日期、建议会议讨论的主要事项等,通知常委会组成人员(和列席会议的人员);临时召集会议,可以临时通知。有的地方还规定,在会议举行的1个月前(有的为30日前、25日前),应当向常委会组成人员和有关机关发出预备通知。

此外,在议题的安排方面,贺州在具体列举议题的各种内容之外,对议题的安排有相对全面、系统的规定。(1)关于议题安排的原则,常委会会议的议题安排应有计划性和针对性。[1] (2)关于年度议题计划的确定,每年年初,由常委会办公室根据常委会的职权和本市工作的实际情况,提出全年常委会各次会议审议的主要议题的安排意见,报常委会主任会议审定。[2] (3)关于每次会议议题的安排,每一次常委会会议审议的议题,由常委会主任会议提出建议议题并发出预告;常委会组成人员对预告建议的会议议题如有意见,应在预告发出后10天内,向常委会办公室提出,由常委会主任会议决定是否列入建议议题;在常委会会议上讨论、决定会议议程时,常委会组成人员如提出新的议题,由会议主持人提请常委会全体会议决定是否列入会议议程。[3]

其他地方对于议题和议程的安排也分别有不同的规定。(1)关于议题安排的原则,平凉规定,常委会会议议题,一般应按照市人大常委会年度工作要点有计划地提出。[4] 日喀则规定,常委会会议议题的安排,应

---

〔1〕 参见《贺州市人民代表大会常务委员会议事规则》(2003年2月11日贺州市第一届人大常委会第三次会议通过)第11条。

〔2〕 参见《贺州市人民代表大会常务委员会议事规则》第11条。

〔3〕 参见《贺州市人民代表大会常务委员会议事规则》第12条。

〔4〕 参见《平凉市人民代表大会常务委员会议事规则》(2003年1月22日平凉市第一届人大常委会第二次会议通过,2009年7月31日修订)第15条第1款。

当围绕本市的中心工作确定;常委会会议议题由常委会主任会议决定。[1] (2)关于年度议题和议程计划的确定,遵义规定,常委会会议年度议题计划,由主任会议提出,或由市人民政府、市中级人民法院、市人民检察院建议,经市人大常委会批准实施,并向社会公布;年度议题计划在执行中可以根据实际情况进行部分调整。[2] 徐州规定,常委会办公室应当于每年年初人大会议结束后,起草常委会年度工作要点,提出常委会本年度各次会议的建议议程,提请主任会议通过;常委会办公室和各工作机构应当根据常委会年度工作要点,通知常委会组成人员、有关国家机关和单位做好会议准备工作。[3] (3)关于每次会议议题和议程的安排,大同规定,常委会会议结束10日内,市人大专门委员会、常委会工作机构提出下一次常委会会议听取和审议报告的议题建议,之后一周内提交主任会议讨论决定;常委会组成人员可以对常委会会议听取和审议的议题提出建议。[4] 朔州规定,市人民政府、市中级人民法院、市人民检察院、市人大专门委员会、常委会工作机构、办事机构可以向主任会议提出常委会会议建议议程;主任会议根据常委会年度工作计划和实际工作需要拟定常委会会议议程草案,提请常委会全体会议通过。[5] 平凉、白银规定,市人民政府、市中级人民法院、市人民检察院、常委会各工作部门,应当在每次常委会会议举行一月前,根据常委会年度工作计划和实际需要,提出本次会议的议题,由主任会议决定是否提请常委会会议审议;平凉还规定,公民、

---

〔1〕 参见《日喀则市人民代表大会常务委员会议事规则》(2017年8月22日喀则市第一届人大常委会第二十次会议通过)第10条第1款、第2款。

〔2〕 参见《遵义市人民代表大会常务委员会议事规则》(1997年12月11日遵义市第一届人大常委会第一次会议通过,2006年4月28日第一次修订,2009年4月30日第二次修订,2013年6月28日第三次修订)第9条。

〔3〕 参见《徐州市人民代表大会常务委员会议事规则》(1988年3月1日徐州市第十届人大常委会第一次会议通过,1993年3月27日第一次修订,2000年1月31日第二次修订,2009年10月30日第三次修订,2019年4月29日第四次修订)第8条。

〔4〕 参见《大同市人民代表大会常务委员会议事规则》(2001年3月2日大同市第十一届人大常委会第十八次会议通过,2004年8月26日第一次修正,2010年4月29日第二次修正,2014年10月29日第三次修正)第7条。

〔5〕 参见《朔州市人民代表大会常务委员会议事规则》(2017年2月19日朔州市第六届人大常委会第十一次会议通过)第6条第1款。

法人和其他组织也可以向常委会提出属于常委会职权范围内的议题，由主任会议决定先交常委会有关工作部门研究，提出意见，再决定是否列入常委会会议议题。[1] 武汉规定，常委会组成人员可以对会议议程草案之外的有关事项提出发表意见的建议，常委会会议根据需要，可予以安排；办公厅根据常委会年度工作安排、议题提出情况和主任会议意见，提出常委会会议议程草案建议，并在会议举行的20日前通知有关机关。[2] 另外，石家庄规定，市人大常委会听取和审议市人民政府、市中级人民法院和市人民检察院专项工作报告、计划预算和审计工作报告、立法计划等年度会议议题，由市人大常委会主任会议建议和市人大常委会主任与市人民政府市长、市中级人民法院院长、市人民检察院检察长联席会议研究商定，印发常委会组成人员并向社会公布。[3]

在会议日程的安排方面，有的地方规定会议日程由主任会议决定，有的地方规定会议日程由主任会议拟订草案提请常委会全体会议决定，有的地方则没有规定。有的地方还规定，会议日程应当根据议程需要安排适当的会议时间，保证常委会组成人员充分发表意见，提高审议质量。

在调研以及相关工作的开展方面，不少地方规定，常委会会议举行前，常委会组成人员（和会议列席人员），应当围绕会议议题进行调查研究，做好审议准备。有的地方规定，常委会会议召开前，专门委员会、常委会工作机构（以及办事机构）应围绕会议建议议题组织视察、调研、执法检查等（并向常委会提交报告）。

（三）会议的主持、出席和列席

市级人大常委会会议由主任主持，主任可以委托副主任主持。

市级人大常委会举行会议时，常委会组成人员除因病或者其他特殊

---

〔1〕 参见《平凉市人民代表大会常务委员会议事规则》第6条；《白银市人民代表大会常务委员会议事规则》（2017年11月2日白银市第九届人大常委会第七次会议通过）第6条。

〔2〕 参见《武汉市人民代表大会常务委员会议事规则》（2003年2月27日武汉市第十一届人大常委会第一次会议通过，2006年11月29日第一次修改）第5条、第6条第1款。

〔3〕 参见《石家庄市第十三届人大常委会议事规则》第19条第1款。

原因请假的以外,应当出席会议;会议必须有常委会全体组成人员的过半数出席,才能举行。此外,一些地方还有关于请假和缺席的具体规定。(1)在请假情形方面,徐州规定可以请假的特殊原因只有五种,即参加国家或省级层面的重要会议和活动的,参加已经安排的出国(境)访问活动的,参加全市性重大会议和活动的,参加救灾、抢险或者处理事关社会安全稳定等突发事件的,因健康原因不能参加会议的。[1] (2)在请假程序方面,不能出席会议的,有的地方规定应当向常委会主任请假,或向常委会主任或副主任请假,或向常委会主任或秘书长请假,或向秘书长请假,或向会议召集人(主持人)请假,或根据情况分别向常委会主任、秘书长、分组会议召集人请假;等等。另外,延边规定,常委会组成人员因故不能出席会议时,对会议议题的意见或建议,可以在会议召开前提出。[2] (3)在缺席监督方面,有的地方规定,常委会办事机构将常委会组成人员出席或缺席的情况予以通报。包头规定,常委会组成人员未履行请假手续,不参加常委会会议,经主任会议决定提出批评。[3] 成都规定,除生病以外,常委会组成人员一年内连续两次或者累计三次不出席常委会会议的,报经主任会议同意,建议其按照法定程序辞去常委会组成人员职务。[4] 日喀则规定,常委会组成人员经过批准,一年内不出席常委会会议的次数不得超过两次;常委会组成人员未经批准,一年内一次不出席常委会会议的,应当向常委会主任会议作出说明,一年内累计两次不出席常委会会议的,报请常委会主任会议同意,建议其按照有关程序辞去常委会委员职务。[5] (4)在不足法定人数时的处理程序方面,深圳、唐山规定,

---

[1] 参见《徐州市人民代表大会常务委员会议事规则》第19条第1款。

[2] 参见《延边朝鲜族自治州人民代表大会常务委员会议事规则》(1988年6月24日延边朝鲜族自治州第九届人大常委会第四次会议通过,2000年5月29日修订)第6条。

[3] 参见《包头市人民代表大会常务委员会议事规则》(1988年9月2日包头市第九届人大常委会第二次会议通过,1998年6月18日第一次修订,2002年5月30日第二次修订,2007年3月27日第三次修订,2014年10月31日第四次修订)第4条第3款。

[4] 参见《成都市人民代表大会常务委员会议事规则》(1989年3月4日成都市第十一届人大常委会第三次会议通过,2004年4月21日第一次修正,2014年6月26日修订,2016年8月31日第二次修正)第6条第2款。

[5] 参见《日喀则市人民代表大会常务委员会议事规则》第7条第2款、第3款。

出席常委会会议的组成人员人数不足法定人数时，会议主持人应当要求立即通知缺席的组成人员到会；30 分钟后，仍不足法定人数时，会议主持人应当宣布休会。[1]

市级人民政府、人民法院、人民检察院的负责人，不是市级人大常委会组成人员的市级人大专门委员会负责人（以及其他组成人员）、常委会副秘书长、常委会工作机构（和办事机构）负责人（以及其他组成人员），所辖下一级人大常委会主任或者副主任，列席市级人大常委会会议；有关人大代表、其他国家机关有关负责人、其他有关人员，可以列席市级人大常委会会议。另外，相对于上述一般情形，部分地方对列席人员的范围有不同规定。（1）对于应当列席会议的人员，有的地方规定还包括市级监察委员会负责人、常委会研究室负责人（以及其他组成人员）、市级人民政府秘书长（和副秘书长）、有关部门负责人，广州、海口、青岛、厦门、大连等地方规定还包括海事法院负责人，广州规定还包括知识产权法院、互联网法院负责人，延边规定还包括州中级人民法院分院院长、吉林省人民检察院延边林区分院检察长，洛阳规定还包括派出机构的主要负责人，厦门规定还包括有关参事，有的地方规定还包括部分所辖其他下级人大常委会主任或者副主任，朔州规定还包括市主要新闻单位负责人。[2]（2）对于可

---

[1] 参见《深圳市人民代表大会常务委员会议事规则》（1993 年 11 月 10 日深圳市第一届人大常委会第十九次会议通过，2003 年 2 月 21 日修订，2007 年 5 月 30 日第一次修正，2019 年 4 月 24 日第二次修正）第 10 条第 2 款；《唐山市人民代表大会常务委员会议事规则》第 9 条第 2 款。

[2] 参见《广州市人民代表大会常务委员会议事规则》（1988 年 7 月 14 日广州市第九届人大常委会第一次会议通过，1993 年 7 月 22 日第一次修正，1998 年 2 月 18 日第二次修正，1999 年 4 月 16 日第三次修正，2006 年 7 月 28 日第四次修正，2018 年 11 月 28 日第五次修正）第 5 条第 1 款；《海口市人民代表大会常务委员会议事规则》（2003 年 7 月 30 日海口市第十三届人大常委会第三次会议通过，2008 年 8 月 29 日修订）第 7 条第 1 款；《青岛市人民代表大会常务委员会议事规则》第 7 条第 1 款；《厦门市人民代表大会常务委员会议事规则》（1994 年 7 月 30 日厦门市第十届人大常委会第九次会议通过）第 7 条第 1 款、第 2 款；《大连市人民代表大会常务委员会议事规则》（1988 年 9 月 24 日大连市第十届人大常委会第六次会议通过，1998 年 6 月 26 日第一次修正，2009 年 4 月 17 日第二次修正）第 8 条第 1 款；《延边朝鲜族自治州人民代表大会常务委员会议事规则》第 8 条第 1 款；《洛阳市人民代表大会常务委员会议事规则》（1994 年 7 月 14 日洛阳市第十届人大常委会第三次会议通过，2004 年 6 月 29 日第一次修订，2009 年 3 月 19 日第二次修订，2014 年 3 月 26 日第三次修订，2018 年 10 月 31 日第四次修订）第 11 条；《朔州市人民代表大会常务委员会议事规则》第 10 条第 1 款。

以列席会议的人员，有的地方规定，不是市级人大常委会组成人员的市级人大专门委员会组成人员、常委会副秘书长、常委会办事机构和工作机构的负责人，所辖下一级人大常委会主任或者副主任，是可以列席而非应当列席会议的人员；汉中规定，市人民政府、人民法院、人民检察院负责人以外的其他列席人员，由主任会议根据具体情况确定。[1] 还有的地方没有区分应当列席和可以列席的情形。

此外，在列席人员的请假和权利方面，有的地方规定，列席会议的人员必须按照规定列席会议，因病或者其他特殊原因不能列席会议的，应当向市人大常委会请假；列席会议的人员有发言权，没有表决权。一些地方还有关于列席人员的请假和监督的具体规定。（1）在请假和委托列席程序方面，有的地方规定，不能列席会议的，应当向常委会主任或副主任请假，或向常委会副主任或秘书长请假，或向会议主持人或秘书长请假，或向秘书长请假，或根据情况分别向常委会主任、秘书长、分组会议召集人请假，等等。有的地方规定，市级人民政府、人民法院、人民检察院的负责人，不能列席会议的可以（应当）委托其他负责人列席，或正职领导人不能列席会议的可以（应当）委托副职领导人列席。（2）在缺席监督方面，个别地方规定，常委会办事机构将常委会组成人员参会或缺席的情况予以通报。

（四）会议的举行

各地对市级人大常委会会议形式的规定，与省级人大常委会的基本相同。

市级人大常委会举行会议时，一般可以召开全体会议、分组会议、联组会议，但一些地方没有规定联组会议的形式。有的地方规定，分组会议由召集人（轮流）主持，分组名单由常委会办事机构拟订后报秘书长审定（并定期调整）；其中，对于分组会议的召集人（名单），有的地方规定（由常委会办事机构拟订后）由主任会议确定，有的地方规定由常委会会议主

---

[1] 参见《汉中市人民代表大会常务委员会议事规则》（1996 年 8 月 22 日汉中市第一届人大常委会第一次会议通过，2007 年 12 月 7 日修订）第 19 条第 2 款。

持人指定，有的地方规定由常委会组成人员轮流担任。例如，白银规定由常委会会议确定，杭州规定由常委会办事厅提出建议名单后由秘书长确定，延边规定为由常委会副主任召集分组会议。[1] 有的地方规定，联组会议由主任主持，主任可以委托副主任主持；个别地方规定，联组会议的召集人由会议主持人指定。此外，有的地方还明确了三种会议形式的分工，即全体会议听取关于议案的说明和有关报告，对议案或者决议决定草案进行表决；分组会议对议案、决议决定草案或者有关报告进行审议；联组会议听取分组会议审议时各组提出的审议意见，对议案或者有关报告的重大问题进行审议。

常委会会议期间，需要临时调整议程的，部分地方规定由主任会议提请常委会全体会议决定，有的地方规定由主任或者主任会议提请常委会全体会议决定。常委会会议期间，需要临时调整会议日程的，有的地方规定由主任会议决定，有的地方规定由主任会议提请常委会全体会议决定。

此外，不少地方规定常委会会议公开举行；有的地方还规定在特别情况时，经主任会议决定可以不公开举行。

（五）其他制度

很多地方规定，常委会会议可以安排公民旁听；有的地方规定按照会议的决定或相关旁听办法安排旁听，有的地方简要规定了旁听的参加方式、意见征询等内容，有的地方规定旁听人员没有发言权和表决权。不少地方规定，常委会会议期间可以召开新闻发布会，允许新闻单位采访和报道。

呼和浩特、包头规定，常委会组成人员和列席人员用少数民族语言发言时，要有工作人员为他们翻译。[2]

---

〔1〕 参见《白银市人民代表大会常务委员会议事规则》第 9 条第 2 款；《杭州市人民代表大会常务委员会议事规则》（1988 年 4 月 14 日杭州市第七届人大常委会第六次会议通过，1993 年 8 月 27 日第一次修正，2000 年 12 月 26 日第二次修正，2009 年 12 月 18 日第三次修正）第 11 条第 2 款；《延边朝鲜族自治州人民代表大会常务委员会议事规则》第 10 条第 2 款。

〔2〕 参见《呼和浩特市人民代表大会常务委员会议事规则》（1991 年 6 月 1 日呼和浩特市第九届人大常委会第十三次会议通过，2010 年 12 月 2 日修正）第 29 条第 2 款；《包头市人民代表大会常务委员会议事规则》第 38 条第 2 款。

二、议案的运行

(一)一般议案

市级人大常委会的议案提出规定,与省级人大常委会大体相同,也包括国家机关议案和代表议案的提出主体、提出要求、初步处理等方面。有的地方在议案提出的各方面有不尽相同的规定,有的地方还规定了提出临时动议、提出修正案、审议主席团交付审议的议案的制度。

关于国家机关议案的提出,根据《地方组织法》,市级人大常委会主任会议可以向市级人大常委会提出属于常委会职权范围内的议案,由常委会会议审议;市级人民政府、市级人大各专门委员会,可以向市级人大常委会提出属于常委会职权范围内的议案,由主任会议决定提请常委会会议审议,或者先交有关专门委员会审议并提出报告,再提请常委会会议审议。[1] 大部分地方都有与此基本相同的规定;部分地方规定,上述议案(有的不包括主任会议提出的议案)可以先交有关专门委员会审议并提出报告,或先交(委托)有关工作机构(或办事机构)研究(审查)并提出报告,再由主任会议决定提请常委会会议审议。部分地方还规定,主任会议可以委托常委会工作机构(办事机构、专门委员会)拟订议案草案,并向常委会会议作说明;深圳规定,主任会议、有关专门委员会提出的议案,由主任会议决定交由有关专门委员会或者有关工作机构草拟。[2] 另外,在议案的提出主体方面,多数地方规定,市级人民法院、市级人民检察院也可以向市级人大常委会提出议案;其中有的地方限定市级人民法院(院长)、市级人民检察院(检察长)只可以提出有关的人事任免案;咸宁规定市中级人民法院、市人民检察院的提案权不适用提出制定地方性法规的议案;唐山规定市中级人民法院、市人民检察院,可以向常委会提出属于常委会

---

〔1〕 参见《地方组织法》第46条第1款、第2款。

〔2〕 参见《深圳市人民代表大会常务委员会议事规则》第24条第2款。

职权范围内的有关议案,[1]但未具体说明有关议案的范围。有的地方规定,海事法院、州人民法院分院、省级人民检察院分院也可以向市级人大常委会提出议案。有的地方还规定,市级监察委员会也可以向市级人大常委会提出议案;其中一些地方只规定市级监察委员会(主任)可以提出有关的人事任免案。在议案的处理方面,个别地方规定,上述议案提出后由主任会议决定是否提请常委会会议审议(不一定提请常委会会议审议)。

关于常委会组成人员议案的提出,根据《地方组织法》,市级人大常委会组成人员5人以上联名,可以向市级人大常委会提出属于常委会职权范围内的议案,由主任会议决定是否提请常委会会议审议,或者先交有关专门委员会审议并提出报告,再决定是否提请常委会会议审议。[2] 大部分地方都有与此基本相同的规定;部分地方规定,上述议案(有的不包括主任会议提出的议案)可以先交有关专门委员会审议并提出报告,或先交(委托)有关工作机构(或办事机构)研究(审查)并提出报告,再由主任会议决定是否提请常委会会议审议。另外,唐山规定常委会组成人员5人以上联名,可以向常委会提出属于常委会职权范围内的有关议案,[3]但未具体说明有关议案的范围。深圳规定,常委会组成人员5人以上联名提出的议案,由该提案人负责草拟,也可以根据提案人的申请由主任会议决定交由有关专门委员会或者有关工作机构草拟。[4] 不提请常委会会议审议的,有的地方规定应当向常委会会议报告或者向提案人说明,有的地方规定应当向常委会会议报告并向提案人说明,有的地方规定应当向提案人说明。

有的地方规定,议案应当在常委会会议举行的特定时间前(具体为

---

[1] 参见《咸宁市人民代表大会常务委员会议事规则》(2012年4月25日第一次修正,2015年10月30日第二次修正)第15条第2款;《唐山市人民代表大会常务委员会议事规则》第19条第1款。

[2] 参见《地方组织法》第46条第3款。

[3] 参见《唐山市人民代表大会常务委员会议事规则》第19条第1款。

[4] 参见《深圳市人民代表大会常务委员会议事规则》第24条第3款。

10 日前、15 日前、20 日前、30 日前、1 个月前不等）提交常委会办事机构。部分地方规定，议案应当写明案由、案据和方案；有的地方进一步规定了采用书面形式、一事一案等要求。

一些地方还有提出临时动议、提出修正案的规定，其中临时动议可以分为一般临时动议、重大事项临时动议。（1）关于提出临时动议，有的地方规定的是一般临时动议，即在常委会会议进行中，常委会组成人员个人提出的临时动议（包括对议案的修正案），获得四名以上（个别为五名以上）常委会组成人员的附议时，由主任会议决定是否提请常委会会议审议，或者先交有关专门委员会审议并提出报告，或者先委托有关工作委员会进行初审，再决定是否提请常委会会议审议。有的地方规定的是重大事项临时动议，即在常委会举行会议的时候，市人民政府、市中级人民法院、市人民检察院、市人大各专门委员会，或者常委会组成人员 5 人以上联名，对急需提请常委会会议审议的重大事项，可以向常委会提出临时动议，经主任会议研究，出席会议的常委会组成人员过半数同意，即可列入常委会会议议程。（2）关于提出修正案，部分地方规定，在议案交付表决（1 日、1 小时等）前，常委会组成人员 5 人以上联名（或常委会组成人员 1 人提出，获得常委会组成人员 4 人以上附议后），可以对议案提出（书面）修正案，由主任会议决定是否提请常委会会议审议，或者先交有关专门委员会审议（或有关工作机构审查），再决定（是否）提请常委会会议审议；其中有的地方规定主任会议、专门委员会、提议案的机关也可以提出修正案。另外，有的地方规定，专门委员会、常委会有关工作机构或办事机构受主任会议委托，可以代拟议案的修正案。（3）关于审议主席团交付审议的议案，有的地方规定，省级人大主席团交付常委会审议的议案，由主任会议提请常委会会议审议，或先交有关专门委员会审议或有关工作机构（或办事机构）研究并提出报告后，再由主任会议提请常委会会议审议；其中，徐州详细规定，市人大主席团交付常委会审议的代表联名提出的议案，由常委会人事代表联络工作机构提出分工交办方案，报主任会议决定交有关专门委员会审议或者常委会工作机构研究并提出报告，再由主任会议将代表议案审议结果或者处理意见的报告提请常委会会议审议。[1]南平规定,市人大会议主席团交付常委会审议的议案,经常委会有关办事机构和工作机构提出意见,由主任会议提请常委会会议审议,或者先交由市人民政府、市中级人民法院、市人民检察院研究提出处理意见后,再提请常委会会议审议。[2]

市级人大常委会的议案审议规定,与省级人大常委会的大体相同,也包括提供有关资料、听取关于议案的说明、审议讨论等方面;列入会议议程的议案,除了交付表决外,还有撤回、交有关主体进一步审议研究的处理方式。有的地方对交有关主体进一步审议研究的处理方式有较多不同规定,还对公开征求意见、组织听证会、进行辩论作出了规定。

议案列入会议议程后,提议案的机关或提议案人、有关专门委员会、常委会有关工作部门应当提供有关的资料;常委会全体会议听取关于议案的说明,然后一般由分组会议审议(也可以由联组会议、全体会议、有关专门委员会审议);提议案的机关的负责人或提议案人可以对议案作补充说明。另外,深圳规定,列入常委会会议议程的议案,主任会议认为有必要的,可以将议案的全部或者部分内容予以公布,征求社会各界的意见;常委会会议审议的议案中涉及设置行政审批权、行政处罚等关系人民群众切身利益或者其他重大事项的,可以组织召开听证会,听取意见。[3]深圳还规定,对于议案中有重大意见分歧的专门性问题,主任会议可以召集常委会组成人员进行辩论;辩论由会议主持人主持;参加辩论的人员应当遵守辩论规则;辩论规则由主任会议制定。[4]

列入常委会会议议程的议案,在交付表决前,提案人要求撤回的,经主任会议同意(并向常委会报告),对该议案的审议即行终止。大部分地

---

〔1〕 参见《徐州市人民代表大会常务委员会议事规则》第34条。

〔2〕 参见《南平市人民代表大会常务委员会议事规则》(1998年5月28日南平市第一届人大常委会第二十四次会议通过,2005年4月28日第一次修订,2009年7月3日第二次修订)第13条。

〔3〕 参见《深圳市人民代表大会常务委员会议事规则》第28条、第29条。

〔4〕 参见《深圳市人民代表大会常务委员会议事规则》第30条。

方规定，列入常委会会议议程的议案，在审议中有重大问题需要进一步研究的，经主任会议提出，全体会议同意，可以暂不付表决，交有关专门委员会进一步审议研究并提出报告。对此，其他地方有较多不同的规定：有的地方规定提出主体是主任或者主任会议，或主任会议或者会议主持人；有的地方规定同意主体是常委会分组会议、联组会议或者全体会议，或联组会议或者全体会议，或出席会议的常委会组成人员过半数，或常委会全体组成人员过半数；有的地方则规定直接由主任会议决定。上述议案除了交有关专门委员会进一步审议研究外，有的地方规定还可以交常委会有关工作机构、办事机构或提案人进一步审议研究，或由提案人进一步调查研究后再向常委会提出；在进一步审议研究后，有的地方还规定由主任会议决定（是否）提请下次或者以后的常委会会议审议。

市级人大常委会的议案表决规定，与省级人大常委会的大体相同，也包括表决不受法律追究、表决通过比例、表决结果宣布、表决顺序、表决方式等方面。有的地方规定了不同的表决方式，还规定了表决有效人数、表决内容、授权主任会议作文字修改等规则。

市级人大常委会组成人员在常委会会议上的表决，不受法律追究；常委会表决议案由常委会全体组成人员的过半数通过；表决结果由会议主持人当场宣布；有修正案的，先表决修正案；常委会表决议案一般采用无记名方式、举手方式或者其他方式。另外，关于表决方式，有的地方规定，表决采取按表决器方式，如遇特殊情况，则采用其他表决方式；个别地方只规定采取按表决器方式。朔州、海口规定，表决议案，可以总体表决，根据需要也可以分项表决。[1] 关于表决有效人数，有的地方规定，表决议案需有常委会全体组成人员的过半数出席方为有效。关于表决内容，部分地方规定，常委会组成人员表决时，可以投赞成票，可以投反对票，也可以弃权。此外，洛阳规定，交付表决的地方性法规和决议、决定，在征询意见时，常委会组成人员提出，可以要求对某些段落或者字句进行修改；有

〔1〕 参见《朔州市人民代表大会常务委员会议事规则》第75条；《海口市人民代表大会常务委员会议事规则》第48条。

重要修改意见的，先表决修改意见。[1] 有的地方规定，常委会原则通过的事项（议案、决议、决定、审议意见等），可以授权主任会议作文字修改（然后公布）；南平规定，常委会在表决决议、决定和审议意见时，如果需要在文字上作适当修改，可以先进行表决，文字修改授权主任会议审定。[2]

此外，有的地方规定，常委会组成人员审议议案（或工作报告）时提出的建议、批评和意见，由常委会办事机构或有关工作机构（或有关专门委员会）转交有关机关研究处理，有关机关应当限期报告处理情况。

（二）地方法规案

市级人大常委会地方性法规案（包括相应的修改案、废止案、解释案）的特殊议事程序，大部分由《立法法》授权本级人大规定，部分规定在《立法法》中。地方性法规案在提出内容和程序上有特别规定，列入会议议程后由有关专门委员会（法制委员会）根据有关审议意见统一审议并提出报告和草案修改稿，并且一般经两次或三次常委会会议审议再交付表决。各地对具体审议程序的规定不尽相同，有的地方还规定了地方性法规报请批准案、政府规章（或行政措施）案的特殊议事程序。另外，对于自治条例和单行条例案的特殊议事程序，各地几乎都没有规定。

根据《立法法》，地方性法规案、自治条例和单行条例案的提出、审议和表决程序，根据《地方组织法》并参照《立法法》相关规定，由本级人大规定；地方性法规草案由负责统一审议的机构提出审议结果的报告和草案修改稿；市级人大及其常委会制定的地方性法规报经批准后，由常委会发布公告予以公布；自治州自治条例和单行条例报经批准后，由自治州人大常委会发布公告予以公布。[3] 有的地方在议事规则中直接规定了地方性法规案的特殊议事程序，有的地方只规定地方性法规案的提出、审议、表决适用相应地方立法条例的规定，个别地方没有作出规定。以下是对各地议事规则中的直接规定的整理。

---

〔1〕 参见《洛阳市人民代表大会常务委员会议事规则》第58条。

〔2〕 参见《南平市人民代表大会常务委员会议事规则》第52条第2款。

〔3〕 参见《立法法》第77条，第78条第3款、第4款。

在地方性法规案的提出阶段,朔州规定,主任会议、市人民政府、市人大法制委员会可以向常委会提出关于城乡建设与管理、环境保护、历史文化保护方面和规范常委会自身活动的事项制定地方性法规案。[1] 有的地方规定,提请常委会审议的地方性法规案,应当在常委会会议举行 1 个月(有的为 30 日、45 日等)前提出;向常委会提出地方性法规案,必须附地方性法规草案及其说明(并提供有关参考资料)。

在地方性法规案的审议阶段,在一般规定方面,个别地方规定,地方性法规案经常委会会议听取说明并审议后,由法制委员会进行统一审议,提出审议结果(或修改情况)的报告和草案修改稿(或草案表决稿),由主任会议决定提请常委会会议审议表决。

在具体审议程序方面,很多地方规定,列入常委会会议议程的地方性法规案,一般应当经两次常委会会议审议后再交付表决。其中,有的地方具体规定,常委会会议第一次审议,在全体会议上听取议案提案人的说明,由分组会议对地方性法规案(和有关专门委员会提出的审查意见)进行审议;常委会会议第一次审议后,法制委员会根据常委会组成人员、有关专门委员会和其他各方面提出的意见,对地方性法规案进行统一审议;常委会会议第二次审议,在全体会议上听取法制委员会关于法规草案审议结果的报告,由分组会议对法规草案修改稿进行审议,然后由法制委员会根据常委会组成人员的意见进行修改,提出法规草案表决稿,由主任会议提请常委会全体会议表决。洛阳还规定,列入常委会会议议程的地方性法规案,市人大专门委员会、常委会工作机构和办事机构应当就制定该项地方性法规的必要性、可行性以及该地方性法规案中的专门性问题进行审议,并由其主要负责人向主任会议、常委会会议作审议意见的报告。[2] 有的地方规定,地方性法规案经常委会两次会议审议后,各方面意见比较一致,可以交付表决;仍有重大问题需要进一步研究的,暂不付表决,由主任会议决定提请常委会以后的会议继续审议表决。地方性法

---

[1] 参见《朔州市人民代表大会常务委员会议事规则》第 14 条第 1 款。

[2] 参见《洛阳市人民代表大会常务委员会议事规则》第 21 条。

规内容比较简单成熟的，地方性法规的修改案（或废止案、解释案）各方面意见比较一致的，也可以经常委会会议一次审议即交付表决；重要的地方性法规案，可以经三次常委会会议审议后再交付表决。朔州规定，涉及重大事项或者各方面意见存在较大分歧的，经主任会议决定，可以经过三次常委会会议审议，但从初审到三审的时间间隔一般不得超过一年；对于直接关系全市人民切身利益的重要法规草案，常委会会议初审后，经主任会议决定，可以向社会公布，广泛征求人民群众的意见。[1] 另外，有的地方如内江市规定，列入常委会会议议程的地方性法规案，一般应当经三次常委会会议审议后再交付表决。[2] 有的地方如广州市规定，各方面意见比较一致的地方性法规案，可以经两次常委会会议审议后交付表决；调整事项较为单一、部分修改或者废止的地方性法规案，各方面意见比较一致的，可以经一次常委会会议审议即交付表决。[3]

在地方性法规案的表决阶段，白银规定，法规案采用无记名表决方式。[4] 广州规定，常委会会议对地方性法规案重要条款单独表决的程序，依照相关规定进行。[5] 丽江规定，对交付表决的议案，有法规案的，先表决法规案，再表决其他议案。[6]

在地方性法规通过后，有的地方规定，市级人大常委会会议通过的地方性法规报省级人大常委会批准后公布施行。

此外，有的地方还规定了地方性法规报请批准案、政府规章（或行政措施）案的特殊议事程序。（1）在地方性法规报请批准案方面，三亚规

---

〔1〕 参见《朔州市人民代表大会常务委员会议事规则》第15条第1款、第3款。

〔2〕 《内江市人民代表大会常务委员会议事规则》（1992年2月15日内江市第二届人大常委会第十一次会议通过，1995年10月12日内江市第三届人大常委会第三次会议第一次修改，2000年12月19日内江市第四届人大常委会第六次会议第二次修改，2006年4月30日内江市第五届人大常委会第九次会议第三次修改，2014年12月25日内江市第六届人大常委会第三十次会议第四次修改，2018年6月27日内江市第七届人大常委会第十九次会议第五次修改）。

〔3〕 《广州市人民代表大会常务委员会议事规则》第17条第1款。

〔4〕 参见《白银市人民代表大会常务委员会议事规则》第40条第2款。

〔5〕 参见《广州市人民代表大会常务委员会议事规则》第48条第3款。

〔6〕 参见《丽江市人民代表大会常务委员会议事规则》（2018年8月29日丽江市第四届人大常委会第四次会议通过）第35条。

定，报请批准的地方性法规，由报请批准机关书面向市人大常委会报告其起草、审议情况，由主任会议决定列入市人大常委会会议议程；市人大法制委员会对报请批准的地方性法规进行统一审议，向市人大常委会全体会议作口头报告或者书面报告。[1]（2）在政府规章（或行政措施）案方面，贺州规定，列入会议议程的具有地方行政规章性质的议案，必须事先经有关专门委员会审议后再提请常委会会议审议；对于成熟或基本成熟的具有地方行政规章性质的议案，可在当次会议进行表决；对于意见较大，需作进一步修改的，由有关专门委员会同提案机关根据审议意见进行修改，并向常委会写出书面报告，再提请下次常委会会议审议。[2] 清远规定，列入常委会会议议程的市人民政府规章草案，常委会会议听取说明后，可以在本次会议审议通过，也可以初步审议后，如果有重大问题需要进一步研究的，经主任会议提出，并经常委会会议同意，可暂不付表决，待交有关部门进一步调查研究提出意见，在下一次或者以后的常委会会议再审议决定。[3] 宝鸡规定，市人民政府提请市人大常委会审议批准的行政措施草案，经有关的工作机构或办事机构讨论提出意见，再由主任会议决定是否列入市人大常委会会议的议程。[4]

（三）撤销决议、决定、命令案

有的地方规定了撤销决议、决定、命令案的特殊审议程序。

有的地方规定，常委会会议审议撤销不适当决议、决定和命令案时，被撤销的不适当决议、决定和命令的机关负责人，可以到会申诉或者提出书面申诉意见；其中，个别地方还规定，提议案的机关或者提议案人应当说明事实根据和理由，并回答询问。

---

〔1〕 参见《三亚市人民代表大会常务委员会议事规则》（1993 年 6 月 16 日三亚市第二届人大常委会第一次会议通过，2003 年 4 月 29 日第一次修正，2015 年 6 月 26 日第二次修正）第 16 条。

〔2〕 参见《贺州市人民代表大会常务委员会议事规则》第 20 条。

〔3〕 参见《清远市人民代表大会常务委员会议事规则》（2007 年 4 月 23 日清远市第五届人大常委会第二次会议通过）第 31 条。

〔4〕 参见《宝鸡市人民代表大会常务委员会议事规则》（2008 年 2 月 27 日宝鸡市第十三届人大常委会第一次会议第三次修正通过）第 23 条第 1 款。

(四)任免案、罢免案、撤职案、辞职案

市级人大常委会人事任免案的规定,与省级人大常委会的大体相同。对于市级人大常委会人事任免案的特殊议事程序,各地的规定大部分涉及任免案,不少涉及撤职案,只有小部分涉及罢免案和辞职案。部分地方规定,这些人事任免程序适用相关人事任免办法、相关法律或其实施办法的规定。以下是对各地议事规则中的直接规定的整理。

1. 任免案

任免案在提出的时间和内容上有特别的要求,在审议时由提出任免案的机关负责人到会说明和答复,一般以无记名方式逐人表决或合并表决。有的地方在报送的相关材料、表决方式和顺序等方面有较多不同规定,还对任前法律知识考试、拟任免人员到会见面发言、任免案暂不付表决、任免前禁止行为等作出规定。

在任免案的提出方面,有的地方规定,向常委会提出的任免案,应当在常委会举行会议的15日前(有的为10日前、7日前)报送常委会。有的地方规定,任免案应当写明被任免人员的基本情况及任免理由。对于报送的相关材料,不同地方的规定不一。另外,朔州规定,市人大常委会人事代表工作委员会对提请的人事任免案进行初步审查,向主任会议报告,由主任会议决定是否提交常委会会议审议任免;常委会对任命人员进行任前法律知识考试,考试不合格的,由主任会议决定,可以暂缓任命。[1]其他一些地方也规定,拟任人员应当参加常委会组织的任前法律知识考试。

在任免案的审议方面,有的地方规定,提出任免案的机关应当介绍被任免人员的基本情况及任免理由;提出任免案的机关负责人(必要时)应到会听取意见,回答询问。另外,武汉规定,常委会认为必要时,被任免人应当到会回答询问。[2] 朔州规定,拟任命人员应按要求到会与常委会组

〔1〕 参见《朔州市人民代表大会常务委员会议事规则》第58条。
〔2〕 参见《武汉市人民代表大会常务委员会议事规则》第18条。

成人员见面，并作供职报告；[1]其他一些地方也规定，拟任人员应当在常委会会议上作供职报告（供职发言、任职承诺发言）。有的地方规定，如果市人大常委会组成人员多数认为某项任免议案有重要情况尚需进一步考察了解的，该次市人大常委会会议可暂不付表决，由提请任免的机关作进一步考察了解，待有关情况了解清楚后，再由主任会议决定提请市人大常委会会议任免；徐州规定，在审议人事任免案时，对被提请任免人员提出不同意见且争议较大的，或者发现被提请任命人员有足以影响其任职问题的，由主任会议提出，经全体会议同意，可以暂不付表决，交任免案提请机关作进一步了解，向常委会提出报告。[2] 个别地方规定，常委会通过任免之前，有关机关和人员不得公布，不得提前到职或离职。

在任免案的表决方面，部分地方规定，任免案采取无记名方式表决；南昌规定，表决任免案采用无记名投票或者按表决器方式；日喀则、海东规定，表决任免案，采用无记名投票方式或者举手方式；三亚规定，对任职人员采用无记名投票或者表决器表决方式，对免职人员采用表决器表决或者举手表决方式。[3] 部分地方规定，任免案一般应当逐人表决，根据情况也可以合并表决；对于可以合并表决的具体情况，个别地方规定是经当次会议到会的常委会组成人员多数同意。徐州规定是免职和接受辞职等事项、任免特定委员会组成人员，可以合并表决。[4] 有的地方规定，（同一职务人员的任免）应当先表决免职，再表决任职；珠海规定，人事任免案表决应当按先免后任的程序逐人表决，经到会常委会组成人员过半数同意，也可以合并表决；茂名规定，属于任免职的，实行逐人表决，属于

---

〔1〕 参见《朔州市人民代表大会常务委员会议事规则》第59条第2款。

〔2〕 参见《徐州市人民代表大会常务委员会议事规则》第70条。

〔3〕 参见《南昌市人民代表大会常务委员会议事规则》（2005年3月9日南昌市第十二届人大常委会第三十三次会议通过，2007年6月25日第一次修正，2010年10月29日第二次修正）第45条；《日喀则市人民代表大会常务委员会议事规则》第40条第2款；《海东市人民代表大会常务委员会议事规则（试行）》（2013年7月11日海东市第一届人大常委会第一次会议通过）第33条第2款；《三亚市人民代表大会常务委员会议事规则》第30条第2款。

〔4〕 参见《徐州市人民代表大会常务委员会议事规则》第71条第2款、第3款。

通过人选名单的，实行合并表决。[1] 长春规定，对特定国家机关及部门领导人员的任免，采用无记名投票方式逐人表决；对法律规定的其他人员的任免，可以采用按电子表决器等方式逐人或者合并表决。[2]

2. 罢免案

罢免案由特别的主体对市级人大选出的省级人大代表提出，在审议时可以由被提出罢免的代表提出申辩意见，采用无记名的表决方式。

在罢免案的提出阶段，根据《选举法》，（在市级人大闭会期间）常委会主任会议或者常委会 1/5 以上组成人员联名，可以向常委会提出对由市级人大选出的省级人大代表的罢免案；罢免案应当写明罢免理由。[3] 部分地方有与此相同的规定。另外，个别地方规定，向常委会提出罢免省人大个别代表的议案，还可以先交常委会有关工作机构（或办事机构）进行调查并提出意见，再决定提请常委会会议审议；武汉规定，上述罢免案还可以由主任会议提议，经常委会会议决定，组织调查委员会，由常委会下次会议根据调查委员会的报告审议决定。[4]

在罢免案的审议阶段，根据《选举法》，在市级人大常委会举行会议时，被提出罢免的代表有权在主任会议和常委会全体会议上提出申辩意见，或者书面提出申辩意见，由主任会议印发会议；罢免案经会议审议后，由主任会议提请全体会议表决。[5] 有的地方有与此基本相同的规定。另外，个别地方规定，常委会会议审议罢免案的时候，提议案的机关或者提议案人应当说明理由和介绍情况，并回答询问。

---

〔1〕 参见《珠海市人民代表大会常务委员会议事规则》(1996 年 6 月 25 日珠海市第四届人大常委会第十七次会议通过，2001 年 1 月 18 日第一次修订，2006 年 12 月 20 日第二次修订）第 25 条第 3 款；《茂名市人民代表大会常务委员会议事规则》(1999 年 2 月 26 日茂名市第八届人大常委会第七次会议通过，2007 年 3 月 1 日修正）第 37 条第 2 款。

〔2〕 参见《长春市人民代表大会常务委员会议事规则》(1988 年 7 月 20 日长春市第九届人大常委会第四次会议审议通过，1996 年 4 月 5 日第一次修正，2001 年 12 月 13 日第二次修正，2007 年 8 月 31 日第三次修正，2010 年 12 月 29 日第四次修正）第 37 条第 2 款。

〔3〕 参见《选举法》第 50 条第 1 款。

〔4〕 参见《武汉市人民代表大会常务委员会议事规则》第 19 条。

〔5〕 参见《选举法》第 50 条第 3 款。

在罢免案的表决阶段，根据《选举法》，罢免代表采用无记名的表决方式。[1] 个别地方有与此相同的规定，个别地方规定撤职案的表决采用无记名投票或电子表决器的方式。

在罢免案通过后，根据《选举法》，罢免的决议，须报送上一级人大常委会备案、公告。[2] 个别地方有与此相同的规定。

3. 撤职案

撤职案由特别的主体对特定国家机关工作人员提出，在审议时可以由被提出撤职的人员提出申辩意见，采用无记名投票的方式表决。

在撤职案的提出方面，根据《监督法》，市级人大常委会在市级人大闭会期间，可以决定撤销市级人民政府个别副市长、副州长的职务，可以撤销由它任命的市级人民政府其他组成人员和人民法院副院长、庭长、副庭长、审判委员会委员、审判员，人民检察院副检察长、检察委员会委员、检察员，中级人民法院院长、人民检察院分院检察长的职务；市级人民政府、人民法院和人民检察院，市级人大常委会主任会议，可以向市级人大常委会提出对上述国家机关工作人员的撤职案；市级人大常委会 1/5 以上的组成人员书面联名，可以向常委会提出对上述国家机关工作人员的撤职案，由主任会议决定是否提请常委会会议审议，或者由主任会议提议，经全体会议决定，组织调查委员会，由以后的常委会会议根据调查委员会的报告审议决定；撤职案应当写明撤职的对象和理由，并提供有关的材料。[3] 部分地方有与此基本相同的规定，部分地方只有相对简略的规定。另外，在撤职对象方面，个别地方规定还包括常委会任命的常委会工作机构负责人、市人大专门委员会个别副主任委员和部分委员，个别地方规定的是由市人大常委会任命（或决定任命）的国家机关工作人员。南平还规定，对撤职案进行调查的期限不得超过 60 日。[4]

---

〔1〕 参见《选举法》第 51 条。

〔2〕 参见《选举法》第 52 条第 2 款。

〔3〕 参见《监督法》第 44 条、第 45 条、第 46 条第 1 款。

〔4〕 参见《南平市人民代表大会常务委员会议事规则》第 33 条第 3 款。

在撤职案的审议方面,根据《监督法》,撤职案在提请表决前,被提出撤职的人员有权在常委会会议上提出申辩意见,或者书面提出申辩意见,由主任会议决定印发常委会会议。[1] 不少地方有与此相同的规定。另外,有的地方规定,常委会会议审议撤职案的时候,提议案的机关或者提议案人应当说明理由和介绍情况,并回答询问。

在撤职案的表决方面,根据《监督法》,撤职案的表决采用无记名投票的方式。[2] 部分地方有与此相同的规定,个别地方规定撤职案的表决采用无记名投票或电子表决器的方式。

4. 辞职案

辞职案由经市级人大选出的市级国家机关领导人员和省级人大代表提出。

就市级国家机关领导人员的辞职而言,根据《地方组织法》,市级人大常委会组成人员、人民政府领导人员、人民法院院长、人民检察院检察长,在大会闭会期间,可以向市级人大常委会提出辞职,由常委会决定是否接受辞职;常委会决定接受辞职后,报市级人大备案。[3] 有的地方有与此相同的规定。另外,个别地方规定,专门委员会组成人员、市监察委员会主任也可以向常委会提出辞职。就全国人大代表的辞职而言,根据《选举法》,省级人大代表可以向选举他的人大的常委会书面提出辞职;接受辞职的决议,须报送上一级人大常委会备案、公告。[4] 个别地方有与此相同的规定。

此外,有的地方规定,常委会接受市级人民检察院检察长的辞职,应当由市级人民检察院报省级人民检察院检察长提请省级人大常委会批准。

---

〔1〕 参见《监督法》第46条第2款。
〔2〕 参见《监督法》第46条第3款。
〔3〕 参见《地方组织法》第27条第1款。
〔4〕 参见《选举法》第54条第1款。

三、其他动议的运行

（一）工作报告

市级人大常委会审议工作报告的规定，与省级人大常委会的大部分相同，在个别方面更加详细。总体而言，工作报告由有关国家机关和机构向常委会提出，在安排、准备、提出、审议、处理、监督等方面都有特别规定，尤其是提出、处理、监督程序；不同种类的工作报告有相同的程序，也有各自不同的程序。各地关于工作报告的规定较为复杂：有的对工作报告整体作出规定，有的对不同种类的工作报告分别作出规定，有的兼而有之；其中，专门规定专项工作报告的较多，专门规定其他种类工作报告的较少。个别地方规定，常委会审议工作报告的程序，适用《监督法》或相关法规的规定。

在工作报告的总体规定方面，部分地方规定，常委会会议听取和审议市级人民政府（及其所属工作部门）、市级人民法院、市级人民检察院的（专项）工作报告，国民经济和社会发展计划、预算执行情况报告，决算报告和审计工作报告，常委会执法检查组提出的执法检查报告，还有其他报告。在上述一般情形以外，对于常委会会议听取和审议的工作报告，有的地方只概括规定为工作报告而没有列出其具体种类，有的地方规定是工作报告、专题报告，部分地方还列出了一些其他种类的报告：常委会组织的视察报告、调查报告，市级监察委员会的（专项）工作报告，海事法院、知识产权法院、互联网法院的（专项）工作报告，主任会议、专门委员会的工作报告和常委会工作机构的工作报告，垂直管理部门的专项工作报告，审计整改报告，国有资产管理情况的报告，等等。另外，个别地方规定，向常委会会议所作的工作报告，主任会议可以根据情况决定采用口头形式或者书面形式。有的地方规定，常委会会议还听取和审议海事法院、知识产权法院、互联网法院、州人民法院分院、省级人民检察院分院等机关的工作报告。

在工作报告的准备方面，个别地方规定了与一般专项工作报告基本相同的准备程序，即常委会听取和审议工作报告前，主任会议可以组织常委会组成人员和市人大代表进行视察或者专题调查研究，也可以组织有关专门委员会或常委会工作部门进行视察或者调查研究。

在工作报告的提出方面，个别地方规定了与一般专项工作报告基本相同的提出程序，即市级人民政府、人民法院或者人民检察院应当在常委会举行会议的20日前，将工作报告送交市级人大有关专门委员会或者常委会有关工作机构征求意见；市级人民政府、人民法院或者人民检察院对报告修改后，在常委会举行会议的10日前送交常委会；常委会办事机构应当在常委会举行会议的7日前，将专项工作报告发给常委会组成人员。有的地方详细规定，每类工作报告由相应机关或部门的正职或副职负责人向常委会会议作出。另外，有的地方规定，在常委会会议召开之前，主任会议可以决定将工作报告交有关的专门委员会审议并提出意见（或委托常委会办事机构、工作机构研究并提出意见），并在常委会会议上汇报。常州规定，常委会会议闭会期间，对市人民政府、市中级人民法院、市人民检察院提出的重大事项的报告，需要及时处理的，授权主任会议讨论、提出意见，及时向报告机关反馈，处理结果向常委会会议报告。[1]

在工作报告的审议方面，有的地方规定，常委会全体会议听取工作报告后，可以由分组会议或联组会议（或全体会议）进行审议；主任会议可以决定将工作报告交有关专门委员会审议并提出意见。成都具体规定了审议内容和审议意见的要求：常委会组成人员对工作报告，重点审议报告机关是否依法开展有关工作，报告的情况是否客观真实，工作的成效、存在的问题和原因，解决问题和改进工作的措施；审议意见应当全面、准确反映常委会组成人员的意见，一般应当包括对专项工作报告的总体评价、存在的主要问题、改进工作的建议、提交研究处理情况报告的期限等

〔1〕 参见《常州市人民代表大会常务委员会议事规则》（1989年12月19日常州市第十届人大常委会第十四次会议通过，2003年10月29日第一次修订，2009年10月28日第二次修订，2017年10月31日第三次修订）第35条。

内容。[1]

在工作报告的处理方面,(1)关于报告审议意见的研究处理,有的地方规定,常委会组成人员对专项工作报告、国民经济和社会发展计划执行情况报告、预算执行情况报告、审计工作报告的审议意见和执法检查报告及其审议意见,由常委会办事机构(或工作机构)交由市级人民政府、市级人民法院、市级人民检察院研究处理;市级人民政府、市级人民法院、市级人民检察院的研究处理情况应当限期(具体为2个月内、3个月内、6个月内、90日内、60日内不等)报告常委会;在正式报告常委会之前,应当先由其办事机构送交市人大有关专门委员会或者常委会有关工作机构征求意见。(2)关于常委会的决议决定,部分地方规定,常委会认为必要的时候,可以对工作报告作出决议(或决定);市级人民政府、市级人民法院、市级人民检察院应当在决议规定的期限内,将执行决议的情况向常委会报告。另外,桂林、咸宁还规定,常委会对作出的决议、决定执行情况实行监督,主任会议处理对决议、决定执行情况实施监督的重要日常事务,有关专门委员会协助常委会对决议、决定执行情况进行跟踪检查、督促落实,常委会有关工作机构和办事机构承办督促检查工作有关的事项。[2] (3)关于相关材料的通报公布,部分地方规定,常委会听取的专项工作报告、国民经济和社会发展计划执行情况报告、预算执行情况报告、审计工作报告、执法检查报告及审议意见,市级人民政府、市级人民法院、市级人民检察院对审议意见研究处理情况或者执行决议情况的报告等,向市级人大代表通报并向社会公布。

在工作报告的监督方面,部分地方规定了对报告(工作报告或审议意见研究处理情况报告)的满意度测评及相关处理制度。(1)在测评程序方面,南平规定,常委会组成人员5人以上书面联名,对有关报告不满意并要求补充报告或者重新报告的,由主任会议决定是否提请常委会会议

---

〔1〕 参见《成都市人民代表大会常务委员会议事规则》第17条、第18条第2款。

〔2〕 参见《桂林市人民代表大会常务委员会议事规则》(2009年12月30日桂林市第三届人大常委会第二十九次会议通过)第21条;《咸宁市人民代表大会常务委员会议事规则》第56条。

审议。[1] 成都规定，主任会议可以决定是否提请常委会会议对研究处理情况的报告进行表决；有关专门委员会或者常委会工作机构、常委会组成人员5人以上联名，可以提出常委会会议对研究处理情况的报告进行表决的建议，由主任会议决定是否提请常委会会议表决。[2] 河源规定，常委会对工作报告进行表决时，分为“赞成”“反对”“弃权”三个档次进行无记名表决。[3] (2)在处理情形方面，大同规定为常委会组成人员对审议的工作报告批评意见较多时，[4]有的地方规定为常委会多数(或半数以上)组成人员对工作报告不满意时，有的地方规定为未获常委会全体组成人员过半数通过(或赞成)时。(3)在处理方式方面，有的地方规定由常委会责成报告机关在本次或者下次常委会会议上补充报告或者重新报告，有的地方规定由常委会责成报告机关重新报告。另外，安庆规定，常委会组成人员半数以上对重作的报告仍不满意的，常委会可以作出决议、决定；遵义规定，重作的报告仍未通过的，授权主任会议向常委会提交质询案。[5]

1. 专项工作报告

专项工作报告的提出、审议、处理程序，大部分与一般工作报告的相同或相似，另外在安排和准备方面有一些特有的规定。

在专项工作报告的安排方面，根据《监督法》，市级人大常委会每年选择若干关系改革发展稳定大局和群众切身利益、社会普遍关注的重大问题，有计划地安排听取和审议市级人民政府、人民法院和人民检察院的专项工作报告；市级人民政府、人民法院和人民检察院可以向市级人大常委

---

〔1〕 参见《南平市人民代表大会常务委员会议事规则》第27条。

〔2〕 参见《成都市人民代表大会常务委员会议事规则》第19条第3款。

〔3〕 参见《河源市人民代表大会常务委员会议事规则》(2000年9月22日河源市第三届人大常委会第九次会议通过，2008年7月3日第一次修订，2012年3月27日第二次修订，2017年8月29日第三次修订)第29条。

〔4〕 参见《大同市人民代表大会常务委员会议事规则》第31条。

〔5〕 参见《安庆市人民代表大会常务委员会议事规则》(2018年4月10日安庆市第十七届人大常委会第四次会议通过)第27条第2款；《遵义市人民代表大会常务委员会议事规则》第38条第2款。

会要求报告专项工作。[1] 部分地方有与此基本相同的规定。

在专项工作报告的准备方面,根据《监督法》,常委会听取和审议专项工作报告前,委员长会议或者主任会议可以组织市级人大常委会组成人员和市级人大代表,对有关工作进行视察或者专题调查研究;常委会可以安排参加视察或者专题调查研究的代表列席常委会会议,听取专项工作报告,提出意见。[2] 常委会听取和审议专项工作报告前,常委会办事机构应当将各方面对该项工作的意见汇总,交由市级人民政府、人民法院或者人民检察院研究并在专项工作报告中作出回应。[3] 部分地方有与此基本相同的规定。另外,有的地方规定,常委会工作机构(或办事机构、有关专门委员会)也可以就专项工作报告的有关事宜组织调查研究,提出调研意见。

在专项工作报告的提出方面,根据《监督法》,市级人民政府、人民法院或者人民检察院应当在常委会举行会议的20日前,由其办事机构将专项工作报告送交市级人大有关专门委员会或者常委会有关工作机构征求意见;市级人民政府、人民法院或者人民检察院对报告修改后,在常委会举行会议的10日前送交常委会;常委会办事机构应当在常委会举行会议的7日前,将专项工作报告发给常委会组成人员。[4] 专项工作报告由市级人民政府、人民法院或者人民检察院的负责人向市级人大常委会报告,市级人民政府也可以委托有关部门负责人向市级人大常委会报告。[5] 很多地方有与此基本相同的规定,有的地方还详细规定不同的专项工作报告分别由相应机关或部门的正职或副职负责人向常委会会议作出。另外,有的地方规定,在常委会会议审议专项工作报告前,可以交有关专门委员会进行审议并提出意见。徐州还详细规定了专项工作报告的内容要

〔1〕 参见《监督法》第8条第1款、第9条第2款。
〔2〕 参见《监督法》第10条。
〔3〕 参见《监督法》第11条。
〔4〕 参见《监督法》第12条。
〔5〕 参见《监督法》第13条。

求以及不同类别报告的时限。[1]

在专项工作报告的审议方面,广州规定,常委会可以委托有关专门委员会听取专项工作报告或者半年工作报告;受委托的有关专门委员会在听取报告后,应当及时拟出审议意见,报主任会议审核后提交常委会会议审阅;有关专门委员会汇总整理常委会组成人员的审阅意见后,由常委会办公厅将审议意见交由有关机关研究处理。[2]

在专项工作报告的处理方面,(1)关于报告审议意见的研究处理,根据《监督法》,常委会组成人员对专项工作报告的审议意见交由市级人民政府、人民法院或者人民检察院研究处理;市级人民政府、人民法院或者人民检察院应当将研究处理情况由其办事机构送交市级人大有关专门委员会或者常委会有关工作机构征求意见后,向常委会提出书面报告。[3]一些地方有与此相同的规定,其中有的地方进一步规定了审议意见整理转交的程序,还有有关机关向常委会提出处理情况报告的期限(具体为3个月、4个月、6个月不等)。(2)关于常委会的决议决定,根据《监督法》,常委会认为必要时,可以对专项工作报告作出决议;市级人民政府、人民法院或者人民检察院应当在决议规定的期限内,将执行决议的情况向常委会报告。[4] 部分地方有与此相同的规定。(3)关于相关材料的通报公布,根据《监督法》,常委会听取的专项工作报告及审议意见,市级人民政府、人民法院或者人民检察院对审议意见研究处理情况或者执行决议情况的报告,向市级人大代表通报并向社会公布。[5] 有的地方有与此相同的规定。

在专项工作报告的监督方面,不少地方规定了对报告(专项工作报告或审议意见研究处理情况报告)的满意度测评及相关处理制度。(1)在测评程序方面,部分地方规定主任会议可以决定(是否)将报告提请常委

---

〔1〕 参见《徐州市人民代表大会常务委员会议事规则》第43条,第44条第2款、第3款。

〔2〕 参见《广州市人民代表大会常务委员会议事规则》第33条。

〔3〕 参见《监督法》第14条第1款。

〔4〕 参见《监督法》第14条第1款。

〔5〕 参见《监督法》第14条第2款。

会进行满意度测评;徐州规定,主任会议可以根据有关专门委员会和常委会工作机构的审查意见,将决议、决定和审议意见研究处理情况的书面报告提交常委会审议和进行满意度测评;[1] 个别地方规定满意度测评适用相关工作办法的规定。另外,咸宁规定,常委会对市人民政府、市中级人民法院和市人民检察院的专项工作报告或对专项工作报告审议意见的处理情况的报告进行满意度测评,一般采取电子表决器或无记名测评票方式。[2] 有的地方规定,测评表决分为"满意""基本满意""不满意"3 个档次。洛阳更详细地规定,表决采取无记名投票或按表决器方式进行;常委会组成人员可以投满意票,也可以投不满意票或弃权票;表决结果分为满意、基本满意、不满意 3 个档次;满意票得票率超过应到会常委会组成人员 75% 的评定为满意,在 50% ~75% 的评定为基本满意,低于 50% 的评定为不满意。[3] 有的地方还规定,测评结果通报有关机关(并向社会公布)。(2)在处理情形方面,部分地方规定为测评结果为不满意时,有的地方规定为常委会组成人员半数以上不满意时、获满意和基本满意票未超过常委会组成人员半数时、未获过半数满意票时、报告未获通过时等。(3)在处理方式方面,有的地方规定,报告机关应当(限期)补充报告或重新报告;不少地方规定,报告机关应当在整改后(限期)重新报告。另外,朔州规定,经再次审议表决没有通过的,可依法对报告机关进行质询并提出处理意见。[4] 湘西规定,如果常委会全体组成人员过半数对再次报告仍不满意的,可根据具体情况依法开展质询、组织特定问题调查、撤职等方式实施监督。[5] 徐州规定,如再次测评结果仍为"不满意"的,常委会在报经市委同意后启动相应监督程序,同时向市人民政府提出问责

---

[1] 参见《徐州市人民代表大会常务委员会议事规则》第 50 条。

[2] 参见《咸宁市人民代表大会常务委员会议事规则》第 55 条第 5 款。

[3] 参见《洛阳市人民代表大会常务委员会议事规则》第 42 条第 2 款、第 3 款。

[4] 参见《朔州市人民代表大会常务委员会议事规则》第 30 条。

[5] 参见《湘西土家族苗族自治州人民代表大会常务委员会议事规则》(1989 年 12 月 29 日湘西土家族苗族自治州第八届人大常委会第十五次会议通过,1995 年 5 月 17 日第一次修正,2009 年 2 月 26 日第二次修正,2014 年 10 月 28 日第三次修正)第 20 条。

建议。[1]

此外,有的地方规定,有关专门委员会、常委会有关工作机构或办事机构,负责对审议意见研究处理情况和决议执行情况进行督办(或跟踪检查)。朔州规定,常委会工作机构应建立督办机制,经常了解审议意见落实和决议、决定执行情况,必要时向主任会议提出建议,由主任会议决定,组织常委会组成人员、市人大代表采取视察、抽查、暗访等形式,对市人民政府、市中级人民法院和市人民检察院落实审议意见、执行决议、决定情况进行督办。[2] 贵阳规定,审议意见的研究处理情况由有关专门委员会负责跟踪检查,并提出意见。有关机关在规定时间内没有按照审议意见进行研究处理,也没有主动说明原因的,主任会议应当要求有关机关负责人在主任会议或者常委会会议上作出说明,由有关专门委员会进行督办。[3]

2. 执法检查报告

执法检查报告有特别的提出和处理程序,其处理程序与一般工作报告的程序相似。

在执法检查报告的提出方面,根据《监督法》,执法检查结束后,执法检查组应当及时提出执法检查报告,由委员长会议或者主任会议决定提请常委会审议。[4] 部分地方有与此基本相同的规定。有的地方规定了执法检查报告包括的内容,与《监督法》的规定基本相同。[5] 另外,有的地方规定,常委会听取和审议执法检查报告前,应当把执法检查中发现的问题反馈给市人民政府及有关部门、市监察委员会、市中级人民法院、市人民检察院;必要时,经主任会议决定,可以将法律、法规实施机关提出的执法情况报告一并提请常委会会议审议。徐州还具体规定了执法检查报

〔1〕 参见《徐州市人民代表大会常务委员会议事规则》第52条第2款。
〔2〕 参见《朔州市人民代表大会常务委员会议事规则》第34条第1款。
〔3〕 参见《贵阳市人民代表大会常务委员会议事规则》第35条第1款。
〔4〕 参见《监督法》第26条第1款。
〔5〕 参见《监督法》第26条第2款。

告的内容要求以及报告的时限。[1]

在执法检查报告的处理方面,(1)关于报告审议意见的研究处理,根据《监督法》,常委会组成人员对执法检查报告的审议意见连同执法检查报告,一并交由市级人民政府、人民法院或者人民检察院研究处理;市级人民政府、人民法院或者人民检察院应当将研究处理情况由其办事机构送交市级人大有关专门委员会或者常委会有关工作机构征求意见后,向常委会提出报告。[2] 必要时,由主任会议决定提请常委会审议,或者由常委会组织跟踪检查;常委会也可以委托本级人大有关专门委员会或者常委会有关工作机构组织跟踪检查。[3] 部分地方有与此基本相同的规定。个别地方还规定,常委会可以听取审议有关机关研究处理审议意见情况的报告,并进行满意度表决。(2)关于常委会的决议决定,有的地方规定,常委会认为必要时,可以就执法检查报告作出决议、决定。(3)关于相关材料的通报公布,根据《监督法》,常委会的执法检查报告及审议意见,市级人民政府、人民法院或者人民检察院对其研究处理情况的报告,向市级人大代表通报并向社会公布。[4] 有的地方有与此相同的规定。

此外,有的地方还规定了执法检查的安排、组织程序等,其内容与《监督法》相关规定的内容基本相同。

3. 计划调整报告、预算调整报告

市级人大常委会审查计划调整报告、预算调整报告的规定,与省级人大常委会的基本相同。计划调整报告、预算调整报告一般在常委会举行会议前提交有关专门委员会初步审查,或送交有关工作机构征求意见,由财政经济委员会(或常委会有关工作机构)进行审查并提出审查情况报告。不少地方规定了审查计划调整报告、预算调整报告的程序,有的地方只规定了审查预算调整报告的程序,而没有规定审查计划调整报告的

〔1〕 参见《徐州市人民代表大会常务委员会议事规则》第43条、第44条第1款。
〔2〕 参见《监督法》第27条第1款。
〔3〕 参见《监督法》第27条第1款。
〔4〕 参见《监督法》第27条第2款。

程序。

根据《监督法》，市级人民政府有关主管部门应当在市级人大常委会举行会议审查和批准预算调整方案的1个月前，将预算调整初步方案送交市级人大财政经济委员会进行初步审查，或者送交常委会有关工作机构征求意见。[1] 根据《预算法》，市级政府财政部门应当在市级人大常委会举行会议审查和批准预算调整方案的30日前，将预算调整初步方案送交市级人大有关专门委员会进行初步审查，或者送交市级人大常委会有关工作机构征求意见。[2] 有的地方规定，国民经济和社会发展计划调整案、预算调整案，一般应当在常委会会议举行1个月前（30日前）送交有关专门委员会（财政经济委员会）进行初步审查，或者送交常委会有关工作机构征求意见；其中有的地方还规定，由财政经济委员会（或常委会有关工作机构）向常委会会议提出审查结果的报告。有的地方只对预算调整案规定了上述程序。另外，个别地方规定，常委会在作出是否批准计划和预算调整方案的决定时，可以附相关要求和办理期限。

4. 决算报告

市级人大常委会审查决算报告的规定，与省级人大常委会的基本相同。决算报告一般在常委会举行会议前提交有关专门委员会初步审查，或送交有关工作机构征求意见，由财政经济委员会进行审查并提出审查情况报告。个别地方还规定了决算报告审查内容和处理程序。

在决算报告的提出和初步审查方面，根据《监督法》，市级人民政府应当在每年6月至9月，将上一年度的市级决算草案提请市级人大常委会审查和批准。[3] 部分地方有与此基本相同的规定，其中有的地方进一步明确了报告的提出时间或审批时间。根据《预算法》，市级政府财政部门应当在市级人大常委会举行会议审查和批准市级决算草案的30日前，将上一年度市级决算草案送交市级人大有关专门委员会进行初步审查，或

〔1〕 参见《监督法》第17条第3款。
〔2〕 参见《预算法》第69条第5款。
〔3〕 参见《监督法》第15条第2款。

者送交市级人大常委会有关工作机构征求意见。[1] 有的地方规定,决算草案应当在常委会举行会议的1个月前(30日前),提交市人大有关专门委员会(财政经济委员会)进行初步审查,或者送交常委会有关工作机构征求意见,由财政经济委员会(或常委会有关工作机构)提出审查结果的报告。广州规定,决算由常委会预算工作委员会牵头组织预先审查,由市人大预算委员会进行初步审查。[2]

在决算报告的审查内容方面,个别地方规定了对决算报告重点审查的内容,其规定与《监督法》的基本相同。

在决算报告的处理方面,三明规定了决算案未获通过时的处理程序:批准决算的决议草案经表决未获通过的,主任会议应当提出对决算问题的决议案,提请常委会会议审议决定;市人民政府应当按照常委会决议的要求在规定期限内重新提出决算草案,提请常委会审查和批准。[3] 另外,个别地方规定,常委会在作出是否批准市人民政府决算草案的决定时,可以附相关要求和办理期限。

5. 计划、预算执行情况报告和审计工作报告

计划、预算执行情况报告和审计工作报告有特别的提出和处理程序,其处理程序与一般工作报告的相似。

在计划、预算执行情况报告和审计工作报告的提出方面,根据《监督法》,市级人民政府应当在每年6月至9月,向市级人大常委会报告本年度上一阶段国民经济和社会发展计划、预算的执行情况;常委会每年审查和批准决算的同时,听取和审议市级人民政府提出的审计机关关于上一年度预算执行和其他财政收支的审计工作报告。[4] 部分地方有与此基本相同的规定,其中有的地方进一步明确了报告的提出时间或审批时间。

---

〔1〕 参见《预算法》第78条第3款。

〔2〕 参见《广州市人民代表大会常务委员会议事规则》第29条第2款。

〔3〕 参见《三明市人民代表大会常务委员会议事规则》(1988年9月11日三明市第七届人大常委会第五次会议通过,1993年3月26日第一次修订,1998年2月12日第二次修订,2002年12月29日第三次修订,2007年6月26日第四次修订,2012年4月26日第五次修订)第26条第3款。

〔4〕 参见《监督法》第16条、第19条。

另外,朔州规定,审计工作报告的内容应当包括预算执行和其他财政收支的审计情况、审计评价,预算执行和其他财政收支中存在的问题、改进意见和建议。[1] 有的地方规定,在常委会听取和审议计划、预算执行情况报告和审计工作报告前,有关专门委员会(财经委员会)或常委会有关工作机构对报告进行初步审查并提出报告。三明规定,在会议听取和审议计划、预算执行情况报告前,常委会有关工作机构应当进行调查研究,向常委会提供有关信息资料;主任会议可以组织常委会组成人员和市人大代表,开展视察或者专题调查研究,向常委会提出报告。[2]

在计划、预算执行情况报告的审查方面,个别地方规定了对预算执行情况报告重点审查的内容(与《监督法》的规定基本相同),朔州则对二者都分别作出规定,常委会对计划执行情况的报告重点审查:(1)市人大批准的计划决议的执行情况;(2)国民经济和社会发展计划主要指标的完成情况;(3)国民经济和社会发展计划执行中的主要措施及落实情况;(4)国民经济和社会发展计划中确定的重大建设项目的进展情况;(5)其他重要事项。常委会对预算执行情况的报告重点审查:(1)市人大批准的预算决议的执行情况;(2)预算收支执行情况;(3)预算执行中的主要措施及落实情况;(4)重点支出资金的到位、使用情况;(5)其他重要事项。[3]

在计划、预算执行情况报告和审计工作报告的处理方面,(1)关于报告审议意见的研究处理,根据《监督法》,常委会组成人员对国民经济和社会发展计划执行情况报告、预算执行情况报告和审计工作报告的审议意见交由市级人民政府研究处理;市级人民政府应当将研究处理情况向常委会提出书面报告。[4] 有的地方有与此相同的规定,有的地方还细化了审议意见整理转交的程序,还有有关机关向常委会提出处理情况报告的期限。(2)关于常委会的决议决定,根据《监督法》,常委会认为必要时,

---

[1] 参见《朔州市人民代表大会常务委员会议事规则》第38条第3款。
[2] 参见《三明市人民代表大会常务委员会议事规则》第28条。
[3] 参见《朔州市人民代表大会常务委员会议事规则》第35条第4款、第5款。
[4] 参见《监督法》第20条第1款。

可以对审计工作报告作出决议;市级人民政府应当在决议规定的期限内,将执行决议的情况向常委会报告。[1] 有的地方有与此相同的规定。(3)关于相关材料的通报公布,根据《监督法》,常委会听取的国民经济和社会发展计划执行情况报告、预算执行情况报告和审计工作报告及审议意见,市级人民政府对审议意见研究处理情况或者执行决议情况的报告,向市级人大代表通报并向社会公布。[2] 有的地方有与此相同的规定。

6. 其他报告

有的地方还对视察报告、五年规划实施情况的中期评估报告和调整报告等其他报告的特殊议事程序作出规定。

视察报告。在视察报告的提出方面,个别地方规定,常委会组织代表视察,应当提出视察报告,由主任会议决定提请常委会审议。在视察报告的处理方面,个别地方规定了与一般工作报告相同的审议意见研究处理、相关材料通报公布的程序。

五年规划实施情况的中期评估报告和调整报告。有的地方规定,在国民经济和社会发展五年规划实施的中期阶段(或执行第三年的下半年、批准的第三年第四季度、第三年的三月至六月等),市人民政府应当向常委会提出规划实施情况的中期评估报告。长春规定,常委会在听取国民经济和社会发展五年规划实施情况的中期评估前,市人民政府应当将中期评估报告先交有关专门委员会进行初步审查,或者送交常委会有关办事机构征求意见;经中期评估对国民经济和社会发展五年规划需要调整的,市人民政府应当将调整初步方案先送交市有关专门委员会进行初步审查,或者送交常委会有关办事机构征求意见。[3]

(二)询问和质询

1. 询问、专题询问

市级人大常委会的询问规定,与省级人大常委会的大体相同,在询

---

〔1〕 参见《监督法》第20条第1款。

〔2〕 参见《监督法》第20条第2款。

〔3〕 参见《长春市人民代表大会常务委员会议事规则》第26条第3款、第4款。

问的内容和方式、专题询问的部分程序方面有不尽相同或更详细的规定。

常委会会议审议议案或者有关报告的时候,应当通知有关部门负责人到会(或派人到会),听取意见,回答询问。对于询问的场合,部分地方细化规定为分组会议和联组会议,有的地方规定还包括全体会议。另外,(1)在询问的内容和方式方面,有的地方规定,常委会组成人员可以就议题不清楚、不理解(或不满意)的有关事项提出询问;石家庄规定,询问应属于与会议议程有关的单项问题、具体问题和需要进一步说明的问题。[1] 个别地方规定,询问可以由个人提出,也可以由两人以上联合提出;可以口头提出,也可以书面提出。(2)在询问的答复方面,有的地方规定,人事任免案(以及其他议案)的提案机关有关负责人或提案人、人事任免案的对象(在必要时),也应当到会听取意见,回答询问。个别地方规定,有关负责人应当当场答复询问;不能当场答复的,经说明原因,并取得询问人的同意后,可以在下次常委会会议上(或特定的时间)口头或者书面答复。三明规定,除涉及国家秘密的事项外,有关机关的负责人对常委会组成人员的询问应当作出回答。[2]

此外,不少地方对专题询问作出了规定。

(1)在专题询问的总体规定方面,有的地方规定,常委会可以结合审议的议题(有关报告),对市级人民政府、市级中级人民法院、市级人民检察院的(关系改革发展稳定大局和群众切身利益、社会普遍关注的)工作开展专题询问;有的地方规定,经主任会议决定,常委会在审议专项工作报告(和有关执法检查报告)时,可以就相关工作开展专题询问;有的地方规定,常委会围绕全市工作大局和人民群众普遍关注热点难点问题,在广泛征求各方面意见的基础上,开展专题询问。其中有的地方规定,专题询

〔1〕 参见《石家庄市第十三届人大常委会议事规则》第41条第2款。
〔2〕 参见《三明市人民代表大会常务委员会议事规则》第37条第2款。

问按照另行制定的专题询问办法进行。[1]

(2)在专题询问的准备方面,关于议题的准备,有的地方规定,专题询问的议题由主任会议提出,专门委员会、常委会工作机构和办事机构可以向主任会议提出专题询问的议题建议;专题询问的议题可以结合审议有关报告的内容确定。南宁规定,专题询问的事项,应当是事关法律法规的实施、全市重大决策的执行、人民群众普遍关注的热点难点等方面的问题;专题询问的事项由常委会组成人员提出,由常委会办事机构汇总整理后转交相关专门委员会、常委会工作机构研究提出建议,提交主任会议研究确定。[2] 关于其他工作的准备,三明规定,开展专题询问前,常委会有关工作机构应当制定实施方案,并进行必要的视察或者调查研究。[3] 个别地方规定,开展专题询问,由主任会议确定实施方案。徐州规定,专题询问的组织工作由有关专门委员会或者常委会工作机构会同办公机构实施;专题询问前,有关专门委员会或者常委会工作机构应当组织常委会组成人员和市人大代表开展视察调研,并向社会公众征求意见,汇总整理后供常委会组成人员和列席代表参考,并向被询问部门反馈,供其做好备询工作。[4] 南宁规定,负责专题询问具体工作的专门委员会或者常委会工作机构根据主任会议的决定,在专题询问进行前开展调查研究,提出调查报告,由主任会议决定提请常委会会议审议。[5]

---

〔1〕 相关具体规定如:"市人大常委会组成人员以及与会的市人大专门委员会成员、市人大代表审议市人民政府、市中级人民法院和市人民检察院专项工作报告时,可以对市人民政府及其工作部门、市中级人民法院和市人民检察院进行专题询问。专题询问按照《石家庄市人大常委会关于对市政府、市法院和市检察院进行专题询问的暂行办法》执行。"(《石家庄市第十三届人民代表大会常务委员会议事规则》第41条第3款)

"在常委会会议期间,结合正在审议的议案和有关报告,向市人民政府、市中级人民法院或者市人民检察院进行专题询问。专题询问按《包头市人民代表大会常务委员会专题询问办法》办理。"(《包头市人民代表大会常务委员会议事规则》第34条)

"常委会开展专题询问按照《丽江市人民代表大会常务委员会专题询问办法》执行。"(《丽江市人民代表大会常务委员会议事规则》第31条)

〔2〕 参见《南宁市人民代表大会常务委员会议事规则》第31条第2款、第3款。

〔3〕 参见《三明市人民代表大会常务委员会议事规则》第38条第2款。

〔4〕 参见《徐州市人民代表大会常务委员会议事规则》第55条第2款、第56条。

〔5〕 参见《南宁市人民代表大会常务委员会议事规则》第32条。

(3)在专题询问的场合方面,有的地方规定,专题询问在联组会议上进行;徐州规定,专题询问一般采取联组会议的形式,对涉及多个工作领域或者多个职能部门的事项,也可以专题组织;朔州规定,专题询问可以在分组会议、联组会议或者全体会议上进行。[1] 楚雄规定,专题询问,一般在常委会会议上进行;必要时,经主任会议研究,可以召开部分常委会组成人员参加的专题询问会。[2]

(4)在专题询问的提出方面,徐州规定,询问人通过分组会议推荐、个人报名等方式产生;经主持人同意,其他出席人员和列席代表也可以现场提出询问。[3] 遵义规定,专题询问不得超过两小时,采取"一问一答"或"随问随答"的方式进行;询问人提出的问题要紧扣主题、重点突出;询问人提出询问,一般不超过5分钟;询问人在听取回答后,可就同一问题补充询问,其他常委会组成人员也可以就问题补充询问,补充询问不需事先提出。[4]

(5)在专题询问的回答方面,市级人民政府负责人或其有关部门主要负责人、市级中级人民法院负责人、市级人民检察院负责人,应当到会回答询问。另外,遵义规定,被询问单位的人负责回答询问,一般不超过10分钟;回答询问时,应当场答复;不能当场答复的,经说明原因,并取得询问人的同意后,可以在常委会会议上口头或者书面答复。[5] 徐州规定,对于询问人提出的问题,被询问人应当当场回答;被询问人不能当场回答时,应当说明原因,经主持人同意后,在本次常委会会议闭幕前作出书面回答;对因涉及国家秘密、商业秘密、个人隐私等不适宜当场回答的问题,在被询问人作出说明后,经主持人同意,可以不当场回答,但事后应当以

---

〔1〕 参见《徐州市人民代表大会常务委员会议事规则》第55条第1款;《朔州市人民代表大会常务委员会议事规则》第44条第3款。

〔2〕 参见《楚雄彝族自治州人民代表大会常务委员会议事规则》(2009年4月29日楚雄彝族自治州第十届人大常委会第十五次会议通过,2017年2月27日修订)第33条第2款。

〔3〕 参见《徐州市人民代表大会常务委员会议事规则》第55条第3款。

〔4〕 参见《遵义市人民代表大会常务委员会议事规则》第29条至第31条。

〔5〕 参见《遵义市人民代表大会常务委员会议事规则》第29条、第30条。

适当方式回应。[1]

(6)在专题询问的意见处理方面,有的地方规定,常委会组成人员在开展专题询问中的发言,由常委会有关工作机构(于会议结束后特定时间内)整理并形成常委会组成人员的审议意见,由常委会办事机构转交有关机关研究处理。另外,南宁规定,被询问机关应当在收到意见书后3个月内将整改落实情况书面向常委会报告;专题询问的内容和整改落实情况,由常委会办事机构分别向社会公布。[2] 遵义规定,对专题询问意见处理落实不好、不到位的,可依法启动质询等监督手段。[3]

2. 质询

市级人大常委会的质询程序,与省级人大常委会的基本相同。质询案由特定主体对市级人民政府及其各部门、人民法院、人民检察院书面提出,由主任会议决定交由受质询机关的负责人在相关会议上口头答复,或由受质询机关书面答复,提质询案人对答复不满意的可以要求再作答复。一些地方还补充规定了质询内容、质询案的初步处理、质询转为询问处理、撤回质询、质询回避、答复时限、答复未获满意的处理程序、再次答复仍未获满意的处理程序等制度规则。个别地方规定质询适用相关法律法规的规定。

在质询案的提出方面,根据《地方组织法》,在市级常委会会议期间,常委会组成人员5人以上联名,可以向常委会书面提出对市级人民政府、人民法院、人民检察院的质询案;质询案必须写明质询对象、质询的问题和内容。[4] 各地都有与此大部分相同的规定。另外,(1)在质询对象方面,绝大部分地方规定的质询对象还包括政府所属工作部门,这与《监督法》的规定一致;[5]有的地方规定的还包括市级监察委员会、海事法院、知识产权法院、互联网法院、州人民法院分院、省级人民检察院分院。

[1] 参见《徐州市人民代表大会常务委员会议事规则》第58条。
[2] 参见《南宁市人民代表大会常务委员会议事规则》第34条、第35条。
[3] 参见《遵义市人民代表大会常务委员会议事规则》第32条第2款。
[4] 参见《地方组织法》第47条第1款。
[5] 参见《监督法》第35条第1款。

(2)在质询事由和质询内容方面,有的地方规定,质询的内容必须在受质询机关的职权范围内。洛阳规定,可以提出质询案的情形包括违反宪法、法律、法规造成严重后果的,不执行上级和本级人大及其常委会的决议、决定的,工作中重大失误造成严重后果的,国家机关工作人员失职、渎职、徇私枉法的,其他(常委会组成人员)认为需要提出质询案的情形;[1] 齐齐哈尔规定,质询的内容一般应当是有关国家机关违反宪法、法律、法规的重大问题,有关国家机关违反市人大及其常委会的决议、决定等方面的重大问题,有关市人民政府组成人员、市中级人民法院和市人民检察院领导人员的失职、渎职行为,市人民政府、市中级人民法院、市人民检察院因失误而造成严重后果的事件,其他需要质询的重大事项;[2] 其他一些地方也具体列出了类似的事由或内容。(3)在质询案的初步处理方面,有的地方规定,质询案由主任会议决定交由有关专门委员会审议或者提请常委会会议审议;有的地方规定,质询案由主任会议(先交有关专门委员会审议并提出意见后)提请常委会会议审议。

在质询案的答复和审议方面,根据《地方组织法》,质询案由主任会议决定交由受质询机关在常委会全体会议上或者有关专门委员会会议上口头答复,或者由受质询机关书面答复;在专门委员会会议上答复的,提质询案的常委会组成人员有权列席会议,发表意见;主任会议认为必要的时候,可以将答复质询案的情况报告印发会议;质询案以口头答复的,应当由受质询机关的负责人到会答复;质询案以书面答复的,应当由受质询机关的负责人签署,由主任会议印发会议或者印发提质询案的常委会组成人员。[3] 大部分地方有与此基本相同的规定,有的地方有与此稍为不同的规定:质询案由主任会议决定交由受质询机关的负责人在常委会(全体)会议上或者有关专门委员会会议上口头答复,或者由受质询机关书面

[1] 参见《洛阳市人民代表大会常务委员会议事规则》第 46 条。

[2] 参见《齐齐哈尔市人民代表大会常务委员会议事规则》(1996 年 7 月 6 日黑龙江省第八届人大常委会第二十二次会议批准)第 32 条。

[3] 参见《地方组织法》第 47 条第 2 款、第 3 款。

答复;在专门委员会会议上答复的,专门委员会应当向常委会或者主任会议提出报告;质询案以书面答复的,应当由被质询机关负责人签署,并印发常委会组成人员和有关专门委员会。有的地方则整合了上述两种规定。另外,有的地方规定,质询案由受质询机关的负责人口头答复,因特殊情况不能口头答复的,经主任会议同意,也可以书面答复;质询案还可以由主任会议决定由受质询机关在主任会议上、有关工作委员会会议上答复。

此外,一些地方规定了质询转为询问处理、撤回质询、质询回避、答复时限、答复未获满意的处理程序、再次答复仍未获满意的处理程序。(1)在质询转为询问处理方面,桂林规定,主任会议决定不作为质询案的,可改作询问或作为批评和意见转交有关机关办理。[1] (2)在撤回质询方面,很多地方规定,质询案在受质询机关答复前,提质询案人要求撤回的,经主任会议同意,质询即行终止。有的地方还规定,撤回质询案的,提案人应当签名;未签名的,如果要求撤回质询案的提案人符合提出质询案法定人数的,则该质询案仍然有效。(3)在质询回避方面,大庆规定,与质询的问题有利害关系的常委会组成人员应当回避,不得参与质询案的提出。[2] (4)在答复时限方面,个别地方规定,受质询机关应当在当次常委会会议期间答复;不能在当次会议期间答复的,(经征求质询人的意见并由主任会议决定)可以(最迟)在下次常委会会议期间答复。温州规定,受质询机关如果在本次常委会会议期间不能作出答复的,必须说明理由,由主任会议根据实际情况确定答复时间,并告知提质询案人。[3] (5)在答复未获满意的处理程序方面,很多地方规定,提质询案的常委会组成人员的过半数(或半数以上)对受质询机关的答复不满意的,可以提出要求,

---

〔1〕 参见《桂林市人民代表大会常务委员会议事规则》第31条。

〔2〕 参见《大庆市人民代表大会常务委员会议事规则》(2007年4月27日大庆市第八届人大常委会第二次会议通过)第33条第3款。

〔3〕 参见《温州市人民代表大会常务委员会议事规则》(1998年8月21日温州市第九届人大常委会第二次会议通过,2003年6月30日第一次修订,2007年5月17日第二次修订,2017年4月21日第三次修订)第39条第3款。

经主任会议决定，由受质询机关再作答复（或补充答复）。其中，有的地方规定，必要时，常委会会议可以作出决议、决定，由受质询机关执行；个别地方没有规定提质询案人不满意的人数要求。（6）在再次答复仍未获满意的处理程序方面，有的地方规定，对再次答复仍不满意的，经主任会议决定，可以将质询案提请常委会会议审议，必要时常委会可以作出相应的决议、决定；成都还规定，也可以要求受质询机关就所质询的事项作专项工作报告，或者组织执法检查，必要时可以组织特定问题调查委员会进行调查。[1] 常州规定，对再次答复仍不满意的，常委会依法追究有关责任人的责任；三亚规定，对再次答复仍不满意的，由主任会议根据提出质询案的常委会组成人员的意见和受质询机关答复的情况作出相应的决定。[2]

（三）组织调查委员会

市级人大常委会组织调查委员会的规定，与省级人大常委会的基本相同。组织调查委员会案有特别的提出主体要求，调查委员会组成人员任免案有特别的提名要求；调查委员会遵循特定的要求开展调查，应当向市级人大常委会提出调查报告；市级人大常委会根据调查委员会的报告可以作出相应决议。另外，个别地方在调查委员会的成员人数、工作内容或时限、调查报告内容等方面还有更详细的规定。

部分地方对组织调查委员会只作出了概括规定，即常委会对职权范围内的事项需要作出决议、决定，但有关重大事实不清的（或常委会认为必要时），可以组织关于特定问题的调查委员会，并且根据调查委员会的报告，作出相应的决议。其中个别地方规定，调查委员会的组织，依照有关法律或其实施办法的规定进行。其他地方则有较详细的规定。

在组织调查委员会案、调查委员会组成人员任免案的提出方面，根据

〔1〕 参见《成都市人民代表大会常务委员会议事规则》第28条。

〔2〕 参见《常州市人民代表大会常务委员会议事规则》（1989年12月19日常州市第十届人大常委会第十四次会议通过，2003年10月29日第一次修订，2009年10月28日第二次修订，2017年10月31日第三次修订）第43条；《三亚市人民代表大会常务委员会议事规则》第25条第3款。

《地方组织法》，主任会议或者1/5以上的常委会组成人员书面联名，可以向市级人大常委会提议组织关于特定问题的调查委员会，由全体会议决定；调查委员会的组成人员，由主任会议在常委会组成人员和其他代表中提名，提请全体会议通过。[1] 大部分地方有与此基本相同的规定。另外，有的地方规定，主任会议的提议和常委会组成人员的联名提议，还可以先交有关专门委员会审议并提出报告（或交常委会有关工作机构研究并提出报告），再由主任会议决定提请常委会审议。

在调查委员会的工作方面，根据《地方组织法》，调查委员会应当向市级人大常委会提出调查报告。[2] 大部分地方有与此相同的规定。另外，不少地方规定，调查委员会可以聘请专家参加调查工作；调查委员会有权进行取证和询问，调查所涉及的组织和个人，应当如实提供有关材料和情况（调查委员会调查时，有关的国家机关、社会团体、企业事业单位和公民都有义务如实提供必要的材料）；提供材料者要求调查委员会对材料来源保密的，调查委员会应当予以保密；调查委员会在调查过程中，可以不公布调查的情况和材料。部分地方规定，与调查的问题有利害关系的常委会组成人员和其他人员不得参加调查委员会。其中，个别地方在调查委员会的成员人数、工作内容或时限、调查报告内容等方面还有更详细的规定。南平规定，调查委员会成员应当不少于5人；调查委员会根据实际需要，可以聘请有关专家或者抽调有关机关工作人员参与调查工作；调查委员会应当根据调查事项制定工作方案；在调查过程中，有权就调查事项听取有关单位负责人的汇报，询问有关人员，查阅有关案卷和材料，组织必要的技术鉴定；调查报告应当包括调查事由、调查过程、调查结论、处理建议等内容；调查委员会成员对调查结论、处理建议有不同意见的，应当在调查报告中写明。[3] 宝鸡有与南平相似的规定，还规定调查中涉及国家

---

〔1〕 参见《地方组织法》第52条第1款、第2款。

〔2〕 参见《地方组织法》第52条第3款。

〔3〕 参见《南平市人民代表大会常务委员会议事规则》第45条第1款、第46条第1款、第47条。

秘密、个人隐私和商业秘密的,或个人要求对提供材料来源保密的,调查委员会也应当予以保密。[1] 咸宁规定,调查委员会由5~9人组成;调查一般应当在调查委员会成立之日起90日内完成,涉及重大复杂问题的,经主任会议决定,可以延长60日;特定问题调查委员会应当集体讨论问题,并及时向常委会提出调查报告。[2]

在调查结果的处理方面,根据《地方组织法》,常委会根据调查委员会的报告,可以作出相应的决议。[3] 大部分地方有与此相同的规定。

(四)发言规则

市级人大常委会发言的规定,与省级人大常委会的大部分相同。发言不受法律追究,内容要围绕会议议题、简明扼要,有次数时限约束的场合包括全体会议、联组会议、分组会议,大多只包括全体会议;发言由会议主持人许可,有特定的次数和时限要求(不少地方规定可以延长);发言要编印会议简报。各地对常委会组成人员(和列席人员)发言的次数和时限有多种不同规定,其中不少地方未作具体规定,有的地方还有制止发言、自选题目发言、书面发言、表决时发表意见、提供翻译等规定。

大部分地方规定,常委会组成人员在常委会(各种)会议上的发言,不受法律追究(受法律保护);其中,有的地方还规定,列席会议的人大代表在常委会会议上的发言,不受法律追究(受法律保护)。内江规定,常委会组成人员在会议举行前,应当进行调查研究,对地方性法规草案文本准备审议意见,确保发言质量。[4] 部分地方规定,常委会组成人员(和列席人员)在常委会会议上的发言应当围绕议题进行;其中,有的地方规定发言

---

〔1〕 参见《宝鸡市人民代表大会常务委员会议事规则》第31条第1款,第32条第1款、第3款,第33条。

〔2〕 参见《咸宁市人民代表大会常务委员会议事规则》第44条第3款、第45条。

〔3〕 参见《地方组织法》第52条第3款。

〔4〕 参见《内江市人民代表大会常务委员会议事规则》(1992年2月15日内江市第二届人大常委会第十一次会议通过,1995年10月12日第一次修正,2000年12月19日第二次修正,2006年4月30日第三次修正,2014年12月25日第四次修正,2018年6月27日第五次修正)第30条第1款。

还应当简明扼要,徐州规定发言还要联系实际并掌握好时间。[1] 有的地方规定,内容与议题无关或者事先未经会议主持人许可而超过规定时间的发言,会议主持人可以制止;三亚只规定内容与议题无关的发言可以制止。[2] 桂林规定,事先未经过会议主持人同意而超过规定发言时间的,会议主持人可以提示发言人结束发言。[3] 徐州规定,对于超出审议议题范围和发言时间限制的发言,会议主持人或者召集人应当及时提醒。[4] 安庆规定,每人每次发言时间,会议主持人可以根据会议情况提出要求;武汉规定,主持人可根据会议进程的具体情况,对发言时间作出适当调整。[5]

关于全体会议上的发言,个别地方规定,常委会组成人员(和列席人员)要求发言的,应当在会前向常委会办事机构提出,由会议主持人安排,按顺序发言;临时要求发言的,经会议主持人同意,始得发言。部分地方规定常委会组成人员(和列席人员)每人可以发言两次,第一次和第二次分别不超过15分钟、10分钟,或不超过10分钟、5分钟,或不超过15分钟、5分钟,或不超过20分钟、15分钟;部分地方没有规定常委会组成人员(和列席人员)每人可以发言两次,只规定发言不超过20分钟或15分钟或10分钟或7分钟。不少地方规定,事先提出要求,经会议主持人同意,可以延长发言时间;其中有的地方进一步规定,延长时间不超过10分钟或15分钟。另外,有的地方规定,在全体会议上作对议案的说明、议案处理意见的报告、工作报告和专题发言,不适用上述时限规定。遵义规定,分组讨论后,由各讨论小组推荐一名常委会组成人员收集、整理讨论意见并作为该审议小组的代表在全体会议上进行发言;其他常委会组成人员在全体会议上需要发言的,应事先征求会议主持人的同意。[6]

---

〔1〕 参见《徐州市人民代表大会常务委员会议事规则》第64条第1款。

〔2〕 参见《三亚市人民代表大会常务委员会议事规则》第28条。

〔3〕 参见《桂林市人民代表大会常务委员会议事规则》第33条第2款。

〔4〕 参见《徐州市人民代表大会常务委员会议事规则》第64条第1款。

〔5〕 参见《安庆市人民代表大会常务委员会议事规则》第29条;《武汉市人民代表大会常务委员会议事规则》第32条。

〔6〕 参见《遵义市人民代表大会常务委员会议事规则》第37条第1款。

关于联组会议上的发言,个别地方规定,常委会组成人员(和列席人员)要求发言的,应当在会前向常委会办事机构提出,由会议主持人安排,按顺序发言;临时要求发言的,经会议主持人同意,始得发言。有的地方规定每人可以发言两次,第一次和第二次分别不超过15分钟、10分钟,或不超过20分钟、10分钟,或不超过30分钟、10分钟;有的地方没有规定常委会组成人员(和列席人员)每人可以发言两次,只规定发言不超过15分钟或10分钟。不少地方规定,事先提出要求,经会议主持人同意,可以延长发言时间;其中个别地方进一步规定,延长时间不超过5分钟或10分钟。另外,温州规定,在联组会议上作审议汇报,不适用上述时限规定。[1]

关于分组会议上的发言,个别地方规定,在分组会议上要求发言的,经会议主持人同意,即可发言。有的地方规定常委会组成人员(和列席人员)每人可以发言两次,第一次和第二次分别不超过15分钟、10分钟,或不超过10分钟、5分钟;个别地方没有规定常委会组成人员(和列席人员)每人可以发言两次,只规定发言不超过15分钟。有的地方规定,事先提出要求,并且经会议主持人同意的,可以延长发言时间;其中个别地方进一步规定,延长时间不超过10分钟。

有的地方规定,在常委会会议上的发言,由工作人员记录整理,(经发言人审核签字后)编印会议简报(并存档)。广州还规定,常委会组成人员、列席人员在常委会会议期间的发言记录,经发言人审阅签名确认后,上传至"广州智慧人大"系统;有关部门工作需要的,可以向其提供。[2]此外,有的地方规定,经主任会议同意,常委会组成人员可以自选题目在全体会议(或联组会议)上发言;常委会组成人员和列席人员可以向常委会会议提交书面发言。温州规定,在议案表决前,常委会组成人员如果有新的意见,经会议主持人同意可以发表,但不得中止对议案的表决;海口规定,在常委会全体会议上,常委会组成人员如果对表决的议案还有意

---

〔1〕 参见《温州市人民代表大会常务委员会议事规则》第50条。

〔2〕 参见《广州市人民代表大会常务委员会议事规则》第47条第1款。

见,经会议主持人同意可以发表。[1] 个别地方规定,用蒙古语言和其他少数民族语言发言的,要提供翻译。"有的地方规定,列席人员的发言适用出席人员发言的有关规定。"一般发言规定只涉及出席人员,列席人员的发言规定共有三种情况:有的与出席人员一同规定,有的无明确规定,有的只概括指明适用有关规定(本句所述)。第三种情况具体规定如:"列席人员在联组会议的发言时间,参照前款的规定执行。"(《大同市人民代表大会常务委员会议事规则》第32条第2款)"列席人员经会议主持人同意,始得发言,发言参照上款规定执行。"(《恩施土家族苗族自治州人民代表大会常务委员会议事规则》第27条第2款)"会议列席人员有发言权,没有表决权。旁听人员没有发言权和表决权。列席人员的发言,适用本章有关规定。"(《桂林市人民代表大会常务委员会议事规则》第39条)

第八节 总结与分析

一、议事规则文本的比较

(一)议事规则的纵向比较

在纵向比较的视角下,省级、市级人大及其常委会的议事规则比全国人大及其常委会的议事规则(尤其是常委会的议事规则)更详细,前者相对于后者在主要方面都有相同或相似的内容,也在形式和内容上有一定差异;省级人大的议事规则与市级人大的议事规则之间、省级人大常委会的议事规则与市级人大常委会的议事规则之间,各方面都是大同小异。需要说明的是,这里是将省级人大的议事规则、省级人大常委会的议事规则、市级人大的议事规则、市级人大常委会的议事规则分别作为整体进行比较的。

具体而言,省级、市级人大及其常委会的议事规则与全国人大及其常委会的议事规则相比,存在的纵向差异主要如下:在形式上,有的地方有

[1] 参见《温州市人民代表大会常务委员会议事规则》第55条;《海口市人民代表大会常务委员会议事规则》第46条。

不同的章节结构和条文安排,如将会议的准备、预备会议、代表建议的处理等单独设为一章,将不同类别报告的审议审查分为不同章,将会议制度的几个部分内容重新安排顺序,将会议的举行和议案报告的审议合在一起规定,等等。在内容上,一方面,各地对一些事项的规定有不同程度的省略,并非每个地方的规定都可以覆盖全国人大及其常委会议事规则的内容;另一方面,各地对很多事项的规定也有不同程度的差异和拓展。这些差异和拓展,除法律规定和组织职权的不同造成的差异外,主要包括:(1)会议的准备工作、请假程序和缺席监督;(2)议案的处理、议案审议结果复议、提出临时动议和修正案,表决的方式、顺序、有效人数、内容,立法案的提出和审议,常委会任免案的提出、审议、表决;(3)工作报告的提出要求、处理(包括审议意见的研究处理、决议决定的作出、相关材料的通报公布)、监督(包括满意度测评、未获批准时或较多不满意时的相应处理),计划报告和预算报告的初步审查、审查;(4)询问的场合、内容要求、答复时间,专题询问的具体程序;(5)质询的内容、处理(包括质询转为询问处理、撤回质询、重大问题质询案的处理),会议期间答复有困难和对再次答复仍不满意的处理程序;(6)发言的次数和时限,制止发言、书面发言、不进行发言等;(7)代表建议的具体处理程序。

(二)议事规则的横向比较

在横向比较的视角下,各省级人大的议事规则之间、各省级人大常委会的议事规则之间、各市级人大的议事规则之间、各市级人大常委会的议事规则之间,在主要方面也大都是相同或相似的,同时在很多事项的规定中呈现相当程度的多样性和差异性。

具体而言,上述形式上和内容上各方面的纵向差异,很大程度上也是同级人大及其常委会的议事规则之间存在的横向差异。更细致地说,这些横向差异其实更加广泛,因为不同地方对很多事项的规定都存在有无规定和详略不一的情形,即有的地方作出规定而有的地方没有规定,或者有的地方规定详细而有的地方规定简略。各地的规定一般在相关法律没有统一规定的事项上、上级人大及其常委会的议事规则没有详细规定的事项上,还有在各种程序细节上,存在较多差异。其中,各地的规定差异最多的事项,主要是工作报告的审议、计划报告和预算报告的审查、选举、任免、专题询问、发言的次数和时限等。

二、议事规则的综合性和概括性

根据以上对议事规则内容的详细考察,可以对议事规则的性质作出总结:议事规则是人大及其常委会进行议事活动的基础规范,具有综合性、概括性。综合性是指议事规则对涉及议事活动的组织和职权行使的各方面制度规则进行集中规定,其中包括直接吸收的相关法律的规定和议事规则细化或创设的规定;概括性是指议事规则对议事活动的制度规则倾向于进行概括规定。换言之,议事规则围绕议事活动的开展,综合了《全国人大组织法》《地方组织法》《立法法》《预算法》《监督法》《选举法》等法律的相关规定,并根据实际需要予以细化和填补,但又不对每类事项都作详尽的规定,而是留出一定空白,或者规定交由特定工作规范规定或由相关主体决定。在这个意义上,议事规则可以视为相关法律规定和特定工作规范之间的集中连接点。由于这一特点,议事规则内容的空间其实具有相当程度的弹性,这在一定程度上可以解释不同议事规则对某些事项的规定在有无和详略上有很大差异的现象。

(一)在议事规则的综合性方面

首先,议事规则从组织法中吸收的规定最多。如第一节概说中提到的,组织体制是议事活动的基础,二者有密切的关系,因此组织法中有不少规定涉及议事活动,议事规则中也自然会有不少组织法的内容。其次,对于其他相关法律规定,全国人大及其常委会的议事规则吸收甚少,省级、市级人大及其常委会的议事规则吸收较多,尤其是人大议事规则对于《选举法》、人大常委会议事规则对于《监督法》的吸收。最后,对于省级、市级人大及其常委会的议事规则而言,其他地方的人大及其常委会议事规则的规定也是可供参考吸收的重要对象,不限于直接上下级之间或同一区域之内。其中,上级人大及其常委会的议事规则在这方面有不可忽视的影响,其特有的很多内容也体现在下级人大及其常委会的议事规则中,这方面最突出的例子是江苏与徐州。当然,议事规则对相关法律(以及其他地方的人大及其常委会的议事规则)有不同程度的吸收,同时也有不同程度的细化和填补。总体上,全国人大及其常委会的议事规则无论在吸收其他规定方面,还是在细化和填补规定方面,都比较克制;相比之下,省级、市级人大及其常委会的议事规则更加开放,不仅吸收的规定更多更广,而且细化和填补的规定也更多。

(二)在议事规则的概括性方面

议事规则一般倾向于规定基础性、框架性的制度规则,而较少规定具体性、工作性的制度规则;对于后者,如上所述,议事规则可能留出一定空白,也可能规定交由特定工作规范规定或由相关主体决定。比如,对于常委会的任免,议事规则大多只是简要规定任免案的提出时间和内容、提出任免案的机关负责人到会说明和答复、任免案以无记名方式逐人表决或合并表决等内容,有的规定适用人事任免办法;而任免的对象范围、提名、相关材料报送、审议要求等更具体的议事程序,基本上不体现在议事规则中,而可能体现在人事任免办法或者其他特定工作规范中。再如,对于旁听,议事规则大多只有一两条原则规定,有的规定按照会议的决定安排旁听,有的规定按照旁听办法安排旁听。另外,这里讨论的特定工作规范,指的是各人大及其常委会针对议事活动的特定方面事项单独制定的规范,一般属于内部工作制度或地方性法规,具体包括会议工作规则、常委会组成人员工作守则、旁听办法、代表议案处理办法、代表建议办理办法、立法条例、讨论决定重大事项的规定、听取和审议专项报告办法、预算审查监督条例、专题询问办法、《监督法》实施办法、人事任免办法,等等。议事规则的概括性,一定程度上是由特定工作规范承载着相对具体的制度规则导致或加强的。

其实在更广的视角下,上述规范着人大及其常委会的议事活动的相关法律规定、议事规则、特定工作规范,都可以视为广义的议事规则的一部分。在理想状态下,广义的议事规则应当为人大及其常委会的议事活动提供全面、具体、一致、清晰的规范,使各方面的议事活动得以有序高效地开展。然而广义的议事规则具有上述三个层次以及若干个单独的规范,其中只有议事规则是具有统一性和基础性的规范,而且是其他两个层次规范的集中连接点,因此明确议事规则的性质定位、处理好议事规则与其他两个层次规范的关系,就显得非常重要。目前议事规则需要完善的地方,一是在综合性方面,对相关规定的吸收以及细化填补,要涵盖议事活动的每个方面,确保逻辑清晰且与相关法律法规不矛盾;二是在概括性方面,明确议事规则内容详略程度的标准,做好与特定工作规范的分工和衔接,避免议事规则的规定过细过粗、与特定工作规范的具体规定过多重复等情形。

三、议事规则中的职能分工

全国、省级、市级人大及其常委会在组织体制上和议事活动上都有较大程度的相似性,其中也体现出基本相同的职能分工模式。概括而言,议事活动中体现的职能,可以分为管理、议事、决策三大类:管理体现在议事和决策的各个重要环节中,处理议事决策相关的各种准备事项,维持议事决策的有序进行;议事构成会议的主要过程,是形成决策的前提和基础,也为管理工作中的决定提供依据;决策是管理和议事的目的,是人大职权行使的依托。各种机构或会议形式以及相关议事主体分别承担着这些职能,通过分工合作共同支撑着人大及其常委会议事活动的进行。

(一)在管理方面

主席团、委员长会议或主任会议决定议案的处理和议题的运行、决定会议的多种程序性事项,其职能和权力是最多元的,而且具有相当的重要性。

主席团对大会的很多重要事项的决定权,不仅是程序性的,还在相当程度上是实体性的。其中最重要的是,通过行使对议案处理和议题运行的决定权,主席团可以(在一定程度上)控制议案是否交付审议、以何种会议形式审议、是否交付表决等,这足以对大会的议事过程和决策结果产生较大影响。在主席团拥有如此多重要权力的情况下，其他主体一般只能通过提出意见施加影响；除了有的地方规定的议案审议结果复议制度，可以对主席团处理议案的决定进行监督以外，基本上没有对主席团行使权力进行监督制约的其他制度。不过，正是因为主席团需要处理很多事项，而且本身又是在大会召开时才临时成立的，主席团很难对每个事项都有充分的实质审查，必然需要参考其他机构以及代表的意见再作出决定。因此，主席团的权力虽大但不是绝对的，其他机构以及代表在主席团行使权力的过程中可以发挥一定作用。

与此相似，委员长会议和主任会议也对常委会会议的很多重要事项都有程序性以及实体性的决定权。不同的是，主席团只在人大开会期间成立并行使权力，而委员长会议和主任会议在常委会开会和闭会期间都可以行使权力，不仅行使权力的次数更多，而且行使权力的范围更广：除常委会会议中的重要事项外，还有常委会机关日常工作的重要事项。议案的提出和处理工作，很多都需要在人大及其常委会会议举行前或举行后进行；在这种情形下，委员长会议和主任会议的权力将对这些工作产生更具体的影响。马岭具体分析了议事规则和相关法律赋予委员长会议的权力，在很多方面都超出了处理常委会"重要日常工作"的范围。[1] 同时，对委员长会议和主任会议行使权力进行监督制约的制度，在议事规则中尚未得见。另外，有的地方规定，主任也可以就调整议程、将议案交有关主体进一步审议研究的事项提请常委会决定；将主任会议的部分权力允许由主任个人行使，进一步减少了对权力行使的制约。对此，陈寒枫认为委员长会议、委员长、主任会议、主任只有程序权力，没有实体权力；他们最大的权力就是召集和主持会议，在会议期间处理程序问题，不能直接行使与人大、人大常委会职权有关的重大事项的权力。[2]

（二）在议事方面

相关有权主体提出议案和报告；人大会议中代表团全体会议和小组

---

〔1〕 参见马岭：《委员长会议之设置和权限探讨》，载《法学》2012 年第 5 期。

〔2〕 参见陈寒枫：《关于人代会和人大常委会会议的召集与主持——进一步完善人大及其常委会会议制度、工作程序和议事规则的探索之四》，载《人大研究》2007 年第 9 期。

会议、专门委员会会议进行审议讨论,代表团团长会议、专题会议、秘密会议对特定内容进行审议讨论;人大常委会会议中分组会议、联组会议、全体会议、专门委员会会议进行审议讨论。

在议案和报告方面,议案和报告共同构成人大及其常委会的绝大部分议题,其中特定的国家机关和机构可以提出议案和报告,代表以代表团名义或联名、常委会组成人员联名可以提出议案。值得注意的问题是,相比国家机关议案而言,代表议案、常委会组成人员议案的地位较低,这主要表现在议案的处理程序中:国家机关议案一般都列入会议议程审议和表决,代表议案、常委会组成人员议案则不一定列入会议议程审议,审议的也不一定交付表决。换言之,代表议案、常委会组成人员议案要经过更严格的过滤。不列入会议议程的代表议案,交由人大常委会或其主任会议审议,或交由有关专门委员会在闭会期间审议,或作为代表建议交有关机关处理;不列入会议议程的常委会组成人员议案,一般也可以交由主任会议或有关专门委员会处理。在这种情况下,代表议案、常委会组成人员议案不能直接通过审议表决形成决策,而只能通过其他途径发挥影响。尽管代表、常委会组成人员可以向有关专门委员会、委员长会议或主任会议提出建议,再以后者的名义提出议案,以使议案列入会议议程。但这其实不会增加其建议被列入会议议程的机会,因为专门委员会、委员长会议或主任会议在提出议案之前,也会先行审议审查予以过滤。因此,代表议案、常委会组成人员议案得以列入会议议程的机会相对较少,能否列入会议议程主要取决于主席团、委员长会议或主任会议、专门委员会等机构的意见和决定能否通过。另外,只有在部分特殊议案上,代表议案、常委会组成人员议案才不需经过上述更严格的过滤:代表或常委会组成人员提出的选举案、罢免案、组织调查委员会案,满足规定的人数和其他提出要求即可提请会议审议;质询案只能由代表或常委会组成人员提出,满足规定的人数和其他提出要求即可交由受质询机关答复。

适当提高代表议案、常委会组成人员议案的地位并增强其作用,对于提升代表和常委会组成人员的积极性、扩展议事内容的来源、增加审议决策的民主性，都是有所裨益的。对此，一些地方规定的提出临时动议、提出修正案、议案审议审查、结果复议等制度，可以发挥积极作用。还可以在制度上明确并适当放宽议案审议审查的标准，细化议案审议审查的程序，对不列入会议议程的议案充分说明理由并认真处理，而且专门委员会和常委会工作机构应当提供更多更好的资源和条件，帮助代表和常委会组成人员形成高质量的议案。

在审议讨论方面，议事规则设置了多种会议形式，来承担不同情况下对不同内容的审议讨论工作。其中，全体会议不一定具有审议的职能。一方面，人大全体会议的职能一般不包括审议，这背后有代表人数太多不便一起审议讨论的原因，但也在一定程度上阻碍了各代表团和代表之间充分交流意见。不过，专门委员会会议、代表团团长会议、专题会议等多种会议形式，还有大会发言，可以在一定程度上弥补这点不足。另一方面，地方人大常委会的全体会议基本上都有审议的职能，大致是因为人大常委会的参会人数相对较少，较易进行全体审议。另外，议事规则虽然对审议讨论设置了多种会议形式，但是并未对每种会议形式展开审议讨论的制度规则都作出充分规定。在这方面，议事规则规定的是关于发言的制度规则，一般包括发言不受法律追究、发言内容要求、发言场合、发言许可、发言次数和时限、发言记录等；不过，议事规则对发言的规定非常简略并经常有省略，规定的内容只关注个人表达而不能涵盖多人互动的方面，一般不能覆盖全部会议形式（发言场合），也不够体系化。因此，在很多情况下，会议的审议讨论缺少可以遵循的全面、合理、明确的制度规则，审议讨论的过程和效果基本上取决于主持人和会议现场的情况，具有较大的弹性和不确定性。

（三）在决策方面

人大会议中预备会议决定会议议程和相关准备事项，全体会议集中行使决策权；人大常委会会议中全体会议决定会议议程和集中行使决策权。

其中，预备会议实质上是全体会议的一种特殊形式，因此可以说决策的职能都由全体会议集中行使。由全体会议对各项需要表决的议题以及重要实体性事项进行集体决策,是民主决策的基本要求。值得思考的是,对议案处理和议题运行的决定权,在具有程序性的同时具有相当程度的实体性,而议事规则将之主要交给主席团、委员长会议或主任会议,可以说主席团、委员长会议或主任会议分享了全体会议的部分决策权。这背后体现的是议事规则对议事活动的效率性和主导性的重视。另外,与发言的规定类似,议事规则对表决的规定同样比较简略并经常有省略,尤其是全国人大及其常委会的议事规则;对于表决的方式、顺序、内容,尤其是特殊议案的特殊表决规则,还需要更全面和细致的规定。

此外,从集体和个人的视角上看,承担特定职能的主体大多是机关、机构或会议,较少是个人的联合或个人;除了形成审议意见和集体决策等本身需要集体进行的事项外,许多重要管理事项的处理以及议案报告的提出,主要也是由集体进行的;议事规则针对集体行为的规定,也比针对个人行为的规定明显更详细更充分。这些特征可以归结为一点,即人大及其常委会的议事活动是集体主导的,更加注重集体发挥的作用。这种集体大于个人的取向,与较多的参会人数、人大集体议事决策的体制和传统、偏向于集体和秩序的价值取向、议事规则的不完善等多方面因素,都有关系。

四、议事规则中的问题

(一)议事规则中的合法性问题和法律冲突问题

议事规则中有不少与法律规定不一致的地方,也有涉及法律冲突的地方,这些问题主要存在于议案的提出方面、人事任免方面以及质询、组织调查委员会等方面。其中,很多问题是议事规则的规定超出法律规定的范围,有的问题是议事规则的规定与法律规定存在矛盾,还有的问题是宪法和法律的规定中本身就存在冲突。

1. 超出法律规定范围的问题

超出《全国人大组织法》规定的问题,在于委员长会议的提案权、主席团对罢免案的提案权、全国人大常委会的质询对象。(1)关于主席团对罢免案的提案权,全国人大常委会议事规则规定,委员长会议可以向全国人大常委会提出属于常委会职权范围内的议案。[1] (2)关于委员长会议的提案权,全国人大议事规则规定,主席团可以提出对于全国人大常委会组成人员,中华人民共和国主席、副主席,国务院组成人员,中央军事委员会组成人员,最高人民法院院长和最高人民检察院检察长的罢免案。[2] (3)关于全国人大常委会的质询对象,《全国人民代表大会常务委员会议事规则》规定,在常委会会议期间,常委会组成人员10人以上联名,可以向常委会书面提出对最高人民法院、最高人民检察院的质询案。[3] 对于以上内容,《全国人大组织法》并未作出规定。

超出《地方组织法》规定的问题,主要在于地方法院和检察院的提案权、地方人大代表团的提案权、国家机关组成人员罢免案的提出主体、质询案的提出主体、组织调查委员会案的提议主体、调查委员会组成人员的提名等。(1)关于地方法院和检察院的提案权,不少地方规定地方法院和检察院也可以向本级人大或其常委会提出议案,其中有的地方规定地方法院和检察院仅可以向本级人大常委会提出的有关人事任免的议案。(2)关于地方人大代表团的提案权,不少地方规定代表团也可以向本级人大提出议案。(3)关于国家机关组成人员罢免案的提出主体,有的地方规定(3个以上)代表团也可以提出对本级国家机关组成人员的罢免案。(4)关于质询案的提出主体,不少地方规定(3个)代表团也可以提出质询案。(5)关于组织调查委员会案的提议主体,部分地方规定3个以上的代表团也可以提议,个别地方规定2个以上的代表团也可以提议,浙江规定省人大常委会也可以提议。[4] (6)关于调查委员会组成人员的提名,湖南规定还可以由各代表团按照大会主席团确定的名额分别在本代表团的

[1] 参见《全国人民代表大会常务委员会议事规则》第11条第1款。
[2] 参见《全国人民代表大会议事规则》第39条第1款。
[3] 参见《全国人民代表大会常务委员会议事规则》第26条。
[4] 参见《浙江省人民代表大会议事规则》第53条第2款。

代表中提名。[1] 对于以上内容,《地方组织法》均未作出规定。

超出《选举法》规定的问题,在于代表罢免案的提出主体、代表罢免案的审议。(1)关于代表罢免案的提出主体,大部分地方规定常委会也可以向本级人大提出对上级人大代表的罢免案。(2)关于代表罢免案的审议,大部分地方规定上级人大代表罢免案也可以经调查后再审议决定。对于以上内容,《选举法》均未作出规定。

上述法律对上述问题涉及的事项,分别都有明确规定(包括对相关主体作出列举),并且没有设置相应的兜底条款、授权条款,因此上述问题并不能简单视为议事规则对相关法律规定的细化和补充,而是议事规则作出的规定超出了相关法律规定的范围,严格来说是不合法的。不过,议事规则之所以出现上述问题,也可能是因为相关法律规定在 20 多年乃至 30 多年都未修改,不能完全适应人大及其常委会议事活动的现实需要。

此外,监察委员会是新成立的国家机构,关于其组织和职权的法律规范尚未制定或修改完全,因此关于监察委员会在人大及其常委会中的议事活动,目前缺少明确而系统的法律规定。不过,一些地方已经在列席人大及其常委会会议、向本级人大常委会提出议案(或仅限于有关人事任免案)和(专项)工作报告、进行人事任免、接受询问和质询等方面,规定了与地方监察委员会相关的制度规则。这些制度规则,有待在相关法律完善后,由议事规则予以吸收和完善。

"为处理好全国人大组织法与全国人大议事规则、全国人大常委会议事规则、选举法、立法法、预算法、监督法、代表法和监察法等相关法律之间的关系,做好衔接",[2]《组织法修正草案》增加了关于委员长会议可以向常委会提出议案、主席团可以提出罢免案的规定,扩大了常委会上可以被提出质询的国家机关的范围,包括国务院和国务院各部门、国家监察委员会、最高人民法院、最高人民检察院。

---

〔1〕 参见《湖南省人民代表大会议事规则》第 50 条第 2 款。
〔2〕 参见《关于〈中华人民共和国全国人民代表大会组织法(修正草案)〉的说明》。

2. 与法律规定存在矛盾的问题

与法律规定存在矛盾的问题，主要在于选举的提名主体、代表辞职的接受主体。(1)关于选举的提名主体，浙江、甘肃规定，省人大常委会组成人员的人选，省长、副省长的人选，省高级人民法院院长的人选和省人民检察院检察长的人选，由主席团或者代表10人以上联合提名；然而，根据《地方组织法》，上述人选由主席团或者代表30人以上联合提名。[1] 日喀则规定，市级国家机关领导人员、各专门委员会组成人员、自治区人大代表，都由主席团提名；然而，根据《地方组织法》和《选举法》，市级国家机关领导人员、各专门委员会组成人员由市级人大主席团提名或者由市级人大代表20人以上书面联合提名，自治区人大代表由各政党、各人民团体联合或者单独推荐候选人，或由代表10人以上联名推荐候选人。[2] (2)关于代表辞职的接受主体，个别地方规定，由本省(市)选举的全国(省级)人大代表，也可以向省级(市级)人大(大会闭会期间向常委会)提出辞职；还有个别地方规定，省(市)人大接受出席全国(省级)人大的代表的辞职(但并未规定相应程序)；然而，根据《选举法》，全国(省级)人大代表向选举他的人大的常委会提出辞职。[3]

以上问题都与人事任免相关，明显与法律规定存在矛盾，可能是由议事规则制定的疏忽以及人事任免制度的复杂性导致的。

3. 宪法和法律的规定中存在冲突的问题

宪法和法律的规定中存在冲突的问题，主要在于地方人大的罢免对象、地方人大常委会的质询对象。(1)关于地方人大的罢免对象，根据《地方组织法》，在县级以上地方各级人大举行会议时，主席团、常委会或者1/10以上代表联名，可以提出对本级人大常委会组成人员、人民政府

---

〔1〕 参见《浙江省人民代表大会议事规则》第36条第1款；《甘肃省各级人民代表大会议事规则》第35条第1款、第3款；《地方组织法》第21条第1款、第2款。

〔2〕 参见《日喀则市人民代表大会议事规则》第40条第1款；《地方组织法》第21条第1款、第2款；《选举法》第29条第2款。

〔3〕 参见《重庆市人民代表大会议事规则》第52条第1款；《陕西省人民代表大会议事规则》第36条第1款；《湖北省人民代表大会议事规则》第37条第1款；《四川省人民代表大会议事规则》第39条第1款；《选举法》第54条第1款。

组成人员、人民法院院长、人民检察院检察长的罢免案;根据《宪法》,地方人大有权罢免本级人民政府正副首长,其中并不包括本级人民政府其他组成人员。[1] 对此,大部分地方的规定与《地方组织法》一致,其余地方的规定则与《宪法》一致。(2)关于地方人大常委会的质询对象,根据《地方组织法》,在常委会会议期间,省、自治区、直辖市、自治州、设区的市人大常委会组成人员5人以上联名,可以向常委会书面提出对本级人民政府、人民法院、人民检察院的质询案;根据《监督法》,质询对象还包括政府所属工作部门。[2] 对此,绝大部分地方规定与《监督法》的规定一致。而《宪法》的规定是全国人大代表在全国人大开会期间,全国人大常委会组成人员在常委会开会期间,有权依照法定程序提出对国务院或者国务院各部、委的质询案,并未规定对其他国家机关的质询。

(二)议事规则中的合理性问题

除了上述问题以外,议事规则中也有不少不够合理的地方,其中一些也与相关法律规定不够合理有关;对此已有不少观点指出并提出相应建议。

1. 会议制度方面的问题

会议制度方面的问题,主要包括会期规定不完善、常委会临时会议召开的提议主体缺少规定、常委会在人大会议中地位不明确、会议公开程度不足等。

(1)会期规定不完善。议事规则对于人大及其常委会会议的召开,一般只规定例行会议召开的时间和次数、临时会议召开的条件,而没有明确规定会议的持续期间以及会议期间的日程安排等;后者一般是在每次会议中根据实际情况,由常委会、委员长会议或主任会议拟订再由全体会议决定的。由于这更多是涉及具体实践层面的问题,对此将在后面的章节再予以详细讨论。

(2)常委会临时会议召开的提议主体缺少规定。对于常委会临时会

---

〔1〕 参见《地方组织法》第26条第1款;《宪法》第101条第1款。

〔2〕 参见《地方组织法》第47条第1款;《监督法》第35条第1款。

议的召开,议事规则基本上都没有规定常委会组成人员可以提议,仅有个别地方人大常委会议事规则规定了 1/5 以上常委会组成人员可以提议,或者多数常委会组成人员可以提议。陈寒枫认为,缺少规定常委会组成人员的提议权是不合理的,并建议先在实体法中规定根据 1/2 以上组成人员提议,委员长、主任可以召开常委会临时会议,再在程序法中规定。[1]

(3)常委会在人大会议中地位不明确。根据组织法和议事规则的规定,县级以上人大会议由本级人大常委会召集,预备会议也由常委会主持;主席团选出后,才由主席团主持人大会议。陈寒枫认为,在主席团选出之后的全国人大会议期间,全国人大常委会处于什么地位、其是否还继续行使职权等相关的问题,还有待明确。[2] 其实,常委会作为人大的常设机关,其本意是使人大在闭会期间可以继续运作、行使职权;对于人大和常委会都有权处理的事项,法律一般也规定在人大开会期间由人大处理,在人大闭会期间由常委会处理,而不会规定在人大开会期间由常委会处理。因此,从现有规定中可以合理推出,常委会相对于人大是一种补充的角色,在主席团选出之后的人大会议期间,应当处于与人大其他组成人员合体的状态,而不独立行使职权。

(4)会议公开程度不足。根据议事规则,人大及其常委会会议的公开,主要是通过旁听、新闻发布会、记者招待会这几种方式进行的。龙金菊认为,会议公开程度不足,比如对外公开的会议形式很有限,通过新闻发布会、记者招待会公布的信息不够全面客观,发言只是对内公开等;建议明确规定公布会议记录,使民众全面了解会议的真实内容。[3]

---

〔1〕 参见陈寒枫:《关于人代会和人大常委会会议的召集与主持——进一步完善人大及其常委会会议制度、工作程序和议事规则的探索之四》,载《人大研究》2007 年第 9 期。

〔2〕 参见陈寒枫:《关于人代会和人大常委会会议的召集与主持——进一步完善人大及其常委会会议制度、工作程序和议事规则的探索之四》,载《人大研究》2007 年第 9 期。

〔3〕 参见龙金菊:《我国人大及其常委会议事规则研究》,湖南大学政治与公共管理学院 2011 年硕士学位论文,第 25 页、第 34 ~35 页。

2. 议案运行方面的问题

议案运行方面的问题,主要包括临时动议和修正案制度不完善、缺席人员表决权缺失、表决原则单一且规则简略等。

(1)临时动议和修正案制度不完善。部分地方在议事规则中规定了临时动议(其中临时动议可以分为一般临时动议和重大事项临时动议)和修正案的提出和处理程序,但规定比较简略,对于其适用情形、内容要求、具体处理程序等并无清晰规定,而且大部分议事规则对这一制度完全没有规定。临时动议和修正案是对议案的重要补充,在议案审议过程中具有重要作用,相关制度规则应当在议事规则中进一步完善。

(2)缺席人员表决权缺失。议事规则普遍没有规定缺席人员的表决权。对此,虞崇胜认为应当明确设置缺席表决制度,并限定在现场难以决断的情况下实行,以保障缺席人员的表决权和决议的顺利作出。[1]

(3)表决原则单一且规则简略。议事规则普遍采用的表决原则是单一的绝对多数原则,即议案由该机构的全体组成人员多数通过,由此将未出席的情形视同反对;而且议事规则大多并未细致规定表决的情形,由此大多将未作表决、表示弃权等的情形也视同反对。对此,万其刚等认为,应当根据重要性程度区分议案的种类,对不同的议案采用不同的表决原则。[2] 陈寒枫认为,应当兼采绝对多数表决原则和相对多数表决原则,根据表决事项的不同分别由法律、主席团、委员长会议或主任会议决定采用何种原则,并在议事规则中规定。[3] 另外,刘大生认为,应当承认弃权票的弃权价值,将弃权票数额从总票数额中(或者全体组成人员的数额中)扣除再计算赞成票是否超过半数。[4] 虽然部分议事规则已经明确了

---

〔1〕 参见虞崇胜:《罗伯特议事规则与全国人大常委会议事规则的完善》,载《新视野》2009年第6期。

〔2〕 参见万其刚、蔡春红、苏东:《全国人民代表大会会议制度研究》,载《当代法学》2004年第6期。

〔3〕 参见陈寒枫:《关于完善人大及其常委会表决制度——进一步完善人大及其常委会会议制度、工作程序和议事规则的探索之十》,载《人大研究》2008年第5期。

〔4〕 参见刘大生:《完善人民代表大会制度的十项建议——为纪念人民代表大会制度建立50周年而作》,载《法学》2004年第9期。

表决时可以投弃权票，但是对于未出席、未作表决等情形还需要加以考虑，具体的计票规则也需要明确细化。

3. 报告审议审查方面的问题

报告审议审查方面的问题，主要是报告的相关表决对象不合理。

根据议事规则，报告经审议审查后并不会像议案一样直接交付表决，交付表决的是关于报告的决议草案。万其刚等认为，在表决不通过的情况下，会难以界定是报告不通过还是关于报告的决议不通过，因此应当只对报告本身表决，并在此基础上将工作报告中过去一年的工作、下一年度工作的安排或打算分开表决，有必要时再总体表决。[1] 另外，与此相关的是，不少地方在议事规则中规定了对工作报告（或审议意见研究处理情况报告）进行满意度测评的制度，还有在报告未达到相应满意度时适用相应的处理程序；然而，满意度测评的表决与相应决议的表决有何关系、是否冲突，目前并不明确。

4. 质询方面的问题

质询方面的问题，主要是答复未获满意的处理程序不完善。

议事规则大多规定了答复未获满意的处理程序，其处理方式是由受质询机关再作答复；对于常委会质询，常委会还可以在必要时作出相应决定。议事规则有的还规定了再次答复仍未获满意的处理程序，其中对人大质询的处理方式一般是由受质询机关再作答复，常委会可以在必要时作出相应决定，个别是主席团可以作出相应决定；对常委会质询的处理方式一般是常委会（有的为主任会议）可以在必要时作出相应决定，个别还可以由受质询机关作专项工作报告、组织执法检查、组织特定问题调查、追究有关责任人责任等。可见，虽然议事规则对相应处理程序多有规定，但是基本上都是比较笼统的再作答复、作出相应决定，只有个别具体结合了其他监督程序。对此，应当进一步完善质询程序与其他监督程序的衔接机制，包括工作报告、执法检查、特定问题调查、罢免撤职辞职等，以增

---

〔1〕 参见万其刚、蔡春红、苏东：《全国人民代表大会会议制度研究》，载《当代法学》2004年第6期。

强质询的效果和监督力度。

5.发言方面的问题

发言方面的问题主要包括列席人员发言规定缺失、发言审查的必要性及主体不明确、辩论制度缺失等。

(1)列席人员发言规定缺失。除了人大常委会议事规则大多规定了列席人员适用有关发言规定之外,人大议事规则普遍没有列席人员的发言规定,这使列席人员在人大会议中行使发言权缺少明确的规则遵循。对此,应当补充完善列席人员的发言规定。

(2)发言审查的主体不明确。议事规则没有规定对发言进行审查以及审查的主体。对此,陈寒枫认为有必要对大会(指全体会议)发言进行审查,建议由法律规定人大预备会议选举产生一个类似提案审查委员会的机构,对包括列席人员在内的大会发言进行审查,并决定发言的许可、修改、形式;全国人大常委会则选举产生一个类似提案审查委员会的机构或指定一个机构,承担上述职能;地方人大常委会则根据实际情况由主任会议或会议主持人承担上述职能。[1]

(3)辩论制度缺失。议事规则中基本没有关于辩论的规定,只有个别地方人大常委会议事规则概括规定了在议案审议过程中可以进行辩论,其中深圳的规定稍为具体:对于议案中有重大意见分歧的专门性问题,主任会议可以召集常委会组成人员进行辩论;辩论由会议主持人主持;参加辩论的人员应当遵守辩论规则;辩论规则由主任会议制定。[2] 议事规则中远未建立起关于辩论的完整的制度规则。对此,许多学者都认为,辩论在表达诉求、汇集意见、完善议事程序、促进民主建设、提高审议决策质量等方面具有重要作用,议事过程中只有发言讨论而没有辩论是不合理的,并提出不少建立辩论制度的建议,包括辩论的原则、范围、模式、具体规则等。辩论制度的建立和完善,还需要更多的实践探索。

---

〔1〕 参见陈寒枫:《论人代会和人大常委会发言制度的完善问题——进一步完善人大及其常委会会议制度、工作程序和议事规则的探索之九》,载《人大研究》2008年第4期。

〔2〕 参见《深圳市人民代表大会常务委员会议事规则》第30条。

由此可见,无论在议事规则之间、议事规则与法律之间、法律(和宪法)之间,都存在较多对同一事项规定不一致的问题,而议事规则以及相关法律中也存在不少不合理的问题;若再将特定工作规范纳入考虑,则这样的问题必然更多。因此,完善人大及其常委会的议事规则,需要在广义的议事规则的角度上,对多层次多方面的相关规范作出系统的调适。

第四章　中国人大议事规则的实际运作

引　言

本章考察全国和省级、市级人大及其常委会议事规则在实际中的运作，以第十三届全国人大及其常委会、广东省第十三届人大及其常委会和广州市第十五届人大及其常委会的工作实践为数据来源。首先，对这三级人大及其常委会的会议会期进行分析，包括会议的开会时间及持续时间的统计，并总结人大会议实践中存在的相关惯例；同时选取该三级人大及其常委会部分会议议程、日程，比较会议议程设置顺序、数量、会议日程及实际审议的议案范围。其次，分别整理该三级人大及其常委会在代表议案的审议处理、代表建议的办理、报告的审议审查、人事任免、询问与质询、特定问题调查，以及会议表决制度等方面的实践，观察人大及其常委会立法权、重大事项决定权、监督权和人事任免权等职权行使的状况，提炼总结人大工作经验，把握人大工作特点和规律，为进一步完善人大会议制度和议事程序提出建议。

通过观察和统计，本章主要有以下三个发现：

第一，总体而言，在诸项法定职权中，人大及其常委会行使立法权、监督权较充分。审议审查国家机关的相关报告是各级人大履职重点，在审议审查报告的过程中，人大及其常委会综合运用重大事项决定权以及监督权，决定国家治理过程中的各类重大事项，并监督国家机关工作。但人大职权的行使并非面面俱到，质询权、特定问题调查权等监督利剑较少被启用。全国人大、广东省和广州市人大提出的质询案数量很少。同时，截至2020年5月全国人大仍未有行使特定问题调查权的实践，广东省和广州市人大亦未曾启动过特定问题调查程序，其他地方人大及其常委会运用特定问题调查权的实践也不多。可以认为，议事规则赋予人大的两大强力监督手段在实践中尚未充分激活。

第二，在实证统计基础上可以发现，我国人大会议制度在实际运作中还存在一些薄弱环节、代表履职的主体性发挥不足。例如，在代表议案的审议处理上，全国与地方人大总体呈现出只有少量的代表议案得以被列入会议议程和在全体会议上进行审议的局面。其中既有代表个人履职能力、素质的原因，也有现有制度、机制的原因。人大议事规则的可操作性、程序性规定，包括代表议案的标准和审议处理程序、罢免权行使的具体程序、质询案的提出和处理程序、特定问题调查权的范围以及行使调查权的具体程序等，仍不够完善。人大议事规则细节制度的缺位、程序规定的不明确，导致在人大职权行使、代表履职过程中缺乏议事规则程序上和具体机制的指引。

第三，从代表个体与人大机构的关系来看，虽然议事规则、职能分工明确了代表的主体地位，但由于有些代表自身履职积极性和履职能力有待提高，加上议事规则、程序规定的不完善，实际上代表在履职过程中常常需要依赖常委会及其下属部门的指引和帮助。实践中，人大机构处于引导和指导地位，人大会议制度的运作总体上形成了"集体引导个体"的制度模式。人大的实际运作与制度设计产生了偏差，达不到制度预期。本书认为，"代表主体、规则引导、组织监督"的制度运行模式是比较理想的，议事规则在修改完善的过程中，应当吸收学者的相关建议，总结地方人大实践经验，建构人大工作中的有效机制，通过具体规则指引人大代表更好地履职，坚持和发挥人大代表的主体作用。

第一节 会议会期

议事规则规定了人大全体会议和常委会会议的召集主体、方式、主持及相关准备工作,对于会议会期尚无全面规定,目前仅规定了代表会议于每年第一季度举行,常委会会议一般每 2 个月举行一次。实践中,人大会议议程日程一般由主席团决定,常委会会议议程日程一般由常委会全体会议决定。人大的会期制度主要包括每一届各级人大及常委会召开会议(包括临时会议)的次数、各次会议召开与闭幕的时间、会议持续的时间等。本书选取观察第十二届和第十三届全国人大、第十三届全国人大常委会,广东省第十二届人大、广东省第十三届人大及其常委会,广州市第十四届人大、广州市第十五届人大及其常委会会议会期,会期统计情况见表 4 - 1。

表 4 - 1　全国人大、广东省和广州市人大及其常委会部分会议会期

人大全体会议			召开年份(年)	开会时间	持续时间(天)
全国人大	第十二届全国人大	第一次会议	2013	3 月 5 ~ 11 日、3 月 13 ~ 17 日	12
		第二次会议	2014	3 月 5 ~ 7 日、3 月 9 ~ 13 日	8
		第三次会议	2015	3 月 5 ~ 10 日、3 月 12 ~ 15 日	10
		第四次会议	2016	3 月 5 ~ 11 日、3 月 13 ~ 16 日	11
		第五次会议	2017	3 月 5 ~ 10 日、3 月 12 ~ 15 日	10
	第十三届全国人大	第一次会议	2018	3 月 5 ~ 14 日、3 月 16 ~ 20 日	15
		第二次会议	2019	3 月 5 ~ 10 日、3 月 12 ~ 15 日	10
		第三次会议	2020	5 月 22 ~ 28 日	7
全国人大常委会	第十三届全国人大常委会	第一次会议	2018	3 月 21 日	1
		第二次会议	2018	4 月 25 ~ 27 日	3
		第三次会议	2018	6 月 19 ~ 22 日	4
		第四次会议	2018	7 月 9 ~ 10 日	2
		第五次会议	2018	8 月 27 ~ 31 日	5
		第六次会议	2018	10 月 22 ~ 26 日	5
		第七次会议	2018	12 月 23 ~ 29 日	7

续表

人大全体会议			召开年份（年）	开会时间	持续时间（天）
		第八次会议	2019	1月29～30日	2
		第九次会议	2019	2月26～27日	2
		第十次会议	2019	4月20～23日	4
		第十一次会议	2019	6月25～29日	5
		第十二次会议	2019	8月22～26日	5
		第十三次会议	2019	9月17日	1
		第十四次会议	2019	10月21～26日	6
		第十五次会议	2019	12月23～28日	6
		第十六次会议	2020	2月24日	1
		第十七次会议	2020	4月26～29日	4
		第十八次会议	2020	5月18日	1
广东省人大	广东省第十二届人大	第一次会议	2013	1月25～31日	7
		第二次会议	2014	1月16～20日	5
		第三次会议	2015	2月9～13日	5
		第四次会议	2016	1月25～30日	6
		第五次会议	2017	1月19～23日	5
	广东省第十三届人大	第一次会议	2018	1月25～31日	7
		第二次会议	2019	1月28～31日	4
		第三次会议	2020	1月14～17日	4
广东省人大常委会	广东省第十三届人大常委会	第一次会议	2018	1月31日	1
		第二次会议	2018	3月28～30日	3
		第三次会议	2018	5月29～31日	3
		第四次会议	2018	7月25～26日	2
		第五次会议	2018	9月28～30日	3
		第六次会议	2018	—	—
		第七次会议	2018	11月27～29日	3

续表

人大全体会议			召开年份（年）	开会时间	持续时间（天）
		第八次会议	2018	—	—
		第九次会议	2019	—	—
		第十次会议	2019	—	—
		第十一次会议	2019	3 月 26 ~ 28 日	3
		第十二次会议	2019	5 月 20 ~ 21 日	2
		第十三次会议	2019	7 月 23 ~ 24 日	2
		第十四次会议	2019	9 月 24 ~ 25 日	2
		第十五次会议	2019	11 月 27 ~ 29 日	3
		第十六次会议	2019	12 月 9 日	1
		第十七次会议	2020	—	—
		第十八次会议	2020	—	—
		第十九次会议	2020	3 月 31 日	1
		第二十次会议	2020	4 月 29 日	1
广州市人大	广州市第十四届人大	第一次会议	—	—	—
		第二次会议	—	—	—
		第三次会议	—	—	—
		第四次会议	2014	2 月 18 ~ 22 日	5
		第五次会议	2015	2 月 2 ~ 6 日	5
		第六次会议	2016	2 月 1 ~ 5 日	5
	广州市第十五届人大	第一次会议	2017	1 月 5 ~ 10 日	6
		第二次会议	2017	12 月 15 ~ 17 日	3
		第三次会议	2018	1 月 11 ~ 15 日	5
		第四次会议	2019	1 月 15 ~ 19 日	5
		第五次会议	2019	6 月 6 ~ 8 日	3

续表

人大全体会议			召开年份（年）	开会时间	持续时间（天）
广州市人大常委会	广州市第十五届人大常委会	第一次会议	2017	1 月 13 日	1
		第二次会议	2017	2 月 28 日	1
		第三次会议	2017	3 月 28～29 日	2
		第四次会议	2017	4 月 25～26 日	2
		第五次会议	2017	6 月 29～30 日	2
		第六次会议	2017	7 月 25 日	1
		第七次会议	2017	8 月 29 日	1
		第八次会议	2017	9 月 25～26 日	2
		第九次会议	2017	10 月 24～25 日	2
		第十次会议	2017	11 月 24 日	1
		第十一次会议	2017	12 月 26～27 日	2
		第十二次会议	2018	1 月 15 日	1
		第十三次会议	2018	3 月 27 日	1
		第十四次会议	2018	5 月 29～30 日	2
		第十五次会议	2018	7 月 26～27 日	2
		第十六次会议	2018	9 月 17 日	1
		第十七次会议	2018	9 月 28～29 日	2
		第十八次会议	2018	10 月 30 日	1
		第十九次会议	2018	11 月 27～28 日	2
		第二十次会议	2018	12 月 25～26 日	2
		第二十一次会议	2019	1 月 10 日	1
		第二十二次会议	2019	2 月 28 日	1
		第二十三次会议	2019	3 月 26～27 日	2
		第二十四次会议	2019	5 月 28～29 日	2
		第二十五次会议	2019	6 月 25 日	1
		第二十六次会议	2019	7 月 30～31 日	2

续表

人大全体会议			召开年份(年)	开会时间	持续时间(天)
		第二十七次会议	2019	9月29~30日	2
		第二十八次会议	2019	10月29日	1
		第二十九次会议	2019	11月19~20日	2
		第三十次会议	2019	12月3日	1
		第三十一次会议	2019	12月17~18日	2
		第三十二次会议	2020	1月3日	1
		第三十三次会议	2020	2月11日	1
		第三十四次会议	2020	—	—
		第三十五次会议	2020	3月31日	1
		第三十六次会议	2020	5月6日	1

资料来源:全国人大常委会公报,广东省人大常委会公报,广州市人大常委会公报及相关媒体报道。

从会议召开时间上看,全国人大形成了在每年3月5日举行代表大会的惯例,并且在全体会议举行期间,逐渐形成人大代表休会日的惯例;[1]省市级人大会议召开时间相对灵活,一般在每年1月或者2月召开,目前也没有形成固定的休会日惯例,可能是因为省市级人大全体会议会期较短。从会议召开频率上看,人大会议一般每年举行一次。2017年和2019年,广州市人大召开了两次全体会议,其中2017年12月召开的第二次会议主要是选举广东省第十三届人大代表。从会议的持续时间上看,上级人大会议的持续时间一般长于下级人大:全国人大会议会期一般在8~15天,广东省人大会议会期一般在4~7天,广州市人大会议会期一般在3~6天。相比较而言,上级人大需要处理的事项更为重大复杂,需要花费更多时间审议议案或相关国家机关工作报告、决定重大事项以

---

[1] 第十三届全国人大常委会第十五次会议决定,第十三届全国人大第三次会议将于2020年3月5日召开。综合考虑各方面因素,第十三届全国人大常委会第十七次会议决定:第十三届全国人大第三次会议于2020年5月22日在北京召开。同时,该次全体大会未设置人大代表休会日。

及人事任免。其次,每届人大第一次会议会期往往长于后几次会议,结合会议议程,主要是因为每届人大第一次会议需要选举和决定任命国家机构的组成人员,议程相对较多。

从会议召开时间上看,人大常委会会议一般在该月下旬召开,同时由于会议持续时间相对较短,在常委会会议期间一般没有休会日的安排。从会议召开频率上看,人大常委会会议一般一个月至两个月召开一次,这与议事规则中规定的全国人大常委会会议一般每两个月举行一次,常务委员会会议每两个月至少举行一次基本符合。[1] 从会议的持续时间上看,与人大会议统计情况基本一致,上级人大常委会会议持续时间一般也长于下级人大:全国人大常委会会议会期一般在 2 ~ 7 天,广东省人大常委会会议会期一般在 2 ~ 3 天,广州市人大常委会会议会期一般在 1 ~ 2 天。

我国人大会议的持续时间相对较短,这一点经常被学者诟病。在这几天到十几天的时间内,人大会议的议程通常包括了审议政府工作报告、审查国民经济和社会发展计划执行情况与国民经济和社会发展计划草案的报告、审议各类法律案、审议人大常委会、法院、检察院等国家机关的工作报告、选举和决定任命国家机构组成人员、决定国家和地区的重大事项等诸多事项,时间明显是非常紧促的。会期过短可能带来的问题就是代表对会议内容还不够熟悉和了解,在还未经过审慎的研究的情况下,就不得不匆忙表决。通过这样的方法来决定国家和地方的重大事务,是否真的有实质性的作用,又是否使代表审议成为议案通过的流程形式?这值得思考。

目前全国人大形成了在每年 3 月 5 日举行代表大会的惯例,但这一惯例并非自人民代表大会制度建立起即形成。改革开放前,全国人大开会的日期很不固定,会议持续期间也不规范,地方人大会期同全国人大一样不规律。[2] 从第九届全国人大以来,历届全国人大会议都是在每年 3

---

〔1〕 参见《全国人民代表大会常务委员会议事规则》第 3 条、《广东省人民代表大会常务委员会议事规则》第 6 条、《广州市人民代表大会常务委员会议事规则》第 3 条。

〔2〕 参见陈寒枫:《人代会会期制度的完善——进一步完善人大及其常委会会议制度、工作程序和议事规则的探索之二》,载《人大研究》2007 年第 6 期。

月5日召开。

关于会议持续时间,议事规则中也没有明确规定。据本书统计,第十二届、第十三届全国人大会议持续时间一般在7~15天。目前一般认为全国人大会议的持续时间是较为符合我国国情和实际的,也有学者认为,应适当延长全国人大会议时间。[1] 实践中,地方各级人大会议持续时间也形成了一定惯例。有学者认为,应该用法律或地方性法规把实践中所形成的会期惯例固定下来。[2] 本书第五章论及此问题。

关于人大常委会的会议会期制度,从会议召开时间、频率和持续时间上看,各级人大常委会在实践中都形成了良好的制度,也促使人大职能在人大全体会议闭会后得以行使。同时,在常委会普遍采取分组会议的方法,既可以合理控制会议持续时间,在保证与会人员充分审议和发言的情况下也充分发挥了人大各项职能。

第二节 会议议程的设置

人大会议会期的统计主要涉及会议日程的安排,会议议程则是对提出的议案进行选择后进入全体会议审议的议案。虽然我国没有明文规定会议议程的设置,但在实践中也形成了一定的习惯,本书选取全国人大、广东省和广州市人大及其常委会部分会议议程进行说明(见表4-2)。

表4-2 全国人大、广东省和广州市人大及其常委会部分会议议程

会议	议案	提出主体
第十三届全国人大第一次会议	一、审议政府工作报告	国务院
	二、审查2017年国民经济和社会发展计划执行情况与2018年国民经济和社会发展计划草案的报告	国务院

[1] 参见李林:《坚持和完善全国人大的会期制度》,载《当代法学》2004年第6期。

[2] 参见陈寒枫:《人代会会期制度的完善——进一步完善人大及其常委会会议制度、工作程序和议事规则的探索之二》,载《人大研究》2007年第6期。

续表

会议	议案	提出主体
	三、审查2017年中央和地方预算执行情况与2018年中央和地方预算草案的报告	国务院
	四、审议全国人大常委会关于提请审议《中华人民共和国宪法修正案(草案)》的议案	人大常委会
	五、审议全国人大常委会关于提请审议《中华人民共和国监察法(草案)》的议案	人大常委会
	六、审议全国人大常委会工作报告	人大常委会
	七、审议最高人民法院工作报告	最高人民法院
	八、审议最高人民检察院工作报告	最高人民检察院
	九、审议国务院机构改革方案	国务院
	十、选举和决定任命国家机构组成人员	—
第十三届全国人大常委会第三次会议	一、审议《中华人民共和国电子商务法(草案)》	全国人大宪法和法律委员会
	二、审议《中华人民共和国人民法院组织法(修订草案)》	全国人大宪法和法律委员会
	三、审议《中华人民共和国人民检察院组织法(修订草案)》	全国人大宪法和法律委员会
	四、审议全国人大常委会委员长会议关于提请审议《全国人民代表大会常务委员会关于全国人民代表大会宪法和法律委员会职责问题的决定(草案)》的议案	委员长会议
	五、审议国务院关于提请审议《中华人民共和国个人所得税法修正案(草案)》的议案	国务院
	六、审议中央军事委员会关于提请审议《关于中国海警局履行海上维权执法职权的决定(草案)》的议案	中央军事委员会

续表

会议	议案	提出主体
	七、审议国务院关于2017年中央决算的报告审查和批准2017年中央决算	国务院
	八、审议国务院关于2017年度中央预算执行和其他财政收支的审计工作报告	国务院
	九、审议国务院关于坚持创新驱动发展深入推进国家科技重大专项工作情况的报告	国务院
	十、审议国务院关于研究处理固体废物污染环境防治法执法检查报告及审议意见情况的报告	国务院
	十一、审议全国人大常委会执法检查组关于检查《中华人民共和国统计法》实施情况的报告	人大常委会执法检查组
	十二、审议栗战书委员长访问埃塞俄比亚、莫桑比克、纳米比亚情况的书面报告	委员长
	十三、审议第十三届全国人大常委会代表资格审查委员会关于个别代表的代表资格的报告	人大常委会代表资格审查委员会
	十四、审议任免案	—
第十三届全国人大常委会第八次会议	一、审议《中华人民共和国外商投资法(草案)》	全国人大常委会
	二、审议任免案	—
广东省第十三届人大第一次会议	一、听取和审议广东省人民政府工作报告	省政府
	二、审查和批准广东省2017年国民经济和社会发展计划执行情况与2018年计划草案的报告及2018年国民经济和社会发展计划	省政府
	三、审查广东省2017年预算执行情况和2018年预算草案的报告及2018年预算草案,批准广东省2017年预算执行情况和2018年预算草案的报告及2018年省级预算	省政府

续表

会议	议案	提出主体
	四、听取和审议广东省人大常委会工作报告	省人大常委会
	五、听取和审议广东省高级人民法院工作报告	省法院
	六、听取和审议广东省人民检察院工作报告	省检察院
	七、选举广东省出席第十三届全国人大代表	—
	八、选举广东省第十三届人大常委会组成人员	—
	九、选举广东省省长、副省长	—
	十、选举广东省监察委员会主任	—
	十一、选举广东省高级人民法院院长、广东省人民检察院检察长	—
	十二、通过广东省第十三届人大各专门委员会主任委员、副主任委员和委员的人选	—
	十三、其他	—
广东省第十三届人大常委会第九次会议	一、审议《关于省政府机构改革涉及地方性法规规定的行政机关职责调整问题的决定（草案）》	省政府
	二、审议《关于修改〈广东省林地保护管理条例〉等两项地方性法规的决定（草案）》	省政府
	三、审议《广东省河道采砂管理条例（修订草案）》	—
	四、审查《江门市海上丝绸之路史迹保护条例》	江门市人大常委会
	五、审查《湛江市公园条例》	湛江市人大常委会
	六、审查《茂名市畜禽养殖污染防治条例》	茂名市人大常委会
	七、审查《揭阳市重点流域水环境保护条例》	揭阳市人大常委会

续表

会议	议案	提出主体
	八、审查《珠海市人民代表大会常务委员会关于修改〈珠海市排水条例〉等三部地方性法规的决定》	珠海市人大常委会
	九、审查《广州市人民代表大会常务委员会关于废止〈广州市环境保护条例〉的决定》等五项决定	广州市人大常委会
	十、审查《广州市人民代表大会常务委员会关于废止〈广州市政府投资管理条例〉的决定》	广州市人大常委会
	十一、审查《珠海市人民代表大会常务委员会关于废止〈珠海市旅游条例〉的决定》	珠海市人大常委会
	十二、审议《广东省人民代表大会常务委员会关于调整省十三届人大二次会议召开时间的决定(草案)》	广东省人大常委会
	十三、审议省人大常委会代表资格审查委员会关于部分代表的代表资格审查报告	广东省人大常委会代表资格审查委员会
	十四、审议省第十三届人大第二次会议主席团和秘书长等名单(草案)	—
	十五、审议广东省人大常委会工作报告(稿)	广东省人大常委会
	十六、审议人事免职事项	—
广东省第十三届人大常委会第十次会议	一、听取省第十三届人大常委会代表资格审查委员会关于个别代表的代表资格的报告(书面)	广东省人大常委会代表资格审查委员会
	二、审议人事任免事项。 审议《广东省人民代表大会常务委员会关于接受黄宁生辞去广东省人民政府副省长职务请求的决定(草案)》(书面)	—

续表

会议	议案	提出主体
广州市第十五届人大第一次会议	一、听取和审议广州市人民政府工作报告	市政府
	二、审查广州市2016年国民经济和社会发展计划执行情况与2017年计划草案的报告 审查广州市2017年国民经济和社会发展计划草案 批准广州市2016年国民经济和社会发展计划执行情况的报告与2017年国民经济和社会发展计划	市政府
	三、审查广州市2016年预算执行情况和2017年预算草案的报告 审查广州市2017年预算草案 批准广州市本级2016年预算执行情况的报告和2017年预算	市政府
	四、听取和审议广州市人大常委会工作报告	广州市人大常委会
	五、听取和审议广州市中级人民法院工作报告	市法院
	六、听取和审议广州市人民检察院工作报告	市检察院
	七、选举广州市第十五届人大常委会主任、副主任、秘书长、委员	—
	八、选举广州市人民政府市长、副市长	—
	九、选举广州市中级人民法院院长	—
	十、选举广州市人民检察院检察长	—
	十一、通过广州市第十五届人大各专门委员会成员名单	—
	十二、宪法宣誓、颁发当选证书	—
	十三、其他	—

续表

会议	议案	提出主体
广州市第十五届人大常委会第四次会议	一、审议《广州市博物馆规定(草案二次审议稿)》(本次会议是二审,建议提请常委会三审)	市政府
	二、审议《广州市停车场建设和管理规定(草案)》(本次会议是一审,建议提请常委会二审)	市政府
	三、听取和审议市人民政府关于《广州市第十五届人民代表大会第一次会议关于林永亮等41名代表联名提出的〈关于全面加强水环境治理和保护工作的议案〉的决议》实施方案的报告(建议表决实施方案)	市政府
	四、听取和审议市人民政府关于《广州市第十五届人民代表大会第一次会议关于栾玉明等36名代表联名提出的〈关于推进教育、文化、卫生、体育、民政领域民生基础设施规划与建设的议案〉的决议》实施方案的报告(建议表决实施方案)	市政府
	五、听取和审议市人大常委会代表资格审查委员会《关于闫伟东等代表资格审查情况的报告》(建议交付表决)	广州市人大常委会
	六、审议人事任免事项(建议交付表决)	—
	七、审阅市人大常委会办公厅《关于部分委员会会议决议执行情况的审核情况和委托专门委员会审议有关报告的审议意见的书面综合报告》	市政府
	八、听取和审议市人民政府关于广州市2017年市本级第一次预算调整方案的报告及预算调整方案(建议表决决议)	市政府

续表

会议	议案	提出主体
广州市第十五届人大常委会第十一次会议	一、听取广州铁路运输中级法院关于广州市行政案件审判工作的情况通报	广州铁路运输中级法院
	二、听取和审议广州海事法院工作报告(建议表决决议)	广州海事法院
	三、听取和审议广州知识产权法院工作报告(建议表决决议)	广州知识产权法院
	四、审议《广州市停车场条例(草案四次审议稿)》(本次会议是四审,建议交付表决)	市政府
	五、审议《广州市生活垃圾分类管理条例(草案修改稿)》(本次会议是三审,建议交付表决)	市政府
	六、审议《广州市社会工作服务规定(草案二次审议稿)》(本次会议是二审,建议提请常委会三审)	市政府
	七、听取和审议市人民政府关于2016年度市本级预算执行和其他财政收支审计查出问题整改落实情况的报告	市政府
	八、听取和审议市人民政府关于2016年度市本级财政支出绩效情况的报告	市政府
	九、听取和审议市工业和信息化委员会、市水务局关于落实《政府工作报告》目标任务情的报告,并进行工作评议和对报告内容开展满意度测评	市政府
	十、听取和审议市人民政府关于我市学前教育工作情况的报告(建议表决决议)	市政府
	十一、审议广州市人大常委会2017年度代表工作报告(稿)	广州市人大常委会
	十二、审议人事任免事项(建议交付表决)	—

续表

会议	议案	提出主体
	十三、听取和审议市人民政府关于办理广州市第十五届人大第一次会议代表建议、批评和意见情况的报告	市政府
	十四、听取和审议市中级人民法院关于办理广州市第十五届人大第一次会议代表建议、批评和意见情况的报告	市法院
	十五、听取和审议市人民检察院关于办理广州市第十五届人大第一次会议代表建议、批评和意见情况的报告	市检察院
	十六、审议《广州市人民代表大会常务委员会工作报告(审议稿)》(建议交付表决,会后继续征求意见并修改后,提交代表大会审议、表决)	广州市人大常委会
	十七、审议《广州市人民代表大会常务委员会关于召开广州市第十五届人民代表大会第三会议的决定(草案)》(建议表决决定)	—
	十八、审议《广州市人民代表大会常务委员会关于列席和邀请列席广州市第十五届人民代表大会第三次会议人员的决定(草案)》(建议表决决定)	—
	十九、审议《广州市第十五届人民代表大会第三次会议主席团、秘书长名单(草案)》	—
	二十、审议《广州市第十五届人民代表大会第三次会议议案审查委员会主任委员、副主任委员、委员名单(草案)》	—

续表

会议	议案	提出主体
广州市第十五届人大常委会第十五次会议	一、听取和审议市人民政府关于上半年工作情况和下半年工作安排的报告	市政府
	二、听取和审议市人民政府关于广州市 2018 年上半年国民经济和社会发展计划执行情况的报告	市政府
	三、听取和审议市人民政府关于广州市 2018 年上半年市本级预算执行情况的报告	市政府
	四、审议《广州市供水用水条例(草案)》(本次会议是一审,建议提请常委会二审)	市政府
	五、审议《广州市人民政府关于提请审议〈广州市水务管理条例〉等八项地方性法规的修正案(草案)的议案》(本次会议是一审,建议提请常委会二审)	市政府
	六、听取和审查市人民政府关于广州市 2018 年市本级预算调整方案的报告及预算调整方案(建议表决决议)	市政府
	七、听取和审议市人大常委会调研组关于广州市政府投资管理和监督情况的专题调研报告	广州市人大常委会
	八、听取和审议市人民政府关于保障农业和农村设施建设的用地需求,促进乡村振兴的报告,并开展专题询问	市政府
	九、听取和审议市人大常委会代表资格审查委员会关于欧阳卫民等代表资格审查情况的报告(建议交付表决)	广州市人大常委会代表资格审查委员会
	十、审议人事任免事项(建议交付表决)	—
	十一、审阅市人大常委会办公厅关于常委会会议审议意见研究处理情况报告、决议执行情况报告的审核意见和委托专门委员会审议有关报告的审议意见的书面综合报告	广州市人大常委会办公厅

资料来源:中国人大网,广东省人大常委会公报,广州市人大常委会公报。

通过表2的分析，本书总结以下四点发现：

第一，由第三章的制度梳理可知，我国人大议事规则对议案的付议顺序未明文规定，而根据表2可以发现，人大在实践中对议程设置有一定约定俗成的惯例。人代会的会议议程一般按照以下顺序设置：(a)审议政府工作报告；(b)审查上一年国民经济和社会发展计划执行情况与当年国民经济和社会发展计划草案的报告；(c)审查上一年预算执行情况与当年预算草案的报告；(d)审议相关法律草案；(e)审议人大常委会工作报告；(f)审议法院工作报告；(g)审议检察院工作报告；(h)审议决定决议案；(i)审议人事任免案；(j)其他。人大常委会的会议议程一般按照以下顺序设置：(a)审议相关法律草案；(b)审议“一府两院”、人大机构等有关工作报告；(c)审议决定决议案；(d)审议代表资格委员会关于代表资格的报告；(e)审议人事任免案；(f)其他。

而表4-3则显示，与全国人大和广东省人大及其常委会、广州市人大区别的是，广州市人大常委会会议议程设置没有按照“约定俗成”的顺序，会议议程设置稍显凌乱，审议“一府两院”的工作报告往往穿插在各个议程中，人事任免案的审议也没有统一设置在会议的后期，没有一定规律可循。

表4-3　广州市第十五届人大常委会部分会议具体议程安排

会议	广州市第十五届人大常委会第四次会议	广州市第十五届人大常委会第十一次会议	广州市第十五届人大常委会第十五次会议
议程设置	(a)审议相关法律草案	(a)审议相关法院的工作报告	(a)审议政府相关工作报告
	(b)审议政府有关工作报告	(b)审议相关法律草案	(b)审议相关法律草案
	(c)审议代表资格委员会关于代表资格的报告	(c)审议政府有关工作报告	(c)审议人大机构相关工作报告
	(d)审议人事任免案	(d)审议人大相关报告	(d)审议政府相关工作报告

续表

会议	广州市第十五届人大常委会第四次会议	广州市第十五届人大常委会第十一次会议	广州市第十五届人大常委会第十五次会议
	(e)审议人大机构有关工作报告	(e)审议人事任免案	(e)审议代表资格委员会关于代表资格的报告
	(f)审议政府有关工作报告	(f)审议一府两院有关工作报告	(f)审议人事任免案
		(g)审议决定决议案	(g)其他

资料来源:广州市人大常委会公报。

第二,从议程数量上看,人大会议议程数量较稳定,人大常委会议程数量波动较大,一次常委会审议的议程多至30多项,少则几项。除了必要时候召开的人大临时会议,每年的人大会议议程数量基本固定为10~15项议程安排。人大常委会的议程安排则较为灵活,议程安排较多的如第十三届全国人大常委会第七次会议设置了37项议程,广东省第十三届人大常委会第七次会议也设置了36项议程;议程安排较少的如第十三届全国人大常委会第八次会议、广东省第十三届人大常委会第六次会议仅设置了2项议程。

本书分析,除了部分法律的立改废需要由人大进行审议,基本每年召开一次的人大会议主要审议的议程都固定为审议上一年国民经济和社会发展计划执行情况与当年的计划草案、上一年预算执行情况与当年的预算草案、"一府两院"的工作报告、人事任免案。人大常委会的议程则主要根据社会发展、国家治理过程中出现的问题或需要解决的事项进行审议和作出决定,所以与人大相比,常委会的议程及审议事项具有变化性,随着时间的推移而变动。这也体现出在人大闭会期间,人大常委会在国家运行和发展的过程中发挥的重要和关键作用。

第三,结合表4-4选取的全国人大审议议案的日程,可以发现人大审议议案的顺序不完全按照议程的顺序,会议日程的安排也没有固定的规律。在具体审议过程中,第十三届全国人大第一次会议按照以下顺序审议:审议政府工作报告;审查2017年国民经济和社会发展计划执行情况与2018年国民经济和社会发展计划草案的报告;审查2017年预算执行情况与2018年预算草案的报告;审议《宪法修正案》草案;审议最高人民法院工作报告;审议最高人民检察院工作报告;审议决定决议案;审议全国人大常委会工作报告;审议《监察法》草案;审议决定决议案;审议人事任免案。第十三届全国人大第二次会议按照以下顺序审议:审议政府工作报告;审查2018年国民经济和社会发展计划执行情况与2019年国民经济和社会发展计划草案的报告;审查2018年预算执行情况与2019年预算草案的报告;审议全国人大常委会工作报告;审议《外商投资法》草案;审议最高人民法院工作报告;审议最高人民检察院工作报告;审议人事任免案。经对比,本书发现,在全国人大常委会、广东省人大及其常委会、广州市人大的日程安排中,人大及其常委会审议议案的顺序亦没有如议程安排那样形成实践中的约定俗成的惯例。

表4-4　第十三届全国人大部分会议具体日程安排

日期	第十三届全国人大第一次会议	第十三届全国人大第二次会议
3月5日	听取国务院总理李克强关于政府工作的报告	听取国务院总理李克强关于政府工作的报告
	审查国务院关于2017年国民经济和社会发展计划执行情况与2018年国民经济和社会发展计划草案的报告	审查国务院关于2018年国民经济和社会发展计划执行情况与2019年国民经济和社会发展计划草案的报告
	审查国务院关于2017年中央和地方预算执行情况与2018年中央和地方预算草案的报告	审查国务院关于2018年中央和地方预算执行情况与2019年中央和地方预算草案的报告
	听取全国人大常委会副委员长兼秘书长王晨关于中华人民共和国宪法修正案草案的说明	代表团全体会议审议政府工作报告
	代表团全体会议审议政府工作报告	

续表

日期	第十三届全国人大第一次会议	第十三届全国人大第二次会议
3月6日	代表小组会议审议政府工作报告	代表小组会议审议政府工作报告
3月7日	代表团全体会议审议宪法修正案草案	代表团全体会议审查计划报告和预算报告
	代表小组会议审议宪法修正案草案	代表小组会议审查计划报告
3月8日	代表团全体会议审查计划报告和预算报告，推选监票人	代表小组会议审查预算报告
	代表小组会议审查计划报告和预算报告	听取全国人大常委会委员长栗战书关于全国人大常委会工作的报告
	—	听取全国人大常委会副委员长王晨关于中华人民共和国外商投资法草案的说明
3月9日	代表小组会议审议宪法修正案草案修改稿，审查计划报告和预算报告	代表团全体会议审议全国人大常委会工作报告
	听取最高人民法院院长周强关于最高人民法院工作的报告	代表小组会议审议全国人大常委会工作报告
	听取最高人民检察院检察长曹建明关于最高人民检察院工作的报告	—
3月10日	代表团全体会议审议最高人民法院工作报告和最高人民检察院工作报告	代表团全体会议审议外商投资法草案
	代表小组会议审议最高人民法院工作报告和最高人民检察院工作报告	代表小组会议审议外商投资法草案

续表

日期	第十三届全国人大第一次会议	第十三届全国人大第二次会议
3月11日	代表团全体会议审议宪法修正案草案建议表决稿,大会关于设立第十三届全国人大专门委员会的决定草案,关于第十三届全国人大专门委员会主任委员、副主任委员、委员人选的表决办法草案;酝酿第十三届全国人大法律委员会、财政经济委员会主任委员、副主任委员、委员的人选	代表休息
	表决总监票人、监票人名单草案	—
	投票表决中华人民共和国宪法修正案草案	—
	听取全国人大常委会委员长张德江关于全国人大常委会工作的报告	—
3月12日	代表团全体会议审议全国人大常委会工作报告	听取最高人民法院院长周强关于最高人民法院工作的报告
	代表小组会议审议全国人大常委会工作报告	听取最高人民检察院检察长张军关于最高人民检察院工作的报告
	—	代表团全体会议审议外商投资法草案修改稿、最高人民法院工作报告、最高人民检察院工作报告

续表

日期	第十三届全国人大第一次会议	第十三届全国人大第二次会议
3月13日	听取全国人大常委会副委员长李建国关于中华人民共和国监察法草案的说明	代表小组会议审议最高人民法院工作报告和最高人民检察院工作报告
	听取国务委员王勇关于国务院机构改革方案的说明	代表小组会议审议最高人民法院工作报告和最高人民检察院工作报告
	表决大会关于设立第十三届全国人大专门委员会的决定草案	—
	表决大会关于第十三届全国人大专门委员会主任委员、副主任委员、委员人选的表决办法草案	—
	表决第十三届全国人大法律委员会主任委员、副主任委员、委员人选名单草案	—
	表决第十三届全国人大财政经济委员会主任委员、副主任委员、委员人选名单草案	—
	代表团全体会议审议监察法草案	—
3月14日	代表小组会议审议监察法草案	代表小组会议审议关于政府工作报告、年度计划、年度预算的三个决议草案
	代表团全体会议审议国务院机构改革方案	代表团全体会议审议关于政府工作报告、年度计划、年度预算、全国人大常委会工作报告、最高人民法院工作报告、最高人民检察院工作报告的六个决议草案、外商投资法草案建议表决稿、全国人大常委会关于接受张荣顺辞去第十三届全国人大常委会委员职务的请求的决定

续表

日期	第十三届全国人大第一次会议	第十三届全国人大第二次会议
3月15日	大会休息	表决关于政府工作报告的决议草案
	—	表决中华人民共和国外商投资法草案
	—	表决关于2018年国民经济和社会发展计划执行情况与2019年国民经济和社会发展计划的决议草案
	—	表决关于2018年中央和地方预算执行情况与2019年中央和地方预算的决议草案
	—	表决关于全国人大常委会工作报告的决议草案
	—	表决关于最高人民法院工作报告的决议草案
	—	表决关于最高人民检察院工作报告的决议草案
	—	表决关于确认全国人大常委会接受张荣顺辞去第十三届全国人大常委会委员职务的请求的决定草案
3月16日	代表团全体会议审议监察法草案修改稿,关于批准国务院机构改革方案的决定草案,第十三届全国人大一次会议选举和决定任命的办法草案	—
	代表团全体会议酝酿协商中华人民共和国主席、副主席的人选,中华人民共和国中央军事委员会主席的人选,全国人大常委会委员长、副委员长、秘书长的人选	—

续表

日期	第十三届全国人大第一次会议	第十三届全国人大第二次会议
3月17日	表决关于批准国务院机构改革方案的决定草案	—
	表决第十三届全国人大一次会议选举和决定任命的办法草案	—
	选举中华人民共和国主席、副主席	—
	选举中华人民共和国中央军事委员会主席	—
	选举第十三届全国人大常委会委员长、副委员长、秘书长	—
	代表团全体会议酝酿国务院总理的人选，中华人民共和国中央军事委员会副主席、委员的人选；酝酿协商国家监察委员会主任、最高人民法院院长、最高人民检察院检察长的人选，全国人大常委会委员的人选	—
3月18日	决定国务院总理的人选	—
	决定中华人民共和国中央军事委员会副主席、委员的人选	—
	选举国家监察委员会主任	—
	选举最高人民法院院长	—
	选举最高人民检察院检察长	—
	选举第十三届全国人大常委会委员	—
	代表团全体会议酝酿国务院副总理、国务委员、各部部长、各委员会主任、中国人民银行行长、审计长、秘书长的人选，全国人大民族委员会、内务司法委员会、教育科学文化卫生委员会、外事委员会、华侨委员会、环境与资源保护委员会、农业与农村委员会等专门委员会主任委员、副主任委员、委员的人选	—

续表

日期	第十三届全国人大第一次会议	第十三届全国人大第二次会议
3月19日	决定国务院副总理、国务委员、各部部长、各委员会主任、中国人民银行行长、审计长、秘书长的人选	—
	分别表决全国人大民族委员会、内务司法委员会、教育科学文化卫生委员会、外事委员会、华侨委员会、环境与资源保护委员会、农业与农村委员会等专门委员会主任委员、副主任委员、委员人选名单草案	—
3月20日	表决关于政府工作报告的决议草案	—
	表决中华人民共和国监察法草案	—
	表决关于2017年国民经济和社会发展计划执行情况与2018年国民经济和社会发展计划的决议草案	—
	表决关于2017年中央和地方预算执行情况与2018年中央和地方预算的决议草案	—
	表决关于全国人大常委会工作报告的决议草案	—
	表决关于最高人民法院工作报告的决议草案	—
	表决关于最高人民检察院工作报告的决议草案	—
	中华人民共和国主席讲话	—
	第十三届全国人大常委会委员长讲话	—

资料来源:中国人大网。

第四，从实际审议的议案范围上看，一般而言，人大及其常委会会议议程作为由主席团/常委会会议决定的议案付议的安排表，人大及其常委会应完全按照议程所安排的议案范围进行审议。但本书观察到在实践中，“一府两院”在会议上提出了不在议程上的议案，广州市人大及其常委会也审议了部分没有列入议程中的议案。如广东省第十三届人大常委会第二次会议上，省法院提出了《关于省人大常委会对省法院知识产权审判工作情况报告审议意见研究处理情况的报告》，〔1〕省政府提出了《关于我省 2017 年上半年计划执行情况报告审议意见研究处理情况的报告》、〔2〕《关于我省农林科技创新工作审议意见研究处理情况的报告》〔3〕等相关报告。广州市第十五届人大第一次、第三次会议均审议了专门委员会的工作报告，广州市第十五届人大常委会第七次会议分别审议了《广州市人大常委会赴摩洛哥、葡萄牙和西班牙访问的情况报告》〔4〕《广州市人大常委会赴尼泊尔、土耳其和格鲁吉亚访问的情况报告》〔5〕等；广州市第十五届人大常委会第八次会议审议了《赴古巴秘鲁巴西出访报告》。〔6〕 鉴于收集的公开资料的有限性，本书难以考证上述议案是否最终由主席团/常委会会议决定列入会议议程。

通过比较议程设置顺序、数量、会议日程及实际审议的议案范围，本书认为，在人大会议议程设置这一制度上，人大在实践中偏向于灵活处理，在防止

---

〔1〕 参见广东省高级人民法院：《关于省人大常委会对省法院知识产权审判工作情况报告审议意见研究处理情况的报告》，载《广东省人民代表大会常务委员会公报》2018 年第 3 号，第 62 ~ 65 页。

〔2〕 参见广东省人民政府：《关于我省 2017 年上半年计划执行情况报告审议意见研究处理情况的报告》，载《广东省人民代表大会常务委员会公报》2018 年第 3 号，第 67 ~ 69 页。

〔3〕 参见广东省人民政府：《关于我省农林科技创新工作审议意见研究处理情况的报告》，载《广东省人民代表大会常务委员会公报》2018 年第 3 号，第 86 ~ 89 页。

〔4〕 参见广州市人大常委会赴摩洛哥、葡萄牙和西班牙访问团：《广州市人大常委会赴摩洛哥、葡萄牙和西班牙访问的情况报告》，载《广州市人民代表大会常务委员会公报》2017 年第 4 期（总第 311 期），第 46 ~ 53 页。

〔5〕 参见广州市人大常委会赴尼泊尔、土耳其和格鲁吉亚访问团：《广州市人大常委会赴尼泊尔、土耳其和格鲁吉亚访问的情况报告》，载《广州市人民代表大会常务委员会公报》2017 年第 4 期（总第 311 期），第 53 ~ 59 页。

〔6〕 参见广州市人大常委会友好访问团：《赴古巴秘鲁巴西出访报告》，载《广州市人民代表大会常务委员会公报》2017 年第 4 期（总第 311 期），第 149 ~ 153 页。

墨守成规的情况下,往往注重对议案进行实体上的审议及作出相关决定。

第三节 议案的提出和审议

根据议事规则和人大工作实践,本书从提出议案的主体、议案主题及类型和审议情况等方面论述本届全国人大及其常委会、广东省和广州市人大及其常委会关于议案的提出和审议情况。按照本书第三章的描述,议案运行的基本程序可以分为提出、审议、表决三个阶段。在议案的提出阶段,议案由有提案权的主体向人大或其常委会提出,(经程序性审议审查后)列入会议议程交付审议,或者不列入会议议程而作其他处理。根据该三级人大议事规则相关规定,代表团或代表联名,主席团、人大常委会及各专门委员会,国务院及地方政府,中央军事委员会,最高人民法院,最高人民检察院可以向人大提出相关议案。委员长会议(主任会议)或常委会组成人员联名、国务院及地方政府、中央军事委员会、最高人民法院、最高人民检察院、人大各专门委员会可以向人大常委会提出相关议案。在议案的审议阶段,议案列入会议议程后,由全体会议听取相关说明,再由各种形式的会议进行审议讨论,然后交付表决,或者撤回,或者授权常委会处理、交有关专门委员会或其他主体进一步审议。需要说明的是,议案在列入会议议程前也可能经过审议(审查),但这种审议(审查)与列入会议议程后的审议有所区别:前者主要是程序性的,其目的是确定是否交付会议审议,而后者则是实体性的,其目的是交付表决形成决策。在议案的表决阶段,代表和常委会组成人员在相关会议上的表决不受法律追究;议案交付全体会议表决,由全体代表或常委会全体组成人员的过半数(表决宪法修正案为2/3以上)通过。

一、提请人大审议的议案

(一)代表议案

1. 代表议案的提出

第十二届全国人大代表联名和代表团提出的议案及处理结果见

表 4－5。

表 4－5　第十二届全国人大代表议案及处理结果统计

会议	议案数量	提案主体		处理结果
		以代表团名义提出	30 名以上代表联名提出	
第十二届全国人大一次会议	401 件	7 件	394 件	交付全国人大有关专门委员会审议 民族委员会:2 件 法律委员会:111 件 内务司法委员会:54 件 财政经济委员会:81 件 教育科学文化卫生委员会:65 件 外事委员会:6 件 华侨委员会:1 件 环境与资源保护委员会:54 件 农业与农村委员会:27 件
第十二届全国人大二次会议	468 件	9 件	459 件	交付全国人大有关专门委员会审议 民族委员会:1 件 法律委员会:160 件 内务司法委员会:55 件 财政经济委员会:86 件 教育科学文化卫生委员会:86 件 外事委员会:1 件 环境与资源保护委员会:54 件 农业与农村委员会:25 件

续表

会议	议案数量	提案主体		处理结果
第十二届全国人大三次会议	521 件	15 件	506 件	交付全国人大有关专门委员会审议 民族委员会:4 件 法律委员会:147 件 内务司法委员会:79 件 财政经济委员会:116 件 教育科学文化卫生委员会:63 件 华侨委员会:1 件 环境与资源保护委员会:65 件 农业与农村委员会:46 件
第十二届全国人大四次会议	462 件	12 件	450 件	交付全国人大有关专门委员会审议 民族委员会:1 件 法律委员会:124 件 内务司法委员会:71 件 财政经济委员会:110 件 教育科学文化卫生委员会:68 件 外事委员会:1 件 环境与资源保护委员会:64 件 农业与农村委员会:23 件

续表

会议	议案数量	提案主体		处理结果
第十二届全国人大五次会议	514 件	8 件	506 件	交付全国人大有关专门委员会审议 法律委员会:180 件 内务司法委员会:80 件 财政经济委员会:91 件 教育科学文化卫生委员会:66 件 外事委员会:2 件 华侨委员会:2 件 环境与资源保护委员会:64 件 农业与农村委员会:29 件

资料来源:全国人大常委会公报。

第十三届全国人大第一次会议“大会秘书处共收到代表提出的议案325 件。……代表团提出的 12 件,代表联名提出的 313 件”。[1] 第二次会议“大会秘书处共收到代表提出的议案 491 件,比去年增长 51%。……代表团提出的 14 件,代表联名提出的 477 件”。[2] 第三次大会“大会秘书处共收到代表提出的议案 506 件,其中,代表团提出的 17 件,代表联名提出的 489 件”。[3] 第十三届全国人大代表联名和代表团提出的议案的类型和审议情况的数据见表 4－6。

〔1〕 第十三届全国人民代表大会第一次会议秘书处:《关于第十三届全国人民代表大会第一次会议代表提出议案处理意见的报告》,载《全国人民代表大会常务委员会公报》2018 年第 2 号,第 300 页。

〔2〕 第十三届全国人民代表大会第二次会议秘书处:《关于第十三届全国人民代表大会第二次会议代表提出议案处理意见的报告》,载《全国人民代表大会常务委员会公报》2019 年第 2 号,第 461 页。

〔3〕 第十三届全国人民代表大会第三次会议秘书处:《关于第十三届全国人民代表大会第三次会议代表提出议案处理意见的报告》,载中国人大网,http://www.npc.gov.cn/npc/c30834/202005/c25ebf60f0c8445ba3f48daed9007345.shtml,2020 年 6 月 30 日最后访问。

表 4-6 第十三届全国人大代表议案统计

议案类型和专委会审议		第十三届全国人大第一次会议	第十三届全国人大第二次会议	第十三届全国人大第三次会议
类型分析	法律案	322	487	499
	关于监督的议案	1	4	7
	关于决定事项的议案	2	0	4
法律案分类	制定法律	174	231	196
	修改法律	147	247	297
	加强法律监督	1	0	0
	解释法律	0	4	2
	就有关法律问题作出决定	0	5	4
交全国人大专门委员会审议	宪法和法律委员会	104	173	128
	监察和司法委员会	21	24	33
	财政经济委员会	68	78	91
	教育科学文化卫生委员会	50	69	87
	外事委员会	1	25	2
	华侨委员会	6	1	0
	环境与资源保护委员会	41	63	93
	农业与农村委员会	13	25	24
	社会建设委员会	21	57	48

资料来源:全国人大常委会公报。

广东省第十三届人大第一次会议“大会秘书处议案组收到 10 名以上代表联名提出的议案共 6 件,其中内务司法类 2 件,城建环资类 4 件”。[1] 第二次会议“大会秘书处议案组收到 10 名以上代表联名提出的议案共 9 件。其中 5 件符合议案的基本要求,另有 4 件经商领衔代表同意,改作建

---

〔1〕 广东省第十三届人民代表大会第一次会议议案审查委员会:《关于广东省第十三届人民代表大会第一次会议代表提出议案处理意见的报告》,载《广东省人民代表大会常务委员会公报》2018 年第 2 号,第 191 页。

议提出”。[1] 第三次会议“大会秘书处议案组收到10名以上代表联名提出的议案共4件，均符合议案基本要求”。[2] 广东省第十三届人大代表联名和代表团提出的议案的类型和审议情况的数据见表4－7。

表4－7　广东省第十三届人大代表议案统计

议案类型和专委会审议		广东省第十三届人大第一次会议	广东省第十三届人大第二次会议	广东省第十三届人大第三次会议
类型分析	法律案	6	5	4
	关于监督的议案	—	—	—
	关于决定事项的议案	—	—	—
法律案分类	制定法律	6	5	3
	修改法律	—	—	1
	加强法律监督	—	—	—
	解释法律	—	—	—
	就有关法律问题作出决定	—	—	—
交有关专门委员会审议	法制委员会	—	—	—
	内务司法委员会（监察和司法委员会）	2	—	—
	财政经济委员会	—	—	—
	教育科学文化卫生委员会	—	5	1
	华侨民族宗教委员会	—	—	—
	环境与资源保护委员会	4	—	1
	农村农业委员会	—	—	—
	社会建设委员会	—	—	2

资料来源：广东省人大常委会公报。

广州市第十五届人大第一次会议“大会秘书处议案工作机构共收到

[1] 广东省第十三届人民代表大会第二次会议秘书处：《关于广东省第十三届人民代表大会第二次会议代表提出议案处理意见的报告》，载《广东省人民代表大会常务委员会公报》2019年第2号，第178页。

[2] 广东省第十三届人民代表大会第三次会议秘书处：《关于广东省第十三届人民代表大会第三次会议代表提出议案处理意见的报告》，载《广东省人民代表大会常务委员会公报》2020年第1号，第186页。

符合法定条件的代表议案2件”,[1]经主席团第三次会议审议,决定将该两件代表联名提出的议案列入大会会议议程,交由各代表团审议。第四次会议主席团第三次会议“决定将雷建威等74名代表联名提出的《关于立法促进母乳喂养的议案》交由市人大相关委员会在闭会期间审议”。[2]从公开的资料看,广州市第十五届人大第二次会议、第三次会议及第五次会议没有代表联名代表团提出的议案。广州市第十五届人大代表联名和代表团提出的议案情况的数据见表4-8。

表4-8 广州市第十五届人大代表议案统计

议案类型		广州市第十五届人大第一次会议	广州市第十五届人大第二次会议	广州市第十五届人大第三次会议	广州市第十五届人大第四次会议	广州市第十五届人大第五次会议
类型分析	法律案	—	—	—	1	—
	关于监督的议案	2	—	—	—	—
	关于决定事项的议案	—	—	—	—	—

资料来源:广州市人大常委会公报。

从议案的数量上来看,全国人大代表提出议案的积极性较高,直观反映了代表的履职积极性在逐步增强。从提出议案的主体来看,由代表团提出的议案很少,而由人大代表联名提出的议案占绝大多数。其中,全国人大代表联名和代表团提出的议案主要是关于制定、修改法律和加强法律解释的法律案,占议案总数量的98%以上。广东省人大代表联名和代表团提出的议案较少,其中广东省第十三届人大第二次会议收到的9件

〔1〕 广州市第十五届人民代表大会第一次会议议案审查委员会:《广州市第十五届人民代表大会第一次会议议案审查委员会关于代表议案处理意见的报告》,载《广州市人民代表大会常务委员会公报》2017年增刊(总第307期),第209页。

〔2〕《广州市第十五届人民代表大会第四次会议主席团关于代表议案处理的决定》,载广州人大网,http://www.rd.gz.cn/rdhy/dbdh/gzsrddswjdsshy/bgjy/content/post_83415.html,2020年6月30日最后访问。

代表联名提出的议案中,有4件不符合议案的基本要求,而被改作为代表建议提出。值得注意的是,广州市人大代表在召开的五次人大全体会议中,仅有代表联名提出了3件议案;在其中三次代表大会中,均无代表联名提出代表议案。广州市人大代表需要提高这方面工作的积极性和主动性。从议案主题看,民生问题尤其是环境资源保护问题是代表议案关注的重点。在第十三届全国人大第一次会议上,代表联名及代表团提出了325件议案,其中有25件是关于环境保护的。这包括关于制定《土壤污染防治法》《湿地保护法》《地下水资源保护法》等法律的19件,涉及《固体废物污染环境防治法》《环境保护法》等法律修改的5件,要求开展环境保护法执法检查的1件。在第十三届全国人大第二次会议上,代表联名及代表团提出了487件议案,其中涉及生态环境保护的有30件,关于制定《长江保护法》《黄河生态保护法》《扬尘污染防治法》等法律的21件,涉及《水污染防治法》《大气污染防治法》等法律修改的8件。

2. 代表议案的具体审议工作和处理结果

在人大工作实践中,对代表议案的审议和处理,实际上包括在人大会议期间的审议和闭会期间的处理两个方面。根据议事规则、《全国人民代表大会代表议案处理办法》(以下简称《全国人大代表议案处理办法》)的规定和人大工作实践经验,代表议案的审议流程主要包括:(1)代表团将代表议案送交大会秘书处;(2)大会秘书处召开协调工作会议,研究后向大会主席团提出议案处理意见的报告;(3)主席团根据秘书处的报告,决定代表议案是否列入本次会议议程,或者先交有关专门委员会审议、提出报告;(4)对于主席团交付专门委员会审议的代表议案,由专门委员会组织研究、分析,向常委会提出代表议案审议结果的报告;(5)人大常委会会议审议代表议案审议结果报告。

具体而言,在全国人大会议期间,由各代表团负责将代表提出的议案送交大会秘书处。大会秘书处召开有各专门委员会负责人参加的代表议案处理协调工作会议,研究议案处理的具体建议,向大会主席团提出议案处理意见的报告。大会主席团根据大会秘书处的报告,决定代表议案是否列入本次会议议程,或者先交有关专门委员会审议。大会主席团决定列入本次会议议程的代表议案,交由各代表团进行审议,并同时交有关专门委员会进行审议、提出报告,再由主席团审议决定是否提请大会全体会议表决。[1] 专门委员会在处理代表议案的过程中,应当认真采纳有关机关、组织和提议案人的合理意见,对于切实可行的代表议案,应当建议列入全国人大会议或者它的常委会会议议程;对于暂时不能列入会议议程的议案,可以建议列入全国人大常委会的立法规划或者相关工作的计划。[2] 对于在大会闭会期间提出的代表议案,由省级人大常委会办事机构送交全国人大常委会办事机构。对符合议案基本要求的并属于法律案的代表议案,可以依照立法法的规定先向全国人大常委会提出;其他议案在大会会议举行时,送交大会秘书处,与会议期间提出的代表议案一并处理。同时,对不符合议案基本要求的代表议案,可以建议提议案人进行修改、完善,或者将议案改作建议、批评和意见提出。[3]

本书所选取的观察样本中,在中央层面,根据主席团通过的代表议案处理意见,第十三届全国人大代表联名提出的议案至今还未有被列入大会议程审议,它们全部由大会主席团交付各专门委员会进行审议。至于未列入议程的原因,几次会议的相关报告使用了同样的表述来说明缘由,即经大会秘书处对议案分析研究,"认为没有需要列入本次会议审议的议案,建议将代表提出的议案分别交由全国人大有关专门委员会审议"。[4] 在地方层面,广东省第十三届人大代表联名提出的议案也没有被列入大会议程进行审议,它们或是被交给有关专门委员会审议,或是被作为建议

---

〔1〕 参见《全国人大代表议案处理办法》第 13 条、第 14 条。

〔2〕 参见《全国人大代表议案处理办法》第 18 条。

〔3〕 参见《全国人大代表议案处理办法》第 12 条。

〔4〕 参见第十三届全国人民代表大会第一次会议秘书处:《关于第十三届全国人民代表大会第一次会议代表提出议案处理意见的报告》,载《全国人民代表大会常务委员会公报》2018 年第 2 号,第 300 页;第十三届全国人民代表大会第二次会议秘书处:《关于第十三届全国人民代表大会第二次会议代表提出议案处理意见的报告》,载《全国人民代表大会常务委员会公报》2019 年第 2 号,第 462 页;第十三届全国人民代表大会第三次会议秘书处:《关于第十三届全国人民代表大会第三次会议代表提出议案处理意见的报告》,载中国人大网,http://www.npc.gov.cn/npc/c30834/202005/c25ebf60f0c8445ba3f48daed9007345.shtml,2020 年 6 月 30 日最后访问。

处理。对于未列入议程的原因,相关报告说明,“议案审查委员会认为,上述议案的立法必要性、可行性、合法性需要进一步研究论证,建议不列入本次会议议程”,[1]或者是“议案有必要进一步调查研究论证”。[2]

与此形成强烈对比的是,广州市第十五届人大第一次会议共收到两件代表联名提出的议案且均被列入会议议程,分别是林永亮等41名代表联名提出的《关于全面加强水环境治理和保护工作的议案》和栾玉明等36名代表联名提出的《关于推进教育、文化、卫生、体育、民政领域民生基础设施规划与建设的议案》。相关审议报告显示,这两件代表联名提出的议案最终被列入大会议程,主要是因为“符合代表议案的法定条件并且所提出需要解决的问题的条件比较成熟”、[3]“代表议案提出的问题有必要尽快解决,提出的解决办法和建议比较可行”,[4]即具备议案的法定条件,以及提出的问题需要尽快解决且在议案中提供了较为可行的方法建议。两件被列入议程的议案都符合议案的形式和实质的要求。林永亮等41名代表联名提出以及栾玉明等36名代表联名提出的议案主要结构由案由(主要指出存在何种问题及原因,即必要性问题)、案据(主要涉及提出议案的相关法律法规及政策依据,即合理性、可行性问题)、方案(主要内容包括相关问题的解决方法和建议)三部分组成。本书第五章将详解这两个代表议案被提出、审议、通过的经过。本书认为,人大代表需要提高议案的质量;如果人大代表提出的议案能满足上述的形式及实质要求,将有利于主席团决定将代表议案列入会议议程,提高代表议案的上会(指

[1] 参见广东省第十三届人民代表大会第一次会议议案审查委员会:《关于广东省第十三届人民代表大会第一次会议代表提出议案处理意见的报告》,载《广东省人民代表大会常务委员会公报》2018年第2号,第191页。

[2] 参见广东省第十三届人民代表大会第二次会议秘书处:《关于广东省第十三届人民代表大会第二次会议代表提出议案处理意见的报告》,载《广东省人民代表大会常务委员会公报》2019年第2号,第177页。

[3] 广州市第十五届人民代表大会第一次会议议案审查委员会:《广州市第十五届人民代表大会第一次会议议案审查委员会关于代表议案处理意见的报告》,载《广州市人民代表大会常务委员会公报》2017年增刊(总第307期),第209页。

[4] 广州市第十五届人民代表大会第一次会议议案审查委员会:《广州市第十五届人民代表大会第一次会议议案审查委员会关于主席团决定列入大会议程的代表议案审议结果的报告》,载《广州市人民代表大会常务委员会公报》2017年增刊(总第307期),第224页。

人大全体会议)率,从而发挥人大代表的主体作用。

总而言之,全国和地方人大现在都面临着代表议案比较难以被列入会议议程,进而无法在全体会议上进行审议的局面。有学者在他2007年的研究中指出,在全国人大及其常委会53年,地方人大及其常委会28年的历史中,代表议案机关议案基本都列入议程,代表议案基本都未列入议程。[1] 有学者通过考察2005年至2011年全国人大专门委员会对代表议案的审议结果报告发现,"专门委员会从未提出将代表议案列入全国人大或常委会会议议程的建议"。[2] 学者们对此有一些归因分析。有人认为,代表议案难以列入大会会议议程、人大某些职权不能充分行使,与人大会议会期过短有一定关系。[3] 也有人认为,代表议案尤其是代表提出的法律草案难以被列入议程是其本身质量欠佳,"其中又大部分没有法律草案文本和说明,仅是一个立法建议,根本无法提交大会审议。即便是有法律草案文本和说明,有关法律所规定的,必须在全国人代会举行的一个月前将法律草案发给全国人大代表,也是根本无法做到的。因此,在全国人代会上提出的法律案,按法定程序根本不可能列入议程"。[4] "有的代表提出立法议案时,没有按照法律规定提交法律草案及其说明。这样的议案既不可能列入会议议程,也难以进行研究处理。"[5]"客观上讲,国家机关立法议案经过充分调研论证与协调配合,具备审议的基础,而代表议案通常不具备这样的条件,难以作为审议原型直接列入会议议程。"[6]还有人认为,法律和议事规则对机关议案和代表议案的不同规定造成了两

[1] 参见陈寒枫:《人代会和人大常委会会议议程的确定程序——进一步完善人大及其常委会会议制度、工作程序和议事规则的探索之五》,载《人大研究》2007年第10期。

[2] 王培剑:《全国人大专门委员会代表议案处理制度简析》,载《人大研究》2011年第12期。

[3] 参见万其刚、蔡春红、苏东:《全国人民代表大会会议制度研究》,载《当代法学》2004年第6期。

[4] 陈寒枫:《人代会和人大常委会会议议程的确定程序——进一步完善人大及其常委会会议制度、工作程序和议事规则的探索之五》,载《人大研究》2007年第10期。

[5] 李飞主编:《中华人民共和国全国人民代表大会和地方各级人民代表大会代表法解读》,中国法制出版社2010年版,第51页。

[6] 王培剑:《全国人大常委会立法规划制度对代表提案权影响的实证研究》,载《人大研究》2018年第6期。

者的不同待遇，即“代表提出的法律案在进入议程前面临着实质性审查——既可以列入议程，也可以不列入议程，决定主体具有决定法律案是否列入议程的裁量权；而国家机关提出的法律案在列入议程前仅面临形式性审查，决定主体不具有裁量权只能将其列入议程而不能决定不列入议程。这种审查徒具形式，国家机关法律案显然不会由此而被‘淘汰’于会议议程之外。相对于国家机关提出的法律案而言，代表法律案获得审议的机会面临着不同的制度待遇，进入审议议程的可能性将大打折扣”。[1] 这两种议案的不同待遇被总结为“机构主导，代表参与”，即“机构是我国立法提案权行使之主体，人大代表则作为机构的补充”。[2]

需要指出的是，尽管难以被列入会议议程，代表议案还可以通过其他途径对人大立法产生影响。实践中，未被列入议程的代表议案也为人大编制立法规划、确立立法监督项目、起草相关法律起到帮助作用，推动人大工作。“十三届全国人大一次会议主席团交付有关专门委员会审议的325件代表议案已全部审议完毕。其中，19件议案涉及的9个立法项目已经常委会审议通过，22件议案涉及的4个立法项目已提请审议，143件议案涉及的60个立法项目已列入立法规划或年度立法计划。”[3] 在2018年的十三届全国人大常委会的立法规划中，一共有116件法律草案，上述代表提出的议案涉及的立法项目约占该届全国人大常委会立法规划中法律草案总数的52%。这些涉及立法项目的代表议案一共是143件，占该届代表议案总数的44%。在地方人大层面，万军等19名代表、吴克昌等11名代表提出制定的《广东省环境教育条例》，目前已被列入《广东省第十三届人大常委会立法规划（2018～2022年）》的一类项目。“环资委建议，按照我省立法规划的要求和地方立法程序，由省政府有关主管部门联

〔1〕 梁存宁：《论“规划立法”模式的成功与不足——以全国人大常委会立法规划为研究对象》，载《人大研究》2013年第2期。

〔2〕 张筱倜：《全国人大代表立法提案权行使之程序障碍及完善》，载《湖北社会科学》2017年第2期。

〔3〕 栗战书：《全国人民代表大会常务委员会工作报告——2019年3月8日在第十三届全国人民代表大会第二次会议上》，载《全国人民代表大会常务委员会公报》2019年第2号，第435页。

合开展有针对性的调查研究,完善相关制度和条款,推动《广东省环境教育条例》尽快出台。"[1]陈桂荣等11名代表提出制定的《广东省农村住房建设管理条例》,目前已被列入《广东省第十三届人大常委会立法规划(2018～2022年)》三类项目,"建议省政府有关部门根据法律法规规定,结合我省乡村振兴战略实施和农村住房建设管理实际,作进一步调研论证,按照立法程序的要求,适时启动相关立法工作"。[2] 可以看出,代表所提出的立法议案虽然没有被列入人大会议议程,但对于人大常委会的立法规划具有一定的影响。专门委员会对代表议案的审议结果报告表明了其他没有被列入立法规划的议案也受到了不同程度的吸收采纳或者体现,发挥人大代表在立法中的主体作用。这个现象也被学者们捕捉和回应。有学者总结了全国人大代表提出的法律案对于立法过程的四个间接影响,包括影响全国人大常委会和国务院立法规划的编制、监督相关立法规划落实、影响法律草案的内容以及督促立法机关解决立法实践中存在的问题。[3] 代表议案还可以通过立法建议的形式被立法机关在与相关国家机关及其内设机构的沟通协调中转化成立法规划的内容。[4]

通过观察代表议案的提出过程,本书发现,在实践中有一种操作模式是人大组织代表,引导、指导代表提出议案,并且这种经过指导的代表议案更易被列入会议议程并获得通过。实践中,为了保证代表议案的质量,一般规定人大及常委会、相关国家机构需要为代表执行职务提供必要的条件、信息资料、服务保障等。有的人大会更深地介入到代表提出议案的酝酿和起草。典型例子是广州市第十五届人大第一次会议收到两件代表

[1] 广东省人大环境与资源保护委员会:《关于省第十三届人民代表大会第一次会议主席团交付审议的代表提出的议案审议结果的报告》,载《广东省人民代表大会常务委员会公报》2018年第7号,第331页。

[2] 广东省人大环境与资源保护委员会:《关于省第十三届人民代表大会第一次会议主席团交付审议的代表提出的议案审议结果的报告》,载《广东省人民代表大会常务委员会公报》2018年第7号,第332页。

[3] 参见邢斌文:《全国人大代表立法提案的实证研究——基于〈全国人大常委会公报〉(1983～2015)》,载姜明安主编:《行政法论丛》(第20卷),法律出版社2017年版,第189～195页。

[4] 参见刘松山:《立法规划之淡化与反思》,载《政治与法律》2014年第12期。

联名提出的议案且均被列入会议议程，即林永亮等41名代表联名提出的《关于全面加强水环境治理和保护工作的议案》以及栾玉明等36名代表联名提出的《关于推进教育、文化、卫生、体育、民政领域民生基础设施规划与建设的议案》。并且，经过大会全体会议的表决，广州市人大通过了这两个议案及其决议。根据相关资料显示，这是广州市人大探索由人大审议代表议案并直接作出决议的制度，目前广州市人大及常委会结合行使决定权与监督权的方式，先后监督7个议案决议的落实。“从市十三届人大六次会议开始，广州市人大常委会就组织和协助不同领域和行业的代表提出议案，提交人代会审议并作出决议，着力推动解决广州经济社会发展中若干领域带有普遍性的突出问题”。[1]“由人代会对代表议案直接作出决议并交由政府实施，实现了代表知情权、议案权、参与权，人大决定权和人大常委会监督权这‘五权’的有机结合，体现了人民代表大会作为国家权力机关的地位和权威，实现了人大工作与党政工作同向而行。”[2]广州市人大及常委会的实践证明，通过人大及常委会的协调与帮助，可以有效提高代表议案的质量，增加代表议案的上会率。这样的操作实践并非广州独有，上海市人大为了提高代表议案质量，“常委会代表工委为专门委员会和代表搭建沟通联系平台，在代表酝酿和准备议案时帮助代表完善议案内容和文本”。[3]

通常的操作是，在代表议案提出和产生过程中，人大内部的组织机构除了提供必要的条件和信息、服务保障，还指导协助代表开展调研、完善议案等工作。人大指导协助代表提出和完善议案的方式主要有以下几个方面：(1)加强对代表的能力培训和业务指导，如组织开展代表议案经验交流会，对代表议案的范围和内容给予指导。(2)组织代表开展调研活动，如围绕社会改革发展的重大问题，组织代表深入基层、深入群众进行

---

〔1〕《广州日报：代表联名提出议案　人大会议作出决议》，载广州人大网，http://www.rd.gz.cn/rdlz/mtjj/content/post_80329.html，2020年6月30日最后访问。

〔2〕同上。

〔3〕陈怡婧：《两件代表议案的讲述》，载《上海人大月刊》2019年第10期。

调查研究,全面了解各领域的情况和问题,了解人民群众的意见和诉求,提高代表议案的针对性、准确性。(3)拓宽人大代表信息获取渠道。邀请人大代表列席人大常委会会议,组织代表参加有关情况通报会、座谈会、调研视察、执法检查等活动,可以及时向代表传递人大和其他国家机关的工作情况,保障代表知情权。本书倾向于将这种模式界定为"组织引导个体"或者"集体引导个体"的模式。结合上述广州市人大的案例可以认为,在当前代表议案质量较低、难以被列入大会议程的环境下,这种模式有利于提高代表议案质量,提高代表议案上会率(广州市第十五届人大第一次会议代表议案上会率为100%)。但是不能认为这种模式就是代表提案制度的终点。通过考察广州市人大代表议案的提出现状可以发现,代表提出议案的数量较少,且均没有涉及法律案。代表议案的产生机制应回归"代表主体、规则引导"的模式,未来的发展方向应该通过议事规则对代表议案各个方面的制度细节的完善,由组织的引导逐渐转变为规则的引导。

3. 代表议案相关制度的完善

(1)明确代表议案标准

根据现行的议事规则及相关法律规定,代表向人大提出的议案应当符合一定的形式要求,满足必要的标准。其中,根据《全国人大议事规则》第21条规定,代表议案涉及的内容应属于人大职权范围。根据《代表法》第9条规定,代表议案应当有案由、案据和方案。《全国人大代表议案处理办法》中第4条至第8条关于代表议案的要求更为细致,明确了有权提出代表议案的主体(一个代表团或30名代表联名)、内容(属于全国人大及常委会职权范围)、标准(①议案应当有案由、案据和方案;案由应当明确清楚,案据应当充分合理,方案应当具体可行。②代表提出法律案,最好同时提出法律草案文本及其说明,并提供必要的相关资料)、形式要求(①议案应当一事一案。②使用专用纸。③代表联名提出的,附议人应签名附议)。《立法法》第54条对法律案提出了更高的标准:"提出法律案,应当同时提出法律草案文本及其说明,并提供必要的参阅资料。修改法律的,还应当提交修改前后的对照文本。法律草案的说明应当包括制定或者修改法律的必要性、可行性和主要内容,以及起草过程中对重大分歧意见的协调处理情况。"《宪法》《地方组织法》等法律也对全国人大代表议案产生的标准有相关规定。

代表议案提出的标准还需进一步的细化和明确。胡弘弘认为,"对人大代表行使提案权的规定既有相对粗略的又有比较具体的,但关于提案时间、提案要求、具体程序等等却不尽一致,对议案产生的具体细节还关照不够,影响了人大代表提案权的有效实现"。[1] 肖巧平等认为,"代表议案不能被列入人大会议议程,固然与代表议案质量不高有关,但跟代表议案列入会议议程的标准的缺失也有很大的关系。由于缺乏列入会议议程的标准,一方面提案人对提案是否能列入议程不好把握……因此,设定代表议案进入会议议程的标准,十分必要"。[2] 本书赞同上述学者的观点。首先,目前不同效力层级的法规范(包括法律、办法等)对代表议案的标准未能系统界定,在实务界和学界研究中也缺乏统一的定义。其次,目前已有的法规范对议案的标准,如代表议案案由的明确清楚、案据的充分合理、方案的具体可行应当如何界定,也缺乏一定的可操作性,一定程度上弱化了法规范对代表提出议案的指引作用。最后,不同的法规范之间的规定甚至存在一定冲突,如《宪法》和《全国人大议事规则》中规定,人大代表有权依照法律规定的程序提出属于全国人大职权范围内的议案,而目前对指引人大处理代表议案产生极强的指导意义和影响力的《全国人大代表议案处理办法》则规定,代表议案的内容包括全国人大及其常委会职权范围内的事项,法规范之间存在的冲突规定导致代表对议案内容认知的不清晰,也直接影响代表议案权的行使。本书第五章还会对此展开论述。

---

〔1〕 胡弘弘:《论人大代表提案权的有效行使》,载《法学》2012 年第 5 期。同时,在很多情形下,该文所称的"提案"与本文"议案"等义。

〔2〕 肖巧平、李咸武:《地方人大代表议案法规若干问题》,载《人大研究》2015 年第 5 期。同时,在很多情形下,该文所称的"提案"与本文"议案"等义。

(2)提高代表议案质量

实践中,大部分代表议案的质量不高,未满足上述现有的法律和议事规则所规定的议案的基本规范要求。通过考察历届全国人大代表议案处理意见的报告可以发现,全国人大代表在人大会议提交的法律案都有一半左右难以达到所规定的形式要求。例如,2005 年第十届全国人大第三次会议代表议案处理意见的报告说明,“议案文本较为规范。议案基本上做到了案由、案据清楚,方案具体,具有较强的针对性和适用性。其中,有 512 件议案提供了法律草案文本,占议案总数的 51.6%”。[1] 2007 年第十届全国人大第五次会议代表议案处理意见的报告说明,“议案的内容更加完整、规范,案由、案据清楚,绝大多数议案有具体方案,许多法律案有法律草案文本,有的还有必要的说明”。[2] 直至 2015 年第十二届全国人大第三次会议,相关报告仍指出“在提出的法律案中,附有法律草案文本的有 210 件,占法律案总数的 41.26%”。[3]

正如裁判文书的公开倒逼法官提高裁判质量,代表议案的公开也有利于提高其质量。一般认为,我国信息公开制度构建中,不予公开的信息主要包括国家秘密、商业秘密、个人隐私或基于社会公共利益、第三人合法权益等需要保护的信息。[4] 代表议案的内容主要涉及人大职权的范围,一般不属于上述不予公开的信息范围。构建代表议案公开制度,将代表议案置于选民的监督,是促使代表提高履职能力和提高代表议案质量的有效机制。

首先,代表议案公开有利于选民监督人大代表工作,提高代表履职能

---

〔1〕《关于第十届全国人民代表大会第三次会议代表提出议案处理意见的报告》,载中国人大网,http://www.npc.gov.cn/wxzl/gongbao/2005-05/08/content_5341728.htm,2020 年 6 月 30 日最后访问。

〔2〕《关于第十届全国人民代表大会第五次会议代表提出议案处理意见的报告》,载中国人大网,http://www.npc.gov.cn/wxzl/wxzl/2007-03/15/content_366970.htm,2020 年 6 月 30 日最后访问。

〔3〕《关于第十二届全国人民代表大会第三次会议代表提出议案处理意见的报告》,载中华人民共和国中央人民政府网,http://www.gov.cn/xinwen/2015-03/15/content_2833981.htm,2020 年 6 月 30 日最后访问。

〔4〕参见《政府信息公开条例》第 14~15 条,《民事诉讼法》第 134 条相关规定。

力，端正履职态度。部分人大代表的法律案没有按照相关规定附上法律草案文本等相关文件，既反映出这些代表议案缺乏成熟性，也表现出这些代表轻率的履职态度。其次，代表议案公开制度有利于人民监督国家机关工作，因议案公开而附加的民意压力也将倒逼相关国家机关认真办理和处理代表议案。最后，代表议案公开制度可以促使代表学习优秀的议案，提高代表履职能力，也对代表提出高质量的议案形成倒逼压力。

实践中，一些人大代表通过微博、博客等平台主动公开议案，在与民意的互动交流过程中促进议案的进一步完善。地方人大在实践中也主动将代表建议在人大网站上进行公开，如河南省、重庆市、广州市、西安市等省市人大在其网站上将代表建议全文公开。但代表议案的公开往往主要对议案总体的审议情况和办理结果进行公开，如第十三届全国人大常委会第七次会议上，国务院扶贫开发领导小组办公室向常委会提交了《关于第十三届全国人民代表大会第一次会议代表建议、批评和意见办理情况的报告》；或者只是公开了代表议案一览表，并没有将代表议案的具体内容进行公开，如全国人大常委会公报主要公布了交由专门委员会审议的代表议案目录。为提高代表议案质量，监督代表履职情况，应总结吸收代表意见公开制度的经验，逐步构建代表议案公开制度。

有学者建议增设议案产生的前置程序，通过建立代表议案与代表当选承诺的衔接机制，明确调研和论证作为议案形成的必经程序，以保障代表议案的质量，并认为应允许委托起草主体以弥补兼职代表专业性的不足。[1] 本书认为，上述建议有一定的合理性，通过增设前置程序以及委托第三方参与起草议案，能在一定程度上保障代表议案质量。但在具体的操作过程中，应确保人大代表在提出议案过程中的主导地位，同时避免议案产生过程中夹带第三方利益。

(3)完善代表议案审议和处理程序

人大代表提出议案后，需要经由代表团、主席团、专门委员会等数个

〔1〕 参见胡弘弘：《论人大代表提案权的有效行使》，载《法学》2012 年第 5 期。

相关组织(机构)分别主导的几个审议环节。议事规则对这些组织(机构)主导的审议环节的关注度不够,甚至导致人大在审议代表议案实践中的做法受到学者批评,故还需进一步明确和完善代表议案审议和处理程序。

代表议案产生后首先交由各代表团转交大会秘书处。代表团在收到代表议案后可以对议案进行最初步的形式审查,审查代表议案是否符合最低标准的要求,如议案是否包括案由、案据和方案三方面内容;是否使用专用纸张;是否达到法律要求的30名代表联名;法律案是否附带法律草案文本及其说明等。对于不符合议案最低标准的形式要求的,代表团可以建议代表对议案进行完善后再次提交或者建议代表采取代表建议的方式提出,当然代表团没有拒绝转交不符合要求的代表议案的权利,代表团仅是初步审查。实践中,温州市人大在《关于代表提出议案与建议、批评和意见的注意事项》中明确"代表议案送交大会秘书处前,代表团工作人员必须按照规定进行初核,做到符合要求"。[1]

大会秘书处在收到代表议案后,将召开协调工作会议,研究后向大会主席团提出议案处理意见的报告。在本章第三节统计中,根据大会秘书处向主席团提交的议案处理意见的报告,大会秘书处认为第十二届、第十三届全国人大代表议案均没有需要列入大会审议的议案,并建议交由专门委员会审议。广东省第十三届人大大会秘书处的处理意见中对符合基本要求的议案建议交由专门委员会审议,对不符合要求的议案经代表同意后改作建议提出。从上述议案处理意见的报告可以发现,对代表议案的处理意见,秘书处一般是建议交由专门委员会审议或经代表同意后改作建议提出。如前文所述,秘书处认为不需要列入大会审议的,代表议案基本丧失列入大会审议议程的可能。因此,本书认为,议事规则应明确代表议案标准,对符合议案要求的成熟的代表议案,秘书处应建议列入大会议程。

---

〔1〕《关于代表提出议案与建议、批评和意见的注意事项》,载温州市人民政府网,http://www.wenzhou.gov.cn/art/2018/3/27/art_1468838_16634259.html,2020年6月30日最后访问。

有学者于大会闭幕后将一部分议案交由相关专门委员会继续审议,并由专委会向本级人大常委会提出是否列入下次会议议程的报告的这套程序表示质疑,“本次人代会的议案,怎么能列入下次人代会?”[1]本书认为,根据“一事一议”的原则以及代表议案制度设置的初衷(要求列入人大会议议程进行审议),秘书处认为代表提出的议案不需要列入大会议程,可以认为是从程序上终结了该议案的审议流程。建议将代表议案交由专门委员会继续审议,其实质是对代表议案的再次审议和处理,似乎违背了“一事一议”的原则。不可否认的是,这种变通处理的方法使代表议案不被列入会议议程的情况下发挥一定的价值作用。随着代表议案质量的提高以及议案审议处理程序的完善,相信代表议案审议工作的审议过程和处理结果会更加规范。

有学者提出,全国人大常委会对专门委员会提交的代表议案审议结果报告的审议“纯粹是一道程序”,“专门委员会在全国人大常委会会议上作审议结果报告后,按惯例全国人大常委会第二天就予以表决通过,未见分组审议的报道”。[2] 根据本书的考察,近年来全国人大常委会对专门委员会交付审议的代表议案审议结果报告都在提交报告的数天后安排了分组审议的流程。如第十三届全国人大第六次会议上,全国人大监察和司法委员会、外事委员会、农业与农村委员会分别于2018年10月22日向常委会报告了主席团交付审议的代表议案的审议结果,10月25日常委会上分组审议了上述三个专门委员会所提交的报告,并于12月26日表决通过。第十三届全国人大第七次会议上,全国人大宪法和法律委员会、教育科学文化卫生委员会、华侨委员会、环境与资源保护委员会、社会建设委员会分别于2018年12月24日向常委会报告了主席团交付审议的代表议案的审议结果,10月28日常委会上分组审议了上述五个专门委员会

---

〔1〕 陈寒枫:《人代会和人大常委会会议议程的确定程序——进一步完善人大及其常委会会议制度、工作程序和议事规则的探索之五》,载《人大研究》2007年第10期。

〔2〕 王培剑:《全国人大专门委员会代表议案处理制度简析》,载《人大研究》2011年第12期。

所提交的报告,并于12月29日表决通过。可以看出,人大也在不断改进代表议案审议和办理工作。

学者针对代表议案审议和处理程序的完善还提出了更多的制度构思,例如提高代表议案处理意见的表决层级,[1]完善救济制度,对不列入会议议程的决定可进行申辩、申请复议等。[2]

(二)相关国家机构及人大常委会、各专门委员会和主席团提出的议案

实践中,人大会议议程主要是听取和审议"一府两院"和人大常委会工作报告、相关法律案和任免案,其中工作报告的审议和人事任免的议案,本书将在后文进行梳理,在此主要总结相关法律案和决定决议案。

截至2020年5月本届即第十三届全国人大审议通过了全国人大常委会提请审议的《宪法修正案(草案)》《监察法(草案)》《外商投资法(草案)》《民法典(草案)》《全国人民代表大会关于建立健全香港特别行政区维护国家安全的法律制度和执行机制的决定(草案)》的议案,以及国务院提请审议的《国务院机构改革方案》。截至2020年5月,本届全国人大常委会提请审议制定和修改宪法、法律的议案均获审议通过,此外,全国人大常委会各专门委员会和主席团尚未提出有关属于全国人大职权范围内的议案。主席团仍主要在主持人大会议方面发挥不可替代的作用。

在地方上,除了广州市第十五届人大第四次会议审议通过了《广州市人民代表大会及其常务委员会审查批准监督预算办法(修订草案)》,截至2020年5月,广东省和广州市人大常委会、相关国家机构尚未提出其他相关法律案或其他需要人大作出重大决定的议案。

二、提请人大常委会审议的议案

人大常委会会议主要审议由委员长会议或常委会组成人员联名、国

---

〔1〕 参见张筱倜:《全国人大代表立法提案权行使之程序障碍及完善》,载《湖北社会科学》2017年第2期。

〔2〕 参见肖巧平、李咸武:《地方人大代表议案法规若干问题》,载《人大研究》2015年第5期。

务院及地方政府、中央军事委员会、最高人民法院及地方人民法院、最高人民检察院及地方人民检察院、人大各专门委员会提出的相关法律案、有关法律问题的决定的议案、批准决算和预算调整方案的议案以及人事任免案等。从公开资料上看，目前尚未有常委会组成人员联名提出的议案被列入会议议程。鉴于结构安排，本书将在本部分整理全国人大常委会、广东省与广州市人大常委会审议有关法律案及决定决议案（见表4－9至表4－11），而审议相关计划、预算和工作报告的议案及人事任免案等议案将在后文进行梳理。

表4－9　第十三届全国人大常委会议案审议情况统计

全国人大常委会会议	议案类型	议案数量（件）	法律案在立法计划的数量（及占比）	审议结果	
				通过（及占比）	未通过（及占比）
第十三届全国人大常委会第一次会议	法律案	0	—	—	—
	有关法律问题的决定的议案	0	—	—	—
	批准条约和协定的议案	0	—	—	—
	相关事项决定权的议案	0	—	—	—
	其他	0	—	—	—
	议案总数	0	—	—	—
第十三届全国人大常委会第二次会议	法律案	4	4（100%）	2（50%）	2（50%）
	有关法律问题的决定的议案	0	—	—	—
	批准条约和协定的议案	0	—	—	—
	相关事项决定权的议案	2	—	2（100%）	0
	其他	0	—	—	—
	议案总数	6	—	4（67%）	2（33%）

续表

全国人大常委会会议	议案类型	议案数量(件)	法律案在立法计划的数量(及占比)	审议结果	
				通过(及占比)	未通过(及占比)
第十三届全国人大常委会第三次会议	法律案	4	4(100%)	0(0)	4(100%)
	有关法律问题的决定的议案	0	—	—	—
	批准条约和协定的议案	0	—	—	—
	相关事项决定权的议案	2	—	2(100%)	0(0)
	其他	0	—	—	—
	议案总数	6	—	2(33%)	4(67%)
第十三届全国人大常委会第四次会议	法律案	0	—	—	—
	有关法律问题的决定的议案	0	—	—	—
	批准条约和协定的议案	0	—	—	—
	相关事项决定权的议案	1	—	1(100%)	0(0)
	其他	0	—	—	—
	议案总数	1	—	1(100%)	0(0)
第十三届全国人大常委会第五次会议	法律案	8	7(88%)	3(38%)	5(63%)
	有关法律问题的决定的议案	0	—	—	—
	批准条约和协定的议案	1	—	1(100%)	0(0)
	相关事项决定权的议案	0	—	—	—
	其他	0	—	—	—
	议案总数	9	—	4(44%)	5(56%)
第十三届全国人大常委会第六次会议	法律案	11	9(82%)	7(64%)	4(36%)
	有关法律问题的决定的议案	1	—	1(100%)	0(0)
	批准条约和协定的议案	2	—	2(100%)	0(0)
	相关事项决定权的议案	1	—	1(100%)	0(0)
	其他	0	—	—	—
	议案总数	15	—	11(73%)	4(27%)

续表

全国人大常委会会议	议案类型	议案数量（件）	法律案在立法计划的数量（及占比）	审议结果	
				通过（及占比）	未通过（及占比）
第十三届全国人大常委会第七次会议	法律案	15	15（100%）	6（40%）	9（60%）
	有关法律问题的决定的议案	1	—	1（100%）	0（0）
	批准条约和协定的议案	1	—	1（100%）	0（0）
	相关事项决定权的议案	2	—	2（100%）	0（0）
	其他	0	—	—	—
	议案总数	19	—	10（53%）	9（47%）
第十三届全国人大常委会第八次会议	法律案	1	0（0）	0（0）	1（100%）
	有关法律问题的决定的议案	0	—	—	—
	批准条约和协定的议案	0	—	—	—
	相关事项决定权的议案	0	—	—	—
	其他	0	—	—	—
	议案总数	1	—	0（0）	1（100%）
第十三届全国人大常委会第九次会议	法律案	0	—	—	—
	有关法律问题的决定的议案	0	—	—	—
	批准条约和协定的议案	0	—	—	—
	相关事项决定权的议案	0	—	—	—
	其他	0	—	—	—
	议案总数	0	—	—	—
第十三届全国人大常委会第十次会议	法律案	8	7（89%）	3（38%）	5（63%）
	有关法律问题的决定的议案	0	—	—	—
	批准条约和协定的议案	2	—	2（100%）	0（0）
	相关事项决定权的议案	0	—	—	—
	其他	0	—	—	—
	议案总数	10	—	5（50%）	5（50%）

续表

全国人大常委会会议	议案类型	议案数量(件)	法律案在立法计划的数量(及占比)	审议结果	
				通过(及占比)	未通过(及占比)
第十三届全国人大常委会第十一次会议	法律案	8	8(100%)	1(13%)	7(88%)
	有关法律问题的决定的议案	1	—	1(100%)	0(0)
	批准条约和协定的议案	0	—	—	—
	相关事项决定权的议案	0	—	—	—
	其他	0	—	—	—
	议案总数	9	—	2(22%)	7(88%)
第十三届全国人大常委会第十二次会议	法律案	7	7(100%)	3(43%)	4(57%)
	有关法律问题的决定的议案	0	—	—	—
	批准条约和协定的议案	2	—	2(100%)	0(0)
	相关事项决定权的议案	0	—	—	—
	其他	0	—	—	—
	议案总数	9	—	5(56%)	4(44%)
第十三届全国人大常委会第十三次会议	法律案	0	—	—	—
	有关法律问题的决定的议案	0	—	—	—
	批准条约和协定的议案	0	—	—	—
	相关事项决定权的议案	1	—	1(100%)	0(0)
	其他	0	—	—	—
	议案总数	1	—	1(100%)	0(0)
第十三届全国人大常委会第十四次会议	法律案	8	7(88%)	1(13%)	7(88%)
	有关法律问题的决定的议案	2	—	2(100%)	0(0)
	批准条约和协定的议案	0	—	—	—
	相关事项决定权的议案	1	—	1(100%)	0(0)
	其他	0	—	—	—
	议案总数	11	—	4(36%)	7(64%)

续表

全国人大常委会会议	议案类型	议案数量（件）	法律案在立法计划的数量（及占比）	审议结果	
				通过（及占比）	未通过（及占比）
第十三届全国人大常委会第十五次会议	法律案	10	9（90%）	5（50%）	5（50%）
	有关法律问题的决定的议案	2	—	2（100%）	0（0）
	批准条约和协定的议案	0	—	—	—
	相关事项决定权的议案	1	—	1（100%）	0（0）
	其他	0	—	—	—
	议案总数	13	—	8（62%）	5（38%）
第十三届全国人大常委会第十六次会议	法律案	0	—	—	—
	有关法律问题的决定的议案	0	—	—	—
	批准条约和协定的议案	0	—	—	—
	相关事项决定权的议案	2	—	2（100%）	0（0）
	其他	0	—	—	—
	议案总数	2	—	2（100%）	0（0）
第十三届全国人大常委会第十七次会议	法律案	6	5（83%）	1（17%）	5（83%）
	有关法律问题的决定的议案	1	—	1（100%）	0（0）
	批准条约和协定的议案	1	—	1（100%）	0（0）
	相关事项决定权的议案	1	—	1（100%）	0（0）
	其他	0	—	—	—
	议案总数	9	—	4（44%）	5（56%）
第十三届全国人大常委会第十八次会议	法律案	0	—	—	—
	有关法律问题的决定的议案	0	—	—	—
	批准条约和协定的议案	0	—	—	—
	相关事项决定权的议案	0	—	—	—
	其他	0	—	—	—
	议案总数	0	—	—	—

资料来源：全国人大常委会公报。

表 4－10　广东省第十三届人大常委会议案审议情况统计

广东省人大常委会会议	议案类型	议案数量（件）	法律案在立法计划的数量（及占比）	审议结果	
				通过（及占比）	未通过（及占比）
广东省第十三届人大常委会第一次会议	法律案	0	—	—	—
	审查批准设区的市地方性法规	0	—	—	—
	有关法律问题的决定的议案	0	—	—	—
	相关事项决定权的议案	0	—	—	—
	其他	0	—	—	—
	议案总数	0	—	—	—
广东省第十三届人大常委会第二次会议	法律案	6	6（100%）	1（17%）	5（83%）
	审查批准设区的市地方性法规	6	—	6（100%）	0（0）
	有关法律问题的决定的议案	0	—	—	—
	相关事项决定权的议案	1	—	1（100%）	0（0）
	其他	1	—	1（100%）	0（0）
	议案总数	14	—	9（64%）	5（36%）
广东省第十三届人大常委会第三次会议	法律案	7	5（71%）	4（57%）	3（43%）
	审查批准设区的市地方性法规	4	—	4（100%）	0（0）
	有关法律问题的决定的议案	0	—	—	—
	相关事项决定权的议案	0	—	—	—
	其他	0	—	—	—
	议案总数	11	—	8（73%）	3（27%）
广东省第十三届人大常委会第四次会议	法律案	2	2（100%）	2（100%）	0（0）
	审查批准设区的市地方性法规	6	—	6（100%）	0（0）
	有关法律问题的决定的议案	0	—	—	—
	相关事项决定权的议案	1	—	1（100%）	0（0）
	其他	0	—	—	—
	议案总数	9	—	9（100%）	0（0）

续表

广东省人大常委会会议	议案类型	议案数量（件）	法律案在立法计划的数量（及占比）	审议结果	
				通过（及占比）	未通过（及占比）
广东省第十三届人大常委会第五次会议	法律案	9	9（100%）	1（11%）	8（89%）
	审查批准设区的市地方性法规	10	—	10（100%）	0（0）
	有关法律问题的决定的议案	0	—	—	—
	相关事项决定权的议案	1	—	1（100%）	0（0）
	其他	0	—	—	—
	议案总数	20	—	12（60%）	8（40%）
广东省第十三届人大常委会第六次会议	法律案	0	—	—	—
	审查批准设区的市地方性法规	0	—	—	—
	有关法律问题的决定的议案	0	—	—	—
	相关事项决定权的议案	1	—	1（100%）	0（0）
	其他	0	—	—	—
	议案总数	1	—	1（100%）	0（0）
广东省第十三届人大常委会第七次会议	法律案	16	13（81%）	10（63%）	6（37%）
	审查批准设区的市地方性法规	6	—	6（100%）	0（0）
	有关法律问题的决定的议案	0	—	—	—
	相关事项决定权的议案	1	—	1（100%）	0（0）
	其他	0	—	—	—
	议案总数	23	—	17（74%）	6（26%）
广东省第十三届人大常委会第八次会议	法律案	0	—	—	—
	审查批准设区的市地方性法规	0	—	—	—
	有关法律问题的决定的议案	0	—	—	—
	相关事项决定权的议案	0	—	—	—
	其他	0	—	—	—
	议案总数	0	—	—	—

续表

广东省人大常委会会议	议案类型	议案数量（件）	法律案在立法计划的数量（及占比）	审议结果	
				通过（及占比）	未通过（及占比）
广东省第十三届人大常委会第九次会议	法律案	2	1(50%)	1(50%)	1(50%)
	审查批准设区的市地方性法规	8	—	8(100%)	0(0)
	有关法律问题的决定的议案	0	—	—	—
	相关事项决定权的议案	2	—	2(100%)	0(0)
	其他	0	—	—	—
	议案总数	12	—	11(92%)	1(8%)
广东省第十三届人大常委会第十次会议	法律案	0	—	—	—
	审查批准设区的市地方性法规	0	—	—	—
	有关法律问题的决定的议案	0	—	—	—
	相关事项决定权的议案	0	—	—	—
	其他	0	—	—	—
	议案总数	0	—	—	—
广东省第十三届人大常委会第十一次会议	法律案	8	8(100%)	6(75%)	2(25%)
	审查批准设区的市地方性法规	18	—	18(100%)	0(0)
	有关法律问题的决定的议案	0	—	—	—
	相关事项决定权的议案	0	—	—	—
	其他	0	—	—	—
	议案总数	26	—	24(92%)	2(8%)
广东省第十三届人大常委会第十二次会议	法律案	4	3(75%)	4(100%)	0(0)
	审查批准设区的市地方性法规	7	—	7(100%)	0(0)
	有关法律问题的决定的议案	0	—	—	—
	相关事项决定权的议案	0	—	—	—
	其他	0	—	—	—
	议案总数	11	—	11(100%)	0(0)

续表

广东省人大常委会会议	议案类型	议案数量（件）	法律案在立法计划的数量（及占比）	审议结果	
				通过（及占比）	未通过（及占比）
广东省第十三届人大常委会第十三次会议	法律案	4	3（75%）	0（0）	4（100%）
	审查批准设区的市地方性法规	7	—	7（100%）	0（0）
	有关法律问题的决定的议案	1	—	1（100%）	0（0）
	相关事项决定权的议案	1	—	1（100%）	0（0）
	其他	0	—	—	—
	议案总数	13	—	9（69%）	4（21%）
广东省第十三届人大常委会第十四次会议	法律案	8	6（75%）	3（38%）	5（63%）
	审查批准设区的市地方性法规	5	—	5（100%）	0（0）
	有关法律问题的决定的议案	0	—	—	—
	相关事项决定权的议案	0	—	—	—
	其他	0	—	—	—
	议案总数	13	—	8（62%）	5（38%）
广东省第十三届人大常委会第十五次会议	法律案	15	8（53%）	7（47%）	8（53%）
	审查批准设区的市地方性法规	4	—	4（100%）	0（0）
	有关法律问题的决定的议案	0	—	—	—
	相关事项决定权的议案	2	—	2（100%）	0（0）
	其他	0	—	—	—
	议案总数	21	—	13（62%）	8（38%）
广东省第十三届人大常委会第十六次会议	法律案	0	—	—	—
	审查批准设区的市地方性法规	0	—	—	—
	有关法律问题的决定的议案	0	—	—	—
	相关事项决定权的议案	0	—	—	—
	其他	0	—	—	—
	议案总数	0	—	—	—

续表

广东省人大常委会会议	议案类型	议案数量(件)	法律案在立法计划的数量(及占比)	审议结果	
				通过(及占比)	未通过(及占比)
广东省第十三届人大常委会第十七次会议	法律案	0	—	—	—
	审查批准设区的市地方性法规	0	—	—	—
	有关法律问题的决定的议案	0	—	—	—
	相关事项决定权的议案	0	—	—	—
	其他	0	—	—	—
	议案总数	0	—	—	—
广东省第十三届人大常委会第十八次会议	法律案	0	—	—	—
	审查批准设区的市地方性法规	0	—	—	—
	有关法律问题的决定的议案	0	—	—	—
	相关事项决定权的议案	1	—	1(100%)	0(0)
	其他	0	—	—	—
	议案总数	1	—	1(100%)	0(0)
广东省第十三届人大常委会第十九次会议	法律案	1	1(100%)	1(100%)	0(0)
	审查批准设区的市地方性法规	3	—	3(100%)	0(0)
	有关法律问题的决定的议案	0	—	—	—
	相关事项决定权的议案	0	—	—	—
	其他	0	—	—	—
	议案总数	4	—	4(100%)	0(0)
广东省第十三届人大常委会第二十次会议	法律案	6	3(50%)	3(50%)	3(50%)
	审查批准设区的市地方性法规	5	—	5(100%)	0(0)
	有关法律问题的决定的议案	0	—	—	—
	相关事项决定权的议案	0	—	—	—
	其他	0	—	—	—
	议案总数	11	—	8(73%)	3(27%)

资料来源:广东省人大常委会公报。

表 4－11　广州市第十五届人大常委会议案审议情况统计

广州市人大常委会会议	议案类型	议案数量（件）	法律案在立法计划的数量（及占比）	审议结果	
				通过（及占比）	未通过（及占比）
广州市第十五届人大常委会第一次会议	法律案	0	—	—	—
	有关法律问题的决定的议案	0	—	—	—
	相关事项决定权的议案	0	—	—	—
	其他	0	—	—	—
	议案总数	0	—	—	—
广州市第十五届人大常委会第二次会议	法律案	0	—	—	—
	有关法律问题的决定的议案	0	—	—	—
	相关事项决定权的议案	0	—	—	—
	其他	0	—	—	—
	议案总数	0	—	—	—
广州市第十五届人大常委会第三次会议	法律案	2	2（100%）	1（50%）	1（50%）
	有关法律问题的决定的议案	0	—	—	—
	相关事项决定权的议案	1	—	1（100%）	0（0）
	其他	0	—	—	—
	议案总数	3	—	2（67%）	1（33%）
广州市第十五届人大常委会第四次会议	法律案	2	2（100%）	0（0%）	2（100%）
	有关法律问题的决定的议案	0	—	—	—
	相关事项决定权的议案	1	—	1（100%）	0（0）
	其他	0	—	—	—
	议案总数	3	—	1（33%）	2（67%）

续表

广州市人大常委会会议	议案类型	议案数量（件）	法律案在立法计划的数量（及占比）	审议结果	
				通过（及占比）	未通过（及占比）
广州市第十五届人大常委会第五次会议	法律案	4	2(50%)	3(75%)	1(25%)
	有关法律问题的决定的议案	0	—	—	—
	相关事项决定权的议案	1	—	1(100%)	0(0)
	其他	0	—	—	—
	议案总数	5	—	4(80%)	1(20%)
广州市第十五届人大常委会第六次会议	法律案	4	0(0)	4(100%)	0(0)
	有关法律问题的决定的议案	0	—	—	—
	相关事项决定权的议案	1	—	1(100%)	0(0)
	其他	0	—	—	—
	议案总数	5	—	5(100%)	0(0)
广州市第十五届人大常委会第七次会议	法律案	3	3(100%)	0(0)	3(100%)
	有关法律问题的决定的议案	0	—	—	—
	相关事项决定权的议案	0	—	—	—
	其他	0	—	—	—
	议案总数	3	—	0(0)	3(100%)
广州市第十五届人大常委会第八次会议	法律案	0	—	—	—
	有关法律问题的决定的议案	0	—	—	—
	相关事项决定权的议案	2	—	2(100%)	0(0)
	其他	0	—	—	—
	议案总数	2	—	2(100%)	0(0)
广州市第十五届人大常委会第九次会议	法律案	5	4(80%)	1(20%)	4(80%)
	有关法律问题的决定的议案	0	—	—	—
	相关事项决定权的议案	2	—	2(100%)	0(0)
	其他	0	—	—	—
	议案总数	7	—	3(43%)	4(57%)

续表

广州市人大常委会会议	议案类型	议案数量(件)	法律案在立法计划的数量(及占比)	审议结果	
				通过(及占比)	未通过(及占比)
广州市第十五届人大常委会第十次会议	法律案	0	—	—	—
	有关法律问题的决定的议案	0	—	—	—
	相关事项决定权的议案	2	—	2(100%)	0(0)
	其他	0	—	—	—
	议案总数	2	—	2(100%)	0(0)
广州市第十五届人大常委会第十一次会议	法律案	3	3(100%)	2(67%)	1(33%)
	有关法律问题的决定的议案	0	—	—	—
	相关事项决定权的议案	2	—	2(100%)	0(0)
	其他	0	—	—	—
	议案总数	5	—	4(80%)	1(20%)
广州市第十五届人大常委会第十二次会议	法律案	0	—	—	—
	有关法律问题的决定的议案	0	—	—	—
	相关事项决定权的议案	0	—	—	—
	其他	0	—	—	—
	议案总数	0	—	—	—
广州市第十五届人大常委会第十三次会议	法律案	0	—	—	—
	有关法律问题的决定的议案	0	—	—	—
	相关事项决定权的议案	0	—	—	—
	其他	0	—	—	—
	议案总数	0	—	—	—
广州市第十五届人大常委会第十四次会议	法律案	6	4(67%)	5(83%)	1(17%)
	有关法律问题的决定的议案	0	—	—	—
	相关事项决定权的议案	0	—	—	—
	其他	0	—	—	—
	议案总数	6	—	5(83%)	1(17%)

续表

广州市人大常委会会议	议案类型	议案数量（件）	法律案在立法计划的数量（及占比）	审议结果	
				通过（及占比）	未通过（及占比）
广州市第十五届人大常委会第十五次会议	法律案	2	1（50%）	0（0）	2（100%）
	有关法律问题的决定的议案	0	—	—	—
	相关事项决定权的议案	0	—	—	—
	其他	0	—	—	—
	议案总数	2	—	0（0）	2（100%）
广州市第十五届人大常委会第十六次会议	法律案	0	—	—	—
	有关法律问题的决定的议案	0	—	—	—
	相关事项决定权的议案	0	—	—	—
	其他	0	—	—	—
	议案总数	0	—	—	—
广州市第十五届人大常委会第十七次会议	法律案	2	1（50%）	2（100%）	0（0）
	有关法律问题的决定的议案	0	—	—	—
	相关事项决定权的议案	5	—	4（80%）	1（20%）
	其他	0	—	—	—
	议案总数	7	—	6（86%）	1（14%）
广州市第十五届人大常委会第十八次会议	法律案	3	1（33%）	0（0）	3（100%）
	有关法律问题的决定的议案	0	—	—	—
	相关事项决定权的议案	0	—	—	—
	其他	0	—	—	—
	议案总数	3	—	0（0）	3（100%）
广州市第十五届人大常委会第十九次会议	法律案	1	0（0）	1（100%）	0（0）
	有关法律问题的决定的议案	0	—	—	—
	相关事项决定权的议案	0	—	—	—
	其他	0	—	—	—
	议案总数	1	—	1（100%）	0（0）

续表

广州市人大常委会会议	议案类型	议案数量（件）	法律案在立法计划的数量（及占比）	审议结果	
				通过（及占比）	未通过（及占比）
广州市第十五届人大常委会第二十次会议	法律案	6	2（33%）	3（50%）	3（50%）
	有关法律问题的决定的议案	0	—	—	—
	相关事项决定权的议案	1	—	1（100%）	0（0）
	其他	0	—	—	—
	议案总数	7	—	4（57%）	3（43%）
广州市第十五届人大常委会第二十一次会议	法律案	5	4（80%）	5（100%）	0（0）
	有关法律问题的决定的议案	0	—	—	—
	相关事项决定权的议案	2	—	2（100%）	0（0）
	其他	0	—	—	—
	议案总数	7	—	7（100%）	0（0）
广州市第十五届人大常委会第二十二次会议	法律案	0	—	—	—
	有关法律问题的决定的议案	0	—	—	—
	相关事项决定权的议案	0	—	—	—
	其他	0	—	—	—
	议案总数	0	—	—	—
广州市第十五届人大常委会第二十三次会议	法律案	2	0（0）	2（100%）	0（0）
	有关法律问题的决定的议案	0	—	—	—
	相关事项决定权的议案	1	—	1（100%）	0（0）
	其他	0	—	—	—
	议案总数	3	—	3（100%）	0（0）
广州市第十五届人大常委会第二十四次会议	法律案	2	0（0）	2（100%）	0（0）
	有关法律问题的决定的议案	0	—	—	—
	相关事项决定权的议案	1	—	1（100%）	0（0）
	其他	0	—	—	—
	议案总数	3	—	3（100%）	0（0）

续表

广州市人大常委会会议	议案类型	议案数量（件）	法律案在立法计划的数量（及占比）	审议结果	
				通过（及占比）	未通过（及占比）
广州市第十五届人大常委会第二十五次会议	法律案	0	—	—	—
	有关法律问题的决定的议案	0	—	—	—
	相关事项决定权的议案	0	—	—	—
	其他	0	—	—	—
	议案总数	0	—	—	—
广州市第十五届人大常委会第二十六次会议	法律案	4	1（25%）	3（75%）	1（25%）
	有关法律问题的决定的议案	0	—	—	—
	相关事项决定权的议案	1	—	1（100%）	0（0）
	其他	0	—	—	—
	议案总数	5	—	4（80%）	1（20%）
广州市第十五届人大常委会第二十七次会议	法律案	1	0（0）	0（0）	1（100%）
	有关法律问题的决定的议案	0	—	—	—
	相关事项决定权的议案	1	—	1（100%）	0（0）
	其他	0	—	—	—
	议案总数	2	—	1（50%）	1（50%）
广州市第十五届人大常委会第二十八次会议	法律案	1	0（0）	1（100%）	0（0）
	有关法律问题的决定的议案	0	—	—	—
	相关事项决定权的议案	0	—	—	—
	其他	0	—	—	—
	议案总数	1	—	1（100%）	0（0）
广州市第十五届人大常委会第二十九次会议	法律案	6	2（33%）	3（50%）	3（50%）
	有关法律问题的决定的议案	0	—	—	—
	相关事项决定权的议案	1	—	1（100%）	0（0）
	其他	0	—	—	—
	议案总数	7	—	4（57%）	3（43%）

续表

广州市人大常委会会议	议案类型	议案数量（件）	法律案在立法计划的数量（及占比）	审议结果	
				通过（及占比）	未通过（及占比）
广州市第十五届人大常委会第三十次会议	法律案	1	0(0)	1(100%)	0(0)
	有关法律问题的决定的议案	0	—	—	—
	相关事项决定权的议案	1	—	1(100%)	0(0)
	其他	0	—	—	—
	议案总数	2	—	2(100%)	0(0)
广州市第十五届人大常委会第三十一次会议	法律案	1	1(100%)	0(0)	1(100%)
	有关法律问题的决定的议案	0	—	—	—
	相关事项决定权的议案	0	—	—	—
	其他	0	—	—	—
	议案总数	1	—	0(0)	1(100%)
广州市第十五届人大常委会第三十二次会议	法律案	0	—	—	—
	有关法律问题的决定的议案	0	—	—	—
	相关事项决定权的议案	2	—	2(100%)	0(0)
	其他	0	—	—	—
	议案总数	2	—	2(100%)	0(0)
广州市第十五届人大常委会第三十三次会议	法律案	0	—	—	—
	有关法律问题的决定的议案	0	—	—	—
	相关事项决定权的议案	1	—	1(100%)	0(0)
	其他	0	—	—	—
	议案总数	1	—	1(100%)	0(0)
广州市第十五届人大常委会第三十四次会议	法律案	0	—	—	—
	有关法律问题的决定的议案	0	—	—	—
	相关事项决定权的议案	1	—	1(100%)	0(0)
	其他	0	—	—	—
	议案总数	1	—	1(100%)	0(0)

续表

广州市人大常委会会议	议案类型	议案数量(件)	法律案在立法计划的数量(及占比)	审议结果	
				通过(及占比)	未通过(及占比)
广州市第十五届人大常委会第三十五次会议	法律案	3	1(33%)	1(33%)	2(67%)
	有关法律问题的决定的议案	0	—	—	—
	相关事项决定权的议案	0	—	—	—
	其他	0	—	—	—
	议案总数	3	—	1(33%)	2(67%)

资料来源:广州市人大常委会公报。

分析表9至表11的数据可以发现:

第一,人大常委会实际上承担了人大的大部分立法职能。目前,第十三届全国人大常委会审议通过和修改修订的相关法律共有32件,广东省第十三届人大常委会审议通过和修改修订的相关法律共有43件,广州市第十五届人大常委会审议通过和修改修订的相关法律共有40件。第十三届全国人大审议通过了《宪法修正案(草案)》《监察法(草案)》等4个法律案,广东省人大全体会议未审议相关法律案,广州市人大会议审议通过了《广州市人民代表大会及其常务委员会审查批准监督预算办法》。由上述数据对比可见,人大全体会议的立法数量难与常委会审议及通过的法律案相比。鉴于《立法法》的规定以及会议会期的限制,人大全体会议主要制定和修改重要的、基础性法律,人大常委会实际上承担了人大大部分的立法职能。

第二,总体来看,全国人大常委会在审议相关法律案时较为慎重。在本届18次全国人大常委会会议中,有12次会议有审议法律案的议程安排,其中11次会议审议法律案的通过比例不超过50%,特别是在本届全国人大常委会第三次、第八次会议安排审议的法律案均未通过。在广东省第十三届人大常委会的20次会议中,有13次会议有审议法律案的议程安排,其中7次会议审议法律案的通过比例不超过50%。在广州市第十五届人大常委会共计35次会议中,有23次会议有审议法律案的议程安排,有11次会议审议法律案的通过比例不超过50%。

第三,人大常委会的立法工作紧紧围绕该届人大常委会的立法规划开展,审议的法律案大部分均为立法规划项目。截至2020年5月,第十三届全国人大常委会审议通过和修改修订的相关法律共有25件是《十三届全国人大常委会立法规划》第一类立法项目,约占该类立法项目69件的36%;共有3件是第二类立法项目,占该类立法项目47件的6%,即截至2020年5月本届全国人大及其常委会已完成立法规划(116件)的24%。广东省第十三届人大常委会审议通过和修改修订的相关法律共有43件,其中有30件法律的制定和修改被列入《广东省第十三届人大常委会立法规划(2018—2022年)》,并且有29件全部属于第一类立法项目,还有1件属于第二类立法项目。该30件法律的制定和修改占广东省该届人大常委会立法规划总规划数量(107件)的28%左右。广州市本届即第十五届人大常委会审议通过和修改修订的相关法律共有40件,其中10件法律的制定和修改被列入《广州市人大常委会2017~2021年立法规划》第一类立法项目,约占该类立法项目23件约43%;共有6件是第二类立法项目,占该类立法项目25件的24%,目前本届广州市人大及其常委会已完成立法规划(48件)的33%。人大常委会立法进度较慢,可能难以完成立法规划总体要求的立法任务。

第四,人大常委会严把质量关,不因相关法律案属于立法规划第一类立法项目就急于审查通过。根据《立法法》的规定,全国人大常委会对列入常委会会议的法律案一般采取"三审制",有利于委员"准备充分,有的放矢,常委会组成人员审议法律案的质量和水平不断提高"。[1] 如《刑事诉讼法》的修改是第一类立法项目,属于"条件比较成熟、任期内拟提请审议的法律草案",但在第十三届全国人大常委会第二次和第五次会议上均

〔1〕 张春生主编:《中华人民共和国立法法释义》,法律出版社2000年版,第106页。

未审议通过《刑事诉讼法(修正草案)》,直至第六次会议才通过该修正案。《广东省养老服务条例》的制定是第一类立法项目,在广东省第十二届人大常委会第三十六次会议和本届人大常委会第二次会议上未获通过,直至常委会第七次会议审议通过。《广州市供水用水条例》的制定是广州市人大常委会立法规划中的第一类立法规划,在本届人大常委会第十五次会议和第十八次会议上未获通过,在第二十次常委会会议上经第三次审议获得通过。

第五,在设区的市立法方面,《立法法》和《宪法》明确设区的市的人大及其常委会可以制定地方性法规,报省级人大常委会批准后施行。广东省第十三届人大常委会的20次会议中,有13次会议审查批准设区的市所制定的地方性法规共计89件,并且全部获得广东省人大常委会的批准。即上报广东省人大常委会批准的设区的市的地方性法规均获批准后实施,可能导致省级人大常委会批准设区的市的地方性法规的制度设置沦为立法程序上的走过场。

第六,在立法过程中,人大注重立法组织协调,发挥上级人大对下级人大的工作指导作用,提高立法质量。广东省人大常委会对广州市人大及其常委会制定的地方性法规审查批准后实施就是积极发挥上级人大在立法中的指导和监督作用。同时,广州市人大常委会在立法过程中对于难以把握的立法重难点问题,主动寻求上级人大的指导和帮助,确保法规的合法合理性。如在第三次审议表决《广州市非机动车和摩托车管理规定》前,广州市人大常委会法制工作委员会"在常委会分管领导的带领下,赴京向全国人大常委会法工委作了请示汇报,并按照全国人大常委会法工委的意见进行了修改"。[1]

第七,常委会加强重点领域立法,并在立法中积极回应社会治理问题。为适应人民日益增长的生态环境需要,补齐社会领域立法短板,改善我国文化领域立法工作相对滞后的情况,常委会越来越注重民生、文化、

---

〔1〕 广州市人大常委会法制工作委员会:《关于2017年上半年立法工作情况的报告》,载《广州市人民代表大会常务委员会公报》2017年第3期(总第310期),第156~157页。

社会以及环境保护等方面的立法工作。2018 年,在长春长生疫苗事件发生后,“党中央、国务院高度重视疫苗监管工作,要求加快完善疫苗药品监管长效机制”。[1] 12 月 23 日,《疫苗管理法(草案)》首次提请第十三届全国人大常委会第七次会议审议,并于2019 年4 月 20 日再次提请第十三届全国人大常委会第十次会议审议。《广东省大气污染防治条例》的制定贯彻落实习近平生态文明思想,贯彻党中央关于打好污染防治攻坚战、打赢蓝天保卫战的决策,落实全国人大常委会关于大气污染防治省级法规全覆盖的要求,回应大气污染防治的需求和治理需要,把生态文明建设纳入制度化、法治化轨道,有力地推动了广东生态文明建设。为切实保护生态环境,打造宜居城市,建设“湿地生态城市”,在广州市第十五届人大常委会第十七次会议上,人大常委会听取了广州市水务局《关于小流域综合治理情况的报告》和广州市林业和园林局《关于湿地保护工作情况的报告》,并作出《关于小流域综合治理情况报告的决议》,提出要在提高认识的基础上,通过规划引领、整合资源、创新思路等方式加强水利工程建设,实现人与自然的和谐发展。

在表 4 -9 至表 4 -11 统计数据的基础上,本书进一步统计了三级人大及其常委会上不同主体提出的法律案及通过的数量和占比(见表 4 -12)。

通过表 4 -12 可以更清晰地看到,绝大部分的法律案由政府提出,这在下级人大中更为明显,而监察委、法院及检察院等主体几乎没有提出过相应法律案。委员长会议(主任会议)、专门委员会、相关工作委员会在实践中是法律案的第二大提出主体,其提出法律案的数量仅次于政府提出的数量。

---

[1] 《我国拟对疫苗管理单独立法》,载新华网,http://www.xinhuanet.com//politics/2018-12/23/c_1123892044.htm,2020 年 6 月 30 日最后访问。

表 4-12　不同主体提出的法律案及通过情况统计

三级人大及其常委会	法律案提出主体	提出的法律案数量(件)	占总提出法律案的比例(%)	法律案通过的数量(件)	该主体提出的法律案通过的比例(%)
第十三届全国人大及其常委会	国务院	24	45	17	71
	两院	3	6	3	100
	中央军委	1	2	0	0
	委员长会议	3	6	3	100
	专门委员会	14	26	8	57
	常委会(及工作委员会)	8	15	1	13
广东省第十三届人大及其常委会	省政府	36	75	33	92
	主任会议	4	8	4	100
	专门委员会	7	15	6	86
	常委会(及工作委员会)	1	2	0	0
广州市第十五届人大及其常委会	市政府	36	75	29	81
	主任会议	4	8	4	100
	专门委员会	5	10	4	80
	常委会(及工作委员会)	3	6	3	100

资料来源:全国人大常委会公报,广东省人大常委会公报,广州市人大常委会公报。

通过统计法律案的通过比例可以发现,人大系统内的主任会议、专门委员会等主体提出的法律案通过的比例一般高于政府所提出的法律案,政府提出的法律案通过比例一般不超过 90%。但需要说明的是,表 4-12 所统计的法律案通过比例均是统计了一届人大的法律案审议情况,这些统计数据只能从一个侧面反映我国人大法律案的审议及通过情况。法律案的“三审制”在很大程度上拉长了法律案审议通过的时间,在统计过程中,本书发现大部分尚未审议通过的法律案还处于第一次审议或第二次审议的过程中,如果将统计样本放大或将统计时间拉长,本书认为,无论是委员长会议(主任会议)、专门委员会等人大系统提出的法律案,还是政府提出的法律案的通过比例都会有所上升。

第四节　代表建议

除提出议案外,代表还可以向本级人大提出对各方面工作的建议、批评和意见,由人大或其常委会交有关机关和组织研究处理并限期予以答复。代表议案和代表建议都是代表行使其职权的重要方式,都是由代表向本级人大提出,而且代表议案还可能转成代表建议处理。但是,二者在目的、提出要求、内容要求、处理程序等方面存在差别:代表议案主要是为了议事决策而提出,必须以代表团名义或达到法定人数才能提出并且有一定的形式要求,其内容只能是属于本级人大职权范围内的事项,提出后由主席团决定是否列入会议议程审议以及表决;而代表建议主要是为了监督有关机关工作而提出,没有法定人数要求和特定形式要求,其内容包括各方面的工作,提出后由人大或其常委会交有关机关和组织研究处理以及答复。[1] 本书从代表建议的内容、办理情况等方面论述第十三届全国人大、广东省第十三届人大和广州市第十五届人大关于代表建议的提出和办理情况,并进一步分析这些代表建议存在的不足及完善措施。

一、代表建议的提出

对代表建议办理情况的报告显示,“第十三届人大一次会议期间,代表们认真履行宪法和法律赋予的职责,向大会提出建议 7139 件。……大会期间共有 2546 名代表提出建议,其中初任代表提出建议 4499 件,占建议总数的 63%;以代表团名义提出建议 126 件,涉及 18 个代表团”。[2] “第二次会议代表们共提出建议 8160 件,代表建议数量比去年增加 1021

---

〔1〕 参见李维国:《人大代表议案建议制度研究》,中国民主法制出版社 2014 年版,第 36 ~ 38 页。

〔2〕 全国人民代表大会常务委员会办公厅:《关于第十三届全国人民代表大会第一次会议代表建议、批评和意见办理情况的报告》,载《全国人民代表大会常务委员会公报》2019 年第 1 号,第 320 页。

件，增长14.3%。”[1]第三次会议收到代表建议9180件，比2019年增加1020件，增长12.5%。[2]（见表4-13）

表4-13　第十三届全国人大代表建议统计

全国人大会议	代表建议总数量(件)	代表提出的建议数量(件)	代表团提出的建议数量(件)
第十三届全国人大第一次会议	7139	7013	126
第十三届全国人大第二次会议	8160	8003	157
第十三届全国人大第三次会议	9180	—	—

资料来源：《十三届全国人大三次会议9180件代表建议统一交办　拟确定9项重点督办建议》。

报告显示，代表建议多围绕党和国家当前的重大任务提出。在第十三届全国人大第一次会议中，围绕打好“防范化解重大风险、精准脱贫、污染防治”三大攻坚战代表们提出建议709件，占建议总数的约10%。[3]在全面依法治国的背景下，“代表们提出加强宪法教育和实施以及制定修改法律、推进法治建设方面的建议300余件”。[4] 数量最多的是民生方面，“在科教文卫体类和社会及公共事务类建议有2375件，占建议总数的

〔1〕《十三届全国人大二次会议8160件代表建议统一交办　确定22项重点督办建议选题》，载新华网，http://www.xinhuanet.com/politics/2019-04/11/c_1210105980.htm，2020年6月30日最后访问。

〔2〕参见《十三届全国人大三次会议9180件代表建议统一交办　拟确定9项重点督办建议》，载新华网，http://www.xinhuanet.com/politics/2020-06/09/c_1126093875.htm，2020年7月1日最后访问。

〔3〕参见全国人民代表大会常务委员会办公厅：《关于第十三届全国人民代表大会第一次会议代表建议、批评和意见办理情况的报告》，载《全国人民代表大会常务委员会公报》2019年第1号，第322页。

〔4〕同上。

33.3%”。[1] 在第十三届全国人大第二次会议上，代表建议集中在“继续打好三大攻坚战、促进区域协调发展和城乡融合发展、实施乡村振兴战略和深化农村改革、保障和改善民生”[2]等领域。在第十三届全国人大第三次会议上，涉及教科文卫、发展规划和建设项目、社会及公共事务等领域的建议占总数的一半以上，其中发展规划和建设项目和综合经济方面的建议占建议总数的18.6%。[3] 人大代表们关注较多的问题主要包括“强化公共卫生法治保障，健全公共卫生应急管理体系；坚决打赢脱贫攻坚战，持续推进脱贫与乡村振兴有效衔接；强化就业优先政策，稳就业保民生；强化对稳企业的金融支持，保产业链供应链稳定；推进医养结合、社区养老服务发展；深化医疗、教育改革，保障和改善民生；加快落实区域发展战略，推动高质量发展”。[4] 回应社会热点，在第十三届全国人大第三次会议中，涉及“疾病防疫”的建议数量同比增加179%，全国人大常委会办公厅初步提出的重点督办建议选题中涉及四个方面，其中两个方面与疫情防控相关。[5]

代表们的建议与国家最新发展的政策息息相关，这也是《全国人民代表大会代表建议、批评和意见处理办法》中的要求，即“代表应当主要围绕国家改革发展稳定的大局，政治、经济、文化、社会生活中的重大问题和人民群众普遍关心的问题，对全国人大及其常委会、国务院及其部门、最高

---

〔1〕 全国人民代表大会常务委员会办公厅：《关于第十三届全国人民代表大会第一次会议代表建议、批评和意见办理情况的报告》，载《全国人民代表大会常务委员会公报》2019年第1号，第323页。

〔2〕《十三届全国人大二次会议8160件代表建议统一交办　确定22项重点督办建议选题》，载新华网，http://www.xinhuanet.com/politics/2019-04/11/c_1210105980.htm，2020年6月30日最后访问。

〔3〕 参见《十三届全国人大三次会议9180件代表建议统一交办　拟确定9项重点督办建议》，载新华网，http://www.xinhuanet.com/politics/2020-06/09/c_1126093875.htm，2020年7月1日最后访问。

〔4〕《十三届全国人大三次会议收到代表议案506件　收到代表建议约9000件》，载中国人大网，http://www.npc.gov.cn/npc/c30834/202005/a8a145b69d96434bb78c2334537a66 9d.shtml，2020年7月1日最后访问。

〔5〕 参见《十三届全国人大三次会议9180件代表建议统一交办　拟确定9项重点督办建议》，载新华网，http://www.xinhuanet.com/politics/2020-06/09/c_1126093875.htm，2020年7月1日最后访问。

人民法院、最高人民检察院和其他机关、组织的工作提出建议、批评和意见”。[1] 例如,代表们对扶贫工作的关注。党的十八大以来,以习近平同志为核心的党中央高度重视贫困问题,并先后就扶贫开发工作出台了一系列方针政策,初步形成了有中国特色的扶贫开发思想。目前,我国已进入脱贫攻坚“攻坚拔寨”的关键阶段,代表们在这一阶段关注扶贫问题,进一步推动了我国的扶贫工作。报告显示,全国人大代表持续关注脱贫攻坚,近三年,扶贫办共承办代表建议 710 件。[2] 2018 年有关脱贫攻坚的代表建议数量比 2017 增加 40%。“十三届全国人大一次会议交由扶贫办办理的代表建议 252 件,其中,主办 75 件,会同办理 156 件,参阅 21 件。”[3]

广东省人大常委会公报显示,广东省人大一次会议期间代表们共提出建议 824 件,[4]广东省人大二次会议提出建议 1006 件,[5]第三次会议期间代表共提出建议 867 件。[6] 本书将建议的内容划分为城乡建设和环境资源保护,教科文卫和体育,经济发展、劳动人事和社保,民政、公安和法检两院,发展规划、财政税收和金融,人大工作和民主法制建设,农林水利和扶贫,华侨民族宗教这八个方面。广东省人大代表联名和代表团提出建议的内容情况的数据见表 4 - 14。

---

〔1〕《全国人民代表大会代表建议、批评和意见处理办法》第 4 条。

〔2〕参见国务院扶贫开发领导小组办公室:《国务院扶贫开发领导小组办公室关于第十三届全国人民代表大会第一次会议代表建议、批评和意见办理情况的报告》,载《全国人民代表大会常务委员会公报》2019 年第 1 号,第 325 页。

〔3〕国务院扶贫开发领导小组办公室:《国务院扶贫开发领导小组办公室关于第十三届全国人民代表大会第一次会议代表建议、批评和意见办理情况的报告》,载《全国人民代表大会常务委员会公报》2019 年第 1 号,第 324 页。

〔4〕参见《省十三届人大一次会议代表提出建议目录》,载《广东省人民代表大会常务委员会公报》2018 年第 2 号,第 193 ~ 223 页。

〔5〕参见《省十三届人大二次会议代表提出建议目录》,载《广东省人民代表大会常务委员会公报》2019 年第 2 号,第 179 ~ 216 页。

〔6〕参见《省十三届人大三次会议代表建议目录》,载《广东省人民代表大会常务委员会公报》2020 年第 1 号,第 188 ~ 224 页。

表 4-14 广东省第十三届人大代表建议统计

代表建议的内容	广东省第十三届人大第一次会议	广东省第十三届人大第二次会议	广东省第十三届人大第三次会议
城乡建设和环境资源保护	459	443	265
教科文卫和体育	133	146	174
经济发展、劳动人事和社保	97	223	152
民政、公安和法检两院	54	70	75
发展规划、财政税收和金融	33	67	113
人大工作和民主法制建设	3	12	24
农林水利和扶贫	39	42	45
华侨民族宗教	6	3	19

资料来源：广东省人大常委会公报。

广州市第十五届人大第一次会议中，市人大代表们共提出代表建议308件，[1]第三次会议提出代表建议共428件，[2]第四次会议中代表提出建议共363件，[3]第五次会议代表提出建议共280件。[4] 具体按照其内容分为城乡建设和环境资源保护，教科文卫和体育，经济发展、劳动人事和社保，民政、公安和法检两院，发展规划、财政税收和金融，人大工作和民主法制建设，农林水利和扶贫，华侨民族宗教和其他方面。具体数据见表4-15。

---

〔1〕 参见《近三成代表单独或领衔提议　四分之一建议聚焦交通管理》，载新快网，https://epaper.xkb.com.cn/view/1098224，2020年6月30日最后访问。

〔2〕 参见《广州市人大代表建议近九成被采纳》，载东方财富网，http://finance.eastmoney.com/news/1365，20180912944202626.html，2020年6月30日最后访问。

〔3〕 参见广州人大网公开的代表建议统计，http://www.rd.gz.cn/rdhy/dbdh/gzsrddswjdsshy/yajy/index.html，2020年6月30日最后访问。

〔4〕 参见广州人大网公开的代表建议统计，https://jygk.rd.gz.cn/rdweb/yajy/index.html，2020年6月30日最后访问。

表4－15　广州市第十五届人大代表建议统计

代表建议的内容	广州市第十五届人大第一次会议	广州市第十五届人大第三次会议	广州市第十五届人大第四次会议	广州市第十五届人大第五次会议
城乡建设和环境资源保护	83	106	127	84
教科文卫和体育	52	91	91	75
经济发展、劳动人事和社保	51	83	54	65
民政、公安和法检两院	49	67	42	39
发展规划、财政税收和金融	25	33	20	3
人大工作和民主法制建设	19	28	15	6
农林水利、扶贫	11	11	7	1
华侨民族宗教	2	2	4	0
其他	16	7	37	7

资料来源:《近三成代表单独或领衔提议　四分之一建议聚焦交通管理》,载新快网,https://epaper.xkb.com.cn/view/1098224,2020年6月30日最后访问;大洋网:《广州市人大代表建议近九成被采纳》,载东方财富网,http://finance.eastmoney.com/news/1365,20180912944202626.html,2020年6月30日最后访问。同时,广州市人大常委会公报、广州人大网等渠道没有公开广州市第十五届人大第二次会议代表建议的相关信息,该次会议代表建议的情况无法统计。

为全面贯彻党的十九大精神,解决发展不平衡不充分问题,人大代表聚焦公众高度关注的社会问题,提出了一系列解决建议。根据表4－14、表4－15的统计数据,广东省和广州市人大代表主要围绕城乡建设以及环境资源保护、经济发展和民生领域等方面提出建议,其中关于城乡建设发展、环境与资源保护的建议最多,涉及交通管理方面的建议占比最大。代表们聚焦城市发展的难点热点问题,提出了关于增加广湛高铁早晚班次的建议、关于进一步加强基层医疗卫生服务能力建设的建议。[1] 此

[1] 参见《广东省人大代表林弋扬:增加广湛高铁早晚列车班次》,载金羊网,http://news.ycwb.com/2019－01/30/content_30188254.htm,2020年6月30日最后访问。

外，建议缓解"入园难"等社会热点问题，优秀运动员退役后安置等专业性强的领域，充分显示人大代表对于社会和民生问题的关注。[1] 值得注意的是，代表建议关注农林水利和扶贫的内容占比较少，可见广东省和广州市人大对于扶贫工作的关注力度并不大，与全国人大的扶贫建议方面有所脱节，这与广东省、广州市本身经济发展水平处于全国前列有较大关系。

二、代表建议的办理

在实践中，对代表提出的建议、批评和意见的办理包括交办和承办两个方面。交办包括大会会议期间和闭会期间的受理两个方面。根据《全国人民代表大会代表建议、批评和意见处理办法》，代表们对于不同机构提出的建议，由不同机构负责。向全国人大及其常委会提出的，由全国人大常委会办事机构交由有关机关组织研究处理并负责答复；对政府及其部门提出的，由全国人大常委会办事机构和国务院办公厅共同交办，具体协调工作由国务院办公厅负责；对地方工作提出的，由全国人大常委会办事机构委托省、自治区、直辖市人大常委会交由有关省级机关组织研究处理并负责答复。对全国人大机关工作提出的，由全国人大常委会办事机构分别交由有关部门、单位研究处理，根据不同情况分别或统一作出答复。[2] 在具体办理过程中，代表在大会会议期间提出的建议、批评和意见，全国人大常委会办事机构进行整理和研究，提出分析报告，拟定各项建议、批评和意见由谁承办的计划。经全国人大常委会秘书长办公会议讨论同意后，及时召开交办会议，会同国务院办公厅、最高人民法院办公厅、最高人民检察院办公厅和其他有关机关、组织具体落实。代表在闭会期间提出的建议、批评和意见，全国人大常委会办事机构应当及时交办。交由政府及其部门研究处理的，同时抄送国务院办公厅。[3]

---

〔1〕 参见《广州市人大代表建议近九成被采纳》，载东方财富网，http://finance.eastmoney.com/news/1365,20180912944202626.html，2020年6月30日最后访问。

〔2〕 参见《全国人民代表大会代表建议、批评和意见处理办法》第10条。

〔3〕 参见《全国人民代表大会代表建议、批评和意见处理办法》第11条。

对于承办单位来说,承办单位对代表建议、批评和意见应进行分析,拟定处理工作方案。对全国人大常委会办事机构交办的需重点处理的代表建议、批评和意见,以及综合性强、涉及面广、处理难度大或者问题反映比较集中的代表建议、批评和意见,承办单位应当作为重点,由主要负责人亲自负责研究处理。[1] 承办单位研究处理代表建议、批评和意见过程中,应当加强与提出相关建议、批评和意见的代表的沟通、联系,通过走访、调研、座谈等多种方式,充分听取意见。对重点建议、批评和意见,应当邀请相关代表参与研究。[2]

中央层面,从代表建议总体办理情况上看,第十三届全国人大第一次会议期间代表提出的建议已经全部办理完毕并答复代表,代表建议所提问题得到解决或计划逐步解决的占建议总数的75.8%。[3] "十三届全国人大一次会议闭幕后,全国人大常委会办公厅召开代表建议交办会,将代表建议统一交由各承办单位办理。据相关部门统计,2018年,科技部承办的代表建议按期办结率为100%,商务部办理建议的公开率分别为96%,民政部承办的建议全部在规定时间内办结。"[4] 全国人大常委会公报显示,对于第十三届全国人大第一次会议重点关注的扶贫工作的代表建议,按照建议办理结果公开要求,国务院扶贫开发领导小组办公室研究制定《国务院扶贫办理建议提案工作规定》,将建议公开列入信息主动公开基本目录,在门户网站开设建议公开专栏,办理结果向社会公开的比例达到80%,主动接受代表、公众监督,督促进一步提升办理质量。[5] 地方层面,代表建议交办督办的成果同样显著。以本书选取的广东样本为例,截

---

〔1〕 参见《全国人民代表大会代表建议、批评和意见处理办法》第16条。

〔2〕 参见《全国人民代表大会代表建议、批评和意见处理办法》第17条。

〔3〕 参见全国人民代表大会常务委员会办公厅:《关于第十三届全国人民代表大会第一次会议代表建议、批评和意见办理情况的报告》,载《全国人民代表大会常务委员会公报》2019年第1号,第322页。

〔4〕 孙莹:《代表议案建议助力民主法治进步》,载《人民之声》2019年第3期。

〔5〕 参见国务院扶贫开发领导小组办公室:《国务院扶贫开发领导小组办公室关于第十三届全国人民代表大会第一次会议代表建议、批评和意见办理情况的报告》,载《全国人民代表大会常务委员会公报》2019年第1号,第325页。

至2019年年底，“对于广东省人大会议期间代表建议，各部门办理继续保持高水平运行，其中已解决或基本解决的占56.7%；列入年度计划解决的占21.4%；列入规划逐步解决的占19.1%；因条件限制或其他原因无法解决的占2.8%”。[1] 值得一提的是，2017年9月，广州市第十五届人大常委会第十六次主任会议通过《广州市人民代表大会代表建议、批评和意见公开办法》。这一办法的出台督促了人大代表积极履行职责，规范了代表建议的办理工作，提高代表建议的办理实效，促使人大代表建议落到实处。从办理结果看，代表建议近九成被采纳。[2]

三、代表建议相关制度的完善

（一）加强对法治的关注

总体而言，地方人大会议上代表们提出的关于法治建设、政治法律类问题的建议较少，有关经济发展和社会民生方面的建议居多。代表们更多关注的是本区域经济发展，但与此同时，忽视了经济与法治的关系，对法治问题的关注度明显不足。此外，政法类问题往往涉及对“一府两院”的监督，政治性专业性强，因此在地方人大代表建议中并不多见。

因此，一方面，建议代表们提高对法治问题的敏感度，多关注本区域政治、法治问题，以保证政治经济问题的平衡，更好地促进地方经济的发展。另一方面，代表自身也需要提高自身素质，加强政治素养，提高参政议政的能力，进一步提出更高质量的建议。

（二）加强对代表建议办理结果的监督

按照《全国人民代表大会代表建议、批评和意见处理办法》的相关规定，代表建议须有承办单位落实并及时答复，人大及其常委会有相对性的工作委员会跟踪督办。实践中，国务院相关部门、地方国家机关往往向人

---

〔1〕 骆骁骅：《今年省人大会议期间代表建议逾97%已解决或将要解决》，载南方网，http://news.southcn.com/gd/content/2019-11/09/content_189465382.htm，2020年6月30日最后访问。

〔2〕 参见《广州市人大代表建议近九成被采纳》，载东方财富网，http://finance.eastmoney.com/news/1365,20180912944202626.html，2020年6月30日最后访问。

大常委会作代表建议办理全部情况的报告,报告代表建议的办理进展及落实情况,并接受人大的监督。如国务院扶贫开发领导小组办公室在第十三届全国人大常委会第七次会议上作《关于第十三届全国人民代表大会第一次会议代表建议、批评和意见办理情况的报告》,农业农村部在第十三届全国人大常委会第十五次会议上作《关于第十三届全国人民代表大会第二次会议代表建议、批评和意见办理情况的报告》;广东省政府在广东省第十三届人大常委会第十五次会议上作《关于省十三届人大二次会议代表建议、批评和意见办理情况的报告》;广州市政府、中级人民法院、市人民检察院分别在广州市第十五届人大常委会第十一次会议上作《关于办理广州市第十五届人大第一次会议代表建议、批评和意见情况的报告》。人大及常委会持续跟踪监督代表建议的办理情况,有利于代表建议有效落实,促使办理结果更加公开、透明。

第五节　计划、预算和工作报告的审议审查

一、提请人大审议审查的计划、预算和报告

在审议国家机构工作报告方面,人大全体会议议程逐渐固定,每一届全国人大都主要审议上一年国民经济和社会发展计划执行情况与本年国民经济和社会发展计划的报告,上一年中央和地方预算执行情况与本年中央和地方预算的报告和全国人大常委会、国务院、最高人民法院、最高人民检察院的年度工作报告以及审议设立专门委员会的决定。广东省人大和广州市人大主要审议本地区上一年国民经济和社会发展计划执行情况与本年计划草案的报告及国民经济和社会发展计划的报告、上一年预算执行情况与本年预算的报告,同级人大常委会以及"一府两院"的年度工作报告。与全国人大有区别的是,广东省和广州市人大还审议专门委员会的工作报告以及审议通过设立和变更专门委员会的决定。

从实践中看,国家机构的工作报告一般都在人大全体会议上获得审议通过,本书考察的本届全国人大、广东省和广州市人大均通过了国家机构的工作报告,并且很少会对报告作出修改的指示要求。相对而言,人大

常委会审议国家机构专项工作报告会根据报告内容作出修改指示或要求进行整改以及报告整改情况等。

二、提请人大常委会审议审查的计划、预算和报告

与人大审议的工作报告相区别，常委会主要听取和审议一府两院及人大的专项工作报告、半年工作报告、年度工作报告、国民经济和社会发展计划执行情况报告、预算执行情况报告、审计工作报告、执法检查报告、专题调研报告等相关专项和工作报告。本书在表 4－16 至表 4－18 分别统计第十三届全国人大常委会、广东省和广州市人大常委会对“一府两院”及各专门委员会等相关工作报告的审议情况。

表 4－16　第十三届全国人大常委会审议工作报告情况统计

全国人大常委会会议	报告的提出主体	工作报告内容
第十三届全国人大常委会第一次会议	国务院	—
	最高人民法院	—
	最高人民检察院	—
	人大专门委员会	—
	常委会及工作委员会	—
	报告总数	0
第十三届全国人大常委会第二次会议	国务院	关于 2017 年度环境状况和环境保护目标完成情况的报告
		关于构建现代农业体系深化农业供给侧结构性改革工作情况的报告
		关于华侨权益保护工作情况的报告
	最高人民法院	关于人民陪审员制度改革试点情况的报告
	最高人民检察院	—
	人大专门委员会	—
	常委会及工作委员会	—
	报告总数	4

续表

全国人大常委会会议	报告的提出主体	工作报告内容
第十三届全国人大常委会第三次会议	国务院	关于2017年中央决算的报告
		关于2017年度中央预算执行和其他财政收支的审计工作报告
		坚持创新驱动发展深入推进国家科技重大专项工作情况
		关于研究处理固体废物污染环境防治法执法检查报告及审议意见情况的报告
	最高人民法院	—
	最高人民检察院	—
	人大专门委员会	—
	常委会及工作委员会	执法检查组关于检查《中华人民共和国统计法》实施情况的报告
		栗战书委员长访问埃塞俄比亚、莫桑比克、纳米比亚情况的书面报告
	报告总数	6
第十三届全国人大常委会第四次会议	国务院	—
	最高人民法院	—
	最高人民检察院	—
	人大专门委员会	—
	常委会及工作委员会	执法检查组关于检查《中华人民共和国大气污染防治法》实施情况的报告
	报告总数	1

续表

全国人大常委会会议	报告的提出主体	工作报告内容
第十三届全国人大常委会第五次会议	国务院	关于今年以来国民经济和社会发展计划执行情况的报告
		关于今年以来预算执行情况的报告
		关于推动城乡义务教育一体化发展提高农村义务教育水平工作情况的报告
		在部分地区和部分在京中央机关暂时调整适用公务员法有关规定情况的中期报告
	最高人民法院	—
	最高人民检察院	—
	人大专门委员会	—
	常委会及工作委员会	执法检查组关于检查《中华人民共和国传染病防治法》实施情况的报告
	报告总数	5
第十三届全国人大常委会第六次会议	国务院	关于2017年度国有资产管理情况的综合报告和关于2017年度金融企业国有资产的专项报告
	最高人民法院	关于人民法院解决“执行难”工作情况的报告
	最高人民检察院	关于人民检察院加强对民事诉讼和执行活动法律监督工作情况的报告
	人大专门委员会	监察和司法委员会关于第十三届全国人民代表大会第一次会议主席团交付审议的代表提出的议案审议结果的报告
		财政经济委员会关于第十三届全国人民代表大会第一次会议主席团交付审议的代表提出的议案审议结果的报告
		外事委员会关于第十三届全国人民代表大会第一次会议主席团交付审议的代表提出的议案审议结果的报告

续表

全国人大常委会会议	报告的提出主体	工作报告内容
		农业与农村委员会关于第十三届全国人民代表大会第一次会议主席团交付审议的代表提出的议案审议结果的报告
	常委会及工作委员会	关于金融企业国有资产管理情况的调研报告
		执法检查组关于检查《中华人民共和国防震减灾法》实施情况的报告
		执法检查组关于检查《中华人民共和国农产品质量安全法》实施情况的报告
	报告总数	10
第十三届全国人大常委会第七次会议	国务院	关于《中华人民共和国国民经济和社会法发展第十三个五年规划纲要》实施中期评估报告
		关于2017年度中央预算执行和其他财政收支审计查出问题整改情况的报告
		关于财政医疗卫生资金分配和使用情况的报告
		关于发展海洋经济加快建设海洋强国工作情况的报告
		关于生育保险和职工基本医疗保险合并实施试点情况的总结报告
		关于全国农村承包土地的经营权和农民住房财产权抵押贷款试点情况的总结报告
		关于农村土地征收、集体经营性建设用地入市、宅基地制度改革试点情况的总结报告
		关于个人所得税专项附加扣除有关情况的报告
		扶贫开发领导小组办公室关于第十三届全国人民代表大会第一次会议代表建议、批评和意见办理情况的报告

续表

全国人大常委会会议	报告的提出主体	工作报告内容
	最高人民法院	—
	最高人民检察院	—
	人大专门委员会	关于《中华人民共和国国民经济和社会法发展第十三个五年规划纲要》实施中期评估的调研报告
		宪法和法律委员会关于第十三届全国人民代表大会第一次会议主席团交付审议的代表提出的议案审议结果的报告
		教育科学文化卫生委员会关于第十三届全国人民代表大会第一次会议主席团交付审议的代表提出的议案审议结果的报告
		华侨委员会关于第十三届全国人民代表大会第一次会议主席团交付审议的代表提出的议案审议结果的报告
		环境与资源保护委员会关于第十三届全国人民代表大会第一次会议主席团交付审议的代表提出的议案审议结果的报告
		社会建设委员会关于第十三届全国人民代表大会第一次会议主席团交付审议的代表提出的议案审议结果的报告
	常委会及工作委员会	执法检查组关于检查《中华人民共和国海洋环境保护法》实施情况的报告
		常务委员会办公厅关于第十三届全国人民代表大会第一次会议代表建议、批评和意见办理情况的报告
		法制工作委员会关于2018年备案审查工作情况的报告
	报告总数	18

续表

全国人大常委会会议	报告的提出主体	工作报告内容
第十三届全国人大常委会第八次会议	国务院	—
	最高人民法院	—
	最高人民检察院	—
	人大专门委员会	—
	常委会及工作委员会	—
	报告总数	0
第十三届全国人大常委会第九次会议	国务院	关于研究处理大气污染防治法执法检查报告和审议意见情况以及有关决议落实情况的报告
	最高人民法院	—
	最高人民检察院	—
	人大专门委员会	—
	常委会及工作委员会	专题调研组关于脱贫攻坚工作情况的调研报告
	报告总数	2
第十三届全国人大常委会第十次会议	国务院	关于2018年度环境状况和环境保护目标完成情况的报告
		关于医师队伍管理情况和执业医师法实施情况的报告
		关于乡村产业发展情况的报告
	最高人民法院	关于研究处理对解决执行难工作情况报告审议意见的报告
	最高人民检察院	—
	人大专门委员会	—
	常委会及工作委员会	—
	报告总数	4

续表

全国人大常委会会议	报告的提出主体	工作报告内容
第十三届全国人大常委会第十一次会议	国务院	关于2018年中央决算的报告
		关于2018年度中央预算执行和其他财政收支的审计工作报告
		关于文化产业发展工作情况的报告
	最高人民法院	—
	最高人民检察院	—
	人大专门委员会	—
	常委会及工作委员会	执法检查组关于检查《中华人民共和国中小企业促进法》实施情况的报告
		栗战书委员长访问挪威、奥地利、匈牙利情况的书面报告
	报告总数	5
第十三届全国人大常委会第十二次会议	国务院	关于今年以来国民经济和社会发展计划执行情况的报告
		关于今年以来预算执行情况的报告
		关于学前教育事业改革和发展情况的报告
	最高人民法院	—
	最高人民检察院	—
	人大专门委员会	—
	常委会及工作委员会	执法检查组关于检查《中华人民共和国水污染防治法》实施情况的报告
		执法检查组关于检查《中华人民共和国就业促进法》实施情况的报告
	报告总数	5

续表

全国人大常委会会议	报告的提出主体	工作报告内容
第十三届全国人大常委会第十三次会议	国务院	—
	最高人民法院	—
	最高人民检察院	—
	人大专门委员会	—
	常委会及工作委员会	—
	报告总数	0
第十三届全国人大常委会第十四次会议	国务院	关于加快外贸转型升级推进贸易高质量发展工作情况的报告
		关于2018年度国有资产管理情况的综合报告和关于2018年度全国行政事业性国有资产管理情况的专项报告
	最高人民法院	关于加强刑事审判工作情况的报告
	最高人民检察院	关于开展公益诉讼检察工作情况的报告
	人大专门委员会	监察和司法委员会关于第十三届全国人民代表大会第二次会议主席团交付审议的代表提出的议案审议结果的报告
		财政经济委员会关于第十三届全国人民代表大会第二次会议主席团交付审议的代表提出的议案审议结果的报告
		外事委员会关于第十三届全国人民代表大会第二次会议主席团交付审议的代表提出的议案审议结果的报告
		社会建设委员会关于第十三届全国人民代表大会第二次会议主席团交付审议的代表提出的议案审议结果的报告

续表

全国人大常委会会议	报告的提出主体	工作报告内容
	常委会及工作委员会	执法检查组关于检查《中华人民共和国高等教育法》实施情况的报告
		栗战书委员长访问阿塞拜疆、哈萨克斯坦、俄罗斯并在哈出席第四届欧亚国家议长会议、在俄出席中俄议会合作委员会第五次会议情况的书面报告
	报告总数	10
第十三届全国人大常委会第十五次会议	国务院	关于2018年度中央预算执行和其他财政收支审计查出问题整改情况的报告
		关于加强社会保障体系建设助力打好精准脱贫攻坚战推进社会救助工作情况的报告
		关于减税降费工作情况的报告
		关于财政生态环保资金分配和使用情况的报告
		农业农村部关于第十三届全国人民代表大会第二次会议代表建议、批评和意见办理情况的报告
	最高人民法院	—
	最高人民检察院	—
	人大专门委员会	宪法和法律委员会关于第十三届全国人民代表大会第二次会议主席团交付审议的代表提出的议案审议结果的报告
		教育科学文化卫生委员会关于第十三届全国人民代表大会第二次会议主席团交付审议的代表提出的议案审议结果的报告
		华侨委员会关于第十三届全国人民代表大会第二次会议主席团交付审议的代表提出的议案审议结果的报告

续表

全国人大常委会会议	报告的提出主体	工作报告内容
		环境与资源保护委员会关于第十三届全国人民代表大会第二次会议主席团交付审议的代表提出的议案审议结果的报告
		农业与农村委员会关于第十三届全国人民代表大会第二次会议主席团交付审议的代表提出的议案审议结果的报告
	常委会及工作委员会	执法检查组关于检查《中华人民共和国可再生能源法》实施情况的报告
		执法检查组关于检查《中华人民共和国渔业法》实施情况的报告
		常务委员会办公厅关于第十三届全国人民代表大会第二次会议代表建议、批评和意见办理情况的报告
		法制工作委员会关于2019年备案审查工作情况的报告
	报告总数	14
第十三届全国人大常委会第十六次会议	国务院	—
	最高人民法院	—
	最高人民检察院	—
	人大专门委员会	—
	常委会及工作委员会	—
	报告总数	0
第十三届全国人大常委会第十七次会议	国务院	关于2019年度环境状况和环境保护目标完成情况与研究处理水污染防治法执法检查报告及审议意见情况的报告
		关于农村集体产权制度改革情况的报告
	最高人民法院	—
	最高人民检察院	—

续表

全国人大常委会会议	报告的提出主体	工作报告内容
	人大专门委员会	—
	常委会及工作委员会	关于强化公共卫生法治保障立法修法工作有关情况和工作计划的报告
	报告总数	3
第十三届全国人大常委会第十八次会议	国务院	—
	最高人民法院	—
	最高人民检察院	—
	人大专门委员会	—
	常委会及工作委员会	—
	报告总数	0

资料来源：全国人大常委会公报。

表 4－17 广东省第十三届人大常委会审议工作报告情况统计

广东省人大常委会会议	报告的提出主体	工作报告内容
广东省第十三届人大常委会第一次会议	省政府	—
	省法院	—
	省检察院	—
	人大专门委员会	—
	常委会及工作委员会	—
	报告总数	0
广东省第十三届人大常委会第二次会议	省政府	关于 2017 年我省环境状况和环境保护目标完成情况的报告
		关于我省 2017 年上半年计划执行情况报告审议意见研究处理情况的报告
		关于我省 2017 年上半年预算执行情况报告审议意见研究处理情况的报告

续表

广东省人大常委会会议	报告的提出主体	工作报告内容
		关于2016年度省级预算执行和其他财政收支审计工作报告审议意见研究处理情况的报告
		关于我省城中村污水治理调研报告及审议意见研究处理情况的报告
		关于我省农林科技创新工作审议意见研究处理情况的报告
		关于2017年省级财政预算调整方案决议执行情况的报告
		关于贯彻落实省人大常委会批准2016年省级决算决议情况的报告
	省法院	关于省人大常委会对省法院知识产权审判工作情况报告审议意见研究处理情况的报告
	省检察院	—
	人大专门委员会	关于我省环境状况和环境保护目标完成情况的调研报告
	常委会及工作委员会	—
	报告总数	10
广东省第十三届人大常委会第三次会议	省政府	2018年省级财政预算调整方案的报告
		关于我省地方政府性债务管理情况的报告
		关于我省全面推开营改增试点工作情况报告审议意见研究处理情况的报告
		关于省人大常委会对加强重点跨市域河流污染整治工作情况审议意见研究处理情况的报告
		关于《广东省气象灾害防御条例》和《广东省突发事件应对条例》执法检查报告及审议意见研究处理情况的报告

续表

广东省人大常委会会议	报告的提出主体	工作报告内容
		关于我省全民健身工作情况报告审议意见研究处理情况的报告
		关于我省扶持民族地区加快发展情况调研报告及审议意见研究处理情况的报告
		关于我省提高财政收入质量工作情况报告审议意见研究处理情况的报告
		关于省人大常委会调研组穿越生态严控区线性工程环境保护措施落实情况调研报告及其审议意见研究处理情况的报告
	省法院	关于推进以审判为中心的刑事诉讼制度改革情况的报告
	省检察院	关于推进以审判为中心的刑事诉讼制度改革情况的报告
	人大专门委员会	关于我省地方政府性债务管理情况的调研报告
		关于我省法院、检察院推进以审判为中心的刑事诉讼制度改革情况的调研报告
	常委会及工作委员会	关于县级医院综合服务能力建设情况的调研报告
		关于省十二届人大以来备案审查工作情况的报告
	报告总数	15
广东省第十三届人大常委会第四次会议	省政府	关于广东省 2017 年省级决算草案的报告
		关于我省 2017 年度省级预算执行及其他财政收支的审计工作报告
		关于广东省 2018 年上半年国民经济和社会发展计划执行情况的报告
		关于我省 2018 年上半年预算执行情况的报告

续表

广东省人大常委会会议	报告的提出主体	工作报告内容
		关于我省自然保护区保护与管理工作情况的报告
		关于我省村村通自来水工作情况的报告
		关于我省各级行政机关履行法院生效裁判情况调研报告及审议意见研究处理情况的报告
		关于我省促进珠江西岸先进装备制造业发展专项资金支出绩效情况报告审议意见研究处理情况的报告
		关于加强我省基层医疗卫生工作审议意见研究处理情况的报告
		关于我省推进脱贫攻坚工作审议意见研究处理情况的报告
		关于广东省 2016 年度省级预算执行和其他财政收支审计查出问题的整改结果报告
	省法院	关于我省各级行政机关履行法院生效裁判情况专题调研报告及审议意见研究处理情况的报告
	省检察院	—
	人大专门委员会	关于我省 2018 年上半年经济形势的分析报告
		关于我省自然保护区保护与管理工作情况的调研报告
		关于我省村村通自来水工作情况的调研报告
	常委会及工作委员会	关于检查《中华人民共和国禁毒法》和《广东省禁毒条例》实施情况的报告
	报告总数	16

续表

广东省人大常委会会议	报告的提出主体	工作报告内容
广东省第十三届人大常委会第五次会议	省政府	关于推进中国(广东)自由贸易试验区建设情况的报告
		加强重点跨市域河流污染整治工作情况的报告
		关于我省打赢脱贫攻坚战工作情况的报告
		关于华侨权益保护工作情况的报告
		关于《广东省城乡垃圾处理条例》执法检查报告及审议意见研究处理情况的报告
		关于我省企业研发补助资金支出绩效情况报告审议意见研究处理情况的报告
	省法院	—
	省检察院	—
	人大专门委员会	关于我省水污染防治工作的调研报告
		关于对跨市域河流污染整治情况的调研报告
		关于我省打赢脱贫攻坚战工作情况的调研报告
		关于我省华侨权益保护工作情况的调研报告
		关于推进中国(广东)自由贸易试验区建设情况的调研报告
	常委会及工作委员会	关于检查《广东省社会救助条例》实施情况的报告
		关于检查《广东省自主创新促进条例》实施情况的报告
	报告总数	13
广东省第十三届人大常委会第六次会议	省政府	—
	省法院	—
	省检察院	—
	人大专门委员会	—
	常委会及工作委员会	—
	报告总数	0

续表

广东省人大常委会会议	报告的提出主体	工作报告内容
广东省第十三届人大常委会第七次会议	省政府	关于《广东省国民经济和社会发展第十三个五年规划纲要》实施中期评估及指标调整草案的报告
		关于广东省2017年国有资产管理情况综合报告
		关于广东省2017年金融类企业国有资产管理情况报告
		关于推动珠三角地区各级政府加快建设法治政府工作情况的报告
		关于粤北生态特别保护区总体规划的报告
		关于我省基层医疗卫生服务能力建设资金支出绩效情况的报告
		关于县级医院综合服务能力建设情况调研报告及审议意见研究处理情况的报告
		关于我省扶贫资金支出绩效情况的报告
	省法院	—
	省检察院	—
	人大专门委员会	关于我省基层医疗卫生服务能力建设资金支出绩效情况的调研报告
		关于我省扶贫资金支出绩效情况的调研报告
		省人大内司委关于省十三届人大一次会议主席团交付审议的代表提出的议案审议结果的报告
		省人大环资委关于省十三届人大一次会议主席团交付审议的代表提出的议案审议结果的报告

续表

广东省人大常委会会议	报告的提出主体	工作报告内容
	常委会及工作委员会	关于《广东省国民经济和社会发展第十三个五年规划纲要》中期评估的调研报告
		广东省2017年国有资产管理情况综合报告
		关于我省金融类企业国有资产管理情况的调研报告
		关于珠三角地区各级政府加快建设法治政府工作情况的调研报告
		关于我省农村人居生态环境整治工作情况的专题调研报告
		省十三届人大一次会议代表建议、批评和意见办理情况的报告
	报告总数	18
广东省第十三届人大常委会第八次会议	省政府	关于2018年第二次省级财政预算调整方案的报告
	省法院	—
	省检察院	—
	人大专门委员会	—
	常委会及工作委员会	—
	报告总数	1
广东省第十三届人大常委会第九次会议	省政府	—
	省法院	—
	省检察院	—
	人大专门委员会	—
	常委会及工作委员会	—
	报告总数	0

续表

广东省人大常委会会议	报告的提出主体	工作报告内容
广东省第十三届人大常委会第十次会议	省政府	—
		—
		—
	省法院	—
	省检察院	—
	人大专门委员会	—
	常委会及工作委员会	—
	报告总数	0
广东省第十三届人大常委会第十一次会议	省政府	关于2018年我省环境状况和环境保护目标完成情况的报告
		关于2017年度预算执行和其他财政收支审计查出突出问题整改情况的报告
	省法院	—
	省检察院	—
	人大专门委员会	—
	常委会及工作委员会	—
	报告总数	2
广东省第十三届人大常委会第十二次会议	省政府	关于推动我省民族地区加快发展的若干政策措施的报告
		关于2019年省级财政预算调整方案的报告
		关于开展扫黑除恶专项斗争工作情况的报告
		关于支持民营经济发展情况的报告
		关于我省自然保护区保护与管理工作情况报告审议意见研究处理情况的报告
		关于加强重点跨市域河流污染整治工作审议意见研究处理情况的报告

续表

广东省人大常委会会议	报告的提出主体	工作报告内容
		关于我省华侨权益保护工作审议意见研究处理情况的报告
		关于《广东省社会救助条例》实施情况执法检查报告及审议意见研究处理情况的报告
	省法院	—
	省检察院	—
	人大专门委员会	—
	常委会及工作委员会	执法检查组关于检查《中华人民共和国预算法》实施情况的报告
		执法检查组关于检查《广东省饮用水源水质保护条例》实施情况的报告
		专题调研组关于发挥人大职能作用推动我省在营造共建共治共享社会治理格局上走在全国前列的专题调研报告
		法制工作委员会关于2018年备案审查工作情况的报告
	报告总数	12
广东省第十三届人大常委会第十三次会议	省政府	关于我省2018年省级决算草案的报告
		关于我省2018年省级预算执行及其他收支的审计工作报告
		关于我省2019年上半年国民经济和社会发展计划执行情况的报告
		关于我省2019年上半年预算执行情况的报告
		关于我省学前教育工作情况的报告
		关于推动珠三角地区各级政府加快建设法治政府工作审议意见研究处理情况的报告

续表

广东省人大常委会会议	报告的提出主体	工作报告内容
		关于自贸试验区建设情况审议意见研究处理情况的报告
		关于执行省“十三五”规划纲要指标调整草案决议及审议意见研究处理情况的报告
		关于村村通自来水工作审议意见研究处理情况的报告
		关于广东省 2017 年度省级预算执行和其他财政收支审计查出问题的整改情况报告
	省法院	关于加强对民营企业司法保障促进民营经济更好发展情况的报告
	省检察院	关于加强对民营企业司法保障促进民营经济更好发展情况的报告
	人大专门委员会	—
	常委会及工作委员会	执法检查组关于检查《广东省实施〈中华人民共和国残疾人保障法〉办法》实施情况的报告
	报告总数	13
广东省第十三届人大常委会第十四次会议	省政府	关于广东省 2018 年度国有资产管理情况综合报告
		关于广东省 2018 年度行政事业性国有资产管理情况报告
		关于贯彻实施省人大常委会关于大力推进水污染防治决定情况的报告
		关于全域推进农村人居环境整治建设生态宜居美丽乡村工作情况的报告
		关于执行 2018 年第二次省级财政预算调整方案决议有关情况的报告

续表

广东省人大常委会会议	报告的提出主体	工作报告内容
	省法院	—
	省检察院	—
	人大专门委员会	—
	常委会及工作委员会	执法检查组关于检查我省贯彻实施《中华人民共和国慈善法》情况的报告
		执法检查组关于检查《广东省企业和企业经营者权益保护条例》实施情况的报告
		执法检查组关于检查《广东省公共文化服务促进条例》实施情况的报告
		专题调研组关于围绕粤港澳大湾区建设发挥人大职能作用的调研报告
	报告总数	9
广东省第十三届人大常委会第十五次会议	省政府	关于贯彻落实禁毒法、广东省禁毒条例和广东省全民禁毒工程实施方案（2017～2019年）情况的报告
		关于2016年～2018年省级财政专项资金支出绩效情况的报告
		关于2018年我省环境状况和环境保护目标完成情况审议意见研究处理情况的报告
		关于农村人居生态环境整治审议意见研究处理情况的报告
		关于我省打赢脱贫攻坚战审议意见研究处理情况的报告
		关于2017年度预算执行和其他财政收支审计查出突出问题整改情况审议意见研究处理情况的报告

续表

广东省人大常委会会议	报告的提出主体	工作报告内容
		关于省十三届人大二次会议代表建议、批评和意见办理情况的报告
	省法院	关于审理毒品犯罪案件情况的报告
	省检察院	关于办理毒品犯罪案件情况的报告
	人大专门委员会	教育科学文化卫生委关于省十三届人大二次会议主席团交付审议的代表提出的议案审议结果的报告
	常委会及工作委员会	执法检查组关于检查《广东省城乡生活垃圾处理条例》实施情况的报告。
		专题调研组关于我省沿海经济带东翼产业发展情况的专题调研报告
	报告总数	12
广东省第十三届人大常委会第十六次会议	省政府	—
	省法院	—
	省检察院	—
	人大专门委员会	—
	常委会及工作委员会	—
	报告总数	0
广东省第十三届人大常委会第十七次会议	省政府	—
	省法院	—
	省检察院	—
	人大专门委员会	—
	常委会及工作委员会	—
	报告总数	0

续表

广东省人大常委会会议	报告的提出主体	工作报告内容
广东省第十三届人大常委会第十八次会议	省政府	—
	省法院	—
	省检察院	—
	人大专门委员会	—
	常委会及工作委员会	—
	报告总数	0
广东省第十三届人大常委会第十九次会议	省政府	关于广东省 2018 年度预算执行和其他财政收支审计查出突出问题整改情况的报告
	省法院	—
	省检察院	—
	人大专门委员会	—
	常委会及工作委员会	—
	报告总数	1
广东省第十三届人大常委会第二十次会议	省政府	关于 2019 年我省环境状况和环境保护目标完成情况的报告
	省法院	—
	省检察院	—
	人大专门委员会	—
	常委会及工作委员会	专题调研组关于水污染防治专题询问指出的八个方面具体问题整改情况的调研报告
	报告总数	2

资料来源：广东省人大常委会公报。

表 4－18　广州市第十五届人大常委会审议工作报告情况统计

广州市人大常委会会议	报告的提出主体	工作报告内容
广州市第十五届人大常委会第一次会议	市政府	—
	市法院	—
	市检察院	—
	人大专门委员会	—
	常委会及工作委员会	—
	报告总数	0
广州市第十五届人大常委会第二次会议	市政府	—
	市法院	—
	市检察院	—
	人大专门委员会	—
	常委会及工作委员会	—
	报告总数	0
广州市第十五届人大常委会第三次会议	市政府	关于法治宣传教育工作情况的报告
		关于2016年度城乡规划实施情况的报告
	市法院	—
	市检察院	—
	人大专门委员会	—
	常委会及工作委员会	关于《广州市农药管理规定》等三件法规评估情况的报告
		关于部分常委会会议审议意见研究处理情况的书面综合报告
	报告总数	4

续表

广州市人大常委会会议	报告的提出主体	工作报告内容
广州市第十五届人大常委会第四次会议	市政府	关于《广州市第十五届人民代表大会第一次会议关于林永亮等41名代表联名提出的〈关于全面加强水环境治理和保护工作的议案〉的决议》实施方案的报告
		关于《广州市第十五届人民代表大会第一次会议关于栾玉明等36名代表联名提出的〈关于推进教育、文化、卫生、体育、民政领域民生基础设施规划与建设的议案〉的决议》实施方案的报告
		关于广州市2017年市本级第一次预算调整方案的报告及预算调整方案
	市法院	—
	市检察院	关于落实《广州市人民代表大会常务委员会关于加强人民检察院民事行政检察工作的决议》情况的报告
	人大专门委员会	—
	常委会及工作委员会	关于部分委员会会议决议执行情况的审核情况和委托专门委员会审议有关报告的审议意见的书面综合报告
	报告总数	5
广州市第十五届人大常委会第五次会议	市政府	关于《广州市知识产权事业发展第十三个五年规划》的报告
		关于食品药品质量安全工作情况的报告
		关于城市废弃物处置利用工作情况的报告
		关于《广州市知识产权事业发展第十三个五年规划》的报告
	市法院	关于民商事审判工作情况的报告
	市检察院	—
	人大专门委员会	—

续表

广州市人大常委会会议	报告的提出主体	工作报告内容
	常委会及工作委员会	关于广州市中级人民法院民商事审判工作的调研报告
		关于部分常委会会议审议意见研究处理情况报告的审核意见和委托专门委员会审议有关报告的审议意见的书面综合报告
	报告总数	7
广州市第十五届人大常委会第六次会议	市政府	关于上半年工作情况和下半年工作安排的报告
		关于广州市 2017 年上半年国民经济和社会发展计划执行情况的报告
		广州市 2017 年上半年市本级预算执行情况的报告
		关于广州市 2017 年市本级第二次预算调整方案的报告
	市法院	—
	市检察院	—
	人大专门委员会	—
	常委会及工作委员会	关于检查《中华人民共和国出境入境管理法》实施情况的报告
		关于部分常委会会议审议意见研究处理情况报告的审核意见的书面综合报告
		关于 2017 年上半年立法工作情况的报告
	报告总数	7
广州市第十五届人大常委会第七次会议	市政府	关于加强网络化大数据管理应用，促进社会治理创新工作情况的报告
	市法院	—
	市检察院	—
	人大专门委员会	—

续表

广州市人大常委会会议	报告的提出主体	工作报告内容
	常委会及工作委员会	关于常委会会议审议意见研究处理情况报告的审核意见和委托专门委员会审议有关报告的审议意见的书面综合报告
		广州市人大常委会赴摩洛哥、葡萄牙和西班牙访问的情况报告
		广州市人大常委会赴尼泊尔、土耳其和格鲁吉亚访问的情况报告
		广州市代表团赴加拿大、美国和日本访问的情况报告
		广州市人大常委会赴台湾考察交流的情况报告
	报告总数	6
广州市第十五届人大常委会第八次会议	市政府	关于《广州市流溪河流域保护条例》实施情况的报告
		关于广州市2016年市本级决算(草案)的报告审查和批准市本级决算(草案)
		关于广州市2016年度市本级预算执行和其他财政收支的审计工作报告
		关于违法建设查处工作情况的报告
		关于我市基层民族宗教工作情况的报告
	市法院	—
	市检察院	—
	人大专门委员会	—
	常委会及工作委员会	关于广州国际航运中心建设工作情况的专题调研报告
		赴古巴秘鲁巴西出访报告
	报告总数	7

续表

广州市人大常委会会议	报告的提出主体	工作报告内容
广州市第十五届人大常委会第九次会议	市政府	关于《广州市公共图书馆条例》实施情况的报告
		关于落实《广州市第十四届人民代表大会第三次会议关于林绮芳等55名代表联名提出的〈关于深化“村改居”管理体制综合改革,促进新型城市化发展的议案〉的决议》实施方案情况的报告
	市法院	—
	市检察院	—
	人大专门委员会	—
	常委会及工作委员会	关于检查《中华人民共和国禁毒法》和《广东省禁毒条例》实施情况的报告
		关于检查《广州市社会医疗保险条例》实施情况的报告
		关于常委会会议审议意见研究处理情况报告的审核意见的书面综合报告
	报告总数	5
广州市第十五届人大常委会第十次会议	市政府	—
	市法院	—
	市检察院	—
	人大专门委员会	—
	常委会及工作委员会	—
	报告总数	0

续表

广州市人大常委会会议	报告的提出主体	工作报告内容
广州市第十五届人大常委会第十一次会议	市政府	关于2016年度市本级预算执行和其他财政收支审计查出问题整改落实情况的报告
		关于2016年度市本级财政支出绩效情况的报告
		关于落实《政府工作报告》目标任务情况的报告,并进行工作评议和对报告内容开展满意度测评
		关于办理广州市第十五届人大第一次会议代表建议、批评和意见情况的报告
		关于我市学前教育工作情况的报告
	市法院	关于广州市行政案件审判工作的情况通报
		广州海事法院工作报告
		广州知识产权法院工作报告
		关于办理广州市第十五届人大第一次会议代表建议、批评和意见情况的报告
	市检察院	关于办理广州市第十五届人大第一次会议代表建议、批评和意见情况的报告
	人大专门委员会	—
	常委会及工作委员会	广州市人大常委会2017年度代表工作报告
		广州市人大常委会工作报告
	报告总数	12

续表

广州市人大常委会会议	报告的提出主体	工作报告内容
广州市第十五届人大常委会第十二次会议	市政府	—
	市法院	—
	市检察院	—
	人大专门委员会	—
	常委会及工作委员会	—
	报告总数	0
广州市第十五届人大常委会第十三次会议	市政府	关于《广州市城市总体规划（2017～2035年）》的报告
		关于部分省级风景名胜区总体规划的报告
	市法院	—
	市检察院	—
	人大专门委员会	—
	常委会及工作委员会	关于《广州市建筑废弃物管理条例》等两件法规立法后评估情况的报告
		关于常委会会议审议意见研究处理情况报告的审核意见和委托专门委员会审议有关报告的审议意见的书面综合报告
	报告总数	4
广州市第十五届人大常委会第十四次会议	市政府	关于依法行政工作情况的报告
		关于推进旅游供给侧结构性改革工作情况的报告
		关于2017年度环境状况和环境保护目标完成情况的报告
		关于落实《广州市第十五届人民代表大会第一次会议关于栾玉明等36名代表联名提出的〈关于推进教育、文化、卫生、体育、民政领域民生基础设施规划与建设的议案〉的决议》实施方案情况的报告

续表

广州市人大常委会会议	报告的提出主体	工作报告内容
	市法院	—
	市检察院	—
	人大专门委员会	—
	常委会及工作委员会	关于常委会会议审议意见研究处理情况报告的审核意见和委托专门委员会审议有关报告的审议意见的书面综合报告
	报告总数	5
广州市第十五届人大常委会第十五次会议	市政府	关于上半年工作情况和下半年工作安排的报告
		关于广州市2018年上半年国民经济和社会发展计划执行情况的报告
		关于广州市2018年上半年市本级预算执行情况的报告
		关于广州市2018年市本级预算调整方案的报告及预算调整方案
		关于保障农业和农村设施建设的用地需求，促进乡村振兴的报告
	市法院	—
	市检察院	—
	人大专门委员会	—
	常委会及工作委员会	关于广州市政府投资管理和监督情况的专题调研报告
		关于常委会会议审议意见研究处理情况报告、决议执行情况报告的审核意见和委托专门委员会审议有关报告的审议意见的书面综合报告
	报告总数	7

续表

广州市人大常委会会议	报告的提出主体	工作报告内容
广州市第十五届人大常委会第十六次会议	市政府	—
	市法院	—
	市检察院	—
	人大专门委员会	—
	常委会及工作委员会	—
	报告总数	0
广州市第十五届人大常委会第十七次会议	市政府	关于广州市2017年市本级决算（草案）的报告
		关于广州市2017年度市本级预算执行和其他财政收支的审计工作报告
		关于小流域综合治理情况的报告
		关于湿地保护工作情况的报告
		关于广州市学前教育行动计划（含规划）的报告
		关于提请审议第十六批广州市荣誉市民的议案
		关于我市落实国家“一带一路”之倡议，开展城市对外工作情况的报告
	市法院	—
	市检察院	—
	人大专门委员会	—
	常委会及工作委员会	关于加强广州交通枢纽站场服务管理的专题调研报告
		关于常委会会议审议意见研究处理情况报告的审核意见和委托专门委员会审议有关报告的审议意见的书面综合报告
	报告总数	9

续表

广州市人大常委会会议	报告的提出主体	工作报告内容
广州市第十五届人大常委会第十八次会议	市政府	关于实施《广州市国民经济和社会发展第十三个五年规划纲要(2016~2020年)》情况中期评估的报告
		关于落实《广州市第十五届人民代表大会第一次会议关于林永亮等41名代表联名提出的〈关于全面加强水环境治理和保护工作的议案〉的决议》实施方案情况的报告
	市法院	—
	市检察院	—
	人大专门委员会	—
	常委会及工作委员会	关于检查《中华人民共和国农产品质量安全法》实施情况的报告
		关于常委会会议和专门委员会会议审议意见研究处理情况报告的审核意见的综合报告
	报告总数	4
广州市第十五届人大常委会第十九次会议	市政府	关于2017年度广州市国有资产管理情况的报告
	市法院	—
	市检察院	—
	人大专门委员会	—
	常委会及工作委员会	关于常委会会议决议执行情况报告的审核意见的综合报告
	报告总数	2

续表

广州市人大常委会会议	报告的提出主体	工作报告内容
广州市第十五届人大常委会第二十次会议	市政府	关于2017年度市本级预算执行和其他财政收支审计查出问题整改落实情况的报告
		关于2017年度市本级财政支出绩效情况的报告
		关于落实《政府工作报告》目标任务情况的报告
		关于办理广州市第十五届人大第三次会议代表建议、批评和意见情况的报告
		关于广州市2018年市本级第二次预算调整方案的报告及预算调整方案
	市法院	广州市行政案件审判工作的情况通报
		广州海事法院工作报告
		广州知识产权法院工作报告
		关于办理广州市第十五届人大第三次会议代表建议、批评和意见情况的报告
	市检察院	关于办理广州市第十五届人大第三次会议代表建议、批评和意见情况的报告
	人大专门委员会	—
	常委会及工作委员会	关于监督检查我市地方性法规配套规范性文件制定公布工作情况的报告
		关于市十三届人大以来暨2018年规范性文件备案审查工作情况的报告
		关于检查《广州市劳动关系三方协商规定》实施情况的报告
		广州市人大常委会2018年度代表工作报告
		广州市人大常委会工作报告

续表

广州市人大常委会会议	报告的提出主体	工作报告内容
		关于召开广州市第十五届人民代表大会第四次会议的决定
		关于列席和邀请列席广州市第十五届人民代表大会第四次会议人员的决定
		关于常委会会议审议意见研究处理情况报告的审核意见的综合报告
	报告总数	18
广州市第十五届人大常委会第二十一次会议	市政府	—
	市法院	—
	市检察院	—
	人大专门委员会	—
	常委会及工作委员会	—
	报告总数	0
广州市第十五届人大常委会第二十二次会议	市政府	—
	市法院	—
	市检察院	—
	人大专门委员会	—
	常委会及工作委员会	—
	报告总数	0
广州市第十五届人大常委会第二十三次会议	市政府	关于依法行政工作情况的报告
		关于2018年度城乡规划实施情况的报告
		关于广州市2019年市本级第一次预算调整方案的报告
	市法院	—
	市检察院	—
	人大专门委员会	—

续表

广州市人大常委会会议	报告的提出主体	工作报告内容
	常委会及工作委员会	法制工委关于《广州市劳动关系三方协商规定》等两件法规立法后评估情况的报告
		办公厅关于常委会会议审议意见研究处理情况报告的审核意见的综合报告
	报告总数	5
广州市第十五届人大常委会第二十四次会议	市政府	关于广州市2019年市本级第二次预算调整方案的报告
		关于中新广州知识城发展情况的报告
		关于2018年度环境状况和环境保护目标完成情况的报告
		关于明确畜禽养殖用地和环保标准,促进畜禽养殖业健康可持续发展情况的报告
		关于落实《广州市第十五届人民代表大会第一次会议关于栾玉明等36名代表联名提出的〈关于推进教育、文化、卫生、体育、民政领域民生基础设施规划与建设的议案〉的决议》实施方案情况的报告
	市法院	—
	市检察院	—
	人大专门委员会	—
	常委会及工作委员会	办公厅关于常委会会议、专门委员会会议审议意见研究处理情况报告的审核意见和委托专门委员会审议有关报告的审议意见的综合报告
	报告总数	6

续表

广州市人大常委会会议	报告的提出主体	工作报告内容
广州市第十五届人大常委会第二十五次会议	市政府	关于《广州市国土空间总体规划（2018～2035年）》的报告
	市法院	—
	市检察院	—
	人大专门委员会	—
	常委会及工作委员会	—
	报告总数	1
广州市第十五届人大常委会第二十六次会议	市政府	关于上半年工作情况和下半年工作安排的报告
		关于广州市2019年上半年国民经济和社会发展计划执行情况的报告
		关于广州市2019年上半年预算执行情况的报告
		关于中国（广东）自由贸易试验区广州南沙新区片区工作推进情况的报告
		关于推进广州市生鲜农产品互联网+冷链配送体系建设情况的报告
	市法院	—
	市检察院	关于公益诉讼工作情况的报告
	人大专门委员会	—
	常委会及工作委员会	执法检查组关于检查《广州市养犬管理条例》实施情况的报告
		办公厅关于常委会会议审议意见研究处理情况报告的审核意见和委托专门委员会审议有关报告的审议意见的综合报告
	报告总数	8

续表

广州市人大常委会会议	报告的提出主体	工作报告内容
广州市第十五届人大常委会第二十七次会议	市政府	关于广州市2018年市级决算(草案)的报告
		关于广州市2018年度市级预算执行和其他财政收支的审计工作报告
	市法院	—
	市检察院	—
	人大专门委员会	—
	常委会及工作委员会	调研组关于网络餐饮服务食品安全监管工作的专题调研报告
		执法检查组关于检查《广州市公共图书馆条例》实施情况的报告
		办公厅关于常委会会议审议意见研究处理情况报告的审核意见和委托专门委员会审议有关报告的审议意见的综合报告
	报告总数	5
广州市第十五届人大常委会第二十八次会议	市政府	—
	市法院	—
	市检察院	—
	人大专门委员会	—
	常委会及工作委员会	—
	报告总数	0
广州市第十五届人大常委会第二十九次会议	市政府	关于2018年度广州市国有资产管理情况的报告
		关于2018年度市本级财政支出绩效情况的报告
		关于扶持民营企业发展工作情况的报告

续表

广州市人大常委会会议	报告的提出主体	工作报告内容
		关于落实《广州市第十五届人民代表大会第一次会议关于林永亮等41名代表联名提出的〈关于全面加强水环境治理和保护工作的议案〉的决议》实施方案情况的报告
		关于实施乡村振兴战略情况的报告
		关于历史文化资源保护、传承和发展工作的报告
		关于落实《广州市人民代表大会常务委员会关于促进我市学前教育普惠优质健康发展的决定》情况的报告
	市法院	—
	市检察院	—
	人大专门委员会	—
	常委会及工作委员会	执法检查组关于检查《广州市非机动车和摩托车管理规定》实施情况的报告
		调研组关于发挥我市在粤港澳大湾区建设中核心引擎作用的专题调研报告
		办公厅关于常委会会议审议意见研究处理情况报告的审核意见的综合报告
	报告总数	10
广州市第十五届人大常委会第三十次会议	市政府	—
	市法院	—
	市检察院	—
	人大专门委员会	—
	常委会及工作委员会	办公厅关于常委会会议审议意见研究处理情况报告的审核意见的综合报告
	报告总数	1

续表

广州市人大常委会会议	报告的提出主体	工作报告内容
广州市第十五届人大常委会第三十一次会议	市政府	关于2018年度市级预算执行和其他财政收支审计查出问题整改情况的报告
		市民政局、市商务局关于落实《政府工作报告》目标任务情况的报告
		关于办理广州市第十五届人大第四次会议代表建议、批评和意见情况的报告
	市法院	关于办理广州市第十五届人大第四次会议代表建议、批评和意见情况的报告
		广州海事法院工作报告
		广州知识产权法院工作报告
		广州互联网法院工作报告
	市检察院	关于办理广州市第十五届人大第四次会议代表建议、批评和意见情况的报告
	人大专门委员会	—
	常委会及工作委员会	法制工委关于2019年规范性文件备案审查工作情况的报告
	报告总数	9
广州市第十五届人大常委会第三十二次会议	市政府	—
	市法院	—
	市检察院	—
	人大专门委员会	—
	常委会及工作委员会	办公厅关于常委会会议审议意见研究处理情况报告的审核意见和委托常委会主任会议审议有关报告的审议意见的综合报告
	报告总数	1

续表

广州市人大常委会会议	报告的提出主体	工作报告内容
广州市第十五届人大常委会第三十三次会议	市政府	—
	市法院	—
	市检察院	—
	人大专门委员会	—
	常委会及工作委员会	—
	报告总数	0
广州市第十五届人大常委会第三十四次会议	市政府	—
	市法院	—
	市检察院	—
	人大专门委员会	—
	常委会及工作委员会	—
	报告总数	0
广州市第十五届人大常委会第三十五次会议	市政府	关于法治政府建设情况的报告
		关于 2019 年度城乡规划实施情况的报告
	市法院	铁路运输中级法院关于广州市行政案件审判工作情况的通报
	市检察院	—
	人大专门委员会	—
	常委会及工作委员会	法制工委关于《广州市公共图书馆条例》等三件法规立法后评估情况的报告
		办公厅关于常委会会议审议意见研究处理情况报告的审核意见的综合报告
	报告总数	5

资料来源：广州市人大常委会公报。

从上述表格可以发现,审议“一府两院”和人大专门委员会、常委会相关工作委员会的工作报告是我国人大常委会普遍使用的监督方式,也是《监督法》所明确列举的人大常委会监督方式的一种。听取和审议工作报告这种监督方式的功能作用,正如现任全国人大常委会委员长栗战书所指出的,“人大审议报告既是履行监督职责,也是在行使国家权力、参与国家事务管理,其目的是反映民意、集中民智、行使人民赋予的权力,推动‘一府一委两院’改进工作,提高工作质量和水平,更好实现人民意志”。通过审议相应工作报告,人大及其常委会可以了解相关国家机构的工作开展以及工作中的重难点;另外,人大及其常委会也可以从中发现国家机构存在的问题,并综合运用其他监督方式跟踪监督,加强监督实效。“人大审议不同于一般研讨会、座谈会、工作会的发言,主要不是交流思想、发表观点……不是一般性地评价工作,而是监督‘一府一委两院’工作开展得怎么样,是不是符合人民的关切……是不是贯彻落实了党中央决策部署……是不是兑现了向人民作出的承诺、实现了人民代表大会提出的任务目标……据此有针对性地提出批评、意见、工作建议。”人大审议工作报告往往与其他监督方式结合行使,以期获得更好的效果。在报告审议审查中,人大机构往往针对“一府两院”的报告提出相应的调查(或调研)报告。例如,2017 年广东省第十二届人大常委会第三十七次会议听取和审议了广东省政府《关于我省加强基层医疗卫生工作情况报告》,开展了专题询问并提出具体审议意见。按照人大常委会有关要求,省政府采取相关措施,明确目标任务推进基层医疗卫生服务体系建设,并在 2018 年广东省第十三届人大常委会第四次会议上向人大常委会再次作《关于加强我省基层医疗卫生工作审议意见研究处理情况的报告》。[1] 再如,2017 年广东省第十二届人大常委会第三十七次会议听取和审议了省人大常委会执法检查组《关于检查〈广东省城乡垃圾处理条例〉实施情况的报告》,并提出了具体审议建议送交省政府研究处理。在广东省第十三届人大常

---

〔1〕 参见广东省人民政府:《关于加强我省基层医疗卫生工作审议意见研究处理情况的报告》,载《广东省人民代表大会常务委员会公报》2018 年第 5 号,第 162 ~ 166 页。

委会第五次会议上，针对广东省政府提出的《加强重点跨市域河流污染整治工作情况的报告》，广东省人大环资委向常委会提出了《关于对跨市域河流污染整治情况的调研报告》，在该调研报告中，环资委提出省政府应"坚定地传导必须打好污染防治攻坚战的决心信心""切实掌握各项治污工作进度""及时发现解决治污中的各种困难和问题""严肃问责纪律"[1]等四点调研意见和建议。广东省人大常委会在对省政府提出的《加强重点跨市域河流污染整治工作情况的报告》的审议意见中提出四点建议："一是深入学习贯彻习近平生态文明思想，正确认识当前重点跨市域河流污染整治面临的形势和挑战，把必须打好污染防治攻坚战的坚定决心信心传导到市县镇各级政府，确保完成2020年水污染防治目标。二是切实掌握各项治污工作进度。……三是及时发现解决治污中的各种困难和问题，坚决防止隐瞒问题，延误工期，影响达标。……四是严肃问责纪律。"[2]在该次常委会上，广东省政府还提出了《关于推进中国（广东）自由贸易试验区建设情况的报告》《关于我省打赢脱贫攻坚战工作情况的报告》《关于华侨权益保护工作情况的报告》等报告，广东省人大专门委员会也分别向常委会提出了《关于推进中国（广东）自由贸易试验区建设情况的调研报告》《关于我省打赢脱贫攻坚战工作情况的调研报告》《关于我省华侨权益保护工作情况的调研报告》等相关调研报告，常委会在对省政府该等报告的审议意见中也主要根据专门委员会的调研报告对省政府的工作提出改进建议。会后，省政府在垃圾处理设施建设、规章制度保障、财政资金保障、常态检查督导等方面落实人大常委会要求，并于2018年向常委会报告处理情况。

从报告的提出主体上看，在人大审议相关工作报告的实践中，报告的提出主体主要有本级政府、法院、检察院及本级人大常委会、专门委员会

---

〔1〕 广东省人大环境与资源保护委员会：《关于对跨市域河流污染整治情况的调研报告》，载《广东省人民代表大会常务委员会公报》2018年第6号，第85页。

〔2〕《广东省十三届人大常委会第五次会议对省人民政府关于我省对重点跨市域河流污染整治工作情况报告的审议意见》，载《广东省人民代表大会常务委员会公报》2018年第6号，第78页。

和相关工作委员会。一方面,本书第三章在议事规则规范整理过程中发现议事规则中关于监察委员会在人大及其常委会中的议事活动暂时缺少明确而系统的法律规定。在上述三级人大的工作中,国家监察委员会、广东省监察委员会和广州市监察委员会也尚未向同级人大作工作报告或专项工作报告。另一方面,《监察法》又规定全国人大常委会听取和审议国家监察委员会的专项工作报告。同时,有的地方也规定人大审议审查地方监察委员会的(专项)工作报告。并且在实践中,至少大同市、鄂尔多斯市监察委员会曾向人大常委会作专项工作报告。[1] 本书认为,监察委员会应当适用与"一府两院"相同的规定,地方上人大审议审查监察委员会的相关规定及实践经验,应在议事规则修改过程中予以借鉴和完善。

从报告的具体审议方法上看,《监督法》第10条规定:"常务委员会听取和审议专项工作报告前,委员长会议或者主任会议可以组织本级人大常委会组成人员和本级人民代表大会代表,对有关工作进行视察或者专题调查研究……"人大常委会除了听取"一府两院"的报告内容外,往往在事前主动针对该事项进行专题调研,结合专门委员会的调研报告进行审议,提高监督实效。如针对国务院提请审议的《国民经济和社会发展第十三个五年规划纲要》实施中期评估报告,全国人大大财经委组织开展了专项调研,在调研报告中,除了总结国务院及有关部门实施纲要的情况,还分析了在纲要实施过程中遇到的如部分目标不如预期、新旧结构性矛盾交织等问题,并对"十三五"规划纲要的顺利实施提出了相关建议。[2] 再如,广东省政府在提请人大常委会审议关于我省2018年上半年预算执

---

〔1〕 参见《梁晓旭代表市监察委员会首次主动依法向市人大常委会作专项工作报告》,载大同市监察委员会网,http://www.dtsjw.gov.cn/ldhd/21347.html,2020年6月30日最后访问;《鄂尔多斯市:监察委员会依法首次向市人大报告工作》,载内蒙古自治区监察委员会网,http://www.nmgjjjc.gov.cn/single/2018/09/15/18091519481883076107-18050210503359410030.html,2020年6月30日最后访问。

〔2〕 参见《全国人民代表大会财政经济委员会关于〈中华人民共和国国民经济和社会发展第十三个五年规划纲要〉实施中期评估的调研报告》,载《全国人民代表大会常务委员会公报》2019年第1号,第257~263页。

行情况的报告时,省政府在报告中主要总结了公共预算收支执行情况、政府性基金预算收支执行情况、国有资本经营预算收支执行情况以及社保基金预算收支执行情况等财政预算执行情况,较少涉及经济发展过程中遇到的问题。“为做好对我省2018年上半年计划、预算执行情况报告的审议工作”,[1]广东省人大财经委组织调研组赴广东省部分市开展专题调研,并撰写《关于我省2018年上半年经济形势的分析报告》。在该分析报告中,财经委总结了广东省上半年经济运行的基本情况和特点、存在的主要困难和问题、对下半年经济形势的预判,并提出相关建议。结合财经委的分析报告,常委会审议认为,“上半年全省和省级预算执行情况良好,各级财政安排用于十件民生实事的资金拨付进度显著加快”,[2]并提出省政府要“加快重点支出预算执行进度,进一步提高财政收入质量”。[3]为深入贯彻习近平生态文明思想,认真落实党中央、国务院关于水污染防治的决策部署,同时按照省人大关于“两河”“四河”及推进环保突出问题整改工作等决议要求,[4]省政府对跨市域河流污染治理加强协调督促和加大整治力度,并向省人大常委会报告整治工作进展。省人大环资委对重点跨市域河流污染的整治工作开展了专题调研,认为经过省政府的整治,“污染情况有好转势头、各市对治理工作更加重视、治理措施更加具体……处理设施建设进度加快等”,[5]并建议省政府“传导必须打好污染防治攻坚战的决心信心、切实掌握各项治污工作进度、及时发现解决治污中的各种困难和问题并严肃问责纪律”。[6]

---

[1] 广东省人民代表大会财政经济委员会:《关于我省2018年上半年经济形势的分析报告》,载《广东省人民代表大会常务委员会公报》2018年第5号,第115页。

[2] 广东省第十三届人大常委会第四次会议:《对省人民政府关于我省2018年上半年预算执行情况报告的审议意见》,载《广东省人民代表大会常务委员会公报》2018年第5号,第107页。

[3] 同上。

[4] 参见广东省环境保护厅:《加强重点跨市域河流污染整治工作情况的报告》,载《广东省人民代表大会常务委员会公报》2018年第6号,第79页。

[5] 广东省人大环境与资源保护委员会:《关于对跨市域河流污染整治情况的调研报告》,载《广东省人民代表大会常务委员会公报》2018年第6号,第83~84页。

[6] 广东省人大环境与资源保护委员会:《关于对跨市域河流污染整治情况的调研报告》,载《广东省人民代表大会常务委员会公报》2018年第6号,第85页。

党的十八届三中全会通过的《中共中央关于全面深化改革若干重大问题的决定》,指出各级政府重大决策出台前向本级人大报告,广东人大进行了积极探索。广东省人大常委会第七次会议听取了省政府《关于粤北生态特别保护区总体规划的报告》,"从保护区名称及政策法律适用、规划区群众生产生活安置、生态补偿等9个方面提出了审议意见"。[1] "这是省政府第一个重大决策出台前向省人大常委会报告的事项。……在规划制定过程中,省人大环资委提前介入,与政府相关部门保持信息互通……召开座谈会11场,广泛听取两市政府及职能部门……人大代表,规划区14个行政村干部村民代表,专家和社会组织等各方面的意见建议,为省人大常委会高质量审议提供科学依据。"[2]

在表4-16至表4-18统计数据的基础上,本书进一步统计了三级人大常委会审议的工作报告类型(见表4-19)。

表4-19 三级人大常委会审议工作报告类型统计

三级人大常委会	报告的提出主体	财政预算	环境保护	医疗卫生	民生工程	农村农业	国有资产	脱贫攻坚	法治建设	其他	总计
第十三届全国人大常委会	国务院	9	6	3	2	5	2	1	—	12	40
	最高人民法院	—	—	—	—	—	—	—	4	—	4
	最高人民检察院	—	—	—	—	—	—	—	1	1	2
	人大机构	—	4	2	2	1	1	1	1	29	41

〔1〕 骆骁骅:《粤北生态特别保护区规划"尝鲜"》,载《南方日报》2019年1月24日,第A03版。

〔2〕 同上。

续表

三级人大常委会	报告的提出主体	财政预算	环境保护	医疗卫生	民生工程	农村农业	国有资产	脱贫攻坚	法治建设	其他	总计
广东省第十三届人大常委会	省政府	26	14	3	6	—	4	4	3	16	76
	省法院	—	—	—	—	—	—	—	3	2	5
	省检察院	—	—	—	—	—	—	—	1	2	3
	人大机构	2	7	2	3	—	2	2	2	18	38
广州市第十五届人大常委会	市政府	22	8	—	3	3	2	—	4	39	81
	市法院	—	—	—	—	—	—	—	—	14	14
	市检察院	—	—	—	—	—	—	—	—	5	5
	人大机构	—	—	—	2	—	—	—	1	50	53

资料来源：全国人大常委会公报，广东省人大常委会公报，广州市人大常委会公报。出于横向比较的直观，在这里财政预算案、国民经济和社会发展计划一并列为报告的一种类型。

结合表4-19的统计数据可以发现，审议国家机关的工作报告是人大及其常委会的主要议程内容。在人大全体会议上，人大审议国家机构年度工作报告及相关报告的议程往往约占会议议程的一半。全国人大及地方人大常委会审议由“一府两院”所作的工作报告数量最多，常委会审议“一府两院”的工作报告远多于人大机构的相关工作报告。其中第十三届全国人大常委会审议由国家机构提出的相关工作报告（共46件）占常委会所审议的总的工作报告数量（共87件）的53%；广东省第十三届人大常委会审议由省政府、省高院和省检察院提出的相关工作报告（共84件）占常委会所审议的总的工作报告数量（共122件）的69%；广州市第十五届人大常委会审议由市政府、市中院和市检察院提出的相关工作报告（共100件）占常委会所审议的总的工作报告数量（共153件）的65%。

表4-19较为直观地反映出，人大主要审议政府及人大机构的工作报告，并且重点关注政府的财政（包括预算决算安排等）以及环境保护工作，主要体现在对预算决算报告的批准和调整、对环保相关工作的事后监督和跟踪检查。有些监督内容已经制度化，“如计划、预算、决算、审计、环

保等报告已经制度化了,听取审议国有资产管理情况报告也开始形成制度”。[1] 例如,国务院在第十三届全国人大常委会第五次会议上作了《关于今年以来预算执行情况的报告》,广州市政府在广州市第十五届人大常委会第十一次会议上作了《关于2016年度市本级预算执行和其他财政收支审计查出问题整改落实情况的报告》以及《关于2016年度市本级财政支出绩效情况的报告》,在第二十次会议上作了《关于2017年度市本级财政支出绩效情况的报告》及《关于广州市2018年市本级第二次预算调整方案的报告及预算调整方案》;国务院在第十三届全国人大常委会第二次会议上作了《关于2017年度环境状况和环境保护目标完成情况的报告》,广东省第十三届人大常委会第五次会议上,广东省政府作了《加强重点跨市域河流污染整治工作情况的报告》,在广州市第十五届人大常委会第四次会议上,广州市政府作了关于《广州市第十五届人民代表大会第一次会议关于林永亮等41名代表联名提出的〈关于全面加强水环境治理和保护工作的议案〉的决议》实施方案的报告等相关工作报告。

根据《中共中央关于建立国务院向全国人大常委会报告国有资产管理情况制度的意见》的要求,人大听取关于国有资产监督管理等回应党和国家的重大决策部署和人民群众的重大关切的报告所占比重较大。在第十三届全国人大常委会第六次会议上,国务院向全国人大常委会作《关于2017年度国有资产管理情况的综合报告和关于2017年度金融企业国有资产的专项报告》,广州市政府在广州市第十五届人大常委会第十九次会议上作《关于2017年度广州市国有资产管理情况的报告》。人大常委会审议国有资产管理情况的报告,不仅完善国有资产管理体制,优化国家金融监管秩序,也有利于人大对国有资产的监督,有效防止国有资产流失。

人大对政府财政的监督主要通过审议政府的预算、决算的相关报告。本书通过统计全国人大、广东省和广州市三级人大部分会议上对审议预

〔1〕 参见栗战书:《在第十三届全国人大常委会第十次会议上的讲话》,载中国人大网,http://www.npc.gov.cn/npc/c30834/201904/c9deab9ffacf47b6a6a187567c67cf00.shtml,2020年6月30日最后访问。

算草案、执行情况报告、预算调整报告等工作报告的日程安排(见表4－20),发现人大在看好“钱袋子”方面不断加强预算审查监督的职能,在预算案的审议过程中花费的时间往往较多。在审议预算相关工作报告时,人大往往通过多个会议进行审议,分别由代表小组会议、代表团全体会议或相关预算审查委员会先后审议预算报告,然后在全体会议上进行表决;人大常委会则主要通过多次会议分别审议预算报告本身或专门委员会针对预算报告作出的审查报告,并最终表决。

表4－20　全国人大、广东省和广州市人大及其常委会审议预算报告部分日程安排

会议		时间	日程
第十三届全国人大及其常委会	第十三届全国人大第一次会议	3月5日上午	审查国务院关于2017年中央和地方预算执行情况与2018年中央和地方预算草案的报告
		3月8日上午	代表团全体会议审查计划报告和预算报告,推选监票人
		3月8日下午	代表小组会议审查计划报告和预算报告
		3月9日上午	代表小组会议审议……审查计划报告和预算报告
		3月19日下午	代表团全体会议审议关于……年度预算……的六个决议草案
		3月20日上午	表决关于2017年中央和地方预算执行情况与2018年中央和地方预算的决议草案
	第十三届全国人大常委会第三次会议	6月20日下午	听取国务院关于2017年度中央预算执行和其他财政收支的审计工作报告
		6月21日上午	分组审议……国务院关于2017年度中央预算执行和其他财政收支的审计工作报告

续表

会议		时间	日程
广东省第十三届人大及其常委会	广东省第十三届人大第一次会议	1月25日上午	审查省人民政府关于广东省2017年预算执行情况和2018年预算草案的报告、广东省2018年预算草案(书面)
		1月27日下午	审查广东省2017年预算执行情况和2018年预算草案的报告、广东省2018年预算草案
		1月28日上午	继续审查广东省2017年预算执行情况和2018年预算草案的报告、广东省2018年预算草案
		1月31日上午	表决关于广东省2017年预算执行情况和2018年预算的决议草案
	广东省第十三届人大常委会第三次会议	5月29日上午	听取省人民政府关于2018年省级财政预算调整方案的报告
			听取省人大财经委关于2018年省级财政预算调整方案的审查报告
		5月30日上午	审议省人民政府关于2018年省级财政预算调整方案的报告
广州市第十五届人大	广州市第十五届人大第一次会议	1月5日上午	审阅广州市2016年预算执行情况和2017年预算草案的报告、广州市2017年预算草案(书面)
		1月6日上午	审查广州市2016年预算执行情况和2017年预算草案的报告、广州市2017年预算草案
		1月6日下午	继续审查广州市2016年预算执行情况和2017年预算草案的报告、广州市2017年预算草案
			各代表团专题审查1个部门预算和1个政府投资项目计划

续表

会议		时间	日程
		1 月 7 日下午	国民经济计划和预算审查委员会会议 1. 提出国民经济计划和预算的审查结果报告,提请主席团审议; 2. 书面审议各代表团专题审查部门预算和政府投资项目计划的情况报告
		1 月 8 日上午	通过国民经济计划和预算审查委员会关于国民经济计划和预算草案的审查结果报告,提交各代表团审议
			书面汇报大会专题审查部门预算和政府投资项目计划的情况
		1 月 9 日上午	审议国民经济计划和预算审查委员会关于国民经济计划和预算草案的审查结果报告
		1 月 10 日上午	表决关于广州市 2016 年预算执行情况和 2017 年预算的决议草案

资料来源:中国人大网,广东省人大常委会公报,广州市人大常委会公报。

为落实监督职权,人大预算监督有时采取追踪式的监督方式。第十三届全国人大常委会第三次会议审议了国务院关于 2017 年中央决算的报告和关于 2017 年度中央预算执行和其他财政收支的审计工作报告。在审议过程中,部分出席人员提出"养老保险全国统筹推进情况不容乐观,有些地方省级统筹只制定了统筹办法,省级调剂金尚未到位""决算草案反映 2017 年一些污染防治支出较 2016 年负增长,建议对此认真研究,持续加大环保投入,切实保障打好污染防治攻坚战""部分收支项目决算与预算差距较大,报告或草案中应作详细说明,转移支付决算中应说明项目设置和资金安排分配的依据""目前预算绩效评价以部门自评为主,独立性和客观性有待加强"〔1〕等意见,常委会提出要求国务院"责成有关方

〔1〕《对中央决算报告和审计工作报告的意见和建议》,载中国人大网,http://www.npc.gov.cn/zgrdw/npc/xinwen/jdgz/2018－07/16/content_2058121.htm,2020 年 6 月 30 日最后访问。

面扎实做好整改工作,坚持问题导向,强化主体责任,严肃追责问责……并于年底前向全国人大常委会报告整改情况”。[1] 在第十三届全国人大常委会第七次会议上,国务院向常委会作关于《2017 年度中央预算执行和其他财政收支审计查出问题整改情况》的报告,对查出的问题和审计工作进行整改,“整改问题金额 2955.58 亿元,制定完善相关规章制度 2944 项,问责处理 3299 人次”。[2] “对于由于体制机制改革、客观环境变化及历史遗留等原因仍在继续推进整改的部分问题,有关部门、单位和地方已作出安排和承诺:加大改革创新力度。对重大改革事项,结合党和国家机构改革,深入开展调查研究,形成管当前、利长远、可操作性强的意见和方案,并上报党中央、国务院审批。……加快有关工作进度。分类施策,对整改难度不大的问题,加快相关工作流程,争取尽快整改到位;对历史遗留或涉及诉讼等问题,加强与主管部门、司法机关等沟通协调,稳步推进整改。加强跟踪督促检查。审计机关将继续加强跟踪检查,督促被审计单位进一步落实整改主体责任,推动有关主管部门认真履行监督管理责任,确保整改效果。”[3]

不可否认的是,预算案的审议需要较强的专业能力,而预算草案和报告中涉及的行业、专有名词都比较多,使代表难以看懂政府的预算报告,难以有效进行审议和监督。全国人大常委会预算工委副主任刘修文认为,可以通过四个方面的努力进一步让代表看懂预算案:第一,进一步细化预算决算草案的编制;第二,进一步改革完善预算编制制度;第三,进一步提高预算解读读本的可读性,图表的直观性;第四,进一步加强人大机构建设和人大代表的履职能力等。[4] 本书赞同这个观点。

---

〔1〕《对中央决算报告和审计工作报告的意见和建议》,载中国人大网,http://www.npc.gov.cn/zgrdw/npc/xinwen/jdgz/2018 - 07/16/content_2058121.htm,2020 年 6 月 30 日最后访问。

〔2〕胡泽君:《国务院关于 2017 年度中央预算执行和其他财政收支审计查出问题整改情况的报告》,载《全国人民代表大会常务委员会公报》2019 年第 1 号,第 265 页。

〔3〕胡泽君:《国务院关于 2017 年度中央预算执行和其他财政收支审计查出问题整改情况的报告》,载《全国人民代表大会常务委员会公报》2019 年第 1 号,第 273 页。

〔4〕参见刘修文:《从四方面努力让预算草案更加透明易懂》,载人民网,http://lianghui.people.com.cn/2018npc/n1/2018/0312/c418459 - 29863151.html,2020 年 6 月 30 日最后访问。

人大及常委会审议审查国家机关相关报告的实践中，曾出现国家机关工作报告经会议审议表决未通过的问题。2001 年 2 月 14 日，辽宁省沈阳市第十二届人大第四次会议上，沈阳市人民法院的工作报告未获通过。[1] 7 月 9 日，沈阳市人大召开 13 个区(县)人大常委会主任工作联席会，决定召开特别会议——沈阳市第十二届人大第五次会议，听取审议沈阳市中级人民法院整改情况和 2001 年工作安排的报告。8 月 9 日，沈阳市第十二届人大第五次会议召开，沈阳中院代院长所作的《沈阳市中级人民法院整改情况和 2001 年工作安排的报告》经出席会议 439 名代表以 395 票赞成通过。[2] 沈阳人大通过上述程序为人大工作积累了地方经验，即国家机关工作报告经会议审议表决未通过的，人大可以要求国家机关进行整改，并重新向人大报告。人大可以召集临时代表大会在审议国家机关的整改工作和相关报告后重新表决。

在全国人大议事规则中，国家机关相关报告被否决的后果并未明确规定，但部分地方人大常委会在议事规则中，规定了常委会对国家机关相关报告未通过的处理制度。在本书第三章第七节第三部分的论述中，对于未通过的国家机关相关报告，有的地方规定由常委会责成报告机关在本次或者下次常委会会议上补充报告或者重新报告，有的地方规定由常委会责成报告机关重新报告。另外，安庆规定，常委会组成人员半数以上对重作的报告仍不满意的，常委会可以作出决议、决定；遵义规定，重作的报告仍未通过的，授权主任会议向常委会提交质询案。[3] 对此，有学者提出，工作报告被否决后的处置办法应包括两个方面：一是明确被否决的报告是否需要重新听取和审议；二是明确被否决报告的相关机构负责人

[1] 参见《沈阳市中级法院处理 8 名违法违纪审判人员》，载中国新闻网，http://www.chinanews.com/2001-05-14/26/91067.html，2020 年 7 月 1 日最后访问。

[2] 参见《沈阳中院报告从被否决到通过》，载东方新闻网，http://news.eastday.com/epublish/gb/paper148/20010814/class014800018/hwz461867.htm，2020 年 7 月 1 日最后访问。

[3] 参见《安庆市人民代表大会常务委员会议事规则》(2018 年 4 月 10 日安庆市十七届人大常委会第四次会议通过)第 27 条，《遵义市人民代表大会常务委员会议事规则》第 38 条第 2 款。

是否应罢免或辞职。[1]

本书认为,全国人大议事规则在修改的过程中可以借鉴沈阳人大的成功做法,参考地方人大常委会议事规则的相关制度规定,进一步明确国家机关工作报告被否决的法律问题以及相应的处理制度;同时,应对人大审议审查监察委员会工作报告的制度予以规定和完善。

第六节 人 事 任 免

人事任免是人大职权的重要组成部分,包括选举和决定任命、任免、罢免、撤职、接受辞职等方式。人事任免的议事程序虽然类似议案程序,也可以大致分为人事任免案的提出、审议、表决三阶段,但是其中有很多特殊而复杂的程序,其原因主要有两方面。一方面是人事任免的对象复杂:每个人大(及其常委会)都要通过人事任免来产生相应的国家机关组成人员,这些人员不仅涉及多个国家机关的若干职务,而且会根据建制的不同而有不同的具体构成。另一方面是人事任免的方式多样:人大(及其常委会)对于相关国家机关组成人员(以及上一级人大代表),采取选举和决定任命、任免、罢免、撤职、接受辞职等不同的方式进行人事任免,其中每种方式都有特定的提出主体、对象、决定主体以及审议和表决程序,某些规定在中央与地方之间也不完全相同。另外,人事任免还有一个重要的特点是监督性,这一性质在罢免和撤职的程序中体现得最为明显,而且罢免和撤职还可以与组织调查委员会结合起来,形成更大的监督合力。

在人事任免方面,全国人大选举产生国家主席、副主席、中央军委主席,常委会组成人员,国家监察委员会主任、最高人民法院院长和最高人民检察院检察长;并决定总理人选、中央军委及国务院组成人员等。全国人大常委会任免相关工作委员会主任,任命国家监察委员会副主任及委员、最高人民法院副院长、审判员、审判委员会委员和军事法院院长、最高人民检察院副检察长、检察员、检察委员会委员和军事检察院检察长,批

〔1〕 参见万其刚、蔡春红、苏东:《全国人民代表大会会议制度研究》,载《当代法学》2004 年第 6 期。

准省级人民检察院检察长的任免,并决定驻外全权代表的任免等。审议人事任免案是人大及其常委会全体会议的重要议程,第十二届全国人大常委会审议人事任免案的统计数据见表4－21。第十三届全国人大及其常委会审议人事任免案的统计数据见表4－22。

表4－21　第十二届全国人大常委会人事任免统计

第十二届全国人大常委会会议	批准任免（人）	免职（人）	任命（人）	决定任命（人）	其他（人）
第一次会议	—	4	14	—	—
第二次会议	—	3	18	—	13
第三次会议	—	10	9	1	14
第四次会议	—	7	—	—	—
第五次会议	—	4	3	—	3
第六次会议	—	8	4	—	—
第七次会议	1	6	17	—	10
第八次会议	—	5	13	—	4
第九次会议	—	8	10	2	4
第十次会议	—	13	8	—	3
第十一次会议	—	10	1	—	11
第十二次会议	—	4	22	2	30
第十三次会议	4	7	13	2	20
第十四次会议	—	3	6	—	6
第十五次会议	—	15	13	—	5
第十六次会议	—	11	31	—	10
第十七次会议	—	7	6	—	9
第十八次会议	—	16	3	—	14
第十九次会议	14	21	20	—	35

续表

第十二届全国人大常委会会议	批准任免（人）	免职（人）	任命（人）	决定任命（人）	其他（人）
第二十次会议	—	7	2	2	4
第二十一次会议	—	4	21	2	5
第二十二次会议	—	10	7	2	5
第二十三次会议	—	10	3	7	—
第二十四次会议	—	8	41	1	13
第二十五次会议	—	9	7	6	54
第二十六次会议	5	21	8	2	8
第二十七次会议	2	3	4	4	6
第二十八次会议	4	3	109	—	8
第二十九次会议	1	10	—	2	—
第三十次会议	2	13	31	—	11
第三十一次会议	—	1	5	—	—
第三十二次会议	—	5	—	—	—
第三十三次会议	32	4	14	—	—

资料来源：全国人大常委会公报。

表 4－22　第十三届全国人大及其常委会人事任免统计

第十三届全国人大及其常委会会议		选举（人）	决定/任命（人）	免职（人）	接受辞职（人）
第十三届全国人大	第一次会议	178	278	—	—
	第二次会议	—	—	1	—

续表

第十三届全国人大及其常委会会议		选举（人）	决定/任命（人）	免职（人）	接受辞职（人）
第十三届全国人大常委会	第一次会议	—	34	11	—
	第二次会议	—	36	72	—
	第三次会议	—	24	15	1
	第四次会议	—	5	5	—
	第五次会议	—	15	22	—
	第六次会议	—	6	9	—
	第七次会议	—	85	28	—
	第八次会议	—	13	11	—
	第九次会议	—	15	2	—
	第十次会议	—	9	10	—
	第十一次会议	—	57	23	1
	第十二次会议	—	11	12	—
	第十三次会议	—	3	3	—
	第十四次会议	—	6	10	—
	第十五次会议	—	13	8	—
	第十六次会议	—	60	11	—
	第十七次会议	—	4	8	—
	第十八次会议	—	1	2	—

资料来源：全国人大常委会公报。

广东省人大主要选举产生广东省出席全国人大的代表，广东省省长、副省长，常委会主任等组成人员，广东省监察委员会主任、广东省高级人民法院院长和广东省人民检察院检察长，表决通过各专门委员会组成人员等。广东省人大常委会主要任免“一府两院”组成人员及常委会工作委员会组成人员等。广东省第十三届人大及其常委会人事任免统计情况见表4－23。

表 4-23　广东省第十三届人大及其常委会人事任免统计

广东省第十三届人大及其常委会会议		选举（人）	决定/任命（人）	免职（人）	接受辞职（人）
广东省第十三届人大	第一次会议	245	87	—	—
	第二次会议	—	11	—	—
广东省第十三届人大常委会	第一次会议	—	11	3	—
	第二次会议	—	48	16	—
	第三次会议	—	15	15	—
	第四次会议	—	1	3	1
	第五次会议	—	15	14	1
	第六次会议	—	10	—	—
	第七次会议	—	11	2	—
	第八次会议	—	—	—	1
	第九次会议	1	—	4	—
	第十次会议	—	3	2	1
	第十一次会议	—	6	6	1
	第十二次会议	—	1	8	—
	第十三次会议	—	8	84	—
	第十四次会议	—	1	5	—
	第十五次会议	—	30	10	1
	第十六次会议	—	1	—	—
	第十七次会议	—	6	4	—
	第十八次会议	—	—	—	—
	第十九次会议	—	4	2	—
	第二十次会议	—	—	—	1

资料来源:广东省人大常委会公报。

广州市人大主要选举产生广东省人大代表，广州市市长、副市长，常委会主任等组成人员，广州市监察委员会主任、广州市中级人民法院院长和广州市人民检察院检察长，表决通过各专门委员会组成人员等。广东省人大常委会主要任免"一府两院"组成人员及常委会工作委员会组成人员等。广州市第十五届人大及其常委会人事任免统计情况见表4－24。

表4－24　广州市第十五届人大及其常委会人事任免统计

广州市第十五届人大及其常委会		选举（人）	决定/任命（人）	免职（人）	接受辞职（人）
广州市第十五届人大	第一次会议	58	134	—	—
	第二次会议	—	—	—	—
	第三次会议	2	—	—	—
	第四次会议	2	6	—	—
广州市第十五届人大常委会	第一次会议	—	20	19	—
	第二次会议	—	34	13	1
	第三次会议	—	1	—	—
	第四次会议	—	22	10	—
	第五次会议	—	10	5	—
	第六次会议	—	15	7	—
	第七次会议	—	3	8	—
	第八次会议	—	—	—	—
	第九次会议	—	1	10	—
	第十次会议	—	—	—	—
	第十一次会议	—	14	13	—
	第十二次会议	—	13	6	—
	第十三次会议	—	14	8	—
	第十四次会议	—	3	6	—
	第十五次会议	—	—	2	—
	第十六次会议	—	13	—	—

续表

广州市第十五届人大及其常委会		选举（人）	决定/任命（人）	免职（人）	接受辞职（人）
	第十七次会议	—	1	6	—
	第十八次会议	—	—	—	—
	第十九次会议	—	1	4	—
	第二十次会议	—	4	8	—
	第二十一次会议	—	35	3	—
	第二十二次会议	—	31	7	—
	第二十三次会议	—	—	—	—
	第二十四次会议	—	21	12	1
	第二十五次会议	—	—	—	—
	第二十六次会议	—	6	—	—
	第二十七次会议	—	22	100	—
	第二十八次会议	—	1	—	—
	第二十九次会议	—	17	2	—
	第三十次会议	—	—	—	—
	第三十一次会议	—	16	6	2
	第三十二次会议	—	20	5	1
	第三十三次会议	—	2	2	1
	第三十四次会议	—	—	—	—
	第三十五次会议	—	16	4	—

资料来源:广州市人大常委会公报。

在人事任免工作中,虽然全国人大及其常委会议事规则以及绝大部分地方人大议事规则对监察委员会的人事任免尚未规定,但在实践中一般适用与法院等国家机关组成人员相同的程序,即由各级人大选举、任免监察委员会主任及组成人员。如本书第三章所述,湖南省人大议事规则明确规定了湖南省监察委员会主任的选举、罢免、辞职等程序规定。

在人大及其常委会的人事任免中,任命和免职的人员中有相当一部分是由于工作调动而将其任命为其他岗位的人员,同一岗位工作人员的变动也分别有免职及任命的程序,此时反映在统计数据中的任命人数和免职人数就相对较多。同时,免职的人员中也有基于达到退休年龄而辞职,从而免去其职务。可以发现,人大与人大常委会的任免情况不同之处在于人大会议的选举任免比较系统,而人大常委会人事任免则比较零散。这是由于人大常委会举行会议的次数较多,在人事任免上也比较灵活,可以及时对人事任免进行补充和调整,是人大行使人事任免权的重要组成部分。同时,广东省第十三届人大常委会第九次会议根据中央提名补选中央澳门工作委员会书记、中央人民政府驻澳门特别行政区联络办公室主任傅自应为十三届全国人大代表。[1] 需要注意的是,在本书所考察的人大及其常委会的人事任免中,尚未出现撤销其所任命的人员职务的情况。

综合全国及地方各级人大和人大常委会人事任免工作来看,罢免和撤职的案例是比较少的。在实践过程中,有些地方对于违法违纪的干部没有实行罢免撤职程序,而是由其本人主动提出辞职,再由人大常委会来接受其辞职。虽然接受辞职、免去职务和罢免都导致代表资格的终止,但其中蕴含的意义却迥然不同。"辞职是法律赋予代表的权利,体现的是代表个人主观意愿,自愿和主动是其本质特征。而罢免则是宪法和法律赋予选民和原选举单位的权力,是宪法和法律专门设置的惩罚性措施,体现选民和原选举单位而非代表本人的意愿。"[2]由于"接受辞职"和"免去职务"这两种形式被过度使用,罢免和撤职这两种更为刚性的形式没有得到良好的运用。有学者注意到这一现象,"人大意图罢免的政府组成人员已由人大常委会'免去职务'或者'接受辞职',这一'罢免'因而缺少了必要的时机"。[3]

---

〔1〕 参见广东省人民代表大会常务委员会主任会议:《关于补选傅自应为十三届全国人大代表的议案》,载《广东省人民代表大会常务委员会公报》2019 年第 1 号,第 29 页。

〔2〕 卢鸿福:《慎将罢免改辞职》,载《人大研究》2019 年第 7 期。

〔3〕 邹奕:《人大罢免政府组成人员的机制问题探究——基于我国既有的宪法秩序》,载《政治与法律》2016 年第 4 期。

本书认为,为切实运用任免权,提高人大对国家机关人事任免的监督效果,议事规则应进一步完善任免方面的制度,尤其是罢免权及其行使的具体程序。学者们对此已经提出一些建议,如降低罢免案的提出门槛,[1]被罢免的领导干部在若干年内不得担任任何公职等。[2]

第七节　询问和质询

一、询问

询问,是人大代表及常委会组成人员在听取和审议议案及相关报告时,向有关单位和负责人了解情况的途径,是人大及其常委会知情权的重要保障。询问没有严格的程序要求,只要是正在审议的议案和报告,代表个人就可以提出询问,询问并不具有监督的性质。在议案和报告的审议过程中,人大代表往往针对议案和报告的真实性、合理性等进行询问并提出意见。人大及其常委会通过相关会议形式审议议案和有关报告时,有关机关(或部门)负责人或其他有关人员应当到会听取意见并回答询问。询问是会议审议过程中的重要内容,是人大及其常委会向有关机关了解情况的重要方式。

在各级人大实践中,询问这一较为柔性的制度逐渐向专题询问发展。专题询问是询问的一种特殊形式,由常委会围绕本地工作大局和人民群众普遍关注热点难点问题,在广泛征求各方面意见的基础上开展,相对于一般询问更具有特定性、程序性、实效性。专题询问逐渐成为介于询问与质询之间的一种刚柔并济的监督手段,并被各级人大所普遍运用。一些地方对专题询问的具体程序进行了不同的细化,其中包括专题询问的议题准备以及其他工作准备、专题询问的场合、专题询问的提出和回答、专题询问的意见处理等方面。

---

〔1〕 参见刘大生:《完善人民代表大会制度的十项建议——为纪念人民代表大会制度建立50周年而作》,载《法学》2004年第9期。

〔2〕 参见万其刚、蔡春红、苏东:《全国人民代表大会会议制度研究》,载《当代法学》2004年第6期。

全国人大常委会开展专题询问起源于2010年。2010年3月，时任委员长吴邦国在第十一届全国人大第三次会议人大常委会工作报告中提出要“依法开展专题询问和质询”“选择代表普遍关心的问题听取国务院有关部门专题汇报，根据有关法律的规定，要请国务院有关部门主要负责同志到会听取意见、回答询问、答复问题”。[1] 当年，全国人大常委会“选择财政决算、国家粮食安全、深化医药卫生体制改革等作为询问重点，分别采取分组会议、联组会议和大联组会议的方式，开展了3次专题询问”，[2]从此形成了每年全国人大常委会开展3次专题询问的惯例。例如，2018年全国人大常委会围绕大气污染防治法的实施、司法系统中人民法院执行难等问题的解决、财政医疗卫生资金等分配和使用等主题分别开展了3次专题询问，相关情况见表4－25。

表4－25　2018年全国人大常委会开展专题询问情况统计

序号	全国人大常委会会议	专题询问内容	会议形式	回答询问人员	其他
1	第十三届全国人大常委会第四次会议	结合审议全国人大常委会执法检查组关于检查大气污染防治法实施情况的报告进行专题询问	联组会议	国务委员王勇，生态环境部、发改委、交通运输部、住房和城乡建设部等部门负责人	第十三届全国人大常委会的首次专题询问

〔1〕　吴邦国：《全国人民代表大会常务委员会工作报告——2010年3月9日在第十一届全国人民代表大会第三次会议上》，载《全国人民代表大会常务委员会公报》2010年第3号，第305页。

〔2〕　吴邦国：《全国人民代表大会常务委员会工作报告——2011年3月10日在第十一届全国人民代表大会第四次会议上》，载《全国人民代表大会常务委员会公报》2011年第3号，第331页。

续表

序号	全国人大常委会会议	专题询问内容	会议形式	回答询问人员	其他
2	第十三届全国人大常委会第六次会议	围绕人民法院解决“执行难”工作、人民检察院加强对民事诉讼和执行活动法律监督工作开展专题询问	联组会议	最高人民法院院长周强、最高人民检察院检察长张军	自2010年全国人大常委会开展专题询问以来,首次对“两高”工作开展专题询问
3	第十三届全国人大常委会第七次会议	就国务院关于财政医疗卫生资金分配和使用情况的报告进行专题询问	联组会议	国务院副总理孙春兰,财政部部长刘昆、副部长余蔚平,发展改革委副主任连维良,卫生健康委主任马晓伟、副主任王贺胜,医保局局长胡静林、中医药局局长于文明、药监局局长焦红,国务院副秘书长丁向阳	推动医药卫生体制改革不断深化,推动医疗卫生事业不断发展

资料来源:全国人大常委会公报。

专题询问从询问中发展出来,其在实践中又创造出与询问不同的新形式。议事规则中规定的询问主要指人大代表及常委会组成人员个人性的询问活动,而专题询问主要由人大常委会组织,通过联组会议等形式集中开展。专题询问往往与人大其他职权的行使相配合,从实践中看,专题询问的开展经常性地与国家机关专项工作报告或执法检查报告相结合,并取得良好的监督效果,“可以延伸监督触角、增强监督力度、扩大监督效果。同时,在需要的时候,它也可能与人大常委会具有的其他职权相衔接,如与决定权相衔接,与立法权相衔接,甚至与人事任免权相衔接等,以使人大各种法定职权形成相互关联的有机整体,更好地发挥作用”。[1] 例如,在第十三届全国人大常委会第四次会议上,常委会结合行使了执法检查、专题询问和决议决定等多种职权方式。第十三届全国人大常委会第四次会议举行联组会议,结合审议全国人大常委会执法检查组关于检查《大气污染防治法》实施情况的报告进行专题询问,“专题询问中,常委会委员袁驷……列席会议的全国人大代表刘怀平……围绕国务院将采取哪些措施依法防治大气污染……如何提升柴油货车污染治理、油品质量监管能力和力度……何时建立起全覆盖的企业大气污染物排放许可制度、如何健全更加严格的大气污染物排放标准体系;如何进一步改进未来我国大气污染防治的综合协调措施和制度安排,形成治污合力;建设和健全大气污染防治全民共治体系、加强法律学习宣传普及、加强环境执法司法等方面存在哪些瓶颈问题、将采取哪些措施等提出询问”。[2] 并且在该次会议上,常委会作出了关于《全面加强生态环境保护　依法推动打好污染防治攻坚战》的决议,以法治的力量保护生态环境。[3]

二、质询

质询是人大行使监督权的一种有力的形式,质询案的提出和答复必须按法律要求和法定程序进行。质询一般体现为书面的质询案,由代表团或代表联名、常委会组成人员联名对有关机关(或部门)提出,由受质询机关口头答复或书面答复。如本书第三章所展示的,一些地方在质询的提出、处理、答复的多个环节作出了更细致的规定,比如,质询内容、质询转为询问处理、答复时限、再作答复、对再次答复仍不满意的处理等,有助于人大及其常委会更好地通过质询行使监督权。

有学者对 1979 年以来的各级人大行使质询权的案例进行统计和类

---

〔1〕 席文启:《询问、质询与专题询问》(下),载《北京人大》2016 年第 4 期。

〔2〕 《十三届全国人大常委会第四次会议举行联组会议》,载中央人民政府网,http://www.gov.cn/xinwen/2018-07/11/content_5305530.htm,2020 年 7 月 1 日最后访问。

〔3〕 参见《全国人民代表大会常务委员会关于全面加强生态环境保护　依法推动打好污染防治攻坚战的决议》,载《全国人民代表大会常务委员公报》2018 年第 4 号,第 558～560 页。

型化分析,发现各级人大及其常委会运用质询权,在维护人大权威、回应社会热点、保障公民权利等方面有丰富的实践。[1] 其中,在本书选取的全国人大、广东省和广州市人大三个层级的人大实践中,人大代表联名曾提出不少典型的质询案(见表4-26)。1980年,170名代表联名提出对冶金部的质询案是“共和国质询第一案”,[2]让代表和公众了解宝钢选址及建设等问题的缘由。“2000年,在广东省第九届人大第三次会议上,28位省人大代表因环保部门处理一宗污染项目不力,向省环保局提出质询,在3轮质询没通过后,代表联名向大会主席团提出建议撤销接受质询的省环保局副局长的职务。”[3]“这场质询被视为闻名全国的‘广东人大现象’的开端”。[4]

表4-26 全国人大、广东省和广州市人大质询案提出情况统计(1980~2019年)

三级人大	时间(年)	质询案	质询提出者	受质询机关
全国人大	1980	《就宝山钢铁厂(建设问题)对冶金部提出的质询》	170名代表	冶金部
	2000	《关于烟台“11·24”特大海难事故的质询案》	30名代表	交通部
	2013	人大代表质询陕西现代农业案	30名代表	最高人民法院
广东省人大	1995	《关于325国道南海、顺德段改建扩建工程进度缓慢的质询案》	35名代表	省交通厅

[1] 参考数据见孙莹:《论人大质询的启动要件》,载《人大研究》2010年第6期。

[2] 《人大资料:回忆30年前“新中国质询第一案”》,载搜狐网,http://news.sohu.com/20140903/n404016331.shtml,2020年6月30日最后访问。

[3] 同上。

[4] 《15年前那场轰动全国的人大质询案》,载搜狐网,http://news.sohu.com/20150209/n408846756.shtml,2020年6月30日最后访问。

续表

三级人大	时间（年）	质询案	质询提出者	受质询机关
	1997	《关于为何擅自改变经省人大常委会通过的〈关于小水电建设议案办理方案的报告〉的有关政策和实施办法的质询案》	35 名代表	省物价局、电力局、水利厅
	2000	《对四会市在北江边建电镀城事件处理不当的质询案》	28 名代表	省环保局
广州市人大	1981	就广东省教育事业发展缓慢问题进行质询	湛江地区代表	省文教办、省计委、省教育厅、省高教局和省财政厅等单位负责人
	2001	《关于白云山风景区内兴建别墅群问题的质询案》	12 名代表	市建委、市政园林局、规划局和白云山管理局
	2010	广州市人大代表就大学城高价卖地一事质询政府官员	8 名代表	广州市规划局、市国土房管局、大学城管委会相关负责人
	2013	广州市人大代表质询政府部门“三公”费用	30 多名代表	广州市市国土房管局、市水务局等部门

资料来源：孙莹：《论人大质询的启动要件》，载《人大研究》2010 年第 6 期；《人大代表质询陕西现代农业案　称无良比无知可怕》，载中国新闻网，http://www.chinanews.com/fz/2013/03-19/4657359.shtml，2020 年 7 月 7 日最后访问；郑宇曦：《广东报纸人大质询报道研究》，暨南大学新闻学 2006 年硕士学位论文，第 14～15 页；邓新建：《广州市人大代表就大学城高价卖地一事质询政府官员》，载东方网，http://news.eastday.com/c/20100415/u1a5149725.html，2020 年 7 月 7 日最后访问；国际在线：《广州市人大代表质询政府部门“三公”费用》，载央视网，http://news.cntv.cn/2013/01/21/ARTI1358763343086299.shtml，2020 年 7 月 7 日最后访问。

近年来，全国人大、广东省和广州市人大提出的质询案数量较少，2015年有报道评论“2000年的质询案之后，广东省人大再无质询案出现”。[1] 对此，曾参与广东人大质询环保局案的周小刚表示，“很多事情觉得没有必要去质询，有的事情就提建议，有的事情就发起询问或者约见，如果与政府部门沟通得好，就觉得没有必要提质询……坦率地说，质询是把‘双刃剑’，做得好，可以推动问题的解决，如果做得不好，就有可能激化矛盾，有负面影响”。[2] 这代表了一种典型的观点，就是说质询作为人大职权中的刚性监督方式，不宜轻易动用，往往是在其他监督方式起不到作用时使用。此外，在质询对象方面，有人质疑人大质询法院的合理性。[3] 对此有人指出人大与法院、检察院之间产生与负责、监督与被监督的关系，质询正是这种监督与被监督关系的集中体现。[4] 本书也认为在人民代表大会制度的根本政治制度之下，人大享有对司法机关的质询权。

质询权在实践中的较少行使，使学者们普遍认为我国人大质询制度虽初步建立，但制度的不完善制约了人大质询权的行使，还需科学建构质询案的提出主体、质询范围、具体提出程序以及质询的法律后果等。[5] 关于质询的法律后果，我国宪法法律目前仅规定受质询机关必须负责答复，对答复质询不满意的，经主席团决定可以要求受质询机关再作答复。但如果代表对机关的再次答复还是不满意的法律后果，法律并无明确规

---

〔1〕《15年前那场轰动全国的人大质询案》，载搜狐网，http://news.sohu.com/20150209/n408846756.shtml，2020年6月30日最后访问；参见《广东省人大代表14年来未提过质询案》，载新浪网，http://news.sina.com.cn/c/2014-10-28/090331055639.shtml，2020年7月7日最后访问。

〔2〕《15年前那场轰动全国的人大质询案》，载搜狐网，http://news.sohu.com/20150209/n408846756.shtml，2020年6月30日最后访问。

〔3〕参见李晓斌：《对“人大”质询法院的质疑》，载《法学》1996年第9期。

〔4〕参见傅林：《宪法对质询制度规定的疏漏及其完善》，载《法学》2001年第2期。此外，人大对司法机关包括质询权行使在内的监督可参见谢小剑：《人大监督司法实施制度研究》，中国政法大学出版社2014年版。

〔5〕参见质询制度改进建议参见许美群：《人大质询权的实践与思考》，载《人大研究》2015年第12期；曾庆辉：《应依法激活人大质询权》，载《人大研究》2016年第3期；王东亮：《新形势下人大质询制度发展和展望》，载《人大研究》2017年第6期；陈寒枫：《充分发挥质询在人大及其常委会监督工作中的作用——进一步完善人大及其常委会会议制度、工作程序和议事规则的探索之七》，载《人大研究》2007年第12期。

定,缺少相关的责任落实或者追责机制。曾庆辉提出从三个方面加强质询制度的建设:一是要建立质询的责任落实机制;二是要建立质询的追踪问责机制;三是要建立质询结果的运用机制。[1]

如上述学界的种种评论,法律对质询制度的建构目前还有许多的漏洞,但是各地市的议事规则对于质询制度还是有许多创新贡献的。本书发现,地方人大在质询案的提出、答复、审议等工作中较全国人大实践经验更丰富。并且一些省市人大从质询工作中总结办理质询工作的经验,进而在议事规则中完善质询案的提出和处理程序。本书第三章梳理了大量省市人大议事规则的具体内容,发现部分地方人大议事规则中除了规定质询的提出主体、对象范围,还规定了质询内容、质询转为询问处理、撤回质询、重大问题质询案的处理程序、对答复进行提问的要求、会议期间答复有困难和对再次答复仍不满意的处理程序等,形成较为系统的关于质询案的制度。本书认为,全国人大可以吸收学者的合理建议,借鉴地方人大议事规则关于质询工作的相关制度规定,在议事规则中完善质询案的提出和审议处理的相关规定。

第八节　特定问题调查

组织调查委员会对特定问题展开调查是人大及其常委会行使监督权的重要方式之一。在必要的时候,人大或其常委会可以组织关于特定问题的调查委员会,由调查委员会向有关国家机关、社会团体、企业事业组织和公民了解情况和收集材料,并提出调查报告;人大或其常委会可以根据调查报告作出相应的决议。另外,如上所述,组织调查委员会可以构成特定国家机关组成人员的罢免和撤职程序的一部分,即在罢免案和撤职案的审议过程中,人大及其常委会可以决定组织调查委员会,再根据调查报告作出相应的决定。

特定问题调查权是法律赋予人大及其常委会的一种有力的监督方

---

〔1〕参见曾庆辉:《应依法激活人大质询权》,载《人大研究》2016 年第 3 期。

式。特定问题调查委员会设立的目的是通过调查强化监督。[1] “它是一种法定的‘刚性’监督形式,是人大及其常委会行使监督权的一种非常措施和重要权力,对强化监督职能、树立人大权威具有极其重要的作用。”[2]蔡定剑认为,特定问题调查是人大监督“武器库”中的“重武器”。[3] 戴激涛认为,“通过基于宪法商谈基础上的特定问题调查,不仅可以在查清问题真相的同时最大限度地实现公民知情权、参与权和监督权等公民权利,而且有助于参与调查的多元主体形成良好的持续性合作伙伴关系,在防范监督权力的同时更好地应对来自风险社会不确定的各种机遇和挑战”。[4]

但是,在人大工作实践中,本书仅搜集到 34 个各级人大及其常委会行使特定问题调查权的案例(见表 4 – 27)。

表 4 – 27　各级人大及其常委会行使特定问题调查权情况统计

序号	时间(年)	地点	特定问题	调查结果
1	1988	陕西省	罢免冀某某陕西省人民检察院检察长职务案	决定不予罢免
2	1991	辽宁省铁岭市	人民反映强烈、久拖未决的银州区第四和第九小学校舍问题	引起市政府和有关部门重视,促使政府投资 500 万元分别在两校新建教学楼
3	1992	西藏自治区	林芝毛纺厂漏税问题	对林芝毛纺厂问题按漏税处理

〔1〕 参见杨志红:《关于运用特定问题调查委员会这一监督方式的几点思考》,载《人大研究》(月刊)1993 年第 5 期。

〔2〕 杜睿哲、曾庆辉:《地方人大特定问题调查权研究》,载《北京行政学院学报》2018 年第 2 期。

〔3〕 肖玮:《人大监督“重武器”该如何用　就特定问题调查专访资深人大制度问题专家蔡定剑》,载正义网,http://www.jcrb.com/n1/jcrb352/ca198407.htm,2020 年 6 月 30 日最后访问。

〔4〕 戴激涛:《我国特定问题调查制度的宪法逻辑及其展开》,载《江西社会科学》2019 年第 4 期。

续表

序号	时间(年)	地点	特定问题	调查结果
4	1994	山东省菏泽市	吴某故意杀人(未遂)案,检察院以吴某不构成故意杀人罪为由不批准逮捕	市检察院批准了市公安局的提请,决定对吴某逮捕归案,最终吴某以故意杀人(未遂)罪被判处有期徒刑
5	1996	湖南省岳阳市平江县	湘南花园违建影响启明中学教学楼的采光,并造成严重的噪声干扰	县建设局申请县人民法院强制拆除违法建筑,对纠纷负有重大责任的县规划办主任被监察局立案
6	1996	湖北省荆州市	杂交水稻种子经营问题	追究有关责任单位和责任人的责任
7	1997	湖北省十堰市郧县	反贪局干部、检察院检察员熊某收受当事人钱财	撤销了熊某的县检察院检察员职务
8	1997	福建省宁德市	市物委乱收费乱开支,滥发奖金补贴	追究相关责任人的责任
9	1998	海南省安定县	社会保障局挪用社会保险基金	—
10	1998	西藏自治区	西藏当雄县物资贸易总公司与甘肃省百姓扶贫典当拍卖公司民事纠纷案	自治区高级人民法院对案件复查,依法作出了公正裁决并及时执行,同时对相关责任人依法处理
11	2000	河南省郑州市	郑州新型包装材料研究所与河南省第一轻工业供销公司联营合同货款纠纷案	—

续表

序号	时间(年)	地点	特定问题	调查结果
12	2000	安徽省合肥市	汪某某案件	监督检察院和法院纠正了错案,并对责任人进行处理
13	2002	河北省邯郸市永年县	对全县54个县直单位和20个乡镇领取财政支出人员的来源、身份情况调查	不符合财政开支条件的429人被清退,每年节约资金260万元
14	2002	安徽省滁州市来安县	查清了县法院占有当事人近40万元执行标的款问题	—
15	2003	四川省成都市锦江区	国企改制问题	推动了行政机关对重大、疑难问题的解决
16	2003	安徽省阜阳市	徐某某面包车案	听取并审议了市公安局整改情况和追究责任情况的报告以及市中级人民法院整改情况的报告
17	2003	辽宁省兴城市	法院错误执行造成国家粮库利益重大损失	责成法院撤销原裁定,对案件予以重新办理,对涉案主要人员和主管领导作出严肃处理
18	2005	湖南省益阳市	对城市规划区70平方公里范围内历年形成的闲置土地进行逐宗调查核实	要求市政府依法开展闲置土地处置工作,向市人大常委会提出闲置土地清理处置结果和加强城市土地管理开发利用情况的报告
19	2005	湖南省郴州市宜章县	县城环城西路建设及管理中存在的问题	县政府投入资金1200多万元改造环城西路

续表

序号	时间（年）	地点	特定问题	调查结果
20	2006	河南省平顶山市鲁山县	非法买卖土地问题	对国土资源部门的执法进行监督
21	2007	福建省龙岩市新罗区	针对治理出生人口性别比例失调、打击“两非”等方面工作	市卫生局决定吊销宝泰医院妇产科主任赖某某医师执业证书，对该院院长及其他相关人员给予行政记过处分
22	2007	湖南郴州市	郴资桂高等级公路的经营权转让问题	市政府根据常委会的建议收回公路经营权
23	2008	安徽省马鞍山市和县	和城团塘路北侧一宗房地产开发用地问题	—
24	2008	湖南省永州市	潇湘平湖“得月舫”游轮有关问题	要求市政府依法采取果断措施处置“得月舫”游轮，并启动问责机制，听取政府工作汇报
25	2011	湖南省郴州市宜章县	康达水泥项目	收回康达公司的土地使用权，终止项目合同
26	2014	浙江省丽水市云和县	对财政存量资金开展调查	激活数亿沉淀的财政资金
27	2014	湖南省永州市东安县	紫水河保护管理问题	县政府制定了《东安县紫水河流域集中整治工作实施方案》，按照“远近结合、分步实施”的原则，用三年时间治理好紫水河

续表

序号	时间（年）	地点	特定问题	调查结果
28	2015	浙江省丽水市云和县	调查国有固定资产	巩固国有资产安全与完整
29	2015	四川省广安市	渠江广安段流域水污染治理与饮用水水源保护问题	推动污染治理与水源保护
30	2016	江西省	全省食品生产加工小作坊和食品摊贩存在的问题	解决食品安全重点难点问题，制定《江西省食品小作坊小餐饮小食杂店小摊贩管理条例》
31	2016	浙江省嘉兴市海宁市	农户刚需建房问题调查	切实掌握全市农户刚需建房的现状和问题所在，推动政府完善政策、修编规划，切实解决农户刚需建房问题
32	2017	浙江省嘉兴市	调查市属国有资产	摸清资产底数、盘活存量优化结构、深化改革规范监管
33	2018	四川省自贡市	调查大气污染防治工作情况	督促自贡市富顺县政府修订《富顺县重污染重点应急预案》，并发布县城区全面禁止燃放烟花爆竹的通告
34	2018	辽宁省	政府支出预算结构和政府性债务问题	—

资料来源：本表参考王柱国、谭晓林、李昆：《地方人大常委会特定问题调查制度研究（上）——以江西省食品生产加工小作坊和食品摊贩特定问题调查为例》，载《人大研究》2017 年第 1 期；方颉林、王柱国、夏侯丁：《地方人大常委会特定问题调查制度研究（下）——以江西省食品生产加工小作坊和食品摊贩特定问题调查为例》，载《人大研究》2017 年第 2 期；曹众：《地方人大及其常委会组织特定问题调查考量与反思》，载《人大研究》2011 年第 3 期等文章及相关报道制作。

可以发现,截至2020年5月,全国和地方各级人大较少行使特定问题调查权。早在1979年11月25日"渤海二号"沉船事故后,就有人大代表提议全国人大组建特定问题调查委员会进行调查。近年来,在一些特大事故(如2015年天津大爆炸事件)或影响全国的重大案件(如佘祥林案)发生后,或在国家重大治理问题(如雾霾治理)上,学者和民众呼吁全国人大组织特定问题调查委员会进行调查,对特定问题调查这一监督形式寄予期望。但实践中全国和地方人大及其常委会运用特定问题调查权的案例不多,可以说,特定问题调查权仍未被充分激活。

同时,基于本书收集到的地方人大开展特定问题调查的实践,可以看出人大行使特定问题调查权有以下共同点:(1)人大组织特定问题调查主要涉及社会公共利益与司法个案中的事实调查问题。最初人大行使特定问题调查权大部分是关于司法个案的事实调查问题,如汪伦才案、徐树德面包车案等;而近10年来,人大主要对涉及社会公共利益的问题进行调查,如环保、食品安全和国有资产管理核实问题。(2)调查组是以人大代表为主导由多方主体成员组成的。2016年江西省开展食品生产加工小作坊和食品摊贩问题的调查,特定问题调查委员会的成员包括省人大专门委员会委员、省食品药品监管局、省教育厅的成员和省人大代表、有关专家等。特定问题调查委员会由多元主体组成,既保证了调查过程和结果的客观性,专家的参与也确保调查的专业性。(3)人大往往根据特定问题调查委员会的调查报告作出相应决议,落实相关主体的责任,实现人大的监督权能。2016年浙江省嘉兴市海宁市人大常委会组织关于农户刚需建房问题的特定问题调查委员会,2017年海宁市人大通过了《关于农户刚需建房的决议》,明确要求"市镇两级政府要按照五年内基本解决农户建房刚性需求为目标,因地制宜制订分年度工作计划,落实工作责任,扎实推进新市镇、新社区建设"。[1] "同时要求常务委员会对本决议的贯彻落实情况进行监督。市政府及有关部门应当负责本决议的组织实施,自本

---

[1] 《海宁市第十五届人民代表大会第一次会议关于农户刚需建房的决议》,载海宁人大网,http://www.hnsrd.gov.cn/home/docDetail.html? id=339,2020年6月30日最后访问。

决议作出之日起六个月内向常务委员会报告执行计划和实施情况,在本决议实施完成之前,每年向常务委员会报告实施情况,并将实施情况报告印发下一次人民代表大会会议。"[1]

与人大质询权行使情况类似,学界普遍认为特定问题调查权制度的不完善是制约人大特定问题调查权行使的重要因素,如人大特定问题调查委员会职权模糊,调查程序机制缺乏及欠缺操作性等。[2] 朱福惠认为,需要通过调查权的改革建构人大的调查机制,"在明确规定人大及其常委会调查权的基础上,应当对特定问题调查程序进一步具体化,必要的时候可以修改两个议事规则或者制定《人民代表大会调查法》;赋予专门委员会以调查权"。[3]

有学者总结了影响全国人大调查权能力的多方面因素,包括全国人大的现实权威不足、职位不专、强制力缺乏、相关法律缺位等,进而提出建议要建立独立检察官制度,赋予全国人大在调查过程中必要的强制性权力以及细化相关的调查程序使其有更强的操作性。[4] 有学者通过对人大特定问题调查制度立法的归纳分析,提出临时性、补充性的职能定位以及人大特定问题调查制度立法配置存在明显失当等制度缺失是造成人大特定问题调查权难以启动的困境,进而提出构建人大特定问题调查制度应重点处理好两方面问题:一是增设经常性特定问题调查制度;二是修法重新配置调查权的启动程序条件。[5]

本书赞同上述学者的观点,人大特定问题调查权的行使首先依赖于法律法规对特定问题调查权的范围、行使调查权的具体程序的明确规定和完善;并在此基础上吸收借鉴人大实践中的经验,进一步探讨建构由专门委员会或相关机构经常性行使特定问题调查权等问题。

---

〔1〕《海宁市第十五届人民代表大会第一次会议关于农户刚需建房的决议》,载海宁人大网,http://www.hnsrd.gov.cn/home/docDetail.html? id=339,2020年6月30日最后访问。

〔2〕参见简敏、刘洪波:《特定问题调查权的立法与完善》,载《甘肃社会科学》2006年第4期。

〔3〕朱福惠:《全国人大调查权研究》,载《现代法学》2007年第5期。

〔4〕参见袁兵喜、李秋高:《全国人大调查权能研究》,载《政治与法律》2010年第6期。

〔5〕参见温泽彬:《人大特定问题调查制度之改革》,载《法学》2015年第1期。

第九节　会议表决制度

“人大及其常委会表决制度的主要内容包括：表决的原则、方式、程序、法定人数、计算基准、意愿表示（如赞成、反对、弃权）、表决结果公布和表决的免责权等内容。”〔1〕根据议事规则，人大的表决一般分为议案和人事任免案的表决。其中，全国人大会议表决议案可以采用投票方式、举手方式或者其他方式表决；由全体代表的过半数通过，宪法的修改由全体代表的2/3以上的多数通过。会议选举或者决定任命，采用无记名投票方式；得票数超过全体代表的半数的，始得当选或者通过。

在实践中，全国人大在人事任免案和议案表决中一般采用无记名投票的表决方法、采取绝对多数制的表决原则和基准进行表决。第十三届全国人大第一次会议在表决宪法修正案草案时采用无记名投票方式，以全体代表的2/3以上赞成票通过。表决时，代表可以表示赞成，可以表示反对，也可以表示弃权。在表决其他各项议案时采用无记名按表决器方式，以全体代表的过半数赞成票通过。表决时，代表可以表示赞成，可以表示反对，也可以表示弃权。未按表决器的不计入表决票数。如表决器系统在使用中发生故障，改用举手方式表决。在进行选举和决定任命时，采用无记名投票方式。〔2〕 2018年3月11日，《宪法修正案》以赞成2958票，反对2票，弃权3票的投票结果获高票通过。〔3〕

2020年，出于疫情防控的需要，如往常一般只采用现场出席会议的方式召集会议不现实。各级人大及其常委会在召开会议时，往往采取现场出席和网络视频出席相结合的方式举行。同时在表决制度上也明确可以通过网络视频的方式参与表决，在第十三届全国人大常委会第十六次会

---

〔1〕 乔颖：《改善人大表决制度的思考》，载《人大研究》2010年第9期。

〔2〕 参见《第十三届全国人民代表大会第一次会议表决议案办法》和《第十三届全国人民代表大会第一次会议选举和决定任命的办法》，载《全国人民代表大会常务委员会公报》2018年第2号，第294～297页。

〔3〕 参见《〈中华人民共和国宪法修正案〉高票通过》，载人民网，http://bj.people.com.cn/n2/2018/0312/c233086-31330655.html，2020年6月30日最后访问。

议上,“以网络视频方式出席会议的常务委员会组成人员,通过网络视频参加表决”。[1]

在人大表决议案实践中,曾出现少数反对票否定议案的情形。[2] 实践中出现以少数反对票否定议案的通过的,主要有两个原因:一是未投票(未按表决器)和弃权票的价值未得到体现,简单与“反对票”混为一谈;二是投票计算基准以全体人大代表为基准,在与会代表缺席过多的会议上要求赞成票数过半的可能性较小。因此,较多学者认为,我国表决制度中表决原则过于单一、计算基准应进一步明确。

学者们提出许多改进我国人大表决制度的建议,例如,把绝对多数制与相对多数表决制相结合;对不同议案实行不同的表决原则,区分未出席会议、出席会议但未参加投票、弃权等不同情形,区分重要议案和普通议案的计票基准等。[3]

本书认为,我国人大表决制度在完善的过程中,应明确弃权票等中立票的中立价值,可以通过对议案重要性的划分分别采取以全体代表、出席代表为基准的不同计票方式,以避免再次出现少数反对票即导致议案未获通过的极端情形。同时,表决制度的完善还需要配合实行更为严格的代表考勤、请假制度,保证代表的出席率,提高议案表决结果的民主性、科学性。

---

〔1〕《第十三届全国人民代表大会常务委员会第十六次会议表决议案办法》,载《全国人民代表大会常务委员会公报》2020 年第 1 号,第 269 页。

〔2〕参见乔颖:《改善人大表决制度的思考》,载《人大研究》2010 年第 9 期。

〔3〕参见乔颖:《改善人大表决制度的思考》,载《人大研究》2010 年第 9 期;万其刚、蔡春红、苏东:《全国人民代表大会会议制度研究》,载《当代法学》2004 年第 6 期;蔡定剑:《人大会议表决计票方法研究》,载《法学》1994 年第 9 期。

第五章　完善中国人大议事规则的建议

第一节　人大议事规则的制度特征

本书所研究的人大议事规则,包括纸面上的规则(第三章)和行动中的规则(第四章)。结合前文梳理的人大议事规则的条文规定和实际运作,可以总结出中国人大议事规则的两大制度特征。简言之,一个特征是"组织引导个体";另一个特征是"程序概括简略"。这两个特点在前面几章都已经涉及。本章更加集中、详细地运用案例、举例等方式进行分析。

一、人大组织对代表个体的引导

中国人大制度可以归纳为集体主导制,包括集体的决策、集体的领导、集体的行动、集体的责任,侧重集体对个体的引导。这种集体对个体的引导体现在人大会议期间和闭会期间。

(一)人大会议期间

人大会议的主体是人大代表。根据《地方组织法》《代表法》等法律,代表在会上的活动包括出席会议、审议议案和报告、提出议案、参加各项选举、参加各项表决、提出询问、提出质询、提出罢免等。这些活动理论上是代表自发的,在议事规则的框架下以及实际运作中很多是由集体组织引导的。

1. 议案的提出与审议

以本书的样本广州市人大为例，根据《地方组织法》和《代表法》以及《广州市人民代表大会代表议案条例》的相关规定，广州市人大举行会议时，广州市人大代表10人以上联名可以向大会提出内容属于广州市人大职权范围的议案。

从广州市第十四届人大第一次会议开始，广州市将代表议案列入大会议程，由全体会议通过关于代表议案决议。会前，广州市人大常委会代表工作部门在各代表联组、专业小组的大力协助下，做了大量前期准备和协调工作，对相关文件和会议程序都根据法律规定进行周密安排。广州市第十五届人大第一次会议通过的41名代表联名提出的《关于全面加强水环境治理和保护工作的议案》（第001号）从产生到通过，从形成到表决的过程是一个典型的例子。

第一阶段是代表议案稿的前期调研和酝酿。2016年11月底，广州市人大常委会选联工委向各代表联组、各代表专业小组发出通知，征求关于代表大会拟提出议案和重点建议的议题意向，并将收集到的议案和重点建议意向及准备情况向主任会议作了报告。12月14日，广州市人大常委会主任陈某主持召开代表议案协调工作会议，听取了广州市人大常委会城建环资工委关于加强水环境治理代表议案准备工作情况和教科文卫工委关于推进重点民生基础设施规划与建设代表议案准备工作情况的汇报。会议决定，将加强水环境治理、推进重点民生基础设施规划与建设作为提交广州市第十五届人大第一次会议的代表议案。根据会议的要求，广州市人大常委会城建环资工委牵头做好加强水环境治理议案调研、起草等工作，市人大常委会教科文卫工委负责牵头做好推进重点民生基础设施规划与建设议案调研、起草，选联工委对于代表议案撰写、格式和提交大会程序等给予及时指导和把关。

第二阶段是提交代表议案稿。到代表大会议案截止时间2017年1月5日17时30分，广州市人大议案组收到各代表团提交的符合法定条件的代表议案2件，即41名代表联名提出的《关于全面加强水环境治理和保护工作的议案》(第001号)、36名代表联名提出的《关于推进教育、文化、卫生、体育、民政领域民生基础设施规划与建设的议案》(第002号)。议案组进行了认真研究,并向议案审查委员会提出了处理建议。1月5日19时30分,广州市第十五届人大第一次会议议案审查委员会召开第一次全体会议,会议听取了议案组《关于代表联名提出议案的收集情况和处理建议的报告》,审议了《广州市第十五届人民代表大会第一次会议议案审查委员会关于代表议案处理意见的报告(稿)》,表决通过了《广州市第十五届人民代表大会第一次会议议案审查委员会关于代表议案处理意见的报告(表决稿)》。

第三阶段是审议代表议案的前期工作。2017年1月6日上午,在广州市第十五届人大第一次会议主席团第三次会议上,大会主席团议案审查委员会的报告,同意将符合代表议案的法定条件并且所提出需要解决的问题条件比较成熟的2件代表议案,建议列入本次大会会议议程,交由各代表团审议。1月7日19时30分,议案审查委员会召开第二次全体会议,表决通过《广州市第十五届人民代表大会第一次会议议案审查委员会关于主席团决定列入大会议程的代表议案的审议结果的报告(表决稿)》和《广州市第十五届人民代表大会第一次会议关于林永亮等41名代表联名提出的〈关于全面加强水环境治理和保护工作的议案〉的决议(草案)》以及《广州市第十五届人民代表大会第一次会议关于栾玉明等36名代表联名提出的〈关于推进教育、文化、卫生、体育、民政领域民生基础设施规划与建设的议案〉的决议(草案)》。1月8日,在广州市第十五届人大第一次会议主席团第四次会议上,议案审查委员会主任委员向大会主席团报告《广州市第十五届人民代表大会第一次会议议案审查委员会关于主席团决定列入大会议程的代表议案审议结果的报告》。主席团通过报告和决议草案,交由各代表团审议后列入大会表决。

第四阶段是代表议案的审议与表决。2017年1月6日上午,各代表团对大会主席团第三次会议决定列入大会议程的林永亮等41名代表联名提出的《关于全面加强水环境治理和保护工作的议案》(第001号)、栾玉明等36名代表联名提出的《关于推进教育、文化、卫生、体育、民政领域民生基础设施规划与建设的议案》(第002号)进行了审议。各代表团赞成主席团将第001号、第002号代表议案列入大会议程交由各代表团审议的决定,并建议由市人大对以上议案作出相关决议,并由市人民政府制定落实决议的实施方案。根据《广州市人民代表大会代表议案条例》的有关规定,在吸收代表审议意见的基础上,议案审查委员会提出了《广州市第十五届人民代表大会第一次会议关于林永亮等41名代表联名提出的〈关于全面加强水环境治理和保护工作的议案〉的决议(草案)》以及《广州市第十五届人民代表大会第一次会议关于栾玉明等36名代表联名提出的〈关于推进教育、文化、卫生、体育、民政领域民生基础设施规划与建设的议案〉的决议(草案)》,提请大会全体会议表决。代表大会表决通过了两个议案及其决议。

在上述四个阶段中,议案审查委员会的工作是议会通常的专门委员会的工作,主席团的工作是前文所述中国人大的集体议长制的工作方式,而人大常委会选联工委、城建环资工委、教科文卫工委在代表议案议题的征集、议案调研和起草、代表议案撰写、格式和提交大会程序等方面的牵头、指导、把关则是本文所指出的集体对个体的"引导"。引导不同于议会工作机构对于议员的协助和服务。上述例子中的引导涉及了人大代表行动的发起、主题的选取、人员的入围。

议案的办理与落实,也离不开人大常委会的跟进督促。目前各地方人大都制定有相应规范性文件,将这种操作制度化。例如,《××县人民代表大会常务委员会关于规范县人大代表建议、批评和意见办理流程的办法》[1]《××镇办理人大代表议案和建议、批评、意见的办法》,[2]即使没有制定规范性文件,人大常委会也会制定工作方案,全程管理督导代表

〔1〕 参见《肥西县人民代表大会常务委员会关于规范县人大代表建议、批评和意见办理流程的办法》,载肥西县人大常委会网,http://www.ahfeixird.gov.cn/DocHtml/2019/3/1/904978724017.html,2019年12月25日最后访问。

〔2〕 参见《岳张集镇办理人大代表议案和建议、批评、意见的办法》,载淮南市人民政府网,http://www.ft.gov.cn/DocHtml/1/18/09/xxgk_2018091334622.html,2020年6月30日最后访问。

议案办理情况。例如，深圳市人大早在1990年就建立了代表议案建议提案管理信息系统，由人大代表工委负责管理，将代表议案建议提案分为未分办、未交办、已交办三类进行追踪。

2. 询问、质询的提出和受理

广义上的议事规则，除了名为“议事规则”的文件，还有其他一些名为“办法”“规定”“规范”的规范性文件。许多地方人大出台了规定询问和质询程序的规范性文件，从这些文件规定中也可以看出集体对个体的引导作用，尤其是常委会对于常委会组成人员的引导。

专题询问有两种形式。一种是《地方组织法》规定的在审议议案和报告时，代表可以向有关国家机关提出询问。实践中通常是在人大常委会会议上行使。例如，××县人大常委会专题询问办法规定，“本办法所称专题询问，是指县人大常委会在举行会议审议议案和有关报告时，组织常委会组成人员、列席会议的县人大代表就县人民政府、县人民法院和县人民检察院的相关工作进行的专门询问活动”。[1] 另一种是地方人大自己摸索出来的，即人大常委会特意设置议题，举办专题询问会议进行的专题询问。例如，《××县人民代表大会常务委员会专题询问办法》规定：本办法所指的专题询问，是指县人大常委会在审议县人民政府、县监察委员会、县人民法院、县人民检察院（以下简称“一府一委两院”）专项工作报告或人大常委会执法检查报告时，针对某特定事项或工作领域有关情况，对“一府一委两院”工作中需要作出说明、解释的问题，专门开展询问的活动。[2] 《××省人大常委会专题询问办法》规定“省人大常委会结合审议专项工作报告和执法检查报告，每年安排2～3个议题，组织常委会组成人员就省人民政府、省监察委员会、省高级人民法院和省人民检察院的相关工作开展专题询问。……专题询问一般在常委会联组会议上进行，由

---

〔1〕 参见《太湖县人民代表大会常务委员会专题询问办法》，载安徽省太湖县人大网，http://www.thrd.gov.cn/substance/guifanxingwenjian-14_2016.html，2020年6月30日最后访问。

〔2〕 参见《曲松县人民代表大会常务委员会关于对“一府一委两院”开展专题询问的办法》，载搜狐网，http://www.sohu.com/a/331823672_100021178，2020年6月30日最后访问。

常委会主任或副主任主持。委员和列席代表提问后,'一府一委两院'领导同志可以直接回答问题,也可以点名相关部门负责人回答问题。问题涉及多个部门的,可以点名其他相关部门负责人补充回答"。[1] 有的地方人大将两种形式的询问结合起来,不分彼此。例如,××省人大常委会专题询问办法规定"本办法所称专题询问,是指省人大常委会在会议期间,对省人民政府、省高级人民法院和省人民检察院某一方面工作进行的专门询问活动。开展专题询问一般与听取和审议专项工作报告、执法检查等监督方式相结合"。[2] 一些地方人大是用一个规范性文件对专题询问和质询同时做出规定的,上述地方人大的办法都写明了人大常委会的组织者引导者角色。

(二)人大闭会期间

人大集体对于代表个体的引导,在会下的活动中更为明显。因为我国的人大代表都是兼职代表,是有其本职工作和专业营生的。可以说,除了极少数人大代表会自发地在闭会期间依然积极履行其人大代表的职责,绝大多数代表是不会也不知道如何在会下承担人大代表的职责的。自发自觉积极履行代表职责的例子,如深圳的杨剑昌。2000 年至 2015 年,杨剑昌连续三届当选深圳市人大代表,向各级政府提出议案和建议 420 多个,文字达 60 万字,内容涉及经济、文化、教育、医疗等方方面面,被称为"议案大王"。2005 年至 2010 年,杨剑昌在自己的工作单位罗湖区消委会设立了深圳市第一个人大代表接访室,5 年共接待投诉 3000 多宗,接访 2 万多人,平均每天接访超过 10 人。这样在闭会期间积极履职的人大代表还有很多,如河南的姚秀荣、北京的吴青等。但与全国 300 多万的人大代表总数相比,仍属于极少数的个例。代表闭会期间的履职活动目前仍是以人大常委会的集体引导和组织为主。《代表法》规

---

〔1〕 参见《江苏省人大常委会专题询问办法》,载江苏省人民代表大会常务委员会网,http://www.jsrd.gov.cn/rdgk/rdgk_zq/gzxwj/201807/t20180713_500961.shtml,2020 年 6 月 30 日最后访问。

〔2〕 参见《吉林省人大常委会专题询问办法(试行)》,载法律图书馆网,http://www.law-lib.com/law/law_view.asp?id=569945,2020 年 6 月 30 日最后访问。

定，县级以上人大的常务委员会组织本级人大代表开展闭会期间的活动。

1. 代表与选民的联系

党的十八大报告提出“在人大设立代表联络机构，完善代表联系群众制度”。党的十九大报告提出“更好发挥人大代表作用，使各级人大及其常委会成为全面担负起宪法法律赋予的各项职责的工作机关，成为同人民群众保持密切联系的代表机关”。《代表法》规定“代表应当采取多种方式经常听取人民群众的意见，回答原选区选民或者原选举单位对代表工作和代表活动的询问，协助本级人民政府推行工作”。人民代表大会制度为代议制，而代议制的基本原理就是人民选举代表，代表对人民负责，传递人民的利益和需求到决策过程。代表与选民经常性常态化的联系，了解选民的诉求是正确反映民意的前提和必须。如本书第二章的分析，我国的人大代表制度属性是多元民主制，强调代表的履职行为应严格遵照选民的意志，侧重于在议会中反映社会的组成和不同群体的利益。当选民认为代表在议会中的言行与选民的意见不符时，选民就可以罢免撤换代表。在实践中，选民与代表的联系主要是靠人大常委会的组织安排。例如，有的地方人大设立“代表选民见面日”，有的地方人大安排代表向选民述职，有的地方人大设置代表联络工作站，这些都是普遍的实践，也是人大常委会的工作重点。2014 年，浙江省人大常委会还制定主任会议成员、常委会委员联系代表的两个办法，与 315 名基层省人大代表建立稳定的联系机制，通过“接待代表日”、座谈走访等方式联系代表 1300 多人次。[1] 2019 年 7 月，广东省人大常委会印发《关于加强新时代全省人大代表联络站工作的指导意见》，提出要在省内所有镇街建立代表联络站，达到网格化全覆盖。河南省人大官网建设了“河南人大代表网上联络站”，群众可以查询河南省各级人大代表履职动态、人大活动信息，还可以通过网上联络站与人大代表进行互动和联系。广州市人大制定了《广州

〔1〕 参见中国人大杂志：《浙江代表工作再开新局》，载中国人大网，http://www.npc.gov.cn/npc/c16115/201506/2727bee8aa7d4fb58c633e9a69507ed2.shtml，2020 年 6 月 30 日最后访问。

市人民代表大会常务委员会主任会议组成人员接待代表日办法》和《人大代表进社区工作办法》。早在1999年，广州市花都区就在个别镇试行人大代表向原选区选民述职活动。目前全省除了个别地级市外，广州、深圳等20个地级以上市所辖部分县乡人大都探索组织了人大代表向选民述职活动，一些地方人大还制定了《××县人民代表大会述职评议办法》《××市人大代表向选民述职办法》。[1]

2. 代表视察与约谈

《代表法》第22条规定，县级以上的各级人大代表根据本级人大常委会的安排，对本级或下级国家机关和有关单位的工作进行视察。乡镇人大代表根据本级人大主席团的安排，对本级人民政府和有关单位的工作进行视察。在视察的同时，代表可以提出约见本级或下级有关国家机关负责人。有的地方人大就出台了相关规定，例如，《××市人大代表持证视察暂行规定》、[2]《××市人大代表小组定向视察活动暂行办法》[3]等。法律和规范性文件都写明了人大常委会、人大主席团对代表视察工作的统一组织和引导角色。

3. 人大常委会组织代表对其他国家机关进行工作监督

2013年，广东省南雄市人大常委会在全省首创对国家机关进行“代表测评+人大评议”监督，具体做法是“在每年年初的市人大会议上组织代表对部门的满意度测评排序，将排名倒数两位的部门自动纳入市人大常委会年度专项工作评议中，给予3到6个月的整改期，由市人大常委会委员对整改成效进行评议投票，并评定等级，此举打通了人大会议与闭会期间的监督工作，实现了对部门的常态化监督”。[4] 安徽省界首市人大

---

〔1〕 参见杨洋：《“述”有专攻——人大代表述职的广东探索》，载南方网，http://news.southcn.com/nfzz/content/2019-03/03/content_185550097.htm，2020年6月30日最后访问。

〔2〕 参见《格尔木市人大代表持证视察暂行规定》，载格尔木市人民代表大会常务委员会网，http://www.gemrd.gov.cn/nd.jsp?id=337，2020年6月30日最后访问。

〔3〕 参见《市人大代表小组定向视察活动暂行办法》，载搜狐网，http://www.sohu.com/a/312519035_120034581，2020年6月30日最后访问。

〔4〕 《代表测评时部门工作评分低　南雄人大组织评议“重考”》，载新华网，http://www.gd.xinhuanet.com/newscenter/2019-08/23/c_1124910348.htm，2020年6月30日最后访问。

常委会制定《关于开展法官、检察官绩效评估办法》，常委会召开专题会议对法官、检察官进行评估审议和满意度测评，最后形成评估意见，要求整改落实。对于整改落实情况，常委会再次听取整改情况报告并再次测评。[1]

4. 人大常委会对人大代表的制度约束

除了上述对人大会下履职活动的组织安排，各地人大还出台制度为人大代表的履职提供激励与约束机制，例如，《××市人大代表履职管理办法》、[2]《××区人大常委会关于对代表约谈、函询的暂行办法》、[3]《××县人大常委会关于开展代表约谈活动的试行办法》等。

二、对程序的规定概括而非具体

我国涉及人大制度的法律大部分是概括性的规定，由地方立法加以细化补充。例如，《宪法》《地方组织法》《选举法》《代表法》只是提供了一个大体的制度框架，但是具体的操作程序却留待各地人大自己的摸索（如各地都出台了选举法实施细则），人大职权的内涵和边界则留待学术上的探索。因此，议事规则本身就是对法律的补充，但是议事规则依然是概括性的。

（一）关于会期和议程

会期首先指的是会议举行的日期。“会期制度是关于立法机关在一定时期内开会的间隔及每次开会的时间的制度。”[4]简言之就是每年什么时候开会，开多少次，每次开多少天。会期是指议会处于活动的期间，就是在哪天开会，开多久的会。“议会在一定的会期内才具有议事和决策

---

〔1〕　参见《依法履职　开创县级人大工作新局面》，载中安在线，http://ah.anhuinews.com/qmt/system/2015/01/13/006653682.shtml，2020年6月30日最后访问。

〔2〕　参见《格尔木市人大代表履职管理办（试行）》，载格尔木市人民代表大会常务委员会网，http://www.gemrd.gov.cn/nd.jsp?id=766，2020年6月30日最后访问。

〔3〕　参见《泉港区人大常委会关于对代表约谈、函询的暂行办法》，载泉州人大网，http://www.qzrd.gov.cn/xsqrddt/1805.jhtml，2019年12月25日最后访问。

〔4〕　李林：《坚持和完善全国人大的会期制度》，载《当代法学》2004年第6期。

的能力。"[1]"议会以会期进行活动……议会由于开会取得活动能力,由于闭会丧失活动能力。"[2]

全国人大的会期由人大常委会决定。全国人大议事规则规定,"全国人民代表大会会议于每年第一季度举行。全国人民代表大会常务委员会认为必要,或者有1/5以上的全国人民代表大会代表提议,可以召开全国人民代表大会临时会议"。"每届全国人民代表大会第一次会议,在本届全国人民代表大会代表选举完成后的两个月内,由上届全国人民代表大会常务委员会召集。"各地的人大议事规则基本上重复照搬了这一规定,并由同级人大常委会决定会期。之所以将这种规定界定为"概括性",是对应具体而固定的会期模式而言的。会期的固定化可以说是立法机关制度化的重要体现。会期的制度化标志议会运转的正常化法治化。

会期制度的设计首先要考虑会期长短。根据有关统计,各国会期最长的是125天以上,最短的是24天以内。[3] 对于议会会期的长短,理论上其实有着争议。洛克认为"由于那些必须经常加以执行和它们的效力总是持续不断的法律,可以在短期间内制定,因此,立法机关既不是经常有工作可做,就没有必要经常存在"。[4] 不过这种观点已经过时,因为立法机关不仅要立法,还有财政、反映民意等诸多职能。孟德斯鸠也提到,立法机关时时集会也不必要。这不但对代表不便,而且将过度地占据行政者的时间与精神;行政者将不关心行政而只考虑如何防护它的特权和它所具有的行政权力。[5] 2012年以前,英国每届议会的各次会期自11月起,至次年11月止。2012年,经议员提议,各届议会会期起止时间调整为春季,每届议会有5次会期。[6]

会期的决定方式有三种:第一种是议会自主决定,第二种是国家元首

---

[1] 侯学华:《西方国家政治制度比较研究》,时事出版社2011年版,第251页。
[2] 董璠舆:《外国议会议事规则》,中国政法大学出版社1993年版,第102页。
[3] 参见吴大英等:《比较立法制度》,群众出版社1992年版,第354页。
[4] [英]洛克:《政府论》(下篇),叶启芳、瞿菊农译,商务印书馆1996年版,第89页。
[5] 参见[法]孟德斯鸠:《论法的精神》(上),张雁深译,商务印书馆1995年版,第161页。
[6] 参见蒋劲松:《代议法导论》,法律出版社2016年版,第173页。

决定,第三种是宪法来规定。许多国家在宪法中规定了议会的会期,包括会期持续时间和会期的固定起止日期。许多国家在宪法中规定议会的会期,包括会议间隔时间和会议的固定起止日期。这属于比较具体而固定的会期模式。例如,奥地利《宪法》第28条规定议会的会期是每年9月15日至次年7月15日,巴西《宪法》第57条规定议会每年第一个会期为2月2日至7月17日,第二个会期为8月1日至12月22日。[1] 并不是所有国家都采取了具体固定的模式,有的国家也是概括授权给议会自行决定会期的。

蒋劲松指出,议会会期应遵循"足时"原则,因为"会期的长短揭示代议机关是否享有足够的时间行使其职权,而这又最有效地反映其职权的大或小、虚与实"。[2] 在蒋劲松统计的182个国家中,有92个国家的议会实行较长会期,即一年内会期达4个月以上,其中83个国家的议会会期达6个月以上。[3] 本书同意蒋劲松的判断,会期的长短应以人大发挥其各项职能(财政权、监督权、立法权、任免权等)为出发点。我国的人大是"一院双层"结构,常委会是人代会的常设机关,也是人大的组成部分,[4] 可以视为属于第一类,即议会自行决定开会日期、次数、间隔。关于是否要固定全国人大的开会日期,在起草1982年《宪法》时就曾有过讨论。荣毅仁、耿飚、康克清等党内老人同时也是宪法修改委员会委员都曾提出过"定个开会时间",把举行会议日期固定下来以求制度化。[5] 最终1982年《宪法》没有将人大具体会期写入。彭真同志在向中央写的《关于宪法修改的几个问题的报告》中提道:"不少人要求具体规定全国人代会开会的会期,原来准备定为每年第四季度或第一季度。后来考虑在宪法规定了就要确保实行,关键是国务院能不能按期提出国民经济计划、预算和预

〔1〕 参见蒋劲松:《代议法导论》,法律出版社2016年版,第161～162页。

〔2〕 同上书,第133页。

〔3〕 同上书,第195页。

〔4〕 参见浦兴祖:《人大"一院双层"结构的有效拓展——纪念县级以上地方各级人大常委会设立30周年》,载《探索与争鸣》2009年第12期。

〔5〕 参见刘政:《从历史进程看人民代表大会会期制度的完善》,载《中国人大》2006年第1期。

算执行情况。事实上建国以来计划和预算很少是在第一季度或前一年第四季度提出的,写了不执行就违宪,因此草案只写了每年开会一次,未规定会期。"[1]对人大会期制度化的要求,是有前瞻和国际眼光的。但是也应该认识到,20世纪80年代是改革开放的启程,在国家社会各方面都未实现制度化时,要求人大会期的制度化,的确有些刻舟求剑了。随着政治法治的发展和稳定,实际上人大会期已经走向制度化。在实践中,根据本书第四章的统计,第十二届和第十三届全国人大的历次会议都于每年第一季度的3月5日举行,已经成为宪法惯例。在地方层面,会议召开时间就没有这样固定了,除了每届人大第一次会议按照要求在本届代表大会代表选举完成后的两个月内,由上届常务委员会召集,之后每年例会的举行时间就不固定了。有人指出,"什么时间召开大会,一般由地方各级党委根据工作情况来确定,为避免各级会议时间发生冲突,根据上级人大召开时间来确定本级会议召开时间,有时安排在12月(如换届),有时安排在1月、2月或3月、4月,特别是乡镇人大会议一般都安排在3月或4月召开。同时,会议召开的时间不确定性和同级不同步,也造成了上级召开的各种工作会议与下级人大会议时间往往发生冲突,使出席或列席人大会议的有关党政领导和部门负责同志频繁请假参加上级有关会议,影响本级人大会议的正常召开"。[2]

此外,会期指的是"代议机关每年开会的次数及每次会议的天数"。[3]"人民代表大会的会期制度,主要包括两个方面:一是召开会议的时间是否确定;二是每次会议举行的时间长短"。[4]我国的全国人大议事规则和各地人大议事规则并没有规定每次会议的天数。至于实践中的情况,如本书第四章所统计的,全国人大每年的会议一般都在10天上下,最长的一次是15天,即2018年举行的第十三届全国人大第一次会

[1] 刘政:《从历史进程看人民代表大会会期制度的完善》,载《中国人大》2006年第1期。
[2] 徐亚荣:《地方人大会议会期制度之思考》,载《楚天主人》2014年第5期。
[3] 蒋劲松:《代议会期制度探究》,载《法商研究》2015年第1期。
[4] 刘政:《从历史进程看人民代表大会会期制度的完善》,载《中国人大》2006年第1期。

议。如第四章显示,地方人大的实际会期一般短于全国人大会期。对于全国人大和地方人大的每次开会时间长短,目前理论界的共识就是我国人大开会的会期过短。怎样评价这种模式呢?这种模式是比较灵活的,也是符合我们的发展阶段的。我国的民主和法治还处于快速发展的阶段,很多制度处于建设中,做法成熟之后才会入法。并且,会期长短是由会议议程决定的,每年所要讨论的国家大事不一样,议程也不一样,开会日期自然不同。有人观察,"议程中有选举、立法任务的,会期就长一点;议程中没有选举、立法任务的,会期就短一些"。[1] 所以,不宜下死规定。但是不管议程繁简,开会时间都应该充分。

与会期紧密相关的是议程。"人代会的会期制度包括法律所规定的各级人代会每届和每年召开正式会议或者临时会议的次数、每次会议召开与闭幕的日期、会议时间的长短、会议的日程和前述内容的确定程序。"[2] 议程可以分为议事日程和具体议程,其中议事日程就如同公式,具体议程是对公式的填充。议事日程是关于所有例行会议的议事程序,具体议程则是具体到每次例行会议上提出和审议哪些议案和其他动议。议事日程是指有关全体会议开议的期日及时间,以及交付该期日会议的议案及其他案件以及付议顺序的预定表。[3] 会议日程也被称为会议程序(order of business),是指处理会议事务的先后顺序,一般是将属于同一类别的事务放在一起处理,然后规定这几类事务的先后顺序,这个程序适用于所有的例行会议。[4] 议会会议日程有其特定模式。议事日程是指各类别的事务的处理顺序。这种议事顺序是例行的、公式化的。各国、各地区的议事规则的议事日程安排有三类模式:一是具体、固定化地规定议事程序;二是议事规则会大致地、原则性、指导性地规定议事程序;三是不

[1] 陈寒枫:《人代会会期制度的完善——进一步完善人大及其常委会会议制度、工作程序和议事规则的探索之二》,载《人大研究》2007 年第 7 期。

[2] 同上。

[3] 参见董璠舆:《外国议会议事规则》,中国政法大学出版社 1993 年版,第 269 页。

[4] 参见[美]亨利·罗伯特:《罗伯特议事规则》(第 11 版),袁天鹏、孙涤译,格致出版社、上海人民出版社 2015 年版,第 258~259 页。

明文规定议事日程。

1. 有的议事规则具体、固定化地规定议事程序。例如,我国香港特别行政区立法会的议事规则C部"事项编排"专章规定"每次会议的事项须依照以下次序处理……(a)进行宗教式或非宗教式宣誓。(b)致悼辞及其他礼节性演词。(c)立法会主席宣读各项文告及作出各项宣布。(d)提交呈请书。(e)将文件、委员会报告提交立法会省览。(f)向政府提出质询及由政府作答。(g)由获委派官员发表声明。(h)作出个人解释。(i)政府提交的法案。(j)政府提出的议案。(k)议员提交的法案。(l)议员提出的议案。(m)处理根据本议事规则给予许可的要求。(n)其他事宜。"[1]再如,美国众议院议事规则第14章"程序和议事优先顺序"(Order and Priority of Business)第1条规定"每日的议事日程(daily order of business)如下:(a)由牧师进行祈祷;(b)议事录(Journal)的朗读与批准;(c)对国旗进行效忠宣誓;(d)修正公共议案(public bills)的提交;(e)众议长桌上的事务的处置;(f)未尽事务的处置;(g)晨会时间审议由委员会提出的议案……"[2]

2. 有的议事规则会大致地、原则性、指导性地规定议事程序。例如,英国贵族院议事规则"事务安排"(arrangement of business)专章第39条议事程序(order of business)规定除另有规定外,"全院大会应当按照在议事登记簿(the order paper)上的顺序,处理当日事宜"。[3] 第40条规定了各项事务的优先级,"(a)口头质询(Oral Questions)应优先于其他事务的议题被列入议事登记簿;(b)私事议题应优先于有关公共议题;(c)与本院事务有关的议题以及与各委员会主席有关的议题,应比其他公

[1] 《香港特别行政区立法会议事规则》,第15~16页,C部事项编排。

[2] Rules of the House of Representatives(2017),rule XIV,1. 参考译文:《英、法、美、德、意、日六国议会议事规则》,尹中卿等译,中国民主法制出版社2005年版,第301~302页。

[3] The Standing Orders of the House of Lords Relating to Public Business(2016),Article 39. 参考译文:《英、法、美、德、意、日六国议会议事规则》,尹中卿等译,中国民主法制出版社2005年版,第84~85页。

共事务有优先权…… ”[1]《德国联邦议院议事规则》第六章第 20 条规定，联邦议院每次会议的日期和日程在元老委员会（Council of Elders）中商定。[2]

3. 不明文规定议事日程。例如，日本众议院议事规则没有专章规定议事日程，也没有规定议长有权设定议事日程。其规定议长的权限是召集会议，维持秩序。[3]

我国议事规则的议事日程的模式属于第三种，即只是规定了各个类别的事务，但并未规定各类别的先后顺序。中国的全国人大议事规则将全国人大全体会议的议事日程分类为：（a）议案的提出和审议；（b）审议工作报告、审查国家计划和国家预算；（c）国家机构组成人员的选举、罢免、任免和辞职；（d）询问和质询；（e）调查委员会；（f）发言和表决。这些类别之间也无法安排次序，因为有些是需要同时进行的；询问发生在各代表团审议议案和有关报告的时候；发言和表决贯穿整个议事过程。所以，人大议事规则的这个分类和体例并不能被视为例行的议事日程。虽然我国的人大议事规则没有明文规定议事日程，但是实践中已经约定俗成例行程序。实践中，历次人大的分类事项依以下次序展开：（a）审议政府工作报告；（b）审查上一年国民经济和社会发展计划执行情况与当年国民经济和社会发展计划草案的报告；（c）审查上一年中央和地方预算执行情况与当年中央和地方预算草案的报告；（d）审议议案及法律草案；（e）审议全国人大常委会工作报告；（f）审议最高人民法院工作报告；（g）审议最高人民检察院工作报告；（h）选举和决定任命国家机构组成人员（选举一般在换届后的第一次会议进行）；（i）其他。与西方国家的议事日程相比，

---

〔1〕 The Standing Orders of the House of Lords Relating to Public Business(2016), Article 40. 参考译文：《英、法、美、德、意、日六国议会议事规则》，尹中卿等译，中国民主法制出版社 2005 年版，第 84～85 页。

〔2〕 Rules of Procedure of the German Bundestag and Rules of Procedure of the Mediation Committee, rule 20(1). 参考译文：《英、法、美、德、意、日六国议会议事规则》，尹中卿等译，中国民主法制出版社 2005 年版，第 419 页。

〔3〕 参见《英、法、美、德、意、日六国议会议事规则》，尹中卿等译，中国民主法制出版社 2005 年版，第 603～604 页。

我国的议事程序更为务实,少了一些仪式性、宗教性的内容,符合我国的社会主义特征。

例行的归类和排序后,在每一类别的事务里,每次会议中又有具体的选择和排序,这就是具体的议程(agenda)(orders of the day)。议程是有针对性的,“是指事先安排好一项事务指定在某一次会议上、或某一场会议上、或某一天、甚至某一时刻处理”。[1] 简言之,就是该次会议要讨论哪项议案和法案,哪些议案和法案就被列入议程。如果把会议日程比作一个公式,议程就是对这个公式的填充。议程设置这项权力一般由议长行使。议长在设置议程时可以决定各项动议的优先级。议长设置议程的权力是显著的,提交到会议的动议有许多,议长在设置议程时决定哪些动议可以进入议程得到讨论和处理。“议程设置是指对各种议题依重要性进行排序。……公众议程是引起社会大众广泛关注的问题;政策议程是指决策者认为至关重要的问题。”[2] 被列入议程的法律草案和议案一般是重要的和亟须出台的,符合当时的社会经济政治法律发展需要的,回应大众需求的并且已经条件成熟的可以提请人大审议的。例如,第十三届全国人大常委会立法规划包含了116件法律草案,这些法律草案不会“一揽子”全部提交到一次会议上审议和通过。第十三届全国人大第一次会议审议了《宪法修正案(草案)》《监察法(草案)》,第二次会议审议了《监察法(草案)》。

人大议事规则对于具体议程的规定也是采取授权式概括的模式。关于全国人代会的议程,“全国人民代表大会常务委员会在全国人民代表大会会议举行前,进行下列准备工作:(一)提出会议议程草案……”关于全国人大常委会的议程,“委员长会议拟订常务委员会会议议程草案,提请常务委员会全体会议决定。常务委员会举行会议期间,需要调整议程的,由委员长会议提出,经常务委员会全体会议同意”。地方各级人大及其常

---

〔1〕 [美]亨利·罗伯特:《罗伯特议事规则》(第11版),袁天鹏、孙涤译,格致出版社、上海人民出版社2015年版,第259页。

〔2〕 王绍光:《中国公共政策议程设置的模式》,载《中国社会科学》2006年第5期。

委会议事规则也效仿了这一规定。本书第二章提出，我国的人大制度在民主集中制的指导下，实行的是一种独特的“集体议长制”，因此，人大常委会、委员长会议行使议长的设置议程的职权。

（二）关于法定人数

法定人数是指议会开始议事或做出决议的必要的出席人数。法定人数规定的过少，会降低多数决的价值并影响议事权威，法定人数规定的过多，又容易流会，使议事不可能完成。[1] 法定人数分为出席会议的法定人数和表决通过环节的法定人数。会议的法定人数有两种规定方法：一种是规定一个具体的数。如英国规定，贵族院开会的法定人数为 30 人，众议院为 40 人。爱尔兰规定，参议院 12 人，众议院 20 人。另一种是规定一个比率。多数国家和社会组织都采用这种规定方法，我国也是采用比率法。[2] 人大议事规则一般是规定全体会议要有 2/3 以上的代表出席方得举行；表决议案、决议、决定需有全体代表的过半数参加表决方为有效，获全体代表过半数赞成方为通过。唯一的例外是《宪法》的修改要求全体代表的 2/3 以上的多数通过。人大议事规则里关于法定人数的规则，可以看作提出了四个对法定人数的要求：第一个是提议举行会议的法定人数，一般是规定 1/5 以上的人大代表提议；第二个是举行会议的法定人数，一般要求 2/3 以上的代表出席；第三个是提出议案的法定人数，这里面又分两类，一类是普通的议案和质询案，要求一个代表团或者 30 名以上的代表联名提出，另一类是罢免案和特定问题调查，则需要主席团、三个以上的代表团或者 1/10 以上的代表提出；第四个是议案的表决，一般要求由全体代表的过半数通过，特殊的是《宪法》的修改，由全国人大全体代表的 2/3 以上的多数通过。

与人大议事规则中的其他规则相比，对法定人数的规定有上述规定，已经考虑较为全面。但是也有未涵盖的方面，例如，举行会议所要求的法

---

〔1〕 参见董璠舆：《外国议会议事规则》，中国政法大学出版社 1993 年版，第 118 页。

〔2〕 参见蒙城人大：《【履职知识】关于会议的法定人数，你了解多少?》，载搜狐网，http://www.sohu.com/a/284173678_120039523，2020 年 6 月 30 日最后访问。

定人数不足的情形,表决时法定人数不足的情形,以及对不同类型的议案提出动议的人数要求的进一步区分,因此也可以视为是较为概括的规定。其他国家或地区的议会议事规则有一些是对表决所需法定人数的特殊情形作出规定的。一种处理方式是非强制性的,网开一面的妥协。例如,法国国民议会议事规则规定议会闭会期间,常设委员会开会必须达到法定人数,即全体成员的多数出席,如果出席者的1/3提出要求,表决的有效要求必须达到法定人数,法定人数不足而不能进行表决时下一次会议不得在3个小时内召开,但是下一次会议无论多少人出席其表决都有效。[1]另一种处理方式是强制要求议员出席。例如,香港立法会议事规则对于法定人数不同的情形规定如下:如果出席会议的法定人数不足,立法会主席有权并且必须指示传召议员到场;15分钟后如仍不足法定人数,立法会主席就宣布休会待续;点名表决时如果在席的议员不足法定人数,点名表决无效。英国贵族院议事规则规定,在表决议案时,如果参与表决的议员不足30人,议长宣布表决未通过,顺延至下一次会议举行。[2]

目前尚未有人大会议表决人数不足的报道或文献,但不代表不会发生。在修改、完善议事规则时,可以考虑列入相关规定,以加强人大议事规则的纪律性。

(三)关于动议的提出和审议

我国人大会议期间的动议包括议案、工作报告、国民经济和社会发展计划、预算、质询与询问、罢免案、特定问题调查。人大议事规则并未明确提出议案的分类。全国人大议事规则第二章"议案的提出和审议"里面先是规定了议案的提出和审议,接着又特别规定了法律案的提出和审议,并且两个规定略有不同,因此,可以将法律案看作一种特殊的议案,也可以认为法律案与议案是并列的。这一章还规定了代表建议、批评、意见的处

---

〔1〕 参见《英、法、美、德、意、日六国议会议事规则》,尹中卿等译,中国民主法制出版社2005年版,第118页。

〔2〕 同上书,第90页。

理,那么是否也可以将其视为议案的类型?[1]议事规则里这样的议案类型的分类是体系性不明显,并且缺乏理论支撑的。不同类型的动议或者议案,其提出和审议程序一般是有区别的,需要系统性地进行区分。议会议事规则根据不同的分类依据对于动议做出不同分类。(1)根据动议提出主体作出的分类。在英国议会中,政府提出的法案被称为政府法案,议员个体提出的法案被称为议员法案。在日本议会中,日本政府所提立法提案为内阁法案,议员提出的则称为议员法案。《香港特别行政区基本法》第72条和第74条针对政府法案和议员法案作出了特别的规定,规定政府提出的议案优先列入立法会议程;涉及公共开支、政治体制及政府运作的法律草案只能由政府提出;立法会议员提出涉及政府政策的法律草案,在提出前必须得到行政长官的书面同意。(2)根据动议对象作出的分类。例如,英国议会中的法案分为公法案和私法案,以及两者的混合法案。(3)根据动议的内容做出的分类。例如,在英国议会的公法案中又区分了普通法案、金钱法案和司法法案。[2]

有全国人大工作者讨论过我国人大议案的历史,据其考证,从第一届全国人大到第六届全国人大第一次会议,全国人大代表提出的议案称作提案,第一届全国人大第一次会议设立了提案审查委员会。而这时的提案其实是议案和建议、批评和意见的统称。[3] 而代表提案这个说法来自全国政协议事规则,后来“提案”一词人大就不再使用了。现在明确人大使用“议案”这个名称。人大代表议案如果按其内容,首先要遵守“本级人大职权范围内”这条规定。《代表法》第9条规定,代表有权依照法律规

[1] 《〈中华人民共和国地方各级人民代表大会和地方各级人民政府组织法〉释义》认为法规案、决议案、决定案、人事任免案、国民经济和社会发展计划案、财政预算案、罢免案、特定问题调查案都属于议案。而质询和工作报告不属于议案。代表建议、批评、意见也不属于议案。参见乔晓阳、张春生主编:《〈中华人民共和国地方各级人民代表大会和地方各级人民政府组织法〉释义及问题解答(修订版)》,中国民主法制出版社2006年版,第27页。

[2] 参见苏新建:《人大监督程序研究——基于议事程序的视角》,中国法制出版社2014年版,第143页。

[3] 参见陈荧、李克兵:《全国人大代表议案的基本概念及分类问题》,载《人大研究》2004年第10期。

定的程序向本级人大提出属于本级人大职权范围内的议案。《地方组织法》也有同样的规定。议事规则只是照搬了法律的原话,没有做出进一步的指引,因而现实中,很多代表议案并不是属于本级人大职权范围的。[1]所以,在人大议事规则中做出关于议案的类型和内容的具体规定是有必要的。

对于代表议案的审议,法律规定也是模糊的。《代表法》第 9 条规定:"……代表依法提出的议案,由本级人民代表大会主席团决定是否列入会议议程,或者先交有关的专门委员会审议、提出是否列入会议议程的意见,再决定是否列入会议议程。列入会议议程的议案,在交付大会表决前,提出议案的代表要求撤回的,经主席团同意,会议对该项议案的审议即行终止。"《地方组织法》第 18 条规定:"地方各级人民代表大会举行会议的时候,主席团、常务委员会、各专门委员会、本级人民政府,可以向本级人民代表大会提出属于本级人民代表大会职权范围内的议案,由主席团决定提交人民代表大会会议审议,或者并交有关的专门委员会审议、提出报告,再由主席团审议决定提交大会表决。县级以上的地方各级人民代表大会代表十人以上联名,乡、民族乡、镇的人民代表大会代表五人以上联名,可以向本级人民代表大会提出属于本级人民代表大会职权范围内的议案,由主席团决定是否列入大会议程,或者先交有关的专门委员会审议,提出是否列入大会议程的意见,再由主席团决定是否列入大会议程……"其只是规定了议案提出后是否被列入议程,并没有规定议案的审议,以及不同类型的议案的不同审议程序。从上文提到广州市人大代表议案的例子可以看出,实际操作中的步骤更复杂,从代表议案的前期酝酿到提出和审议,涉及的人大组织机构不只委员会和主席团,其他组织特别是议案审查委员会发挥着重要作用。

相比于法律,《全国人大议事规则》有更详细的步骤,是对法律的补

---

〔1〕 参见陈荧、李克兵:《全国人大代表议案的基本概念及分类问题》,载《人大研究》2004 年第 10 期;乔晓阳、张春生主编:《〈中华人民共和国地方各级人民代表大会和地方各级人民政府组织法〉释义及问题解答(修订版)》,中国民主法制出版社 2006 年版,第 28 页。

充。《全国人大议事规则》规定了:(1)关于法律案的审议程序:全国人大会议举行前,全国人大常委会对准备提请会议审议的重要的基本法律案,可以将草案公布,广泛征求意见,并将意见整理印发会议。法律案列入会议议程后,交由各代表团审议,并由法律委员会和有关的专门委员会审议。法律委员会根据各代表团和有关的专门委员会的审议意见,对法律案进行统一审议,向主席团提出审议结果报告和草案修改稿,主席团审议通过后,将修改后的法律案提请大会全体会议表决。(2)法律案之外的议案的审议程序:列入会议议程的议案,提案人应当向会议提出关于议案的说明。议案由各代表团进行审议,主席团可以并交有关的专门委员会进行审议、提出报告,由主席团审议决定提请大会全体会议表决。本书第四章已经提出,经过观察发现,全国人大代表联名提出的议案无一被列入大会议程审议。没有被列入议程的原因是议案的立法必要性、可行性、合法性需要进一步研究论证,也就是说,代表议案本身的质量不高。

此外,不同动议主体提出的议案有不同的处理方式,由全国人大常委会法工委编写的人大工作指导用书解释说,主席团、常委会、各专门委员会、本级人民政府所提出的议案必须列入人大会议审议,而代表联名提出的议案则有不列入这个选项。[1] 还有一个需要考虑的问题,就是在审议过程中代表团及代表个体有没有提出议案修正案的权利。如第三章所梳理发现的,有的地方人大议事规则明确了代表对于列入会议议程的议案或者准备交付大会表决的决议、决定草案提出书面修正案的权利,全国人大议事规则则没有明确这项代表权利。

从法律和人大议事规则的规定来看,代表建议、批评和意见不宜视为议案的类型,因为其形式要件、处理方式都是不同的。建议、批评和意见不要求有案由、案据和方案。处理方式也不是交由代表团、委员会、大会审议,而是由全国人大常委会办事机构交由有关机关、组织处

〔1〕 参见乔晓阳、张春生主编:《〈中华人民共和国地方各级人民代表大会和地方各级人民政府组织法〉释义及问题解答(修订版)》,中国民主法制出版社2006年版,第28页。

理和答复。

以上是对人代会议事规则的分析。人大常委会议事规则的规定非常相似,不同的是提出动议的主体和人数要求。所以上述对于人代会议案的提出和审议的分析,同样适用于人大常委会,即各级人大常委会关于议案的提出和审议的规定也需要进一步完善。

(四)关于发言和表决

"议员发言是议院的生命。"[1]"议会被称为言论之府。"[2]各国议事规则中许多的具体规则,以及议事规则理论中的元规则,都是对发言和辩论环节的规制,包括议事公开原则、议事平等原则、一事一议原则、一事不再议原则、会议发言免责原则、限时限次原则、发言完整原则、文明表达原则等。一般而言,议会发言规则包括以下几个方面:(1)发言的次序;(2)发言的内容;(3)发言的时间;(4)发言的方式;(5)发言的限制,等等。例如,《香港特别行政区立法会议事规则》H部"发言规则"规定:[3](1)议员发言时须起立,发言后须坐下;(2)如果两名或两名以上议员同时示意发言,由立法会主席或全体委员会主席选择其中一名允许其发言;(3)议员发言不得超过15分钟,除非经立法会主席和全体委员会主席许可才有例外;(4)议员不得打断其他议员的发言;(5)一般而言,议员就每项议题发言不得多于一次,但也有一些议事规则规定的例外情形;(6)已就某议题发言的议员,可再次发言以解释先前发言中被误解的部分,但是不可提出新的事宜,只能就被误解的部分发言;(7)议员只限对讨论中的题目发表意见,不得提出与该题目无关的事宜;(8)如果立法会主席或全体委员会主席认为对案件有妨害,议员不得提述尚待法庭判决的案件;(9)立法会在会期内已做决定的议题,议员不可发言企图令立法会再次考虑;(10)不可对立法会议员使用冒犯性及侮辱性言辞;(11)议员不可发

---

[1] 周叶中:《代议制度比较研究》,武汉大学出版社2005年版,第213页。

[2] 董璠舆:《外国议会议事规则》,中国政法大学出版社1993年版,第274页。

[3] 议事规则一般是将发言规则与辩论规则规定在一起的。香港立法会议事规则的前身,立法局会议常规的H部"辩论规则",其基本内容就是被立法会议事规则H部"发言规则"所沿袭。

言意指另一议员有不正当动机；（12）不得以行政长官之名左右立法会；（13）议员发言不得提及法官或其他履行司法职能人士的行为。《英国贵族院议事规则》在“辩论（debates）”一章规定：（1）议员发言时都必须脱帽、站立；（2）议员发言时，面向全体议员；（3）在相关辩论和最后辩题开始前提出动议；辩论结束后不发言；（4）一项动议发言不能超过一次；（5）禁止粗暴言论；（6）阻止争吵；等等。[1]

人大议事规则对于发言和表决有专章规定。全国人大议事规则有以下规定：（1）规定发言次数，代表在大会全体会议上发言的，每人可以发言2次。（2）规定发言时限，第一次不超过10分钟，第二次不超过5分钟。（3）规定发言顺序，要求在大会全体会议上发言的，应当在会前向秘书处报名，由大会执行主席安排发言顺序；在大会全体会议上临时要求发言的，经大会执行主席许可，始得发言。

从实际操作来看，人大代表在大会上发言的情况很少，大部分的发言是在代表团全体会议和分组会议上。以2019年3月的第十三届全国人大第二次会议为例，会议日程是：

3月5日上午举行第一次全体会议也即开幕会，听取政府工作报告、审查2018年国民经济和社会发展计划执行情况与2019年国民经济和社会发展计划草案的报告、审查国务院关于2018年中央和地方预算执行情况与2019年中央和地方预算草案的报告；下午就是代表团全体会议审议政府工作报告。

3月6日全天代表小组会议审议政府工作报告。

3月7日上午代表团全体会议审查计划报告和预算报告，下午代表小组会议审查计划报告。

3月8日上午代表小组会议审查预算报告，下午举行代表大会第二次全体会议。第二次全体会议听取全国人大常委会工作报告和法律草案的

[1] The Standing Orders of the House of Lords Relating to Public Business(2016), Article 26－30,32－33. 参考译文：《英、法、美、德、意、日六国议会议事规则》，尹中卿等译，中国民主法制出版社2005年版，第82～83页。

说明。

3月9日上午代表团全体会议审议全国人大常委会工作报告,下午代表小组会议审议全国人大常委会工作报告。

3月10日上午代表团全体会议审议外商投资法草案,下午代表小组会议审议外商投资法草案。

3月11日休息。

3月12日上午代表大会第三次全体会议,听取"两院"工作报告,下午代表团全体会议审议法律草案修改稿、"两院"工作报告。

3月13日全天代表小组会议审议两院工作报告。

3月14日上午代表小组会议审议关于政府工作报告、年度计划、年度预算的三个决议草案,下午代表团全体会议审议关于政府工作报告、年度计划、年度预算、全国人大常委会工作报告、最高人民法院工作报告、最高人民检察院工作报告的六个决议草案以及《外商投资法》草案建议表决稿。

3月15日上午举行第四次全体会议也即闭幕会,对上述决议草案进行表决。

从上述议程可知,全体会议主要是听取和表决,真正的审议都发生在代表团全体会议和代表小组会议上。[1] 有学者认为,"全体会议的代表在正常情况下大约有三分之二的时间是在功能性代表团体和小组会议上讨论"。[2] 而议事规则恰恰没有对代表团会议和代表小组会议的发言规则作出规定。根据本书的调研,代表团和代表小组的发言是存在许多秩序上的问题的,如主持人维持秩序不力、发言不结合审议对象展开、发言没有时间限制、发言随意被打断等。所以,议事规则理应对人代会的代表团发言和小组会议发言作出规定。

与全国人大议事规则相比,全国人大常委会关于发言的规则就更加

---

〔1〕 参见《北京代表团审议全国人大常委会工作报告》,载新浪网,https://news.sina.com.cn/c/2019-03-10/doc-ihrfqzkc2614026.shtml,2020年6月30日最后访问。

〔2〕 孙哲:《全国人大制度研究》,法律出版社2004年版,第84页。

全面,不仅规定了全体会议,也对联组会议和分组会议作出规定。(1)规定发言要围绕主题:常务委员会组成人员在全体会议、联组会议和分组会议上发言,应当围绕会议确定的议题进行。(2)规定发言的顺序安排:常务委员会全体会议或者联组会议安排对有关议题进行审议的时候,常务委员会组成人员要求发言的,应当在会前由本人向常务委员会办事机构提出,由会议主持人安排,按顺序发言。在全体会议和联组会议上临时要求发言的,经会议主持人同意,始得发言。在分组会议上要求发言的,经会议主持人同意,即可发言。(3)关于发言的时限:在全体会议上的发言,不超过10分钟;在联组会议和分组会议上,第一次发言不超过15分钟,第二次对同一问题的发言不超过10分钟。事先提出要求,经会议主持人同意的,可以延长发言时间。(4)规定发言的记录:在常务委员会会议上的发言,由常务委员会办事机构工作人员记录,经发言人核对签字后,编印会议简报和存档。

关于议案的表决,全国人大议事规则规定,会议表决议案采用投票方式、举手方式或者其他方式,由主席团决定。全国人大常委会议事规则规定,常务委员会表决议案,采用无记名方式、举手方式或者其他方式。这里提到的其他方式,议事规则没有明示,实践中,表决方式主要采用举手表决和无记名投票表决,还有电子表决器表决、鼓掌表决和默示表决。[1]

第二节　学界对人大议事规则的意见建议

目前学界对于人大议事规则需要改进完善之处有诸多批评,前面几章都有所涉及,在此作简要的汇总。

第一,在会议制度方面存在的主要问题是:没有明确哪些主体可以提出召开常委会临时会议,代表的审议工作所依托的会议材料不足,列席人员的邀请和决定程序不清晰,参会人员的请假程序不明确,会议主席和委员长会议、主任会议的权力行政化,地方人大主任会议的职权规定不完

〔1〕 参见滨州人大:《详解我国人大常用的五种会议表决方式和操作方法》,载搜狐网,http://www.sohu.com/a/291278129_120035690,2020年6月30日最后访问。

整,会议旁听制度不完善和议事规则控制组织缺失等。

第二,在议案的提出和审议方面存在的问题是:地方人大代表团的提案权缺失、议案审查机构缺失、代表团提出的议案很少被列入会议议程、大多数法律案的议案无法列入大会议程、将本次人代会的议案放入下一次人代会或其常委会会议、未与提案人商议将议案分类、议案的修正案处理程序缺失、人大代表的审议意见未受到有关部门的重视等。

第三,在工作报告的审议审查方面存在的问题是:工作报告审议权的法理依据不足、预算报告的审查程序缺失、工作报告的相关表决对象不明确、代表对工作报告的否决权不明确、未规定工作报告无法通过的后果、审议地方政府各部门的专项工作报告的法律依据不够完善等。

第四,在人事任免权的行使上,主要问题是撤销职务权和罢免权的实际运用不恰当、提出罢免案的条件苛刻和行使罢免权主体规定不合理等。

第五,在质询权的行使上,主要问题是质询对象的范围宪法依据不明、启动质询的要件规定不明、质询的程序和法律后果不明确等。

第六,在特定问题调查权的行使上,学者们普遍认为,特定问题调查委员会制度规定不完善。特定问题调查委员会的职权和调查方式没有具体的法律规定,没有规定是否采取调查听证制度、特定问题调查委员会如何组织以及特定问题调查的结果是什么等。

第七,在发言制度方面,主要问题包括人大代表发言免责权的范围和边界不明确、列席人员的发言权规定缺失、代表发言不积极、发言过程混乱、发言和辩论规则不完善、大会发言的公开程度不足等。

以上学界对人大议事规则的批评和建议,一言以蔽之,即人大议事程序的模糊性导致代表履职不足,议事规则需要更加详细具体。上述问题有的是针对议事规则的条文规定本身而言,有的是由于规则的不完善在实践中导致的问题,而实践中出现的问题需要从规则上去解决。学者的期望是,人大会议进程更科学可控,会议内容更充实具体,代表职权更明确、更具可操作性,从而使人大代表能更积极高效地在有限的时间内更好地解决需要讨论的问题,使人大的功能得以落实。

第三节 人大议事规则的发展路径

一、指导思想的转变：从组织引导到规则引导

综上所述，我国人大议事规则的书面规定和实际操作都呈现一种"组织引导型"的特征，主要特点就是以人大常委会为核心的人大组织对人大代表个体的引导。这种引导不是形式上的，而是实质上的。这种引导有其合理性，也可以视为是中国的代议制度的特点。合理性在于，我国的人大代表是兼职的，不领薪酬的。在这样的代表制度下，代表履职的专业性和积极性都是不足的。如果没有人大常委会的引导，代表履职乃至人大制度根本无法运作起来。但是，这种引导也有其理论逻辑上的矛盾。因为人大制度的主体应该是人大代表，代议制的基石，就是人民选举产生代表，代表获得人民的授权，才获得立法、监督等权能。我国《宪法》第2条就点明了这种逻辑关系——"中华人民共和国一切权力属于人民。人民行使国家权力的机关是全国人民代表大会和地方各级人民代表大会……"权力属于人民，人民选举出代表行使国家权力，这是人民主权原则的体现。常委会的存在，是为了解决人大代表的"规模困境"。人大代表的规模困境，是指过于庞大的代表人数和非职业化的代表制决定了代表机关不能开长会。为了弥补闭会期间导致的人大权力真空现象，县级以上人大设立常委会，使其承担代表大会闭会期间的职能。人大常委会的设置解决了规模困境的问题，但又存在"代表性逻辑悖论"。从宪法原理上说，人大常委会由代表大会选举产生并向代表大会报告工作，其法律地位低于代表大会。那么，由位阶较低的常委会来组织甚至领导人大代表，是否合适呢?[1] 所以，回归到宪法和人大制度设计的本意，还是应当让人大代表、人大代表会议发挥其作用。

但是，如前所述，我国的人大代表是兼职、无薪的，其专业性和积极性都是不足的，如果没有常委会的发动和组织，人大代表制度是难以激活

〔1〕 人大制度的"规模困境"与"代表性逻辑悖论"，参见邹平学：《人民代表大会的规模困境与代表性的逻辑悖论》，载《人大研究》2009年第4期。

的。代表接受选民的监督,同时也接受着人大常委会的监督。所以,目前还应维持这种"引导型"的议事程序,改进代表履职的步骤,在坚持集体主导的同时,维持常委会的监督者角色,更加重视代表个体作用的发挥。在我国人大代表的履职水平到达一个程度后,再逐渐实现从引导型到自主型的过渡,最终实现人大代表的完全自主积极地履行其职能,即使没有常委会的引导。理想状态是,人大全体会议中代表的履职和常委会组成人员的履职都在法律和议事规则设定的框架内,个体自发自觉地活动,按照规章提出议案、进行讨论和表决,而非在常委会或其他人大内部组织的动员、明示或暗示下才被动地进行上述履职活动。

那么,如何实现这种过渡呢?常委会在人大代表履职活动中的角色如何定位呢?本书认为,应从三个方向推进从"组织引导型"向"规则引导型"的演进。

(一)唤醒法律、议事规则中的"沉睡条款"

所谓"沉睡条款",是指法律或议事规则作出了规定,但是实践中从未或者极少启动的条文。例如,《地方组织法》第 11 条规定,地方各级人大会议每年至少举行一次。经过 1/5 代表提议,可以临时召集本级人大会议。但实践中还未有这方面的报道。

(二)扩大代表个体的参与

正如本书第二章所总结的,集体主导、集体责任是我国人大制度的一个原则。但是,如果要以代表为人大制度的主体,实现代表的自主型履职,则需要代表个体积极性的发挥。而目前代表个体可以行使的职权还是有限的。

1. 询问权的行使。法律规定,审议议案的时候,代表可以向有关国家机关提出询问。从法律上理解,代表个体是可以提出询问的。但是,很多地方人大的规范性文件都规定询问是由人大常委会组织的,由人大常委会确定询问议题,挑选询问人。例如,某省人大常委会专题询问办法规定,"组织专题询问应当尊重委员和列席代表的权利,在委员和列席代表自愿报名、小组推荐的基础上,由有关委员会和分管秘书长协调后,形成询问人名单和询问内容，报会议主持人”。[1]

2. 议案的提出。按照法律和各地人大规范性文件的规定，全国人大一个代表团或者30名以上的代表，县级以上的地方各级人大代表10人以上联名，乡、民族乡、镇的人大代表5人以上联名，可以向本级人大提出属于本级人大职权范围内的议案。在其他国家的议会，议案或法案是可以由议员个体提出的。

3. 质询权的行使。按照《代表法》《地方组织法》《监督法》等规定，质询权的提起主体是全国人大一个代表团或者30名以上的代表联名，地方人大10名以上的代表联名。其他国家的议会，议员是可以单独行使质询权的。

4. 规定人大代表可以参与专门委员会会议。英国贵族院议事规则规定所有议员都可以参加各特别委员会会议，也有发言权，但是不能参与表决。[2] 这是扩大议员个体参与的一种途径。我国《全国人大议事规则》规定，专门委员会审议议案和有关报告，涉及专门性问题的时候，可以邀请有关方面的代表和专家列席会议，发表意见。主语是专门委员会，而不是人大代表。这个条文可以调整下主宾关系，规定人大代表可以列席专门委员会的审议。

5. 人大闭会期间的代表活动。如上文提到，闭会期间基本上都是人大常委会组织的代表小组活动、代表视察、执法检查、选民见面日等。《代表法》规定，“代表应当采取多种方式经常听取人民群众的意见，回答原选区选民或者原选举单位对代表工作和代表活动的询问，协助本级人民政府推行工作”。这里的主语是代表。从法律来理解，代表自身应该主动与选民联系，而不是被动地被组织联系选民。

（三）增加强制性规定

在从引导型转为自主型的过程中，为了避免出现真空地带，即常委会

---

〔1〕《江苏省人大常委会专题询问办法》，载江苏省人民代表大会常务委员会网，http://www.jsrd.gov.cn/rdgk/rdgk_zq/gzxwj/201807/t20180713_500961.shtml，2020年6月30日最后访问。

〔2〕参见《英、法、美、德、意、日六国议会议事规则》，尹中卿等译，中国民主法制出版社2005年版，第93页。

的引导退出,而代表又无能力和积极性自发自觉履职的情形,就需要在法律和议事规则中增加一些强制性的规定。例如,法国国民议会议事规则指出委员会成员出席委员会会议是强制性的要求。[1] 我国《代表法》的修改采取了这种思路。《代表法》第3条规定了代表的权利,第4条规定了代表的义务,代表的义务包括按时出席人大会议,审查议案、报告和其他议题,参加视察、调研、执法检查等闭会期间的活动等。各地人大出台的规范性文件有的是专门针对代表履职管理的。例如,《××县人民代表大会代表履职管理办法》规定人大代表必须出席会议,如不能出席会议就需要依照程序办理请假手续;建立代表履职档案,代表的出席会议情况、发言和提出批评建议意见的情况,都被汇总统计。[2]《××市人大代表履职考评办法》详列了代表考评的内容和方法,将考评结果评级,作为对代表表彰、劝诫、罢免以及推荐连任代表候选人的依据。[3] 省级人大也有类似的代表履职管理办法。[4]

(四)增加具体的程序性规定

除了上述的强制性规定来点明代表义务,约束代表行为,强化代表履职,还应该有指示性条文来为代表履职提供指引。因为议事规则的操作程序规定得不细致不明确,才需要人大组织对代表行为的引导,所以需要通过授权性规则、命令性规则和禁止性规则的全面笼罩,将人大组织对代表的引导转化为条文规则的引导,即用条文规定来指示代表。议事规则的作用就如同地图和指示牌,明确地告诉代表如何履行每项职能。概括性的议事规则存在制度的漏洞,这些未加明示的就由人来弥补,虽没有腐败的嫌疑,却参差不齐,具有随意性。下文详细论述如何具体规定

---

〔1〕 参见《英、法、美、德、意、日六国议会议事规则》,尹中卿等译,中国民主法制出版社2005年版,第117~118页。

〔2〕 参见达日发布:《达日县人民代表大会代表履职管理办法(试行)》,载搜狐网,https://www.sohu.com/a/281905246_120036727,2020年6月30日最后访问。

〔3〕 参见《葫芦岛市人大代表履职考评办法》,载葫芦岛人大网,http://www.hldrd.gov.cn/news_view.asp?id=459,2019年12月25日最后访问。

〔4〕 参见《青海省人民代表大会代表履职管理办法(试行)》,载青海省人大常委会网,http://www.qhrd.gov.cn/html/3533/32945.html,2020年6月30日最后访问。

议事步骤。

二、议事程序的完善：从概括到具体

组织的引导存在的合理性和必要性，主要是因为规则的缺位。所以要实现从组织引导向规则引导的转变，必须要细化议事程序，让议事规则更加具有可操作性，各个步骤细化和具体化，让代表履职更加有章可循。对议事程序的补充完善，本书主要是从议会功能的发挥出发，吸收实践中的经验、地方人大规章制度工作文件的相关规定，并参考他国的经验，建议人大议事规则主要从以下几个方面补充完善。上文总结的学者们对于议事规则改进完善的意见包括方方面面。本部分的主要关注点是代表个体职能的发挥，所以涉及的主要是对于代表履职的制度，包括强制性规定和指示性规定，或者说关于代表行为的授权性规则、命令性规则和禁止性规则。

（一）会议制度的完善

议会本质上就是会议、开会、集会。议会最初以一种代表集会的形式出现。[1]"议会是议员们举行会议的机关，只有处于会议状态方能行使权力。"[2]"代议机关作为实现民主的工具，必须能及时和经常地反映人民的意愿，通过定期选举和举行会议，是代议机关活动不同于其他国家机关的最主要的特点。"[3]"议事机关集合其构成人员的议员，举行必要的议事成为会议。"[4]议会的起源或前身公民大会、贤人会议、等级会议等也都是某个或某些阶级的集会。当这种集会包含了民选代表时，就开始具备现代议会的意义。议会的成员和组成是选举制度所需解决的问题。对于议事规则而言，召集会议所需要考虑的问题包括会期（会期长短、开会日期是否固定等）、议程的编制、会议的法定人数、会议类型（常规会议、

〔1〕参见刘建飞等编著：《英国议会》，华夏出版社2002年版，第13页。
〔2〕同上书，第90页。
〔3〕周叶中：《代议制度比较研究》，武汉大学出版社2005年版，第193页。
〔4〕董璠舆：《外国议会议事规则》，中国政法大学出版社1993年版，第235页。

特别会议、紧急会议等)、休会等。

1. 会期制度需要完善。对于全国人大常委会的会期制度,周伟教授有较系统的研究,本书主要讨论全国人代会的会期。[1] 会期的保证是人大职权行使的保证。对会期的不重视实际上体现的是对人大性质、地位、作用的认识存在不足。[2] 如上文所述,一方面,我国处于法治建设时期,留一些回旋余地是更实际的做法;另一方面,会期的概括式规定会引起会期过短、会期随意等问题。那么合适的做法,是以保证人大职能的发挥为前提,规定会期的下限。会议日期的举行也要固定下来。现阶段只有全国人大举行例行会议的日期比较固定,都在3月上中旬。地方各级人大举行每年例行会议的日期变化较大。一般而言是省市人大会议先召开,然后是全国人大会议召开。参照往年的各级人大会议举行日期和日程,可以规定市人大的会议在每年的1月举行,每次会议不少于7天,省人大的会议在2月举行,每次会议不少于7天,全国人大会议在3月举行,每次会议不少于10天。这是全国人大的会期制度改革。

2. 法定人数的规定应当全面。上文提到,人大会议包括人代会会议和常委会会议关于法定人数的规定并不全面,例如,举行会议所要求的法定人数不足的情形,表决时法定人数不足的情形都没有规定。代表不出席会议应当向哪个机构请假,缺席应该承担什么样的责任,这些也应该作出规定。此外,还有观点认为,人大会议上列席人员的邀请和请假也应该作出规定。[3] 前文提到,一些地方人大制定了代表履职管理办法,这些办法一般都规定了代表请假程序、无故不出席会议的后果,这些做法可以借鉴吸收到人大议事规则中。议事规则应规定代表因故不能与会时,须书面向代表团团长请假,报大会秘书长批准。全国人大议事规则需要完善请假程序,全国人大常委会议事规则也需要完善常委会组成人员的请

---

〔1〕 参见周伟:《全国人大常委会的会期与议程研究》,载《清华法学》2008年第5期。

〔2〕 参见陈寒枫:《人代会会期制度的完善——进一步完善人大及其常委会会议制度、工作程序和议事规则的探索之二》,载《人大研究》2007年第7期。

〔3〕 参见韩荣:《全国人民代表大会议事规则研究》,南京师范大学法学院2011年硕士学位论文,第31页。

假程序。

3. 明确“集体议长制”。首先,在人大议事规则的开篇明确我国人大的议事规则奉行民主集中制原则。其次,明确大会主席团、人大常委会作为会议议长的权力。

(二)代表动议权的完善

议会开会总是围绕一定的动议展开的。“议会的议事从议案及其他案件的提议或提出开始起程序。”[1]凡是会议都不可能是无目的的开会……议员集合时是以应议案件的存在为前提的,如无任何案件,议事就不可能成立,因而议员即使已经集会,也没有任何意义。所以,会议的开会是以应议案件的存在为前提的。[2]“只就关于属于议会权能事项的案件,才交付议会审议。”[3]“动议”根据其内容与效力的不同分为不同类型,包括法律案、财政案、质询案、弹劾案、不信任案、请愿案、人事案、组织案。我国的人大规则将动议分为议案,工作报告、审查国家计划和国家预算,国家机构组成人员的选举、罢免、任免和辞职,询问和质询,调查委员会。

1. 代表议案的提出

议案是由法定机关和达到法定人数的代表或常委会组成人员提请本级人大会议或人大常委会会议进行审议并作出决定的议事原案。这里的关键词是审议和决定。如本书第四章所述,目前人大代表在议案的提出和审议方面功能发挥不足,主要原因是代表议案的形式要件和内容要件不符合要求,无法被列入会议议程。实践中成功的做法是人大常委会前期的介入,有针对性地发动、组织、引导代表联名提出议案。组织引导向规则引导的转变,需要议事规则为代表提出议案提供更明确的指示。议事规则应当从形式和内容上对代表议案作出规定。在议案的形式上,议案应该满足几个条件:首先,议案必须符合法定时间要求,即在大会主席团规定的截止日期前提出。其次,议案必须包括案由、案据和方案,而不

---

〔1〕 董璠舆:《外国议会议事规则》,中国政法大学出版社1993年版,第265页。
〔2〕 同上书,第235页。
〔3〕 同上书,第236页。

能仅仅是列出题目,简单提出要求。案由是所要解决的问题,案据是议案提出的根据,方案是解决问题的具体方法和意见。如果是法律法规方面的议案,应附有法律、法规草案。在议案的内容上,议案内容必须是属于本级人大的职权范围内的。议案应当一事一案,一件议案中只就一个问题提出案由、案据和方案。

如何界定什么是属于本级人大职权范围的议案内容,有学者是从狭义的议案意义上采取列举法,即人大代表只能提出人大具有创制权的议案,故而“全国人大代表议案应以全国人大的相关职权为标准进行如下分类:(一)修改宪法的;(二)监督宪法实施的;(三)制定、修改和废止基本法律的;(四)改变或者撤销全国人大常委会不适当的决定的;(五)罢免国家主席、副主席,全国人大常委会组成人员,国务院组成人员,中央军委组成人员,最高人民法院院长,最高人民检察院检察长的;(六)决定特别行政区的设立及其制度的;(七)决定战争与和平问题的;(八)设立全国人大专门委员会的;(九)组织特定问题的调查委员会的;(十)其他的”。[1] “即使在全国人大可以通过审议、表决议案行使的职权范围内,凡全国人大只具有审查权和批准权的事项,譬如国民经济和社会发展计划、国家预算,以及省、自治区、直辖市行政区划的建制等,全国人大代表也不能提出议案,全国人大对上述事项虽具有审查和批准权,但并不具有创制权。”[2]此外,还可以运用排除法来界定。涉及本行政区域全局性、长远性、根本性的,具有较强的决策性质的国家事务方面的重大问题属于人大职权范畴,而比较具体的、执行性较强的工作意见和建议则不是议案的内容而是代表建议、批评和意见的内容,如修某座桥或某条路等。依法应当由国务院及其各部门、地方各级政府及其部门、“一委两院”等机关行使的职权内容,也不宜作为议案提出,但可以作为代表建议提出,例如,行政法规的制定、行政区划的调整、机构编制的调整等。此外,还应该规定

---

〔1〕 陈荧、李克兵:《全国人大代表议案的基本概念及分类问题》,载《人大研究》2004 年第 10 期。

〔2〕 同上。

代表议案的内容不得违反合法性和合理性的基准。合法性标准主要是指“不抵触”和“不超越”。“不抵触”即同《宪法》、法律、行政法规、本省地方性法规,以及上级或者本级人大及其常委会的决议、决定相抵触的规范性文件应当修改或者废止;“不超越”就是不超越法定权限,限制或者剥夺公民、法人和其他组织的合法权利,或者增加公民、法人和其他组织的义务,增加或者扩充国家机关的权力或者缩减其责任,以及对法定权限以外的其他事项作出规定的规范性文件也应当修改或者废止。合理性标准包括文件是否准确、全面体现中央有关精神、国家有关政策的最新要求,是否与全面深化改革的要求相适应。议事规则中可以特别列出议案审查委员会,其职责就是审查代表议案是否符合法定要件,并且审查代表议案是否符合四项基本原则。上述议案的法定要件的规定同样也适用于人大常委会议事规则。

议案的主体也应该作出更详细的规定。需要讨论的是代表个体有无提出议案的权利。目前法律和议事规则规定的提出议案的主体都是集体形式的,全国人大会议提议案的主体包括人大主席团、人大常委会、人大各专门委员会、各级人民政府、中央军委、最高人民检察院、最高人民法院、人大代表团、代表联名;全国人大常委会会议提议案的主体包括全国人大常委会委员长会议、常委会主任会议、人大各专门委员会、各级人民政府、中央军委、最高人民检察院、最高人民法院、人大常委会组成人员联名,等等。出于发挥人大代表功能的目的,可以考虑在议事规则里增加规定代表个体、常委会组成人员个体提出议案、包括在审议过程中提出议案修正案的权利。同时,也应该明确国家监察委员会提出议案的权力。

2. 对政府议案提出修正案的权利

根据《地方组织法》的官方释义,广义的议案指的是“要求人大会议审议并作出决定的建议”。[1] 根据这个定义,质询不是议案,因为不要求人大讨论并决定。狭义的议案指的是人大具有创制权的事项,而对于财

---

〔1〕 乔晓阳、张春生主编:《〈中华人民共和国地方各级人民代表大会和地方各级人民政府组织法〉释义及问题解答(修订版)》,中国民主法制出版社 2006 年版,第 27 页。

政预算、国民经济和社会发展计划、其他国家机关的工作报告,人大只有审议批准的权力,并不具有创制的权力,所以狭义的议案就是指代表议案。人大只具有审查审议和批准权力的议案可以成为政府议案。政府议案包括财政预算案、国民经济和社会发展计划、政府的工作报告。全国人大常委会办公厅研究室办公室主任陈寒枫将人代会的议案审议类型分为:(1)法律案的审议程序;(2)工作报告和一般议案的审议程序;(3)国家计划和财政预决算的审查批准程序。[1] 组织法释义提出,对于本级人民政府提出的议案,主席团必须列入人大会议审议,不能决定不列入人大会议审议。所以与其他国家或者地区议会的议事规则相仿,人大议事规则也存在"政府优先"或者"行政优先"。

审议环节是重要而复杂的。立法机关的集会是审议性质的。[2] 除质询和特定问题调查中对证人的查问不需要审议,其他的议会活动几乎都包括审议环节。审议的目的是通过代表充分的参与、充分的辩论,使议会作出的每个决议都充分地体现民意,让各方面的利益和诉求在充分表达的基础上得到共识和妥协。在政府议案的审议中,除了法律案的审议目前已经有非常完善的程序和实践,其他几种政府议案普遍存在审议不足的问题,尤其是财政预算案。加强代表个体在审议环节中的作用,除上述的增加代表发言和辩论的会议议程,还可以规定代表、常委会组成人员有对政府议案提出修正案的权利,相应地也需要增加对于代表、常委会组成人员提出的修正案的质疑和辩论环节。

3. 代表建议、批评和意见

代表的建议、批评和意见是代表向本级人大或人大常委会提出的对各方面工作的看法、建议、主张、批评和意见等的总称,简称为代表建议。代表建议和议案有四点不同:(1)主体不同。按照目前的法律规定,议案必须是由法定数量的代表联名或代表团提出。代表建议可以由个人提

---

〔1〕 参见陈寒枫:《关于人代会和人大常委会议案的审议程序及有关问题——进一步完善人大及其常委会会议制度、工作程序和议事规则的探索之六》,载《人大研究》2007年第11期。

〔2〕 参见李林:《立法机关比较研究》,人民日报出版社1991年版,第2页。

出，也可以由代表团或代表联名提出。（2）内容不同。议案必须是本级人大职权范围内的事项。代表建议对各方面工作都可以提。（3）行使要件不同。议案应当有案由、案据和方案。代表建议没有这个要求。（4）处理程序不同。议案由法定机构决定是否列入人大会议议程，由人大会议审议，一经通过就具有法律的强制性和约束力，必须得到执行。代表建议交由承办单位来研究处理并答复，所以代表建议一些是由人大工作机构办理，大部分是交由其他国家机关和组织办理。

议事规则也可以对代表建议作出具体规定和要求。代表建议、批评和意见应当是一事一议，有标题和具体内容，是对人大或人大常委会提出，而不要写给某位领导。正在审理的案件不可作为代表建议提出。同一个内容的问题作为议案提出后，不可再以建议的形式同时提出。

（三）代表发言规则的完善

代表、常委会组成人员提出的议案和修正案、建议、批评、意见以及审议过程中的代表发言，都应该公开记录供公众查阅。本书第二章已经提到，议会的议事公开原则。人大作为人民选出的代议机关，应该遵循这一原则，公开代表的发言，也有利于选民监督代表。

发言内容也需要作强制性规定，应该是人大职权范围内建设性的批评建议，可以是代表批评建议意见的内容。各国对言论免责权的限制可以分为以下几种类型：[1]（1）场所限制，即大多数国家的宪法仅仅规定在“院内”议员的言论可以不受法律追究。[2]（2）言论免责权不能侵犯他人名誉。[3]在实行民主法治的国家，政权存在的基础就在于保障人权，而维护个体尊严是保障人权的精髓所在。（3）议员言论受到非公权力的约束。即议员言论不受法律追究并不包括不受其他纪律机构等非公权力组

〔1〕 本段内容参见孙莹、陈雨梦：《人大代表的言论自由与免责——由“雷人语录”引发的思考》，载《人大研究》2018 年第 7 期。

〔2〕 参见孙辉：《论人大代表的言论免责权》，西南政法大学法学院 2015 年硕士学位论文，第 16 页。

〔3〕 参见苗连营：《民意代表的言论免责权之研究》，载《法律科学》1999 年第 5 期。

织的追究。[1] (4)议事规则本身对言论免责权也存在相关限制。在对言论免责权进行适当限制时,世界各国普遍对言论免责权实行相对保障,而非绝对保障。最早实行议员言论免责权相对保障的国家是西德,1949 年《西德基本法》第 46 条第 1 项规定:“国会议员免责权的例外,适于犯有诽谤罪的情形。”[2]

学者们提出,由于我国相关法律和议事规则规定不具体,缺乏可操作性,使人大代表的言论免责权实施程序性不足。例如,若人大代表在会议期间确实存在攻击、谩骂他人,甚至扰乱会议秩序的行为,由此产生侵犯他人权利及危害社会秩序等不良后果,《宪法》并未规定人大代表的各种不良行径先由何种机关进行处理。[3] 另外,我国人大代表豁免权制度规定了人大代表的言论和免责免除一切法律责任,但是对于人大代表是否要受人大议事规则的制约并没有规定。[4] 在法律规定缺失的情况下,议事规则可以先行具体规定人大代表言论免责的范围和界限,即对代表发言的形式和内容作出规定。发言范围、形式和内容的要求可参考上文提到的代表议案的形式和内容要件。因为议案也可以理解为代表发言的书面化表达。代表发言的制度应涵盖代表在各种类型的人大会议上的发言,尤其是代表小组会议、代表团会议上的发言秩序和主持人的角色职责应该明确化。

(四)法律和议事规则的法制体系完善

全国人大修改“一法两规则”的首要任务就是解决《宪法》与法律规定不一致的地方,也就是新的国家机构——国家监察委员会已经被写入《宪法》,《地方组织法》和人大议事规则还未更新。借修改“一法两规则”的契机,《地方组织法》和地方各级人大议事规则也应该随之修改,顺应时代发展,填补法律条文的漏洞,并且改变各级人大法定职权不对应的情

[1] 参见易卫中:《国外议员言论免责权的限制》,载《吉林人大》2010 年第 1 期。

[2] 陈亚军、谢祥为、戴晓红:《人大代表言论免责权之探索》,载《人大研究》2011 年第 4 期。

[3] 参见洪开开、王钢:《人大代表履职约束机制研究——兼对代表法修改的若干意见》,载《人大研究》2010 年第 7 期。

[4] 参见殷慧乔:《试论规范行使人大代表言论免责权》,载《韶关学院学报》2015 年第 3 期。

形。从法制统一性和完整性的角度,法律和议事规则还可以补充以下的修改内容。第一,在全国和各级地方人大议事规则的议案的提出、工作报告审议、国家机构组成人员的选举、罢免、任免和辞职等部分加入对国家监察委员会的规定。第二,比照人代会的会议制度,人大常委会也应该规定临时会议制度。第三,《全国人大组织法》规定了一个代表团可以提出议案,而《地方组织法》没有相应地规定代表团有提出议案的权力。关于这一点也有学者指出,法律的漏洞造成各地的做法不一致,各地人代会上代表团的权力不一致,应在法律修改时完善。第四,在全国人大和全国人大常委会的层面,最高人民法院和最高人民检察院有权提出议案,而《地方组织法》没有相应地规定地方各级两院提出议案的权力。出于人大制度内在的自洽性的考虑,可以在修改地方组织法和议事规则的时候,规定地方各级监察委员会、人民法院、人民检察院向同级人大和人大常委会提出议案的权力和程序。上述法律之间的不衔接不协调的一些问题,随着"一法两规则"的修正将得到缓解或解决,还有一些问题需要《地方组织法》《监督法》《选举法》《立法法》《预算法》《代表法》《监察法》等法律,以及各地方人大议事规则的修订完善。

参考文献

中文文献

[1]蔡定剑:《人大会议表决计票方法研究》,载《法学》1994 年第 9 期。

[2]蔡定剑:《中国人民代表大会制度》,法律出版社 2003 年版。

[3]曹沛霖等:《比较政府体制》,复旦大学出版社 1993 年版。

[4]陈寒枫:《国家立法机关会议制度和议事程序比较研究》,载宪法比较研究课题组编:《宪法比较研究文集》(一),南京大学出版社 1993 年版。

[5]陈寒枫:《人代会会期制度的完善——进一步完善人大及其常委会会议制度、工作程序和议事规则的探索之二》,载《人大研究》2007 年第 7 期。

[6]陈寒枫:《关于人代会和人大常委会会议的召集与主持——进一步完善人大及其常委会会议制度、工作程序和议事规则的探索之四》,载《人大研究》2007 年第 9 期。

[7]陈寒枫:《人代会和人大常委会会议议程的确定程序——进一步完善人大及其常委会会议制度、工作程序和议事规则的探索之五》,载《人大研究》2007 年第 10 期。

[8]陈寒枫:《关于人代会和人大常委会议案的审议程序及有关问题——进一步完善人大及其常委会会议制度、工作程序和议事规则的探

索之六》,载《人大研究》2007 年第 11 期。

[9]陈寒枫:《充分发挥质询在人大及其常委会监督工作中的作用——进一步完善人大及其常委会会议制度、工作程序和议事规则的探索之七》,载《人大研究》2007 年第 12 期。

[10]陈寒枫:《论人代会和人大常委会发言制度的完善问题——进一步完善人大及其常委会会议制度、工作程序和议事规则的探索之九》,载《人大研究》2008 年第 4 期。

[11]陈寒枫:《关于完善人大及其常委会表决制度——进一步完善人大及其常委会会议制度、工作程序和议事规则的探索之十》,载《人大研究》2008 年第 5 期。

[12]陈荧、李克兵:《全国人大代表议案的基本概念及分类问题》,载《人大研究》2004 年第 10 期。

[13]陈伯礼、郑凌:《议员免责制度研究——兼论我国人大相关制度的完善》,载《江苏社会科学》2005 年第 6 期。

[14]陈家刚:《现代中国民主制度的建构与运行:第一届全国人大研究 1954 ~ 1959》,广东人民出版社 2010 年版。

[15]蔡文成:《民主形态论:中国人大的理论与实践》,中国社会科学出版社 2013 年版。

[16]董璠舆:《外国议会议事规则》,中国政法大学出版社 1993 年版。

[17]杜睿哲、曾庆辉:《地方人大特定问题调查权研究》,载《北京行政学院学报》2018 年第 2 期。

[18]戴激涛:《我国特定问题调查制度的宪法逻辑及其展开》,载《江西社会科学》2019 年第 4 期。

[19]傅林:《宪法对质询制度规定的疏漏及其完善》,载《法学》2001 年第 2 期。

[20]何华辉:《人民代表大会制度的理论和实践》,武汉大学出版社 1992 年版。

[21]侯学华:《西方国家政治制度比较研究》,时事出版社 2011 年版。

[22]胡弘弘:《论人大代表提案权的有效行使》,载《法学》2012 年第 5 期。

[23]蒋劲松:《代议会期制度探究》,载《法商研究》2015 年第 1 期。

[24]蒋劲松:《代议法导论》,法律出版社 2016 年版。

[25]李林:《立法机关比较研究》,人民日报出版社 1991 年版。

[26]李林:《坚持和完善全国人大的会期制度》,载《当代法学》2004 年第 6 期。

[27]刘建飞等编著:《英国议会》,华夏出版社 2002 年版。

[28]刘大生:《完善人民代表大会制度的十项建议——为纪念人民代表大会制度建立 50 周年而作》,载《法学》2004 年第 9 期。

[29]刘政:《从历史进程看人民代表大会会期制度的完善》,载《中国人大》2006 年第 1 期。

[30]李飞主编:《中华人民共和国全国人民代表大会和地方各级人民代表大会代表法解读》,中国法制出版社 2010 年版。

[31]梁存宁:《论“规划立法”模式的成功与不足——以全国人大常委会立法规划为研究对象》,载《人大研究》2013 年第 2 期。

[32]李维国:《人大代表议案建议制度研究》,中国民主法制出版社 2014 年版。

[33]刘松山:《立法规划之淡化与反思》,载《政治与法律》2014 年第 12 期。

[34]李树春编著:《怎样提出并写作议案》,中国民主法制出版社 2018 年版。

[35]卢鸿福:《慎将罢免改辞职》,载《人大研究》2019 年第 7 期。

[36]苗连营:《民意代表的言论免责权之研究》,载《法律科学》1999 年第 5 期。

[37]马岭:《委员长会议之设置和权限探讨》,载《法学》2012 年第 5 期。

[38]马岭:《〈全国人大组织法〉对委员长会议职权的规定》,载《哈尔

滨工业大学学报》(社会科学版)2014 年第 2 期。

[39]彭真:《关于地方人大常委会的工作》,载《彭真文选 1941 ~ 1990》,人民出版社 1991 年版。

[40]浦兴祖:《人大“一院双层”结构的有效拓展——纪念县级以上地方各级人大常委会设立 30 周年》,载《探索与争鸣》2009 年第 12 期。

[41]乔晓阳、张春生主编:《〈中华人民共和国地方各级人民代表大会和地方各级人民政府组织法〉释义及问题解答(修订版)》,中国民主法制出版社 2006 年版。

[42]乔颖:《改善人大表决制度的思考》,载《人大研究》2010 年第 9 期。

[43]全国人大常委会办公厅、中共中央文献研究室编:《人民代表大会制度重要文献选编》(一),中国民主法治出版社、中央文献出版社 2015 年版。

[44]孙哲:《全国人大制度研究》,法律出版社 2004 年版。

[45]孙莹:《论人大质询的启动要件》,载《人大研究》2010 年第 6 期。

[46]孙莹:《论我国人大代表结构比例的调整优化——以精英主义和多元主义代表模式为分析框架》,载《中山大学学报》(社会科学版) 2013 年第 4 期。

[47]孙莹、陈雨梦:《人大代表的言论自由与免责——由“雷人语录”引发的思考》,载《人大研究》2018 年第 7 期。

[48]孙莹:《论人大重大事项决定权的双重属性》,载《政治与法律》 2019 年第 2 期。

[49]孙莹:《代表议案建议助力民主法治进步》,载《人民之声》2019 年第 3 期。

[50]田必耀:《人大议事规则与监督到位(上)——对话中央财经大学法学院教授蒋劲松》,载《人民之友》2012 年第 1 期。

[51]吴大英等:《比较立法制度》,群众出版社 1992 年版。

[52]王云奇:《地方人大会务操作手册》,中国民主法制出版社 1995

年版。

[53]王贵秀:《民主集中制的由来与含义新探》,载《理论前沿》2002年第8期。

[54]万其刚、蔡春红、苏东:《全国人民代表大会会议制度研究》,载《当代法学》2004年第6期。

[55]王绍光:《中国公共政策议程设置的模式》,载《中国社会科学》2006年第5期。

[56]王建刚:《人民代表大会制度议事规则初探》,载《昆明理工大学学报》(社会科学版)2007年第3期。

[57]王燕燕:《检视我国民主议事规则》,载《人大研究》2011年第11期。

[58]王培剑:《全国人大专门委员会代表议案处理制度简析》,载《人大研究》2011年第12期。

[59]王培剑:《全国人大常委会立法规划制度对代表提案权影响的实证研究》,载《人大研究》2018年第6期。

[60]温泽彬:《人大特定问题调查制度之改革》,载《法学》2015年第1期。

[61]王旭:《作为国家机构原则的民主集中制》,载《中国社会科学》2019年第8期。

[62]肖蔚云、姜明安主编:《北京大学法学百科全书——宪法学·行政法学》,北京大学出版社1999年版。

[63]徐亚荣:《地方人大会议会期制度之思考》,载《楚天主人》2014年第5期。

[64]肖巧平、李咸武:《地方人大代表议案法规若干问题》,载《人大研究》2015年第5期。

[65]席文启:《询问、质询与专题询问》(下),载《北京人大》2016年第4期。

[66]邢斌文:《全国人大代表立法提案的实证研究——基于〈全国人

大常委会公报〉(1983 ~ 2015)》,载姜明安主编:《行政法论丛》(第 20 卷),法律出版社 2017 年版。

[67]虞崇胜:《罗伯特议事规则与全国人大常委会议事规则的完善》,载《新视野》2009 年第 6 期。

[68]袁兵喜、李秋高:《全国人大调查权能研究》,载《政治与法律》2010 年第 6 期。

[69]杨光斌、乔哲青:《论作为"中国模式"的民主集中制政体》,载《政治学研究》2015 年第 6 期。

[70]郑允海等编:《当代资本主义国家的议会制度》,福建人民出版社 1994 年版。

[71]张春生主编:《中华人民共和国立法法释义》,法律出版社 2000 年版。

[72]周叶中:《代议制度比较研究》,武汉大学出版社 2005 年版。

[73]周伟:《各国立法机关委员会制度比较研究》,山东人民出版社 2005 年版。

[74]周伟:《全国人大常委会的会期与议程研究》,载《清华法学》2008 年第 5 期。

[75]朱福惠:《全国人大调查权研究》,载《现代法学》2007 年第 5 期。

[76]邹平学:《人民代表大会的规模困境与代表性的逻辑悖论》,载《人大研究》2009 年第 4 期。

[77]周旺生、朱苏力主编:《北京大学法学百科全书——法理学·立法学·法律社会学》,北京大学出版社 2010 年版。

[78]曾庆辉:《应依法激活人大质询权》,载《人大研究》2016 年第 3 期。

[79]邹奕:《人大罢免政府组成人员的机制问题探究——基于我国既有的宪法秩序》,载《政治与法律》2016 年第 4 期。

[80]张筱倜:《全国人大代表立法提案权行使之程序障碍及完善》,载《湖北社会科学》2017 年第 2 期。

译著

[1][英]安德鲁·海伍德:《政治学》,张立鹏译,中国人民大学出版社2013年版。

[2][英]菲利普·诺顿:《英国议会政治》,严行健译,法律出版社2016年版。

[3][美]亨利·罗伯特:《罗伯特议事规则》(第11版),袁天鹏、孙涤译,格致出版社、上海人民出版社2015年版。

[4][英]洛克:《政府论》(下篇),叶启芳、瞿菊农译,商务印书馆1996年版。

[5][英]罗德·黑格、马丁·哈罗普:《比较政府与政治导论》(第5版),张小劲等译,中国人民大学出版社2007年版。

[6][法]孟德斯鸠:《论法的精神》(上),张雁深译,商务印书馆1995年版。

[7]《英、法、美、德、意、日六国议会议事规则》,尹中卿等译,中国民主法制出版社2005年版。

英文文献

[1] Hanna Fenichel Pitkin, *The Concept of Representation*, Berkeley, University of California Press, 1967.

[2] Kevin J., O'Brien, *Reform without Liberalization: China's National People's Congress and the Politics of Institutional Change*, New York, Cambridge University Press, 1990.

[3] Ming, Xia, *The People's Congresses and Governance in China: Toward a Network Mode of Governance*, London, New York, Routledge, 2008.

[4] Nash, Jonathan Remy, "The Majority that wasn't: Stare Decisis, Majority Rule, and the Mischief of Quorum Requirement", *Emory Law*

Journal 58,2009.

[5] Rules of Procedure of the German Bundestag and Rules of Procedure of the Mediation Committee.

[6] The Standing Orders of the House of Lords Relating to Public Business 18 May 2016.

[7] Young Nam, Cho, *Local People's Congresses in China: Development and Transition*, Cambridge University Press, 2009.

附录一　全国人民代表大会议事规则建议稿

第一条　【制定依据】根据宪法、全国人民代表大会组织法和全国人民代表大会的实践经验，制定本规则。

第二条　【议事原则】全国人民代表大会按照民主集中制原则，集体行使宪法和法律赋予的职权。

第一章　会议的举行

第三条　【常委会】在全国人民代表大会举行会议之前，全国人民代表大会常务委员会行使下列职权：

（一）提出会议议程草案。

（二）提出主席团和秘书长名单草案。

（三）决定列席会议人员名单。

（四）召集全国人民代表大会会议，每届全国人民代表大会第一次会议，在本届全国人民代表大会代表选举完成后的两个月内，由上届全国人民代表大会常务委员会召集。

（五）全国人民代表大会常务委员会在全国人民代表大会会议举行的一个月前，将开会日期和建议会议讨论的主要事项通知代表，并将准备提请会议审议的法律草案发给代表。

（六）全国人民代表大会常务委员会认为必要，可以召开全国人民代表大会临时会议。全国人民代表大会临时会议不适用前款规定。

（七）全国人民代表大会会议举行前，召开预备会议，选举主席团和秘书长，通过会议议程和关于会议其他准备事项的决定，预备会议由全国人民代表大会常务委员会主持，每届全国人民代表大会第一次会议的预备会议，由上届全国人民代表大会常务委员会主持。

（八）全国人民代表大会常务委员会委员长会议根据各代表团提出的意见，可以对主席团和秘书长名单草案、会议议程草案以及关于会议的其他准备事项提出调整意见，提请预备会议审议。

（九）决定全国人民代表大会会议列席人员。

（十）会议的其他准备事项。

第四条　【代表团和代表小组】全国人民代表大会会议举行前，代表按照选举单位组成代表团。代表团全体会议推选代表团团长、副团长。团长召集并主持代表团全体会议。副团长协助团长工作。各代表团审议全国人民代表大会常务委员会提出的主席团和秘书长名单草案、会议议程草案以及关于会议的其他准备事项，提出意见。

以代表团名义提出的议案、质询案、罢免案，由代表团全体代表的过半数通过。

代表团可以分设若干代表小组。代表小组会议推选小组召集人。

代表团审议议案和有关报告，由代表团全体会议，代表小组会议审议。

第五条　【主席团】全国人民代表大会会议举行前，召开预备会议，选举主席团和秘书长，通过会议议程和关于会议其他准备事项的决定。

主席团第一次会议推选主席团常务主席若干人，推选主席团成员若干人分别担任每次大会全体会议的执行主席。主席团第一次会议由全国人民代表大会常务委员会委员长召集。

主席团主持全国人民代表大会会议，行使下列职权：

（一）决定会议日程；

（二）决定代表提出议案的时间；

（三）决定议案是否列入会议议程；

（四）听取和审议关于各项议案和报告审议情况的汇报，并决定是否将议案和决定草案、决议草案提交会议表决；

（五）确定由会议选举的国家机构组成人员的正式候选人名单；

（六）提出会议选举和决定任命的办法草案；

（七）发布公报；

（八）组织宪法宣誓仪式；

（九）其他应由主席团处理的事项。

第六条　【主席团常务主席】主席团常务主席行使下列职权：

(一)召集并主持主席团会议。

(二)可以对属于主席团职权范围内的事项向主席团提出建议。

(三)可以对会议日程安排作必要的调整。

(四)可以召开代表团团长会议,就议案和有关报告的重大问题听取各代表团的审议意见,进行讨论,并将讨论的情况和意见向主席团报告。

(五)可以就重大的专门性问题,召集代表团推选的有关代表进行讨论。

第七条 【各类事项的次序】每次会议的事项依照以下次序处理:

(一)审议政府工作报告;

(二)审查上一年国民经济和社会发展计划执行情况与当年国民经济和社会发展计划草案的报告;

(三)审查上一年中央和地方预算执行情况与当年中央和地方预算草案的报告;

(四)审议全国人民代表大会常务委员会工作报告;

(五)审议议案及法律草案;

(六)审议最高人民法院工作报告;

(七)审议最高人民检察院工作报告;

(八)其他。

第八条 【秘书处】全国人民代表大会会议设立秘书处。秘书处由秘书长和副秘书长组成。

秘书处在秘书长领导下,办理主席团交付的事项和处理会议日常事务工作。副秘书长协助秘书长工作。

秘书处建立全国人大代表履职档案,人大代表在会议期间出(列)席、发言、提出议案、提出询问和质询、提出建议批评意见等情况,由秘书处会同大会会务人员汇总统计。大会闭会期间履职档案由全国人大常委会代表工作部门留存,并向公众开放。

第九条 【一般会期】全国人民代表大会会议于每年第一季度举行,每次会议不少于10天。会议召开的日期、地点,由全国人民代表大会常务委员会决定并予以公布。遇有特殊情况,全国人民代表大会常务委员会可以决定适当提前或者推迟召开会议。

第十条 【临时会议】五分之一以上的全国人民代表大会代表提议,可以召开全国人民代表大会临时会议。

第十一条 【秘密会议】全国人民代表大会在必要的时候,可以举行秘密会议。举行秘密会议,经主席团征各代表团的意见后,由有各代表团团长参加的主席团会议决定。

第十二条　【法定人数】全国人民代表大会会议有三分之二以上的代表出席,始得举行。全国人民代表大会举行会议的时候,全国人民代表大会代表应当出席;代表因故不能出席全体会议、代表团会议、代表小组会议时,应书面向所在代表团团长请假,并由代表团团长报大会秘书处批准。

第十三条　【列席人员】国务院的组成人员,中央军事委员会的组成人员,国家监察委员会主任,最高人民法院院长和最高人民检察院检察长,列席全国人民代表大会会议;其他有关机关、团体的负责人,经全国人民代表大会常务委员会决定,可以列席全国人民代表大会会议。列席会议的人员因故不能出席会议时,应书面向大会秘书处请假。

第二章　议案的提出和审议

第十四条　【议案的提出】主席团、全国人民代表大会常务委员会、全国人民代表大会各专门委员会、国务院、中央军事委员会、国家监察委员会、最高人民法院、最高人民检察院、代表团、代表联名、代表个人可以向全国人民代表大会提出属于全国人民代表大会职权范围内的议案。主席团、全国人民代表大会常务委员会、全国人民代表大会各专门委员会、国务院、中央军事委员会、国家监察委员会、最高人民法院、最高人民检察院提出的议案由主席团决定列入会议议程。代表团、代表联名和代表个人提出的议案由主席团决定是否列入会议议程。

第十五条　【议案的要件】议案必须包括案由、案据和方案。案由应当明确清楚,案据应当充分合理,方案应当具体可行。议案应当一事一案,使用统一印制的代表议案专用纸。提案人提出法律案,同时应提供法律草案文本及其说明,并提供必要的相关资料。代表议案由秘书处记录,并向公众公开。

下列事项可以作为代表议案提出:

(一)制定法律、修改现行法律的议案;

(二)对法律草案的修正案;

(三)对国民经济和社会发展计划、国家预算的修正案;

(四)对国务院及其部门、国家监察委员会、最高人民法院和最高人民检察院监督工作中的有关事项;

(五)经济建设、政治建设、文化建设、社会建设、生态文明建设等工作的重大事项;

(六)重大的工程项目;

(七)重大的改革事项;

(八)授予国家的勋章和荣誉称号;

(九)一段时间内群众普遍关心的事项;

(十)应当由全国人民代表大会决定或者批准的其他事项。

议案的事项应属于代表大会的职权范围,不宜涉及下列事项:

(一)属于代表个人利益的问题;

(二)进入诉讼程序的具体案件。

第十六条 【议案提出的时间】在大会会议期间提出的代表议案,在规定的议案截止时间前送交大会秘书处。在大会闭会期间提出的代表议案,由省、自治区、直辖市人大常委会办事机构送交全国人大常委会办事机构。

第十七条 【议案审查委员会】议案审查委员会对代表议案的形式和内容进行审查,对于符合代表议案的法定条件的并且所提出需要解决的问题条件比较成熟的代表议案,向主席团建议列入本次大会会议议程。

第十八条 【代表议案的审议】大会主席团决定列入本次会议议程的代表议案,应交由各代表团进行审议,并同时交有关专门委员会进行审议、提出报告再由主席团审议决定是否提请大会全体会议表决。

第十九条 【议案的撤回】列入会议议程的议案,在交付表决前,提案人要求撤回的,经主席团同意,会议对该议案的审议即行终止。

第二十条 【议案在下次会议审议】列入会议议程的议案,在审议中有重大问题需要进一步研究的,经主席团提出,由大会全体会议决定,可以授权全国人民代表大会常务委员会审议决定,并报全国人民代表大会下次会议备案或者提请全国人民代表大会下次会议审议。

第二十一条 【法律案的审议】列入会议议程的法律案,大会全体会议听取关于该法律案的说明后,由各代表团审议,并由宪法和法律委员会和有关的专门委员会审议。

宪法和法律委员会根据各代表团和有关的专门委员会的审议意见,对法律案进行统一审议,向主席团提出审议结果报告和草案修改稿,对重要的不同意见应当在审议结果报告中予以说明,主席团审议通过后,印发会议,并将修改后的法律案提请大会全体会议表决。

有关的专门委员会的审议意见应当及时印发会议。

全国人民代表大会决定成立的特定的法律起草委员会拟订并提出的法律案

的审议程序和表决办法，另行规定。

第二十二条　【法律草案的公布】全国人民代表大会会议举行前，全国人民代表大会常务委员会对准备提请会议审议的法律案，可以将草案和关于草案的说明向社会公布，广泛征求意见。向社会公布征求意见的时间一般不少于三十日。

第二十三条　【人大代表参加专门委员会会议】人大代表可以参加专门委员会审议议案和有关报告的会议并发表意见，但不参加表决。

专门委员会可以决定举行秘密会议。

第三章　审议工作报告

第二十四条　【工作报告的审议】全国人民代表大会每年举行会议的时候，全国人民代表大会常务委员会、国务院、国家监察委员会、最高人民法院、最高人民检察院向会议提出工作报告。

工作报告应当包括全国人民代表大会上次会议以来的主要工作情况和今后一年的工作安排，以及对全国人民代表大会上次会议有关决议的贯彻执行情况。在每届全国人民代表大会第一次会议上提出的工作报告，应当对上届工作进行总结，并对下届工作提出建议。

各项报告由代表团全体会议和小组会议审议。报告机关应当根据各代表团的审议意见，对工作报告进行修改后印发会议。

受主席团委托，大会秘书处根据各代表团的审议意见和专题审议的情况，起草关于全国人大常务委员会、国务院、最高人民法院、最高人民检察院工作报告的决议草案，经主席团会议通过后提交各代表团审议，并提请全国人民代表大会全体会议表决。

第二十五条　【工作报告未通过的处理】工作报告在全国人民代表大会会议上未获得批准的，提出该报告的机关应当进行整改，并将整改情况专题报告下次全国人民代表大会会议，或者由全国人民代表大会授权全国人民代表大会常务委员会，在规定的时间内听取整改情况的报告。

第四章　审议国家计划和国家预算

第二十六条　【计划和预算的审议】国务院财政部门应当在每年全国人民代表大会会议举行的四十五日前，将中央预算草案的初步方案提交全国人民代表大会财政经济委员会进行初步审查。

在每年全国人民代表大会会议举行的四十五日，国务院有关主管部门应当就国民经济和社会发展计划草案及上一年计划执行情况、中央和地方预算草案及上一年预算执行情况的主要内容，向全国人民代表大会有关的专门委员会汇报，由财政经济委员会进行初步审查。

全国人民代表大会每年举行会议的时候，国务院应当向会议提出关于国民经济和社会发展计划草案及计划执行情况的报告、关于中央和地方预算草案及预算执行情况的报告，并将国民经济和社会发展计划草案、中央和地方预算草案一并印发会议，由各代表团进行审查，并由财政经济委员会和有关的专门委员会审查。

全国人民代表大会和地方各级人民代表大会对预算草案及其报告、预算执行情况的报告重点审查下列内容：

（一）上一年预算执行情况是否符合本级人民代表大会预算决议的要求；

（二）预算安排是否符合本法的规定；

（三）预算安排是否贯彻国民经济和社会发展的方针政策，收支政策是否切实可行；

（四）重点支出和重大投资项目的预算安排是否适当；

（五）预算的编制是否完整，是否符合本法第四十六条的规定；

（六）对下级政府的转移性支出预算是否规范、适当；

（七）预算安排举借的债务是否合法、合理，是否有偿还计划和稳定的偿还资金来源；

（八）与预算有关重要事项的说明是否清晰。

第二十七条 【计划和预算的修正案】在全国人民代表大会会议期间，代表个人或代表联名可以在主席团规定的期限内提出修改预算草案的议案，由主席团决定是否列入会议议程；或者先交全国人民代表大会财政经济委员会审议，提出意见，再由主席团决定是否列入会议议程。

对预算草案进行表决前，先对列入会议议程的预算草案修正案进行表决。预算草案修正案如获通过，再对修改后的预算草案进行表决。

第二十八条 【财政经济委员会】财政经济委员会根据代表提出的修正案、各代表团和有关的专门委员会的审查意见，对关于国民经济和社会发展计划草案及计划执行情况的报告、国民经济和社会发展计划草案、关于中央和地方预算草案及预算执行情况的报告、中央和地方预算草案进行审查，向主席团提出审查结果报告，主席团审议通过后，印发会议，并将关于上一年度国民经济和社会发展计划执行情况与本年度计划的决议草案、关于上一年度中央和地方预算执行情况与本年度预算的决议草案提请大会全体会议表决。

有关的专门委员会的审查意见应当及时印发会议。

第二十九条 【计划和预算的批准】全国人民代表大会对中央预算草案可以作出批准、原则批准的决定。预算草案未获大会通过的，由全国人民代表大会根据具体情况作出相应的决定。全国人民代表大会原则批准预算草案的，应当同时责成国务院对预算草案的有关内容进行修改，并在会后一个月内将修改内容报全国人民代表大会常务委员会审查决定。

国民经济和社会发展计划、中央预算经全国人民代表大会批准后在执行过程中必须作部分调整的，国务院应当将调整方案提请全国人民代表大会常务委员会审查和批准。

第五章 国家机构组成人员的选举、罢免、任免和辞职

第三十条 【候选人名单】全国人民代表大会常务委员会委员长、副委员长、秘书长、委员的人选，中华人民共和国主席、副主席的人选，中央军事委员会主席的人选，国家监察委员会主任的人选，最高人民法院院长和最高人民检察院检察长的人选，由主席团提名，经各代表团酝酿协商后，再由主席团根据多数代表的意见。确定正式候选人名单。

国务院总理和国务院其他组成人员的人选，中央军事委员会除主席以外的其他组成人员的人选，国家监察委员会除主任以外的其他组成人员的人选，依照宪法的有关规定提名。

各专门委员会主任委员、副主任委员和委员的人选，由主席团在代表中提名。

第三十一条 【介绍候选人情况】候选人的提名人应当向会议介绍候选人的基本情况，并对代表提出的问题作必要的说明。

第三十二条 【无记名投票】全国人民代表大会会议选举或者决定任命，采用无记名投票方式。得票数超过全体代表的半数的，始得当选或者通过。

大会全体会议选举或者表决任命案的时候，设秘密写票处。

选举或者表决结果，由会议主持人当场宣布。候选人的得票数，应当公布。

第三十三条 【具体办法】全国人民代表大会会议选举和决定任命的具体办法，由大会全体会议通过。

第三十四条 【辞职和缺位】全国人民代表大会会议期间，全国人民代表大会常务委员会的组成人员，中华人民共和国主席、副主席，国务院的组成人员，中央军事委员会的组成人员，国家监察委员会的组成人员，最高人民法院院长和最高人民检察院检察长，全国人民代表大会专门委员会成员提出辞职的，由主席团将

其辞职请求交各代表团审议后，提请大会全体会议决定；大会闭会期间提出辞职的，由委员长会议将其辞职请求提请全国人民代表大会常务委员会审议决定。全国人民代表大会常务委员会接受全国人民代表大会常务委员会委员长、副委员长、秘书长，中华人民共和国主席、副主席，国务院总理、副总理、国务委员，中央军事委员会主席，国家监察委员会主任，最高人民法院院长和最高人民检察院检察长辞职的，应当报请全国人民代表大会下次会议确认。全国人民代表大会常务委员会接受全国人民代表大会常务委员会委员辞职的，应当向全国人民代表大会报告。

全国人民代表大会闭会期间，国务院总理、中央军事委员会主席、国家监察委员会主任、最高人民法院院长、最高人民检察院检察长缺位的，全国人民代表大会常务委员会可以分别在国务院副总理、中央军事委员会副主席、国家监察委员会副主任、最高人民法院副院长、最高人民检察院副检察长中决定代理人选。

第三十五条　【罢免案】主席团、三个以上的代表团或者十分之一以上的代表，可以提出对于全国人民代表大会常务委员会的组成人员，中华人民共和国主席、副主席，国务院的组成人员，中央军事委员会的组成人员，国家监察委员会主任，最高人民法院院长和最高人民检察院检察长的罢免案，由主席团交各代表团审议后，提请大会全体会议表决；或者依照本规则第六章的规定，由主席团提议，经大会全体会议决定，组织调查委员会，由全国人民代表大会下次会议根据调查委员会的报告审议决定。

罢免案应当写明罢免理由，并提供有关的材料。

罢免案提请大会全体会议表决前，被提出罢免的人员有权在主席团会议和大会全体会议上提出申辩意见，或者书面提出申辩意见，由主席团印发会议。

第三十六条　【公告】全国人民代表大会常务委员会组成人员、专门委员会成员的全国人民代表大会代表职务被原选举单位罢免的或其辞去全国人民代表大会代表职务的请求被接受的，其全国人民代表大会常务委员会组成人员、专门委员会成员的职务相应撤销，由主席团或者全国人民代表大会常务委员会予以公告。

第六章　询问和质询

第三十七条　【询问】各代表团审议议案和有关报告的时候，有关部门应当派负责人员到会，听取意见，回答代表提出的询问。

各代表团全体会议审议政府工作报告和审查关于国民经济和社会发展计划及计划执行情况的报告、关于中央和地方预算及预算执行情况的报告、最高人民法院工作报告、最高人民检察院工作报告的时候，国务院和国务院各部门负责人、最高人民法院负责人、最高人民检察院负责人应当分别参加会议，听取意见，回答询问。

主席团和专门委员会对议案和有关报告进行审议的时候，国务院或者有关机关负责人应当到会，听取意见，回答询问，并可以对议案或者有关报告作补充说明。

第三十八条 【质询的提出主体和质询对象】全国人民代表大会会议期间，代表个人、代表团或者代表联名，可以书面提出对国务院和国务院各部门、国家监察委员会、最高人民法院、最高人民检察院的质询案。

第三十九条 【质询的要件】质询案必须写明质询对象、质询的问题和内容。

对下列事项可以提出质询：

（一）有关实施宪法、法律、行政法规和地方性法规方面的问题；

（二）有关贯彻国家方针、政策方面的问题；

（三）有关失职、渎职及决策方面的问题；

（四）有关执行本级人民代表大会及其常务委员会的决议、决定方面的问题；

（五）其他需要质询的事项。

质询的事项应属于代表大会的职权范围，不宜涉及下列事项：

（一）属于代表个人利益的问题；

（二）进入诉讼程序的具体案件。

第四十条 【质询的答复】质询案按照主席团的决定由受质询机关的负责人在主席团会议、有关的专门委员会会议或者有关的代表团会议上口头答复，或者由受质询机关书面答复。在主席团会议或者专门委员会会议上答复的，提质询案的代表团团长或者代表有权列席会议，发表意见。

提质询案的代表或者代表团对答复质询不满意的，可以提出要求，经主席团决定，由受质询机关再作答复。

在专门委员会会议或者代表团会议上答复的，有关的专门委员会或者代表团应当将答复质询案的情况向主席团报告。

主席团认为必要的时候，可以将答复质询案的情况报告印发会议。

质询案以书面答复的，受质询机关的负责人应当签署，由主席团决定印发会议。

第七章 建议、批评和意见

第四十一条 【代表建议、批评和意见】全国人民代表大会代表向全国人民代表大会提出的对各方面工作的建议、批评和意见，由全国人民代表大会常务委员会办事机构交由有关机关、组织研究处理，并负责在大会闭会之日起三个月内，至迟不超过六个月，予以答复。

代表对答复不满意的，可以提出意见，由全国人民代表大会常务委员会办事机构交由有关机关、组织或者其上级机关、组织再作研究处理，并负责答复代表，重新办理时间不得超过 30 日。

代表建议、批评和意见应当是一事一议，有标题和具体内容。对于正在审理的案件不可作为代表建议提出。同一个内容的问题，作为议案提出后，不可再以建议的形式同时提出。

第八章　调查委员会

第四十二条　【成立条件】全国人民代表大会认为必要的时候，可以组织关于特定问题的调查委员会。

第四十三条　【委员会的组成】主席团、三个以上的代表团或者十分之一以上的代表联名，可以提议组织关于特定问题的调查委员会，由主席团提请大会全体会议决定。

调查委员会由主任委员、副主任委员若干人和委员若干人组成，由主席团在代表中提名，提请大会全体会议通过。调查委员会可以聘请专家参加调查工作。

第四十四条　【委员会的调查权】调查委员会进行调查的时候，一切有关的国家机关、社会团体和公民都有义务如实向它提供必要的材料。提供材料的公民要求调查委员会对材料来源保密的，调查委员会应当予以保密。

调查委员会在调查过程中，可以不公布调查的情况和材料。

第四十五条　【调查报告】调查委员会应当向全国人民代表大会提出调查报告。全国人民代表大会根据调查委员会的报告，可以作出相应的决议。

全国人民代表大会可以授权全国人民代表大会常务委员会在全国人民代表大会闭会期间，听取调查委员会的调查报告，并可以作出相应的决议，报全国人民代表大会下次会议备案。

第九章　发言和表决

第四十六条　【言论免责】全国人民代表大会代表在全国人民代表大会各种会议上的发言和表决，不受法律追究。

第四十七条　【大会发言】代表在大会全体会议上发言的，每人可以发言两次，第一次不超过十分钟，第二次不超过五分钟。

要求在大会全体会议上发言的，应当在会前向秘书处报名，由大会执行主席安排发言顺序；在大会全体会议上临时要求发言的，经大会执行主席许可，始得发言。事先提出要求，经大会执行主席许可的，发言时间可以适当延长。发言内容与议题无关或者事先未经大会执行主席许可而超过规定发言时间的，大会执行主席可以制止。

第四十八条　【主席团发言】主席团成员和代表团团长或者代表团推选的代表在主席团每次会议上发言的，每人可以就同一议题发言两次，第一次不超过十五分钟，第二次不超过十分钟。经会议主持人许可，发言时间可以适当延长。主席团成员或者代表团推选的代表在主席团会议上的发言，应当围绕议题进行。每人可以就同一议题发言两次，第一次不超过十五分钟，第二次不超过十分钟。事先提出要求，经会议主持人许可的，发言时间可以适当延长。发言内容与议题无关或者事先未经会议主持人许可而超过规定发言时间的，会议主持人可以制止。除主持人之外，其他人不可打断代表发言。

第四十九条　【代表团会议发言和代表小组会议发言】代表团团长担任代表团全体会议主持人，代表小组组长担任代表小组会议主持人。代表在代表团全体会议和代表小组会议上的发言一般不超过二十分钟，经会议主持人许可，发言时间可以适当延长，但延长时间不超过五分钟。主持人可以要求偏离议题的发言人针对议题发言。可以点名要求破坏秩序的代表遵守秩序。如果代表经三次提醒仍未针对议题发言或仍未遵守秩序，主持人必须令其停止发言并且同一会议上不得再允许其发言。除主持人之外，其他人不可打断代表发言。

第五十条　【表决的通过】大会全体会议表决议案，由全体代表的过半数通过。

宪法的修改，由全体代表的三分之二以上的多数通过。

表决结果由会议主持人当场宣布。

表决时如果在场代表不足法定人数，会议主持人可点名传召代表到会。如果点名后到场代表仍不足法定人数，主持人宣布休会。

第五十一条　【表决方式】会议表决议案采用投票方式、举手方式或者其他方式，由主席团决定。

宪法的修改，采用投票方式表决。

第五十二条　【会议公开】代表在各种会议上的发言和表决由大会秘书处记录，并向公众公开。

第五十三条　本规则自公布之日起施行。

附录二　全国人大及其常委会和各省人大及其常委会议事规则纵览

附录部分以表格和简要的文字对全国和各省级地方人大及其常委会议事规则中相关内容的相同点和不同点作简要的说明。(请扫描二维码)

后　记

本书的问梓，首先要感谢不知名的评审专家。本书的底稿是国家社科基金青年项目结项报告，该报告获优秀的评级，成果鉴定意见对报告给予一致好评。其中有评语这样写道，“我国人大的议事规则主要是在实践中运行，在理论中，各高校的教材基本没有涉及，法学界的学者也了解很少，研究相当缺乏。即使有一些研究，也偏于抽象空洞，离实践较远。这篇成果能够扣住各级人大议事规则的实际运行进行研究，资料比较全面权威，研究过程中的分寸拿捏比较到位，政治上站得住，所提出的问题是真问题，针对性强，一些建议比较接地气，有可操作性。国家社科基金项目应当多支持资助类似这样的题材和研究方法，大幅减少空洞无物、偏于玄虚的研究。这本研究成果建议鼓励尽快出版，对学术研究和实际部门都有参考作用”。几位评审专家的认可和鼓励给予我将作品出版的底气和勇气。其次要感谢爱子惟轩，写作研究报告时身怀六甲，小生命在腹中与我一起努力，这是我们母子合作的结晶。

感恩学术生涯中遇到的几位恩师在不同阶段恰到好处的指导。对宪法的兴趣萌生于本科阶段，有幸听到苗连营老师娓娓道来、出口成章的讲授。在硕士阶段，桂宇石老师常常教导我学好英语看世界。秦前红老师对我有知遇之恩，不仅是我申请香港大学的推荐人，更是我结缘人大研究的领路人。他不仅不懈地追求学术之精进，在提携新人方面也不遗余力。对焦洪昌老师，我也心怀感激。当时我在申请境外留学的同时报考了焦老师的博士，并取得第一名的成绩。经焦老师首肯，出于开拓视野的考虑，最终选择了港大。此后，焦老师一直关心支持我的学业发展。博士阶段的导师傅华伶是我的授业恩师，与他交谈时我会努力记住老师说的每句话,即使毕业多年后依然如此,因为于我而言,他的每句话都蕴含着知识的宝藏。肇始于博士学位论文写作中国地方人大的发展动力机制,我的研究主线就是人民代表大会制度,阅读和写作皆围绕于此,发表涉及代表制原理、中国人大制度以及香港特别行政区区议会、立法会的职权运作,越研究越热爱。从香港回到内地学术界,既有优势也有劣势,优势是研究方法论和英文写作发表,劣势是与内地学术界关心的热点和学术活动已脱钩多年。所幸宪法学人具有博大的胸襟和博爱的情怀,宪法学的学术共同体很快接纳了我。韩大元老师时常鼓励我坚持对选举制度和人大制度的研究。特别感谢张翔、王锴、宋华琳、郑磊、林彦、姚魏、谢立斌、王建学、赵谦等学者关于学术文献和研究心得的分享。人大研究的理论和方法不宜拘泥于法学,还需其他学科的滋养。感谢政治学界浦兴祖、肖滨、何俊志、陈家刚等前辈的提点。尤其感谢研究过程中人大代表和人大机关工作者与我的交流分享。感谢中山大学法学院的领导与同事平时对我的关心和鼓励,我所在的宪法和行政法教研室的几位老师对我像兄弟姐妹一般。还有广东宪法学界的各位前辈和同仁,是我学习的榜样。

本书的一些内容已作为课题阶段性研究成果发表于《政治与法律》《人大研究》等期刊。在研究报告的撰写过程中,课题组成员同时也是我指导的研究生徐韬、程建荣、何燕萍在搜集整理国内外立法机关议事规则文本、相关研究著作方面付出了辛勤的劳动。与原结项报告相比,为聚焦中国人大议事规则这个主题,本书删除了"其他国家议会的议事规则"一章。同时,回应最新的学术研究和立法实践,"人大议事规则的规范体系"一章吸收了《全国人大组织法》《全国人大议事规则》修正案的相关内容并与之对话;"人大议事规则的实际运作"一章添加了对于2020年全国人大会议运作的相关分析。原研究报告的附录二"全国人大及其常委会和各省人大及其常委会议事规则纵览"是对全国人大及各省地方人大议事规则文本规范的全面梳理,因为篇幅过长,出于方便读者携带和阅读的考虑,以二维码的形式呈现。

最后,感谢我的家人,尤其是我另一半的全力支持,让我既保持了自我的个性和空间,同时又享受婚姻家庭带来的温暖和安全。非常感谢法律出版社法治与经济分社沈小英社长和陈妮分社长助理,不仅是因为本书,更是因为她们的工作帮助了许多宪法学著作的问世,宪法学的发展贡献是学人和出版人共同致力的成果。

孙 莹

2020 年 10 月 26 日于广州星辉轩

图书在版编目(CIP)数据

中国人大议事规则：原理与制度／孙莹著. -- 北京：法律出版社，2020(2021.3重印)
ISBN 978-7-5197-5218-7

Ⅰ.①中… Ⅱ.①孙… Ⅲ.①全国人民代表大会－会议－规则 Ⅳ.①D622

中国版本图书馆CIP数据核字(2020)第248876号

中国人大议事规则：原理与制度
ZHONGGUO RENDA YISHI GUIZE: YUANLI YU ZHIDU

孙 莹 著

策划编辑 沈小英
责任编辑 陈 妮
装帧设计 李 瞻

出版 法律出版社
总发行 中国法律图书有限公司
经销 新华书店
印刷 中煤(北京)印务有限公司
责任校对 王晓萍 王语童
责任印制 吕亚莉

编辑统筹 法治与经济出版分社
开本 710毫米×1000毫米 1/16
印张 29.75
字数 420千
版本 2020年12月第1版
印次 2021年3月第2次印刷

法律出版社／北京市丰台区莲花池西里7号(100073)
网址／www.lawpress.com.cn
投稿邮箱／info@lawpress.com.cn
举报维权邮箱／jbwq@lawpress.com.cn
销售热线／400-660-8393
咨询电话／010-63939796

中国法律图书有限公司／北京市丰台区莲花池西里7号(100073)
全国各地中法图分、子公司销售电话：
统一销售客服／400-660-8393/6393
第一法律书店／010-83938432/8433　西安分公司／029-85330678　重庆分公司／023-67453036
上海分公司／021-62071639/1636　深圳分公司／0755-83072995

书号：ISBN 978-7-5197-5218-7　**定价**：168.00元
(如有缺页或倒装，中国法律图书有限公司负责退换)